COLEX READER | COLEX AUDIO

AF891384

ACCESO GRATUITO DURANTE UN AÑO AL eBOOK Y/O AUDIOLIBRO **ADQUIRIDOS A TRAVÉS DE AMAZON**

Si ha adquirido este libro a través de **Amazon**, puede solicitar acceso gratuito a su versión digital durante **un año de forma gratuita**. Siga estos pasos:

¿Cómo solicitarlo?

1. Envíe un **correo electrónico a info@colex.es** con el asunto: **«Solicitud de eBook - [Título del libro]».**
2. **Adjunte la factura de compra** de Amazon como comprobante.
3. Indique en el cuerpo del correo:
   - Su **nombre completo.**
   - Su **dirección de correo electrónico.**
     (para activar su cuenta en **www.colex.es**, si aún no está registrada).
4. **Una vez verificada la compra, recibirá un código de activación** para canjear en www.colex.es

✓ Una vez se valide el código, aparecerá una ventana de confirmación y su eBook y/o audiolibro estará disponible **durante 1 año desde su activación** en la pestaña «Mis libros» en el menú de usuario.

— Para más información y acceso a su código, visite: www.colex.es —

* Los audiolibros están disponibles en las ediciones más recientes de nuestras obras. Se excluyen expresamente las colecciones «Códigos comentados», «Biblioteca digital» y los productos de www.vademecumlegal.es.

No se admitirá la devolución si el código promocional ha sido manipulado y/o utilizado.

COMPRENDIENDO LOS DELITOS DE ODIO

ORÍGENES, FUNDAMENTO Y PROPUESTA DE REGULACIÓN

COMPRENDIENDO LOS DELITOS DE ODIO

ORÍGENES, FUNDAMENTO Y PROPUESTA DE REGULACIÓN

Marta Rodríguez Ramos

COLEX 2025

© Editorial Colex, S.L.
Calle Costa Rica, número 5, 3.º B (local comercial)
A Coruña, 15004, A Coruña (Galicia)
info@colex.es
www.colex.es

I.S.B.N.: 978-84-1194-981-1
Depósito legal: C 358-2025

A mi abuela, por todo su amor.
A Pastora, por su confianza y respeto desde el principio.

«La tendencia a la descalificación, a la incapacidad de aceptar la diversidad y poder convivir en escenarios donde las personas se manifiesten como son, es producto de una cultura autoritaria, de subestimación ciudadana y de una democracia fallida».

José Luis Caballero Ochoa

SUMARIO

ABREVIATURAS UTILIZADAS

CUESTIONES PREVIAS

CAPÍTULO I
LOS DELITOS DE ODIO: ORÍGENES

CAPÍTULO II
FUNDAMENTO, LEGITIMIDAD Y ALCANCE

CAPÍTULO III
REGULACIÓN ESPAÑOLA

CAPÍTULO IV
PROPUESTA DE REGULACIÓN DE LOS DELITOS ANTIDISCRIMINATORIOS

CONCLUSIONES

BIBLIOGRAFÍA

JURISPRUDENCIA

RESUMEN

La presente investigación se estructura en cinco capítulos, que pueden dividirse en tres bloques principales. El primero, que abarca los capítulos I y II, abordan el marco histórico que explica la relevancia jurídico-penal de la discriminación contra colectivos marginados socialmente, en cuyo seno encontramos el origen de los popularmente conocidos como «delitos de odio». El segundo bloque, que coincide con el capítulo III, se ocupa del estudio del fundamento estas figuras delictivas, su legitimidad y su alcance, en orden a averiguar si tiene sentido su presencia en el Código Penal español. Por último, el tercer bloque, que incluye los capítulos IV y V, se centra en el análisis de la regulación penal española en esta materia, e incluye una propuesta de Ley que consideramos supera los desaciertos en los que incurre la regulación vigente.

El objetivo de este trabajo es clarificar las dudas que a día todavía rodean a los delitos de odio. Las incansables y confusas referencias que se vienen haciendo a los mismos desde el poder político, los medios de comunicación y la propia sociedad civil, aupadas por el auge de las ideologías extremas en Occidente, han catapultado una tendencia tipificadora irreflexiva y totalmente ineficaz que nos ha dejado a años luz de una protección real de quienes más lo necesitan. Por esta razón, creemos que no solo es conveniente sino, también, urgente recordar por qué un día la discriminación se volvió un problema de primer orden. Solo así podremos recuperar el rumbo perdido.

ABREVIATURAS UTILIZADAS

§/§§	Parágrafo/s
AAP	Auto de la Audiencia Provincial
ACLU	Unión Americana de Libertades Civiles
ACNUR	Alto Comisionado de las Naciones Unidas para los Refugiados
ADL	Liga Antidifamación
AGNU	Asamblea General de las Naciones Unidas
AP	Audiencia Provincial
art.	Artículo
BGH	Tribunal Federal alemán
BVG	Tribunal Constitucional Federal Alemán
c.	Contra
CADH	Convención Americana sobre Derechos Humanos
CE	Constitución Española
CEDH	Convenio Europeo para la Protección de los Derechos Humanos y de las Libertades Fundamentales
CERD	Comité para la Eliminación de la Discriminación Racial
CETFDCM	Convención sobre la Eliminación de Todas las Formas de Discriminación contra la Mujer
COVID-19	Coronavirus
cfr.	Compara
CIERD	Convención Internacional sobre la Eliminación de todas las Formas de Discriminación Racial
Coord.	Coordinador/a
CP	Código Penal
dir.	Director/a
DUDH	Declaración Universal de los Derechos Humanos
ECRI	Comisión Europea contra el Racismo y la Intolerancia

Ed.	Edición, Editor/a
EGVG	Ley de Procedimiento Administrativo
EOM	El Orden Mundial
EUMC	Observatorio Europeo de Racismo y la Xenofobia
F. D.	Fundamento de Derecho
FGE	Fiscalía General del Estado
F. J.	Fundamento Jurídico
Fasc.	Fascículo
FRA	Agencia de Derechos Fundamentales de la Unión Europea
IDHC	Instituto de Derechos Humanos de Cataluña
KKK	Ku Klux Klan
LGBTIQ+	Lesbianas, gais, bisexuales, transgénero, intersexuales y personas con orientación sexual, identidad y expresión de género y características sexuales diversas
LO/LLOO	Ley Orgánica/Leyes Orgánicas
ME	Memorándum explicativo
n.º	Número
ODIHR	Oficina de Derechos Humanos e Instituciones Democráticas
OMS	Organización Mundial de la Salud
ONU	Organización de las Naciones Unidas
OSCE	Organización para la Seguridad y la Cooperación en Europa
p./pp	Página/s
PIDCP	Pacto Internacional de Derechos Civiles y Políticos
PIDESC	Pacto Internacional de Derechos Económicos, Sociales y Culturales
Prol.	Prologuista
SAP	Sentencia de la Audiencia Provincial
s. f.	Sin fecha
SIDA	Síndrome de inmunodeficiencia adquirida
S/STS	Sentencia/s del Tribunal Supremo
SDOD	Servicio de Delitos de Odio y Discriminación
SPD	Partido Socialdemócrata
ss.	Siguientes
STC	Sentencia del Tribunal Constitucional
S/STEDH	Sentencia del Tribunal Europeo de Derechos Humanos
StGB	Código penal alemán
STS	Sentencia del Tribunal Supremo
STSJ	Sentencia del Tribunal Superior de Justicia

TC	Tribunal Constitucional
TEDH	Tribunal Europeo de Derechos Humanos
TS	Tribunal Supremo
UDHR	Universal Declaration of Human Rights
UE	Unión Europea
UNESCO	Organización de las Naciones Unidas para la Educación, la Ciencia y la Cultura
URSS	Unión de Repúblicas Socialistas Soviéticas
USHMM	Museo Conmemorativo del Holocausto de los Estados Unidos
v.	Versus

CUESTIONES PREVIAS

C'est l'histoire d'une société qui tombe et au fur et à mesure de sa chute se répète sans cesse pour se rassurer: jusqu'ici tout va bien, jusqu'ici tout va bien, jusqu'ici tout va bien...

Le problème ce n'est pas la chute, c'est l'atterrissage.

KASSOVITZ, MATTHIEU, *La Haine*[1]

A pesar de que el rechazo al «otro»[2] ha existido desde los orígenes de la humanidad[3], este ha carecido de verdadera relevancia en el ámbito jurídico hasta hace pocas décadas. De hecho, no es necesario remontarse muy atrás en el tiempo para poder vislumbrar el preludio de este importante cambio de perspectiva: como bien indica PETERSON[4], «un paseo por los horrores totalitarios del siglo XX, con sus campos de concentración, sus trabajos forzados y sus patologías ideológicas asesinas supone un lugar adecuado para empezar el recorrido», ya que ha sido fundamentalmente como consecuencia de estos acontecimientos que «en el oscuro amanecer que sucede a las últimas diez décadas del milenio anterior, la terrible capacidad de destrucción del hombre se ha convertido en un problema».

---

1 Traducción libre:
«Es la historia de una sociedad que cae y a medida que va cayendo se repite sin cesar para tranquilizarse: por ahora todo va bien, por ahora todo va bien, por ahora todo va bien...
El problema no es la caída, es el aterrizaje».
La Haine [película]. Dirigida por Matthieu KASSOVITZ. Francia: Les Productions Lazennec, StudioCanal, La Sept Cinéma, Kasso inc. Productions, 1995.

2 Este término nace de la óptica subjetiva de un determinado sujeto que le atribuye a otro una serie de características; por tanto, no tiene que entenderse como correcto desde un punto de vista objetivo.

3 En este sentido indica HARARI que «la evolución ha convertido a *Homo sapiens*, como a otros animales sociales, en un ser xenófobo»; de hecho, «instintivamente, los *sapiens* dividen a la humanidad en dos partes: «nosotros» y «ellos» (HARARI, Y. N. *Sapiens. De animales a dioses*, Debate, Barcelona, 2014, pp. 219-220).

4 PETERSON, J. B. *12 reglas para vivir. Un antídoto al caos*. Barcelona: Planeta, 2018, p. 233.

Efectivamente, al menos hasta donde hoy se conoce[5], resulta innegable que el fenómeno de la discriminación alcanzó una de sus mayores expresiones con el Holocausto, producto de una silenciosa pero progresiva escalada del antisemitismo en Alemania durante las primeras décadas del siglo XX. Tras la barbarie que supuso finalmente la Segunda Guerra Mundial (1939-1945), y con el fin de impedir que volvieran a repetirse los horrores de la experiencia nazi, los ordenamientos constitucionales europeos decidieron reestructurarse en torno a dos ejes fundamentales: primero, estableciendo un régimen democrático como escenario político contrario a cualquier sistema autoritario o totalitario; y, segundo, fundamentando un nuevo orden político y social en base a la dignidad del individuo y a los derechos y libertades inherentes al mismo. De esta manera, la dignidad de la persona se convertía en un ideal material de democracia que, para ser auténtico, debía dejar a un lado la simple observación de una serie de reglas formales y constituir «un orden social basado en el respeto a unos derechos de la persona y en la asunción de unos valores mínimos comunes que dieran sentido a la convivencia democrática»[6].

Partiendo de esta premisa, la sociedad europea de posguerra debía superar el trauma de su pasado más reciente. Para ello debía ir más allá de la elaboración de Tratados o la creación de instituciones internacionales; ante todo, resultaba imprescindible un cambio profundo en la conciencia social que permitiera reconstruir una ciudadanía fragmentada por el propio Estado, objetivo que precisaba de dos desafíos básicos. Para empezar, debía exigirse responsabilidad penal a los autores de los brutales crímenes cometidos, una tarea que se pretendió cumplir con los famosos Juicios de Núremberg[7] (1945-

5 Digo esto coincidiendo con HARARI, quien explica que existen diferentes teorías —ninguna de ellas definitiva— que intentan dar sentido a la desaparición del resto de especies humanas que convivieron con el *homo sapiens*, única especie superviviente a todas. Una de estas hipótesis, la denominada «teoría de la sustitución», justifica este hecho en base a la «incompatibilidad, aversión y quizá incluso genocidio» que pudo haberse producido entre ellas como consecuencia, probablemente, de la competencia por los recursos existentes. Esta posibilidad, apoyada por las atrocidades humanas de nuestra historia reciente, lleva al autor a concluir que, al menos en lo que a nuestra especie se refiere, «la tolerancia no es una marca de fábrica» (HARARI, Y. N. *Sapiens…, op. cit.*, pp. 28-31).

6 TERUEL LOZANO, G. M. *La lucha del Derecho contra el negacionismo: una peligrosa frontera*, Centro de Estudios Políticos y Constitucionales, Madrid, 2015, p. 539.

7 Con los Juicios de Núremberg dio comienzo el proceso de confrontación alemán contra el régimen nazi en el ámbito del Derecho penal. Y es que, como bien expresa VORMBAUM, «dada la dimensión cualitativa y cuantitativa de los crímenes del sistema nazi, no podía tomarse en serio otra confrontación con los mismos que no fuera la penal, como podía ser, por ejemplo, una estrategia de reconciliación». También llamados «Procesos de Núremberg», comenzaron con un proceso contra los principales responsables del Holocausto nazi, ante un Tribunal Internacional formado por representantes de las cuatro potencias vencedoras. A este le siguieron otros juicios celebrados en las diversas zonas ocupadas, pero son de especial relevancia los denominados «12 Procesos de Núremberg», que tuvieron lugar en la zona de ocupación estadounidense contra médicos, juristas, miembros de

1946) y de Tokio[8] (1948). Pero, además, había un reto que resultaba particularmente importante de cara a alcanzar la reconciliación social sobre la que se pretendía refundar nuestro continente: afianzar una suerte de memoria colectiva que condenara la actuación nazi y que, por encima de cumplir con el deber de resarcimiento de las víctimas, evitara que pudiese volver a ocurrir una catástrofe semejante[9].

Como resultado de esta iniciativa fueron surgiendo distintos instrumentos de Justicia transicional como las Comisiones de Verdad (órganos oficiales, de carácter no judicial y de vigencia limitada, creados con el fin de dar a conocer las circunstancias y los móviles que llevaron a la comisión de delitos calificados como graves según el Derecho internacional, así como de determinar las responsabilidades, tanto individuales como institucionales, que correspondiesen a cada caso)[10] y, más recientemente, las conocidas como

---

las SS y la Gestapo, militares, industriales, banqueros y altos funcionarios del Gobierno nazi [VORMBAUM, T. «La transformación jurídica de Alemania tras la Segunda Guerra Mundial», en *Humboldt-Kolleg. La transformación jurídica de las dictaduras en democracias y la elaboración jurídica del pasado*, obra colectiva, coordinadores Juana DEL CARPIO DELGADO y Alfonso GALÁN MUÑOZ, Tirant lo Blanch, Valencia, 2009, pp. 54-55]. Más allá de lo anterior, los Juicios de Núremberg sirvieron para asentar una nueva «conciencia universal» protectora de los derechos de todas las personas con independencia de sus características. En este sentido, los mencionados procesos son considerados como «el primer paso importante en la creación de una Justicia Penal Internacional que por encima de los intereses estatales, e incluso en su contra, sirva para condenar las violaciones más graves cometidas desde la prepotencia del poder estatal contra los derechos humanos de los propios nacionales o de otros pueblos, minorías étnicas, religiosas, ideológicas o políticas, que tienen todo el derecho del mundo a practicar libre y pacíficamente sus ideas y creencias, o a desarrollarse como grupos» (en palabras de MUÑOZ CONDE, F.; MUÑOZ AUNIÓN, M. *¿Vencedores o vencidos?*, Tirant lo Blanch, Valencia, 2003, p. 11).

8 Si bien no se obtuvo sentencia hasta el 12 de noviembre de 1948, el Tribunal Penal Militar para el Lejano Oriente, encargado de enjuiciar los llamados «procesos de Tokio», comenzó a funcionar el 3 de mayo de 1946. Su creación respondía a la guerra de agresión que había llevado a cabo Japón entre el 7 de diciembre de 1941 y el 2 de septiembre de 1945 —la denominada «Guerra del Pacífico» o «escenario del Pacífico de la Segunda Guerra Mundial»—, que comenzó con el ataque sorpresa en Kota Bharu (territorio británico de Malasia), Pearl Harbor (Hawái, EE. UU.), las islas Guam y Wake (ambas de soberanía estadounidense), Hong Kong y Shanghái (China). Como consecuencia de los juicios fueron condenados a muerte varios dirigentes japoneses —entre los que se encontraban jefes militares, políticos y funcionarios (civiles)— acusados de 55 cargos distintos, clasificables en tres grupos distintos: crímenes contra la paz, asesinato y crímenes de guerra y de lesa humanidad. Así lo explica CARPINTERO GARCÍA, G. «El Proceso de Tokio: el Tribunal Penal Militar Internacional para el Lejano Oriente (1946-1948)», en *Revista Dignitas*, n.º 3, 2020, pp. 105 y 110-112. Sobre esta misma cuestión, GAVALDÀ, J. «Los Juicios de Tokio, el Núremberg japonés» [en línea], en *National Geographic Historia*, 12 de noviembre de 2019, p. única [fecha de consulta: 10 de marzo de 2022]. Disponible en: https://historia.nationalgeographic.com.es/a/juicios-tokio-nuremberg-japones_14889).

9 Coincidiendo con TERUEL LOZANO, G. M. *La lucha del derecho..., op. cit.*, pp. 52-58.

10 Así, GÓMEZ MÉNDEZ, M. P. Comisiones de verdad: ¿qué tanto aportan a la verdad, la justicia y la reconciliación? *OASIS*. Noviembre de 2005, n.º 11, p. 60. En este sentido, WEHRLE

leyes de memoria (normas que pretenden fijar una perspectiva de los acontecimientos que se entienden traumáticos y reprensibles mediante la instauración de políticas públicas que reconozcan y reparen a las víctimas)[11]. Pues bien, a pesar de que el esfuerzo que supuso la creación de estas herramientas merece sin duda ser reconocido, de entre las distintas formas de institucionalizar este «deber de no olvidar» en su vertiente preventiva, el Derecho penal fue erigido como el mecanismo más contundente y, también, más eficaz para luchar contra la difusión de ideas discriminatorias, que había sido, sin lugar a dudas, un factor indispensable para llevar a efecto la persecución y posterior eliminación de judíos, gitanos, homosexuales y otros colectivos minoritarios a manos del régimen de Adolf Hitler[12].

En este sentido, debe recordarse que los primeros pasos hacia el intento de exterminio de estos grupos no se dieron con el establecimiento de los campos de concentración, sino con distintas manifestaciones de un rechazo social que era cada vez más evidente: «con un ladrillo arrojado contra la ventana de una familia judía, la profanación de una sinagoga, un grito de odio en las calles, y el silencio y la indiferencia de la mayoría de la población»[13]. Fueron este tipo de comportamientos los que acabaron desembocando en el estallido violento del 9 de noviembre de 1938, más conocido como la «Noche de los Cristales Rotos»: en cuestión de dos días, más de 7.000 comercios de judíos fueron destrozados; se quemaron más de 250 sinagogas y se destrozaron otras 1.668; se saquearon cementerios, hospitales, escuelas y hogares

---

explica que el mayor legado de las Comisiones de Verdad son los documentos que atestiguan las violaciones de derechos humanos cometidas durante un periodo determinado, así como el reconocimiento oficial de las mismas [Wehrle, G. «La elaboración jurídica del pasado, ¿Castigo o amnistía?, ¿Comisión de Reconciliación o Comisión de la Verdad?», en *Humboldt-Kolleg. La transformación jurídica de las dictaduras en democracias y la elaboración jurídica del pasado*, obra colectiva, coordinadores Juana del Carpio Delgado y Alfonso Galán Muñoz, Tirant lo Blanch, Valencia, 2009, p. 79].

11 *Vid. Ibídem*, pp. 57-59.

12 Decimos «genocidio judío» porque el objetivo principal de las políticas del régimen nazi eran las personas que profesaban esta religión, aunque también se dirigían contra otros colectivos como los gitanos roma o los homosexuales. Para más información sobre las víctimas del Holocausto en general, *vid.* «Las víctimas» [en línea], en *Enciclopedia del Holocausto* (Museo Conmemorativo del Holocausto de los Estados Unidos), s. f., p. única [fecha de consulta: 26 de marzo de 2020]. Disponible en: https://encyclopedia.ushmm.org/content/es/article/mosaic-of-victims-an-overview. Para más información, en concreto, sobre la persecución de los gitanos roma durante la Segunda Guerra Mundial, *vid.* «El genocidio de los roma europeos (gitanos), 1939-1945», en *Enciclopedia del Holocausto* (USHMM), s. f., p. única [fecha de consulta: 26 de marzo de 2020]. Disponible en: https://encyclopedia.ushmm.org/content/es/article/genocide-of-european-roma-gypsies-1939-1945.

13 En palabras de Movimiento contra la intolerancia. «Europa contra la intolerancia y los crímenes de odio», en *Cuaderno de Análisis*, n.° 28, p. 43. Disponible en: http://www.movimientocontralaintolerancia.com/html/cuadernosAnalisis/cuadernos_analisis.asp.

de judíos; y murieron docenas de estos[14]. El resto de la historia ya lo conocemos de sobra.

Semejante precedente no pudo sino quedar grabado a fuego en la conciencia de los que sufrieron más cerca el conflicto. Sabedores de que los ideales racionales no eran suficientes *per se* para asegurar la convivencia pacífica, los países de la Europa destrozada se unieron para enfrentar al enemigo común y se posicionaron frontalmente contra las manifestaciones de rechazo que habían resultado en la muerte de millones de personas. Esta actitud acabaría generalizándose, y si bien el núcleo de esta perspectiva se encontraba en nuestro continente, a lo largo de la segunda mitad del siglo sus repercusiones acabaron teniendo eco a escala mundial: paralelamente a la proliferación de importantes Tratados internacionales de derechos humanos, se impuso entre los Estados la idea de que la mejor manera de hacer frente a ciertas conductas prejuiciosas, las dirigidas contra grupos socialmente relegados, era elevarlas a la categoría de delito. Una tendencia que conduciría, con el paso del tiempo, a la incorporación en diversos ordenamientos jurídicos de tipos delictivos como pueden ser el negacionismo, la circunstancia agravante de discriminación, y otros dirigidos particularmente a acabar con la situación de marginación de ciertos grupos.

Ahora bien, en este contexto resulta preciso destacar que el recorrido que han seguido los países para enfrentar el fenómeno de la discriminación no ha sido el mismo. Cada uno de ellos, de acuerdo con sus respectivas vivencias, ha ido introduciendo cambios en su sistema penal para hacerlo progresivamente más acorde a esta renovada actitud universal de «respeto a las ideas, creencias o prácticas de los demás», sobre todo cuando estas son distintas o contrarias a las propias»[15]. Así, mientras que la huella indeleble que dejó la experiencia nazi en Europa ha impulsado en nuestro entorno cultural la creación de figuras delictivas a partir de la problemática antisemita, otros países que no sufrieron tan directamente sus consecuencias han hecho frente a esta cuestión desde un enfoque distinto. Pero esto no significa que hayan sido menos diligentes en la tarea: como ya adelantamos, la lucha contra la discriminación se ha convertido en un asunto global, y esto se debe a que, junto a la barbarie que supuso el Holocausto, existe otro importante acontecimiento histórico que no puede perderse de vista si se quiere alcanzar una perspectiva fidedigna de la materia que nos ocupa: nos referimos al movimiento por los derechos civiles que tuvo lugar a lo largo de la década de los 60 en EE. UU., que, unido al subsiguiente éxito de las conocidas como

---

14 *Vid. Ibídem*, p. 43. Para más información acerca de este acontecimiento histórico, *vid.* «La "noche de los cristales rotos"» [en línea], en *Enciclopedia del Holocausto* (USHMM), s. f., p. única [fecha de consulta: 26 de marzo de 2020]. Disponible en: https://encyclopedia.ushmm.org/content/es/article/the-night-of-broken-glass.

15 Según la definición de tolerancia que da la RAE [edición (en adelante, ed.) 23.ª —2014—, actualización de 2021].

«políticas de identidad», logró colocar en un primer plano la cuestión racial en una sociedad marcada a fuego por su pasado esclavista.

Sin entrar ahora en detalles, podemos decir que ambas experiencias (la del antisemitismo en Europa, por un lado, y la del racismo en Norteamérica, por otro) son las fuentes de las que ha bebido el mundo Occidental para decidirse a regular penalmente los comportamientos motivados por prejuicios. Esta iniciativa, que ha ido ganando terreno de manera exponencial a lo largo de los últimos cuarenta años, impulsó la introducción en el Código penal (en adelante, CP) español de los delitos antidiscriminatorios, los cuales han sido objeto de una descarada tendencia expansiva motivada en gran parte por el éxito de una de las «categorías delictivas» —si es que puede llamarse así— más polémicas de nuestros días: los denominados «delitos de odio» (en inglés, *hate crimes*). Importada a Europa desde Norteamérica a través del Reino Unido, desde que fuera acuñada esta expresión en 1985 ha ido popularizándose y alcanzado un protagonismo hoy indiscutible gracias a las incansables referencias que a ella vienen haciéndose a distintos niveles, desde los medios de comunicación, pasando por el poder político y llegando a la propia sociedad civil. El problema es que este éxito terminológico no ha venido acompañado de un entendimiento de la razón de ser de estas figuras, lo que, unido a la hegemonía cultural del gigante estadounidense, ha provocado en España gran confusión ante los intentos de algunos de asimilarlas a nuestro ordenamiento jurídico, que nada tiene que ver con el anglosajón y que ya contaba con sus propias herramientas de defensa contra la discriminación. Como no podía ser de otro modo, esto ha traído consigo muchas fricciones y ha sembrado el debate en torno cuál es el verdadero sentido y la finalidad de los delitos de odio, frente al que existen distintos posicionamientos.

Mientras que una parte de nuestra doctrina fundamenta el castigo atendiendo a los motivos que impulsan al autor a cometer un delito de odio *(animus model)*, otra pone el foco en que la conducta —con independencia de la motivación que la inspire— se perpetre sobre una víctima que, por reunir ciertos caracteres, forma parte de un colectivo que merece ser especialmente protegido *(discriminatory selection model)*. Siendo estas las líneas de interpretación mayoritarias, también existen quienes defienden una posición intermedia que podría ser calificada como «mixta» y que exige la concurrencia de ambos elementos; esto es, tanto la motivación discriminatoria del autor como que la conducta se dirija contra grupos marginados[16]. Desde nuestro punto de vista, la única vía que permite legitimar el castigo —o su agravación— en estos casos parte necesariamente de la esencia de estos delitos, y para respetarla no puede perderse de vista su origen histórico, que se encuentra en la necesaria protección de ciertos colectivos socialmente relegados *(discriminatory selection model)*. Si los desligáramos del contexto

16 Siguiendo a FUENTES OSORIO, J. L. «El odio como delito», en *Revista Electrónica de Ciencia Penal y Criminología*, n.º 19, 2017, pp. 61 y ss.

discriminatorio e hiciéramos depender la sanción de la motivación del sujeto activo *(animus model)*, nos acercaríamos peligrosamente a un Derecho penal de autor que, en teoría, nuestro ordenamiento tiene más que superado.

Pues bien, lamentablemente, nuestro legislador, guiado claramente por la influencia de EE. UU., parece haberse decantado por esta última opción y ha «reconfigurado» los delitos antidiscriminatorios (hoy más conocidos como «delitos de odio»), en función de un elemento eminentemente interno de su autor, lo que resulta difícil de encajar con los requerimientos de un Derecho penal como el español que, por su carácter democrático, solo está legitimado para perseguir y castigar hechos, no ideas[17]. Si este craso error lo ubicamos en el seno de una corriente expansionista que amenaza no solo principios penales básicos sino derechos fundamentales como la libertad de expresión, y le añadimos la existencia de una jurisprudencia inestable —en ocasiones, incluso contradictoria— en la materia, resulta evidente que estamos lejos de encontrar una solución que satisfaga a todos. Con razón ya afirmaban JACOBS y POTTER[18] a finales de los 90 que no podíamos asumir que se estuviese hablando de lo mismo cuando alguien se refería a los «delitos de odio». El problema es que hoy seguimos sin saberlo.

Teniendo en cuenta las dudas que reinan en este ámbito, creemos que la presente investigación constituye una buena oportunidad para profundizar en la problemática y, al menos, intentar arrojar un poco de luz en el asunto. Como comentamos al principio, para ello debemos partir de la experiencia del Holocausto, que fue, además, la que acabó dándole al término «discriminación» el sentido que hoy le atribuimos. Abordamos esta cuestión a continuación.

17 Coincidiendo con LAURENZO COPELLO, P. «La discriminación en el Código penal de 1995», en *Estudios Penales y Criminológicos*, n.º 19, 1996, pp. 277 y ss.

18 JACOBS, J. B.; POTTER, K. *Hate Crimes: Criminal Law & Identity Politics*, Oxford University Press, Nueva York, 1998, p. 42.

CAPÍTULO I

LOS DELITOS DE ODIO: ORÍGENES

A. La inevitable interrelación entre la protección antidiscriminatoria individual y la protección colectiva de las minorías

Según la RAE[19], el término «discriminación» hace referencia a la «acción y efecto de discriminar», verbo que posee dos acepciones diferentes: la primera, «seleccionar excluyendo», y, la segunda, «dar trato desigual a una persona o colectividad por motivos raciales, religiosos, políticos, de sexo, de edad, de condición física o mental, etc.». Partiendo de esta base, aunque, como dijimos en la introducción, los fenómenos sociales calificables hoy como «discriminatorios» han existido desde siempre, lo cierto es que no fue hasta mediados del siglo pasado que se produjo el cambio de perspectiva que llevó a reconocerlos como tales y, además, condujo a los Estados a reaccionar frente a ellos para impedir que esta realidad se perpetuase. Este nuevo paradigma dio lugar a una nueva forma de entender la discriminación, otorgándole una connotación negativa que ha calado en todos los ámbitos, incluido el jurídico[20]. Veamos cómo ha ocurrido.

La evolución conceptual de la «discriminación» se dio primero en el mundo anglosajón, desde donde se trasladó al resto de países. Para comprender este proceso, debe tenerse en cuenta que su entendimiento actual no ha sido resultado de una trayectoria única, sino que se ha originado a partir de dos vías claramente diferenciadas pero convergentes. La primera de ellas surgió como consecuencia de la evolución jurisprudencial estadounidense en torno

---

19 Ed. 23.ª –2014–, actualización de 2021.

20 Así, RODRÍGUEZ-PIÑERO, M.; FERNÁNDEZ LÓPEZ, M. F. *Igualdad y discriminación*, Tecnos, Madrid, 1986, pp. 84 y ss.

a la decimocuarta Enmienda de su Constitución, relativa al derecho a la igualdad. A partir de la postura que adoptaron por entonces los tribunales en sus resoluciones, este término pasó a tener un sentido despectivo u ofensivo, sobre todo en relación con la cuestión racial; de manera que en los años noventa se acabó consolidando una comprensión del fenómeno consistente en «una diferenciación de trato arbitraria con base esencialmente en características personales no dependientes de la voluntad del propio sujeto discriminado»[21]. Este es precisamente el entendimiento predominante de la palabra «discriminación» en nuestros días; de hecho, es el que ha ido impregnando todas las disposiciones penales que castigan conductas discriminatorias en los Códigos penales que han decidido tipificarlas. Pero esto no habría llegado a ocurrir de no ser por la confluencia de la segunda de las vías que nos han llevado a comprender este fenómeno de la manera que lo hacemos hoy[22]: nos referimos, concretamente, a la influencia que en este sentido tuvieron los instrumentos internacionales que aparecieron tras la Segunda Guerra Mundial, sin los cuales —muy probablemente— nunca se habría llegado a consolidar esta interpretación.

A principios del siglo pasado, el sentido jurídico-internacional del término «discriminación» —o del verbo «discriminar»— se correspondía con el que se le otorgaba en el ámbito económico, de tal forma que se entendía de una manera que podríamos calificar como «neutral»: para referir el hecho de vender un mismo producto, en un mismo momento, a precios diferentes en virtud de distintos criterios. La traslación de esta significación a la esfera jurídica se acabó produciendo en el entorno norteamericano, una vez que el legislador decidió regular ciertos abusos calificados como ilícitos en materia competencial (abusos que podían ser perpetrados mediante determinadas formas de «discriminación» de precios). Así, tras asentarse en el Derecho Económico pasó a incluirse en el Derecho Internacional —también Económico—, que sirvió de puente para que esta terminología irradiase a otros ámbitos propios de esta materia y, más tarde, a todo el espectro del Derecho[23].

Cabe precisar que a lo largo de esta primera época el concepto de «discriminación» conservó entre la doctrina un contenido neutral, y que la situación no cambió hasta pasadas varias décadas. De hecho, durante el periodo de entreguerras previo a 1945 se siguió advirtiendo una correlación entre el por entonces dudoso enfoque antidiscriminatorio general y la problemática de la

---

21 Landa Gorostiza, J. M. *La intervención penal frente a la xenofobia: problemática general con especial referencia al "delito de provocación" del artículo 510 del Código penal*, Universidad del País Vasco, Servicio Editorial, Bilbao, 1999, p. 59.

22 *Vid. Ibídem*, p. 59.

23 *Vid. Ibídem*, pp. 59-60.

protección de las minorías[24/25], cuestión que necesariamente debemos traer a colación en un trabajo de investigación como el que nos ocupa.

Terminada la Primera Guerra Mundial, se inició un proceso orientado hacia la protección de grupos minoritarios a nivel global en cuyo marco se realizaron distintas manifestaciones en torno a la prohibición de la discriminación. Como explican RODRÍGUEZ-PIÑERO y FERNÁNDEZ LÓPEZ[26], es precisamente en esta fase cuando se utiliza por primera vez a nivel internacional el término «discriminación» en un sentido peyorativo, para referir el problema que enfrentaban las minorías nacionales y religiosas en los Estados que fueron creados tras el conflicto. Paralelamente, la perspectiva protectora que, en un principio, se había adoptado en el ámbito antidiscriminatorio evolucionó de manera progresiva a una de carácter universal que llegaría a su culmen en la nueva etapa histórica inaugurada tras la Segunda Guerra Mundial, de tal forma que, a partir de entonces, la opción de protección de las minorías pasaría a derivarse, no ya de los derechos colectivos de los grupos, sino de sus miembros individualmente considerados. Ahora bien, por encima de todo, lo importante es tener claro que esta etapa avanzada del desarrollo del fenómeno bebe directamente del periodo comprendido entre las dos Guerras Mundiales, en el que el vocablo «discriminación» se aproxima y se confunde con el problema de la protección colectiva de las minorías. Pero ¿a qué se debe tal confusión?

Realmente, desde el principio se ha tratado de una cuestión de perspectiva. Si partimos de un punto de vista teórico, la óptica antidiscriminatoria se diferenciaría de la de protección de las minorías en el hecho de que esta última implica, digamos, un uso «cualificado» del principio de igualdad que se proyecta sobre ciertos grupos mediante la protección de derechos políticos concretos; mientras que la antidiscriminatoria posee un alcance más general y supone actuar directamente sobre los derechos subjetivos de los miembros de estos grupos[27]. Teniendo clara esta distinción, con el paso del tiempo la forma de entender la protección de las minorías acabaría evolucionando desde la praxis de la Sociedad de Naciones a la de la Organización de las Naciones Unidas (ONU), que aportaría un enfoque totalmente nuevo a la cuestión. Veamos en qué sentido.

---

24 Consideramos preciso aclarar que el término «minoría» no se identifica con la inferioridad numérica, sino con la posición de desventaja social que ocupan ciertos colectivos en la estructura comunitaria debido a sus notas diferenciales. Así, también, LAURENZO COPELLO, P. «La discriminación por razón de sexo en la legislación penal», en *Jueces para la democracia*, n.º 34, 1999, p. 18.

25 LANDA GOROSTIZA, J. M. *La intervención penal frente a la xenofobia...*, *op. cit.*, p. 60.

26 RODRÍGUEZ-PIÑERO, M.; FERNÁNDEZ LÓPEZ, M. F. «*Igualdad...*, *op. cit.*, pp. 85-87. En este sentido, también, LANDA GOROSTIZA, J. M. *La intervención penal...*, *op. cit.*, p. 61.

27 *Vid. Ibídem*, p. 61.

A partir de 1945, la perspectiva predominante en el seno de las Naciones Unidas en este ámbito fue que la manera idónea de proteger a todas las personas —y, por consiguiente, a los miembros de grupos caracterizados por factores determinados que se encontrasen en una situación de marginación social— era, por una parte, garantizar los derechos humanos pertenecientes *per se* a todo individuo y, por otra, prohibir cualquier tipo de discriminación[28/29]. De acuerdo con este posicionamiento, la protección de las minorías no parte ya del reconocimiento y la tutela de los derechos que le pertenecen al grupo en su conjunto, sino que se hace efectiva a través de los derechos individuales de sus miembros. Pues bien, este enfoque es precisamente el detonante de toda la confusión posterior, y es que la pretensión de deslindar la protección antidiscriminatoria individual y la protección colectiva de las minorías se verá obstaculizada por la ineludible interrelación de la propia realidad del grupo y sus miembros. La delimitación teórica no podrá evitar que ambos campos se interrelacionen en la práctica, ya que se proyectan sobre realidades similares. La alternativa de encauzar la protección de las minorías a través de la tutela antidiscriminatoria individual no se relaciona pacíficamente con la «perspectiva colectiva» del problema, puesto que será inevitable, dentro de la regulación antidiscriminatoria, tratar cuestiones comunes a la problemática de las minorías[30].

Esta irremediable interacción se verá materializada progresivamente a partir de la firma de la Carta de las Naciones Unidas, momento en el que comienzan a aparecer distintos Tratados internacionales cuyo objetivo fundamental era salvaguardar el valor del individuo y de su dignidad natural[31] por medio de la concreción del contenido y del alcance de los derechos humanos. En lo que a nuestra investigación se refiere, la relevancia del conjunto de documentos que nacerían de este proceso radica en que estos constituyen la base legal sobre la que más tarde se han apoyado los Estados —entre ellos, España— a la hora de introducir en sus ordenamientos jurídicos figuras delictivas contra la discriminación en sus distintas formas, así como las que han venido a agravar las penas de otros tipos ya existentes[32]. Teniendo en cuenta

---

28 *Vid. Ibídem*, pp. 61-62.

29 Ello porque «los problemas del multiculturalismo son problemas de justicia, de reconocimiento de los derechos colectivos y de las minorías», lo que coloca en el centro de la cuestión la aplicación efectiva de los derechos humanos de no discriminación (...) y en las políticas públicas de reconocimiento de las minorías y la diversidad de identidades» (en palabras de Consejo de Redacción. «Los discursos del odio: una amenaza a la construcción democrática de la tolerancia», en *Revista de Fomento Social*, n.º 285, 2017, p. 10).

30 De esta manera, Landa Gorostiza, J. M. *La intervención penal..., op. cit.*, p. 62.

31 *Vid. Ibídem*, p. 50.

32 Nos referimos aquí, por ejemplo, a las leyes agravatorias de pena *(penalty enhancement statutes)* estadounidenses, de las que hablaremos en el capítulo 2 de la presente investigación.

la importancia de la cuestión, en el siguiente apartado vamos a presentar los instrumentos protectores de derechos humanos más importantes que aparecieron a partir de 1945, comenzando por los tratados de ámbito internacional y finalizando con los elaborados en el ámbito regional europeo.

Pasamos, seguidamente, a su exposición.

B. El orden internacional de posguerra: hacia la protección de los derechos humanos y la prohibición de toda discriminación

1. Tratados de ámbito internacional. La labor de la ONU y de sus organismos especializados

Tal y como adelantamos en la Introducción, una vez finalizada la Segunda Guerra Mundial se impuso desde el continente europeo una actitud de rechazo frontal hacia las manifestaciones discriminatorias que inspiraría las medidas que llevarían a cabo los Estados en el ámbito jurídico a partir de entonces[33]. En este contexto, la preocupación general existente en aquel momento llevó a que países de todo el mundo se unieran para dar el que sería el primer paso firme hacia la institucionalización de esta renovada actitud: la firma de la Carta de las Naciones Unidas. En contra de lo que podría esperarse, este importante acontecimiento no tuvo lugar en Europa, sino en América, concretamente en la ciudad de San Francisco (EE. UU.) el día 26 de junio de 1945. La redacción del texto —que acabaría entrando en vigor en octubre de ese mismo año— supuso la fundación oficial de la Organización de las Naciones Unidas (en adelante, ONU), un organismo que nacía como respuesta ante la necesidad manifiesta de gestionar las relaciones interestatales de forma pacífica.

El primero de los muchos exponentes de aquella iniciativa común de salvaguarda de los derechos de todas las personas con independencia de sus características fue la Declaración Universal de los Derechos Humanos (en adelante, DUDH), un texto no vinculante pero esencial que fue finalmente aprobado —tras dos años de deliberación en siete etapas diferenciadas—[34]

33 Tal y como explica URIOS MOLINER, este conflicto supuso un punto de inflexión en lo que a la protección internacional de los derechos humanos se refiere; de hecho, puede decirse que fue en aquel momento cuando dio comienzo, al amparo de las Naciones Unidas, la «internacionalización de los derechos humanos» [URIOS MOLINER, S. «Garantías de los Derechos Humanos (I). La protección internacional de los derechos humanos», en *Manual de Derechos Humanos* coordinadora Paloma DURÁN LALAGUNA, Comares, Granada, 1993, pp. 87 y ss.]. En términos similares, LANDA GOROSTIZA, J. M. *La intervención penal…*, *op. cit.*, pp. 62-63.

34 En lo que al proceso de redacción respecta, COLEMAN explica que los debates más controvertidos se plantearon fundamentalmente en torno a dos preceptos en particular: el art.

el 10 de diciembre de 1948. Surgida en el marco del proceso de regeneración europea como pilar fundamental de un «creciente cuerpo de derecho internacional que afirmaba que los derechos son inherentes a todos los seres humanos y deben ser respetados por todas las naciones»[35], su ideal de defensa de la dignidad humana se vio plasmado ya en el Preámbulo del texto, que,

> «Considerando que el desconocimiento y el menosprecio de los derechos humanos han originado actos de barbarie ultrajantes para la conciencia de la humanidad, y que se ha proclamado, como la aspiración más elevada del hombre, el advenimiento de un mundo en que los seres humanos, liberados del temor y de la miseria, disfruten de la libertad de palabra y de la libertad de creencias», consolida «su fe en los derechos fundamentales del hombre, en la dignidad y en el valor de la persona humana[36].

En lo que interesa, concretamente, a nuestro ámbito de estudio, merece la pena señalar que la Declaración fue el primer texto internacional que introdujo de manera expresa la referencia a la discriminación[37]. Lo hizo en su artículo (en adelante, art.) 7, en los términos que siguen: «Todos son iguales ante la ley y tienen, sin distinción, derecho a igual protección de la ley. Todos tienen derecho a igual protección contra toda discriminación que infrinja esta Declaración y contra toda provocación a tal discriminación».

Pues bien, una vez reconocidos expresamente estos principios fundamentales, la DUDH se ha visto acompañada de otros Tratados que han contribuido al desarrollo de un cuerpo legal internacional en defensa de los derechos humanos. Así, poco tiempo después de la publicación de la Declaración Universal aparecería el que puede considerarse como el segundo de los avances más importantes en el reconocimiento de estos derechos y también en el desarrollo del Derecho penal a nivel mundial: la Convención para la Prevención y Sanción del Delito de Genocidio[38/39]. Este documento, como la

7 (que regula la protección frente a la discriminación) y el art. 19 (relativo a la libertad de expresión) (Coleman, P. *La censura maquillada*, Dykinson, Madrid, 2018, p. 38).

35 En palabras de Fukuyama, F. *Identidad. La demanda de dignidad y las políticas de resentimiento*, Deusto S.A. Ediciones, Barcelona, 2019, p. 152.

36 El texto de la Declaración Universal de los Derechos Humanos puede consultarse, entre otros, en el siguiente enlace: https://www.un.org/es/universal-declaration-human-rights/.

37 En este sentido, Landa Gorostiza, J. M. *La intervención penal..., op. cit.*, p. 64.

38 El texto completo de la Convención puede consultarse, entre otros, en el siguiente enlace: https://www.ohchr.org/SP/ProfessionalInterest/Pages/CrimeOfGenocide.aspx.

39 Merece la pena destacar que el término «genocidio» había sido reconocido jurídica y formalmente durante los Juicios de Núremberg, pese no haber sido mencionado como tal en el Estatuto. De esta manera lo explica García Ruiz, C. R. «La investigación pública y directa a cometer genocidio en el derecho penal internacional», en *La prevención y represión del discurso del odio: hacia la construcción multidisciplinar de la tolerancia*, obra colectiva, coordinadora Blanca Martín Ríos, Aranzadi, Navarra, 2019. ISBN: 9788413091617, p. 52.

DUDH, se sitúa en el seno de las primeras medidas que adoptó la ONU en el ámbito de la lucha contra la discriminación y, como tal, supone una reacción generalizada a las terribles actuaciones llevadas a cabo por el régimen nacionalsocialista[40]. La Convención fue aprobada el 9 de diciembre de 1948 —aunque no entró en vigor hasta el 12 de enero de 1951—, y dentro del catálogo de normas que instaura merece ser mencionado, en particular, su art. III, que prevé expresamente el castigo de la «instigación directa y pública a cometer delito de genocidio». Asimismo, deben destacarse sus arts. IV[41] y V[42], que obligan a los Estados parte a tomar las medidas que resulten pertinentes, incluida la promulgación de leyes, para prevenir y castigar este tipo delictivo.

Casi dos décadas más tarde, la DUDH y la Convención para la Prevención y Sanción del Delito de Genocidio se verían acompañadas por otros Tratados de gran relevancia —y, además, de carácter vinculante— que venían a reforzar los principios sobre los que se asientan aquellos textos. Entre ellos merecen destacarse, sobre todo, la Convención Internacional sobre la Eliminación de todas las Formas de Discriminación Racial (a partir de ahora, CIERD), aprobada por la Asamblea General de las Naciones Unidas (en adelante, AGNU) el 21 de diciembre 1965 —en vigor desde el 4 de enero de 1969[43/44]—; y el Pacto Internacional de Derechos Civiles y Políticos (en lo que sigue, PIDCP), aprobado también por la AGNU el 16 de diciembre de 1966 —en vigor desde el 23 de marzo de 1976[45/46]—. Este último, unido al Pacto Internacional de Derechos Económicos, Sociales y Culturales[47] (a partir de

40 Así lo explica Landa Gorostiza, J. M. *La intervención penal…, op. cit.*, p. 67.

41 Esta disposición reza lo siguiente: «Las personas que hayan cometido genocidio o cualquiera de los otros actos enumerados en el artículo III, serán castigadas, ya se trate de gobernantes, funcionarios o particulares».

42 Este precepto dispone: «Las partes contratantes se comprometen a adoptar, con arreglo a sus Constituciones respectivas, las medidas legislativas necesarias para asegurar la aplicación de las disposiciones de la presente Convención, y especialmente a establecer sanciones penales eficaces para castigar a las personas culpables de genocidio o de cualquier otro de los actos enumerados en el artículo III».

43 La Convención se encuentra en vigor en España desde el 4 de enero de 1969. El instrumento de Adhesión y el texto completo en castellano se encuentra en BOE n.º 118, de 17 de mayo de 1969.

44 El texto completo de la Convención puede consultarse, entre otros, en el siguiente enlace: https://www.ohchr.org/sp/professionalinterest/pages/cerd.aspx.

45 Este Pacto fue ratificado por España el 13 de abril de 1977, y entró en vigor en nuestro país el 27 de julio de ese año. El Instrumento de Ratificación del mismo se encuentra en BOE n.º 103, de 30 de abril de 1977.

46 El texto completo del Pacto puede consultarse en el siguiente enlace: https://www.ohchr.org/sp/professionalinterest/pages/ccpr.aspx.

47 Según indica el Comité Español de la Agencia de la ONU para los Refugiados (en adelante, ACNUR), el PIDCP y el PIDESC fueron aprobados en la misma fecha y nacieron como refuerzo de la DUDH (Acnur Comité Español. «¿Qué es el Pacto Internacional de

ahora, PIDESC), conforma la denominada «Carta Internacional de Derechos Humanos»[48].

En lo que se refiere al primero de los textos mencionados (la CIERD), este encuentra su germen en una sucesión de actos vandálicos que tuvieron lugar en Europa durante las Navidades del año 1959. Concretamente, los hechos ocurrieron el día 24 de diciembre[49], momento en el que, a raíz de la profanación de una sinagoga en la ciudad de *Köln* (República Federal de Alemania) se desencadenó desde nuestro continente una ola de manifestaciones antisemitas. Las pintadas de esvásticas, así como otros actos de vandalismo, se prolongaron durante semanas, alcanzando países como Reino Unido, Bélgica, Suecia, Nueva York e incluso Sudáfrica[50], lo que llevó a la antigua Subcomisión de Prevención de Discriminaciones y Protección a las Minorías[51] a calificar los hechos de incumplimientos de la Carta de la ONU y de la DUDH[52]. Como consecuencia de ello, tras haber estudiado las causas y las posibles medidas a adoptar frente a los incidentes acontecidos en diciembre de 1959, la Subcomisión determinó en su sesión de 1961 la elaboración de

Derechos Civiles y Políticos?» [en línea], en *Blog Eacnur*, abril de 2017, p. única [fecha de consulta: 9 de julio de 2020]. Disponible en: https://eacnur.org/blog/pacto-internacional-derechos-civiles-politicos/).

48 Así se indica en la sección 5 de la página web de la Red Internacional para los Derechos Económicos, Sociales y Culturales [fecha de consulta: 9 de julio de 2020]. Disponible en: https://www.escr-net.org/es/recursos/seccion-5-antecedentes-del-pidesc.

49 Este acontecimiento se recogió, por ejemplo, en el Boletín Diario de Noticias de la *Jewish Telegraphic Agency* (Jewish Telegraphic Agency. «Series of anti-jewish incidents follows Cologne synagogue desecration», en *Daily News Bulletin*, vol. XXVI, 31 de diciembre de 1959, n.º 251, 31 de diciembre de 1959, p. 1. Disponible en: http://pdfs.jta.org/1959/1959-12-31_251.pdf?_ga=2.67039278.1036629933.1592328196-1576747519.1592328196).

50 Así se recoge en «Hoy en la historia judía / Vándalos profanan una sinagoga alemana y hacen estallar un tsunami antisemita», en *Agencia Judía de* Noticias, 24 de diciembre de 2014. Disponible en: https://agenciaajn.com/noticia/hoy-en-la-historia-judia-vandalos-profanan-una-sinagoga-alemana-y-hacen-estallar-un-tsunami-antisemita-11240.

51 La Subcomisión de Prevención de Discriminaciones y Protección a las Minorías era el principal órgano subsidiario de la antigua Comisión de Derechos Humanos, que fue sustituida el 15 de marzo de 2006 por el Consejo de Derechos Humanos. Esta institución fue creada en 1947, cuando contaba solo con 12 miembros —hoy son 26—, y recibió su nombre actual (Subcomisión de Promoción y Protección de los Derechos Humanos) en 1999. Para más información, *vid.* la página web de la Oficina del Alto Comisionado de las Naciones Unidas para los Derechos Humanos sobre la Subcomisión de Promoción y Protección de los Derechos Humanos (https://www2.ohchr.org/spanish/bodies/subcom/index.htm), así como la Información previa al Consejo de Derechos Humanos (https://www.ohchr.org/SP/HRBodies/HRC/Pages/AboutCouncil.aspx).

52 Como lo afirma, por ejemplo, Schwelb, E. «The International Convention on the Elimination of all Forms of Racial Discrimination», en *Cambridge University Press*, International & Comparative Law Quarterly, vol. 15, n.º 4, 17 de enero de 2008, pp. 998-999. DOI: https://doi.org/10.1093/iclqaj/15.4.996.

una Convención internacional que impusiera obligaciones legales concretas para condenar este tipo de comportamientos discriminatorios[53].

Ya en el año 1962, la AGNU decidió ir más allá de lo establecido por su órgano principal y se propuso castigar cualquier tipo de discriminación de corte racial y religioso, sin limitarla a algunas de sus manifestaciones concretas. Aparte, resolvió elaborar una declaración previa a la propia Convención, así como deslindar el problema de la intolerancia religiosa del de la discriminación racial[54] —si bien esto último no sería posible finalmente y se acabaría otorgando mayor relevancia a la cuestión racial[55]—. Fue así como surgió la CIERD, uno de los cuerpos legales antidiscriminatorios más influyentes hasta el día de hoy. De entre todas sus disposiciones, la más significativa se recoge en su art. 4, que establece, entre otras medidas, el castigo de toda propaganda[56] basada en la superioridad racial o que procure fomentar o justificar el odio y la discriminación racial.

Pues bien, tan solo un año después de la aparición de la CIERD se elaboró el segundo de los textos legales a los que hicimos referencia anteriormente: el PIDPC. Este Tratado recoge un amplio catálogo de derechos de índole

53 *Vid. Ibídem*, p. 998.

54 Tal y como explica SCHWELB, fue sobre todo el conflicto árabe-israelí lo que llevó a los países árabes a oponerse a un tratamiento conjunto de ambas problemáticas, aunque también resultó crucial en este punto el hecho de que algunos países del este de Europa no considerasen la cuestión religiosa tan importante como la cuestión racial (*vid. Ibídem*, pp. 998-999).

55 Así lo señala SCHWELB, quien además expone de forma detallada el enfrentamiento que llevaría a que ambas cuestiones aparecieran inevitablemente interrelacionadas en el texto definitivo. Explica este autor que, pesar de que la Convención de 1965 ya incluía una referencia expresa al *apartheid* en su art. 3 —que disponía que «Los Estados partes condenan especialmente la segregación racial y el apartheid y se comprometen a prevenir, prohibir y eliminar en los territorios bajo su jurisdicción todas las prácticas de esta naturaleza»—, EE. UU. quiso introducir separadamente una referencia al antisemitismo, propuesta a la que se opusieron los Estados árabes, por entender que no se trataba de una cuestión racial, sino religiosa (*vid. Ibídem*, pp. 1.011 y ss.).

56 Debe recordarse que la propaganda fue una de las armas más eficaces de las que se valió Hitler para conseguir sus objetivos. En dos capítulos del propio *Mein Kampf*, el *Führer* presentaba este instrumento como «un arma verdaderamente terrible en manos de un experto» que no pretendía utilizar para «hacer un estudio objetivo de la verdad»; sino para servir al derecho del régimen y hacerlo, además, «de manera inmutable». Un objetivo que consiguió con creces: a través del uso de sofisticadas técnicas de publicidad y de los medios tecnológicos más avanzados de la época, los nazis fueron diseminando el odio contra los judíos y otros grupos minoritarios con el fin de asentar en la sociedad el prejuicio y la discriminación. De esta manera, al tiempo que se erigía como la que sería la piedra angular del triunfo de Hitler en las urnas, la propaganda iba dibujando el escenario propicio para el avance de una persecución cuyo objetivo único era conducir a estos colectivos al exterminio. *Vid.* «La propaganda nazi» [en línea], en *Enciclopedia del Holocausto* (USHMM), 24 de abril de 2019, p. única [fecha de consulta: 30 de enero de 2021]. Disponible en: https://encyclopedia.ushmm.org/content/es/article/nazi-propaganda.

diversa entre los que se encuentran, por ejemplo, el derecho a la vida (art. 6.1)[57], a la libertad y a la seguridad (art. 9.1)[58], al matrimonio (art. 23.2)[59], y el derecho a no ser sometido a torturas, a malos tratos o a esclavitud (arts. 7 y 8.1)[60]. En lo que interesa particularmente a nuestro trabajo, de entre las obligaciones que impone el Pacto merece mencionarse en especial su art. 20.2, que prohíbe toda apología del odio nacional, racial o religioso que constituya incitación a la discriminación, la hostilidad o la violencia[61]. A este precepto debe sumarse sin duda el art. 2.1, que establece que los Estados firmantes se comprometen a salvaguardar los derechos incluidos en el texto siempre que se encuentren bajo su jurisdicción y sin que quepa establecer en este sentido distinción alguna en razón de la condición social.

Dejando ahora a un lado el derecho sustantivo, cabe resaltar que el Comité de Derechos Humanos de Naciones Unidas (a partir de ahora, CCPR) —órgano que vela por el cumplimiento de las disposiciones del PIDCP— en su Observación general n.º 18, relativa a la no discriminación (apartado 6)[62],

---

57 Según este precepto, «El derecho a la vida es inherente a la persona humana. Este derecho estará protegido por la ley. Nadie podrá ser privado de la vida arbitrariamente».

58 La disposición reza lo que sigue: «Todo individuo tiene derecho a la libertad y a la seguridad personales. Nadie podrá ser sometido a detención o prisión arbitrarias. Nadie podrá ser privado de su libertad, salvo por las causas fijadas por ley y con arreglo al procedimiento establecido en ésta».

59 Según este precepto, «Se reconoce el derecho del hombre y de la mujer a contraer matrimonio y a fundar una familia si tienen edad para ello».

60 El art. 7 establece que «Nadie estará sometido a esclavitud. La esclavitud y la trata de esclavos estarán prohibidas en todas sus formas». Por su parte, el art. 8.1 dispone que «Nadie estará sometido a esclavitud. La esclavitud y la trata de esclavos estarán prohibidas en todas sus formas».

61 Siguiendo las directrices del PIDCP, la Convención Americana sobre Derechos Humanos (en adelante, CADH) encomienda la prohibición de «toda propaganda en favor de la guerra y toda apología del odio nacional, racial o religioso que constituyan incitaciones a la violencia o cualquier otra acción ilegal similar contra cualquier persona o grupo de personas, por ningún motivo» (art. 13.5). El texto completo de la Convención puede consultarse en el siguiente enlace: https://www.oas.org/dil/esp/tratados_b-32_convencion_americana_sobre_derechos_humanos.htm.

62 Este párrafo reza lo siguiente: «El Comité toma nota de que en el Pacto no se define el término "discriminación" ni se indica qué es lo que constituye discriminación. Sin embargo, en el artículo 1 de la Convención Internacional sobre la Eliminación de todas las Formas de Discriminación Racial se establece que la expresión "discriminación racial" denotará toda distinción, exclusión, restricción o preferencia basadas en motivos de raza, color, linaje u origen nacional o étnico que tenga por objeto o por resultado anular o menoscabar el reconocimiento, goce o ejercicio, en condiciones de igualdad, de los derechos humanos y libertades fundamentales en las esferas política, económica, social, cultural o en cualquier otra esfera de la vida pública. De igual manera, en el artículo 1 de la Convención sobre la eliminación de todas las formas de discriminación contra la mujer se establece que la expresión "discriminación contra la mujer" denotará toda distinción, exclusión o restricción basada en el sexo que tenga por objeto o por resultado menoscabar o anular

ha acogido el concepto de discriminación racial que estableció el art. 1 CIERD, y lo ha aplicado a todos los derechos y libertades recogidos en el PIDCP. Con todo, lo más relevante de esta resolución es su apartado 10[63], que permite, al amparo del principio de igualdad, el otorgamiento de un trato privilegiado a un colectivo determinado siempre y cuando esto sea necesario para acabar con su situación de discriminación[64].

Dicho esto, para completar esta breve referencia a los Tratados internacionales de Derechos Humanos más importantes de la década de los 60 debemos añadir que, durante sus respectivas elaboraciones, el asunto que suscitó mayor controversia fue el relativo a la regulación del derecho a la libertad de expresión[65], debido a las posturas marcadamente diferenciadas que tenían sus redactores[66]: mientras que en varios textos puede apreciarse claramente la singular relevancia que se otorga a este derecho, otros que fueron aprobados en la misma época establecen limitaciones al mismo debido a la intención de ciertos gobiernos —especialmente los más cercanos y contrarios a la experiencia nazi— de prevenir las manifestaciones de odio e intolerancia. Este hecho se evidenciaría, sobre todo, a partir de la década de los 70, momento en el que comenzaron a incorporarse las disposiciones de la ONU a los ordenamientos internos de los Estados[67].

---

el reconocimiento, goce o ejercicio por la mujer, independientemente de su estado civil, sobre la base de la igualdad del hombre y la mujer, de los derechos humanos y las libertades fundamentales en las esferas política, económica, social, cultural y civil o en cualquier otra esfera».

63 Este párrafo establece lo siguiente: «El Comité desea también señalar que el principio de la igualdad exige algunas veces a los Estados Parte adoptar disposiciones positivas para reducir o eliminar las condiciones que originan o facilitan que se perpetúe la discriminación prohibida por el Pacto. Por ejemplo, en un Estado en el que la situación general de un cierto sector de su población impide u obstaculiza el disfrute de los derechos humanos por parte de esa población, el Estado debería adoptar disposiciones especiales para poner remedio a esa situación. Las medidas de ese carácter pueden llegar hasta otorgar, durante un tiempo, al sector de la población de que se trate un cierto trato preferencial en cuestiones concretas en comparación con el resto de la población. Sin embargo, en cuanto son necesarias para corregir la discriminación de hecho, esas medidas son una diferenciación legítima con arreglo al Pacto».

64 Así lo explica Amnistía Internacional, *El sistema internacional de derechos humanos. Manual de uso contra la discriminación racial*, Dykinson, Madrid, 2001, p. 31.

65 Sobre todo en lo relativo al debate sobre la conexión entre el ejercicio de este derecho fundamental y la violencia. Así lo indica Coleman, P. *La censura maquillada…*, *op. cit.*, p. 89.

66 En el caso del PIDPC, la diferencia fundamental se encontraba en el hecho de que solo los países con sistemas capitalistas reivindicaban los derechos civiles y políticos. Así, Acnur Comité Español, «¿Qué es el Pacto…?, *op. cit.*, p. única.

67 Así, Coleman, P. *La censura maquillada…*, *op. cit.*, pp. 13 y 51.

Frente a países como EE. UU., cuya tradición liberal antepone la supremacía del derecho a la libre expresión[68], en Europa fue cada vez más frecuente la aparición de normas que castigan ciertos discursos extremos, conocidos, con el paso del tiempo, como «discursos de odio»[69]. De esta manera, la creciente legislación antidiscriminatoria de estos territorios configuraría las dos vertientes fundamentales que han surgido a la hora de enfrentar penalmente de este tipo de conductas. Como bien sintetiza Alcácer Guirao[70], en la pugna que el discurso del odio plantea entre la libertad de expresión y la dignidad humana, el sistema americano dará prioridad a la libertad de expresión, aun cuando pueda resultar atentatoria contra la dignidad o el honor de ciertas personas o grupos, mientras que en el sistema europeo estos derechos podrán configurarse legítimamente como valores equiparables o superiores que limiten la libertad de expresión.

Dicho esto, antes de pasar a hablar del ámbito regional europeo[71] y a modo de cierre de nuestra aproximación a los Tratados antidiscriminatorios de ámbito internacional, debemos, aunque sea, mencionar dos textos proclamados en el seno de las Naciones Unidas que hacen referencia a nuestro ámbito de estudio: la Declaración sobre la eliminación de todas las formas de intolerancia y discriminación fundadas en la religión o en las convicciones —aprobada el 25 de noviembre de 1981—[72] y la Convención sobre la Elimi-

68 A la hora de firmar la CIERD, EE. UU. se negó a aceptar la obligación de limitar el libre discurso, y lo mismo hizo un año más tarde con el PIDCP, al establecer una reserva mediante la cual se establecía que el texto no imponía al país norteamericano la restricción del derecho a la libertad de expresión y asociación consagrada por su ordenamiento jurídico (*vid. Ibídem*, p. 14).

69 El estudio del concepto de «discurso de odio» lo llevaremos a cabo más adelante, concretamente en el capítulo III. Por el momento, para evitar confusiones, aclaramos que con el uso de esta expresión queremos hacer referencia a la propaganda de ideas contraria a grupos (o sus miembros) caracterizados por ciertos factores —como su raza, color, origen étnico, orientación sexual, enfermedad, etc.—, y que justifican o apoyan la discriminación contra los mismos.

70 *Vid.* Alcácer Guirao, R. «Víctimas y disidentes. El "discurso del odio" en EE. UU. y Europa», en *Revista Española de Derecho Constitucional*, año n.° 35, n.° 103, 2015, p. 51.

71 Para evitar alejarnos de lo que es el objeto central del presente trabajo, no es posible entrar a analizar el ámbito regional norteamericano; no obstante, en este sentido resulta pertinente, al menos, hacer alusión a la Convención Americana sobre Derechos Humanos, del 22 de noviembre de 1969, cuyo art. 13.5 establece que «Estará prohibida por la ley toda propaganda en favor de la guerra y toda apología del odio nacional, racial o religioso que constituyan incitaciones a la violencia o cualquier otra acción ilegal similar contra cualquier persona o grupo de personas, por ningún motivo, inclusive los de raza, color, religión, idioma u origen nacional».
El texto completo de la Convención puede consultarse, entre otros, en el siguiente enlace: https://www.oas.org/dil/esp/tratados_b-32_convencion_americana_sobre_derechos_humanos.htm.

72 En cuanto al tema particular que nos ocupa, el art. 2.1 de la Declaración dispone que «Nadie será objeto de discriminación por motivo de religión o convicciones por parte de

nación de Todas las Formas de Discriminación contra la Mujer (en adelante, CETFDCM) —adoptada en Nueva York el 18 de diciembre de 1979—[73].

Pues bien, con este último apunte ponemos fin a nuestra aproximación a la legislación internacional que consideramos más destacable en este contexto de fortalecimiento y desarrollo de los derechos humanos. Pasamos, a continuación, a presentar una síntesis de la labor que en este sentido han llevado a cabo el Consejo de Europa y la Unión Europea (en adelante, UE), para poder comprender los pilares básicos de nuestra legislación interna.

2. El ámbito regional europeo: breve aproximación a los trabajos del Consejo de Europa y de la UE

Fuera del ámbito internacional pero merecedores de mención en esta materia son sin duda los esfuerzos que llevaron a cabo el Consejo de Europa y la UE durante la segunda mitad del siglo XX, sobre todo desde el punto de vista de la orientación política[74]. Comenzaremos por el primero de ellos.

El Consejo de Europa, que dio sus primeros pasos en este ámbito con la elaboración —entre otros—[75] del Convenio Europeo para la Protección de los Derechos Humanos y de las Libertades Fundamentales (más conocido como Convención Europea de Derechos Humanos o Convenio de Roma; en

ningún Estado, institución, grupo de personas o particulares», entendiéndose por «intolerancia y discriminación basadas en la religión o en las convicciones» (según su art. 2.2) cualquier

«(...) distinción, exclusión, restricción o preferencia fundada en la religión o en las convicciones y cuyo fin o efecto sea la abolición o el menoscabo del reconocimiento, el goce o el ejercicio en pie de igualdad de los derechos humanos y las libertades fundamentales».

73 La relevancia de esta Convención reside en que, con su entrada en vigor —producida el 3 de septiembre de 1981— los Estados firmantes se han comprometido a adoptar las medidas que resulten necesarias para acabar con cualquier tipo de discriminación contra las mujeres, así como a informar a la ONU sobre las decisiones que vayan adoptando en este sentido. Así lo explica Arteaga Ansa, quien indica, además, que constituye «el primer instrumento jurídico internacional con vocación universal que proclama claramente que las acciones positivas no constituyen una discriminación al no derogar el principio de igualdad entre los sexos, siempre que sean transitorias y tendentes a corregir una desigualdad efectiva en todos los ámbitos: civil, político, social, económico y cultural» [Arteaga Ansa, T. «Presentación», en *Convención sobre la eliminación de todas las formas de discriminación contra las mujeres y recomendaciones*, obra colectiva, coordinadora Ana Rincón, Instituto Vasco de la Mujer, Vitoria-Gasteiz, p. 9].

74 Tal y como indica Landa Gorostiza, J. M. *La intervención penal...*, *op. cit.*, p. 79.

75 Destacan también, por ejemplo, el Convenio Europeo sobre la Televisión Transfronteriza, de 5 de mayo de 1989, y el Convenio del Consejo de Europa sobre prevención y lucha contra la violencia contra la mujer y la violencia doméstica, de 11 de mayo de 2011.

adelante, CEDH)[76][77], aprobó en 1966 una de sus resoluciones más relevantes en este ámbito. Nos referimos a la Recomendación 453, la cual, entre sus aspectos más destacables, insta a tomar medidas (incluida la promulgación de leyes) contra la incitación a la violencia racial, nacional y étnica, así como contra la violencia religiosa[78]. Con independencia del contenido de sus disposiciones, lo cierto es que la verdadera importancia de esta resolución radica en el apoyo que su elaboración supuso para la CIERD[79] —y, con ello, para la Convención de la ONU—, así como en la influencia que ha ejercido posteriormente en la regulación penal antidiscriminatoria de numerosos países de nuestro entorno cultural[80], como tendremos oportunidad de atestiguar más adelante[81].

Por otro lado, dentro de la labor llevada a cabo por el Consejo de Europa merece sin duda destacarse el Protocolo Adicional al Convenio sobre la Ciberdelincuencia relativo a la penalización de actos de índole racista y xenófoba cometidos a través de sistemas informáticos, de 28 de enero de 2003[82]. Este texto, que vino a completar el Convenio sobre la Ciberdelincuencia, de 23 de noviembre de 2001, exige a los Estados miembros la adopción de las medidas —legislativas o de otra índole— que resulten necesarias para

---

76 Siguiendo a Landa Gorostiza, en este sentido es importante tener en cuenta que el CEDH, hecho en Roma el 4 de noviembre de 1950, cuenta con numerosas limitaciones, sobre todo debido a la ambigüedad de su cláusula antidiscriminatoria y a la falta de una prohibición específica de los comportamientos discriminatorios. La mencionada cláusula se contiene en el art. 14 del texto, que reza lo siguiente: «El goce de los derechos y libertades reconocidos en el presente Convenio ha de ser asegurado sin distinción alguna, especialmente por razones de sexo, raza, color, lengua, religión, opiniones políticas u otras, origen nacional o social, pertenencia a una minoría nacional, fortuna, nacimiento o cualquier otra situación».
Vid. Landa Gorostiza, J. M. *La intervención penal…, op. cit.*, pp. 70-71. El texto completo del CEDH puede consultarse en el siguiente enlace: https://www.echr.coe.int/documents/convention_spa.pdf.

77 A este texto haremos referencia, en concreto, en el siguiente epígrafe.

78 Buena muestra del compromiso de lucha del Consejo frente a este tipo de manifestaciones es, en particular, el art. 1, letra a) de la Recomendación, que propone un modelo de ley que tipifica el exigir o incitar «públicamente al odio, la intolerancia, la discriminación o la violencia contra personas o grupos de personas que se distinguen por el color, la raza, el origen étnico o nacional, o la religión».

79 De hecho, el Comité de Ministros del Consejo de Europa elaboró una segunda Recomendación, intitulada «Medidas contra la incitación al odio racial, nacional y religioso» [Recomendación (68) 30] en la que instaba a todos los gobiernos miembros del Consejo a firmar y ratificar la CIERD. Así lo indica Landa Gorostiza, J. M. *La intervención penal…, op. cit.*, p. 73.

80 *Vid. Ibídem*, pp. 72-74.

81 *Vid.* pp. 53 y ss. de este mismo texto.

82 El texto completo del Instrumento de Ratificación del Protocolo puede consultarse en el siguiente enlace: https://www.boe.es/diario_boe/txt.php?id=BOE-A-2015-793.

castigar penalmente la difusión de material racista y xenófobo a través de medios informáticos (art. 3). Asimismo, ordena la tipificación del uso de estos sistemas para amenazar (art. 4) o insultar (art. 5) a otras personas por motivos racistas o xenófobos, así como para negar, minimizar manifiestamente, aprobar o justificar el genocidio o los delitos de lesa humanidad (art. 6).

Dicho esto, para completar el presente apartado, en segundo lugar vamos a hacer referencia a los trabajos más importantes que ha realizado la UE en este ámbito. Por encima de todas las medidas que la comunidad ha ido tomando para luchar contra las manifestaciones de la intolerancia, resulta digno de mención el acuerdo político del Consejo de Justicia y Asuntos de interior de 19 de marzo de 1996, que determinó la elaboración de una Acción Común contra el racismo y la xenofobia —creada finalmente el 15 de julio de 1996[83]— con el objetivo de enfrentar el crecimiento de los delitos motivados por estos factores en nuestro continente. El texto definitivo, al margen de las medidas de cooperación judicial que pretende salvaguardar, insiste en la tipificación de este tipo de conductas discriminatorias (siempre con la condición de que su sanción penal resulte pertinente de cara a una efectiva cooperación judicial)[84], además de proponer un modelo legislativo que hace referencia a comportamientos discriminatorios concretos[85].

Pues bien, con esta última referencia damos por finalizada nuestra aproximación general a los textos legales de mayor relevancia en lo que al desarrollo de los derechos humanos se refiere. Para dar un paso más hacia lo que constituye el verdadero objeto de nuestra investigación, en el próximo epígrafe nos disponemos a exponer cómo los distintos Estados han ido materializando en sus ordenamientos jurídicos el respeto a las disposiciones internacionales en este ámbito y, más concretamente, a aquellas relativas a la lucha contra la discriminación.

---

83 Nos referimos aquí a la Acción Común 96/443/JAI, de 15 de julio de 1996, adoptada por el Consejo sobre la base del artículo K. 3 del Tratado de la Unión Europea (en adelante, TUE) relativa a la acción contra el racismo y la xenofobia. Cabe destacar que este documento, al igual que ocurría con la Recomendación 453 del Consejo de Europa, se presenta como complementario a la Convención de 1965 (DO L 185 de 24 de julio de 1996, p. 6, Título I, apartado C). *Vid.*, en este sentido, LANDA GOROSTIZA, J. M. *La intervención…, op. cit.*, pp. 73 y 79.

84 Tal y como explica LANDA GOROSTIZA, aparte de esto, la Acción Común permite acudir al principio de la doble incriminación para evitar las consecuencias derivadas de una posible falta de tipificación de estos comportamientos por parte de algún Estado miembro (*vid. Ibídem*, p. 78).

85 *Vid.* Título I de la Acción Común.

C. El modelo europeo frente a la tradición legislativa de EE. UU.

Como no podía ser de otro modo dado el trauma que supuso el Holocausto, el desarrollo de la normativa internacional en materia de reconocimiento y defensa de los derechos humanos tuvo un enorme impacto en los ordenamientos jurídicos estatales. Entre otras disciplinas, esta proliferación legislativa afectó de lleno al Derecho penal[86/87], donde los Estados creyeron haber encontrado la verdadera espada y el escudo[88] de las garantías y libertades que nos corresponden a todos[89] por el solo hecho de haber nacido. Así, a uno y a otro lado del Atlántico se fueron trazando dos estelas que, sin ser coincidentes, seguían una dirección común: asegurar el cumplimiento de las disposiciones internacionales, entre otras medidas, mediante la tipificación de comportamientos que perpetuaban la situación de marginación de ciertos colectivos históricamente marginados. En este contexto cobraría especial relevancia la problemática del discurso extremo o «de odio», lo que obligó

86 Es cierto que el recurso al Derecho penal no ha sido la única reacción que se ha manejado —en general e históricamente— frente a un cambio de sistema, pero sí la más frecuente e inmediata. Alemania es un buen ejemplo de ello, pero también en su caso se emplearon otros instrumentos mucho más eficaces que el Derecho Penal para reparar a las víctimas y a su entorno: así, por ejemplo, el conocimiento de las actividades realizadas por los funcionarios de seguridad del antiguo Ministerio para la Seguridad del Estado en la República Democrática Alemana, y numerosas compensaciones administrativo-funcionariales, laborales o sociales. Siguiendo a HASSEMER, W. «El Derecho Penal tras el cambio de sistema político», en *Humboldt-Kolleg. La transformación jurídica de las dictaduras en democracias y la elaboración jurídica del pasado*, obra colectiva, coordinadores Juana DEL CARPIO DELGADO y Alfonso GALÁN MUÑOZ, Tirant lo Blanch, Valencia, 2009, pp. 30-32.

87 En este sentido, como bien indica VORMBAUM, «dada la dimensión cualitativa y cuantitativa de los crímenes del sistema nazi no podía tomarse en serio otra confrontación con los mismos que no fuera la penal, como podía ser, por ejemplo, una estrategia de reconciliación» (VORMBAUM, T. «La transformación jurídica de Alemania..., *op. cit.*, p. 55).

88 Esta referencia ha sido extraída del título de DEL CARPIO DELGADO, J. / GARCÍA ÁLVAREZ, P. (coords). *Derecho Penal: la espada y el escudo de los Derechos Humanos*, Tirant lo Blanch, Valencia, 2018.

89 A este respecto, VORMBAUM explica que las políticas que ponen en riesgo la paz, que amplían los poderes de las fuerzas de seguridad, que promueven el racismo o que instauran campos de exterminio han existido en muchas sociedades, y no solo durante el siglo XX. De hecho, estos elementos han caracterizado las políticas de países autoritarios, pero también de algunos configurados democráticamente. Por ello entiende este autor que «quizás sea esta la razón por la que antes del comienzo del Derecho penal internacional no se considerara que tras un cambio de sistema fuera necesario imponer sanciones, y que cuando en algunos casos después de ese cambio se impusieron efectivamente algunas sanciones, ello se debió a que los anteriores detentadores del poder eran adversarios políticos, no a que hubieran infringido ciertos principios de humanidad, la paz, la democracia o el Estado de Derecho». *Vid.* VORMBAUM, T. «La transformación jurídica de Alemania..., *op. cit.*, p. 54.

al legislador a hacer frente al mismo a través de la limitación, más o menos amplia, del derecho a la libertad de expresión.

En lo que hace en concreto a nuestro continente, la problemática en torno al «odio» en el discurso se enfrentaría al alcanzarse la mitad del siglo XX, particularmente a partir de la labor que entonces llevaba a cabo el Consejo de Europa. Para combatir las manifestaciones de la intolerancia contra determinados colectivos —y en línea con los Tratados internacionales defensores de derechos humanos que se desarrollaban paralelamente— Europa decidió establecer como valor supremo a proteger la dignidad del individuo[90], asumiendo una labor de fomento de la defensa de los derechos de los ciudadanos, así como de las condiciones que garantizan su vigencia[91]. Como es lógico, esta actitud ha calado posteriormente en todas las legislaciones nacionales que han decidido introducir en sus Códigos Penales figuras delictivas contra este tipo de comportamientos, como es el caso de la española; sin embargo, el modelo europeo no ha sido el único que se ha seguido a la hora de enfrentar esta cuestión.

Frente a la perspectiva europea, el modelo estadounidense se ha erigido como el segundo referente mundial en esta materia, adoptando una posición muy distinta a la nuestra: mientras que en Europa se ha antepuesto la protección de la dignidad del individuo frente a la libertad de expresión, en EE. UU. este derecho ha tendido a ser mucho más respetado[92/93], en línea con lo establecido en la Primera Enmienda de su Constitución. La divergencia entre ambos territorios la expresa muy bien ALCÁCER GUIRAO[94] al identificar dos

90 Siguiendo a LANDA GOROSTIZA, J. M. *Los delitos de odio..., op. cit.*, pp. 27-40.

91 Confróntese, en este sentido, ALCÁCER GUIRAO, R. «Víctimas y disidentes..., *op. cit.*, p. 66.

92 Como ejemplo paradigmático del compromiso de EE. UU. con la libertad de expresión ALCÁCER GUIRAO menciona la marcha neonazi sobre Skokie (1978), que fue apoyada por la Unión Americana de Libertades Civiles (en adelante, ACLU), una de las organizaciones protectoras de derechos humanos más importante del país que jugó un rol esencial en la lucha por los derechos civiles de los afroamericanos en los años sesenta. La razón que la ACLU adujo para justificar su posicionamiento fue que «(...) defendiendo la libertad de expresión de los nazis, se defendía la de todos los ciudadanos y, en particular, la de las minorías; ello porque permitir la restricción de la libre expresión en razón de su capacidad de ofender a una comunidad concreta podría llevar a justificar la restricción de la libre expresión de otros grupos sociales» (*vid. Ibídem*, p. 82). Para más información sobre la marcha de Skokie puede consultarse PGMUN. «El pueblo de Skokie prevaleció sobre los neonazis» [en línea], en *AIPI (Asociación Israelita Para el Interior)*, 17 de junio de 2020, p. única [fecha de consulta: 17 de octubre de 2022]. Disponible en: http://futuro.aiponline.com.ar/el-pueblo-de-skokie-prevalecio-sobre-los-neonazis/.

93 Esto no quiere decir que la libertad de expresión se considere un derecho absoluto, sino que se le reconoce una preferencia sobre el resto de derechos fundamentales. De esta forma, CARUSO FONTÁN, V. «Los límites a la libertad de expresión en la Constitución y en las normas penales (especial referencia a la problemática del delito de apología del terrorismo)», en *Revista Penal*, n.º 20, julio 2007, p. 36.

94 ALCÁCER GUIRAO, R. «Víctimas y disidentes..., *op. cit.*, p. 77.

arquetipos en esta materia: el de disidente y el de víctima. Mientras la experiencia europea ha dejado claro que la libertad de expresión puede ser un medio para lesionar la igualdad y la dignidad de los grupos sociales minoritarios[95], la narración americana vincula esta libertad con la capacidad de transformar la sociedad en pro de la dignidad y la igualdad de estos colectivos.

Pues bien, a pesar de estos distintos puntos de partida, con el paso del tiempo estos paradigmas —en principio irreconciliables— han terminado acercándose, como resultado de la constricción de la tolerancia estadounidense frente a la libertad en general y frente a los discursos vinculados al terrorismo, especialmente en el marco de la guerra declarada a este fenómeno tras los ataques terroristas de septiembre de 2001[96]. En este contexto ha hecho su aparición la expresión «delito de odio»[97], que se ha terminado imponiendo en todos los ordenamientos que han decidido enfrentar la cuestión de las minorías desde el Derecho penal[98], tanto a un lado como a otro del Atlántico. Cómo ha ido evolucionando esta cuestión es precisamente lo que vamos a abordar en este apartado, empezando por el análisis de la legislación antixenófoba de la que fue la cuna del nazismo: Alemania. A partir de su estudio podrá comprenderse el recorrido que han seguido otros países europeos en este ámbito, lo que nos dará un primer punto de referencia para entender, llegado el momento, el devenir de la legislación española. Una vez expuesto el modelo europeo pasaremos a presentar la experiencia nortea-

---

95 Esta misma idea la expresó el Tribunal Europeo de Derechos Humanos (en adelante, TEDH) en su sentencia de 9 de febrero de 2012 [caso Vedjeland y otros contra (a partir de ahora, c.) Suecia], en la que dispuso que «nuestra trágica experiencia en el pasado siglo demuestra que el racismo y las opiniones extremistas pueden aparejar mucho más dolor que las restricciones a la libertad de expresión».

96 Tal y como indica Consejo de Redacción, desde este acontecimiento y en virtud de la reforma operada en 2002 sobre la *Antiterrorism and Effective Death Penalty Act* de 1996, en Norteamérica este tipo de expresiones comienzan a considerarse discursos odiosos de carácter absoluto; es decir, «no susceptibles de ser sometidos a los balances y a los test jurisprudenciales que han operado en otros ámbitos (...) para favorecer la tolerancia, todas las actividades y las expresiones que pudieran ser vistas como justificadoras del terrorismo o "colaboracionistas" con él» (CONSEJO DE REDACCIÓN. Los discursos del odio..., *op. cit.*, p. 16).

97 El estudio del concepto de «delito de odio» lo afrontaremos en el capítulo III. Por el momento, baste con dejar claro que con esta expresión nos referimos a aquellos delitos que se dirigen contra grupos (o sus miembros) caracterizados por ciertos factores —como pueden ser su raza, su origen étnico, su religión, su orientación sexual, etc.— y que contribuyen a mantener la situación de discriminación que estos sufren.

98 Como ejemplo de la «relativización» postural que en este ámbito ha mostrado EE. UU. Alcácer Guirao menciona a Waldron, quien, en su obra *The Harm in Hate Speech*, reclama «frente a la absoluta prioridad de la libertad de expresión (...), una mayor atención a la dignidad humana de quienes sufren los embates del discurso intolerante», admitiendo así que «el daño social que aquel genera puede legitimar la restricción» de este derecho. *Vid.* Alcácer Guirao, R. «Víctimas y disidentes..., *op. cit.*, p. 47; Waldron, J. *The harm in hate speech*, Harvard University Press, Cambridge (Massachusetts), 2012.

mericana, sin la cual no puede obtenerse una visión fidedigna de la realidad occidental en lo que a la lucha contra la discriminación se refiere.

Antes de pasar al análisis, debe advertirse que este abarca únicamente las grandes reformas que han llevado a cabo los Estados en la materia que nos ocupa hasta 1995, ya que es en ese momento cuando entra en vigor el CP español actual y cuando se introducen por primera vez en nuestro ordenamiento figuras delictivas para combatir la discriminación contra colectivos históricamente discriminados.

Pasamos, pues, a exponer la tradición europea en este ámbito.

1) Europa y la protección de la dignidad del individuo

Con el objetivo de consolidar un modelo democrático liberal que nos alejase definitivamente de la experiencia nazi y ante la amenaza del comunismo estalinista[99], el 4 de noviembre de 1950 el Consejo de Europa aprobó el primero de sus textos en defensa de los derechos humanos: el CEDH. Este tratado internacional —que terminaría entrando en vigor en 1953— da buena muestra del miedo de la población europea de la época a volver a experimentar los horrores pasados, y se enfrenta al mismo estableciendo un modelo de protección que acepta ciertas restricciones a los derechos fundamentales, concretamente al derecho a la libertad de expresión. Así lo evidencia su art. 10, que, tras reconocer que toda persona tiene derecho a la libertad de expresión, dispone en su apartado 2 que su ejercicio podrá ser sometido a ciertas condiciones o restricciones que constituyan medidas necesarias en una sociedad democrática para salvaguardar otros bienes de suma importancia.

99 Después de la ruptura definitiva entre EE. UU. y la URSS a finales de la década de los 50 volvieron a surgir las desconfianzas entre las dos grandes potencias, que habían permanecido latentes desde la Revolución rusa de 1917, cuando EE. UU. apoyó a las fuerzas zaristas para expulsar del poder a los bolcheviques. Dado que el continente europeo había quedado completamente destrozado tras la Segunda Guerra Mundial, Washington y Moscú, vencedores principales del conflicto, aprovecharon el vacío de poder que existía en Europa para extender su influencia y convertirse en las potencias económicas y militares dominantes. En este contexto, frente al miedo a que las ideas socialistas y comunistas se expandieran por nuestro continente, EE. UU. presentó en 1947 el conocido como Plan Marshall, que buscaba reconstruir Europa occidental para frenar a la URSS. El Plan se estructuraba alrededor de la doctrina Truman, que guio la política exterior de la Federación durante la Guerra Fría (1947-1989). Su esencia residía, fundamentalmente, en considerar que el mundo se encontraba dividido en dos bloques irreconciliables: uno estadounidense, que defendía la libertad y la democracia, y otro soviético, que era totalitario y hostil hacia los valores occidentales, por lo que constituía una amenaza que debía contenerse. Para una explicación más detallada al respecto, cfr. EL ORDEN MUNDIAL. «¿Qué fue la Guerra Fría, por la que Estados Unidos y la URSS dividieron al mundo?» [en línea], en *El Orden Mundial* (a partir de ahora, EOM), 14 de septiembre de 2021, p. única [fecha de consulta: 14 de marzo de 2021]. Disponible en: https://elordenmundial.com/que-fue-la-guerra-fria-por-la-que-estados-unidos-y-la-urss-dividieron-al-mundo/.

Esta nueva manera de entender el derecho a la libertad de expresión, denominada por PÉREZ DE LA FUENTE[100] «modelo de libertad positiva», supone que el Estado debe promocionar las opciones que permitan a los individuos desarrollar su autonomía al tiempo que debe prohibir aquellas que la pongan en peligro. En este sentido, el ejemplo que sin duda debe mencionarse a nivel estatal es el de Alemania, que condenó públicamente el nacionalsocialismo al dotar a su Constitución[101] de una serie de valores (los derechos fundamentales) cuyo necesario respeto se considera desde entonces indiscutible. Esta renovada actitud evidenciaba una suerte de «compromiso activo» con el que el Estado alemán pretendía evitar repetir los errores del pasado, una postura que se suele representar con la conocida expresión del «Nunca más» (en alemán, *Nie Wieder*)[102], profundamente arraigada en la conciencia social alemana[103].

100 PÉREZ DE LA FUENTE, O. «Libertad de expresión y el caso del lenguaje del odio. Una aproximación desde la perspectiva norteamericana y la perspectiva alemana», en *Cuadernos Electrónicos de Filosofía del Derecho* (en adelante, CEFD), 2010, n.° 21, p. 95. Disponible en: https://www.researchgate.net/publication/236117313_Libertad_de_expresion_y_el_caso_del_lenguaje_del_odio_Una_aproximacion_desde_la_perspectiva_norteamericana_y_la_perspectiva_alemana.

101 Debe tenerse en cuenta que, antes de la elaboración de la Ley Fundamental de Bonn (1949), Alemania no contaba con un largo recorrido democrático a nivel nacional; de hecho, la Ley Fundamental es solo la tercera constitución alemana de esta índole. Así, UNGER, M. «Sesenta años de la Ley Fundamental alemana – de un provisorio con una larga vida», en *Estudios constitucionales: Revista del Centro de Estudios Constitucionales*, Año 7, n.° 2, p. 304.

102 Estos términos simbolizan la renovada conciencia social que imperó en Alemania —y, como no podía ser de otro modo, en Europa en general— después de la Segunda Guerra Mundial, y con ella se pretende expresar el convencimiento de no volver a apoyar a representantes políticos que no propugnen como principio ineludible la defensa de los derechos humanos. Al mismo tiempo, con ella se mantiene vivo el recuerdo de las atrocidades cometidas por el régimen de Hitler, que se evidencia en todos los actos de la Memoria que se han celebrado —y que todavía hoy se celebran— contra los crímenes cometidos entre 1933 y 1945. Así, BAYER, O. «El "Nie Wieder", el "Nunca más"» [en línea], en *Página/12*, 2 de febrero de 2013., p. única [fecha de consulta: 14 de marzo de 2022]. Disponible en: https://www.pagina12.com.ar/diario/contratapa/13-213112-2013-02-02.html.

103 Tal es el arraigo de esta lección clave del conflicto que hoy en día es considerada un principio a nivel nacional y, como tal, sigue firmemente anclada en la conciencia social alemana. Así se evidenció en el Memorial Neue Wache en Berlín, el 8 de mayo de 2020 —fecha en la que se conmemora la liberación de la tiranía nazi—, donde el presidente Steinmer pidió al pueblo recordar «a las víctimas de la guerra y del nacionalsocialismo». El político llamó asimismo a una mayor cooperación a nivel mundial, ya que, en sus palabras, «no tenemos que aceptar que el orden y la paz» establecido tras la Guerra «se evapore ante nuestros ojos». «(...) la liberación no es algo que esté terminado. En 1945 nos liberaron y hoy tenemos que librarnos de la tentación de un nuevo nacionalismo», sentenció. Así, MÜLLER, E. «El presidente de Alemania pide recuperar el espíritu de cooperación internacional de 1945», en *El País*, 8 de mayo de 2020, p. única [fecha de consulta: 14 de marzo de 2022]. Disponible en: https://elpais.com/internacional/2020-05-08/el-presidente-de-alemania-pide-recuperar-el-espiritu-de-cooperacion-internacional-de-1945.html.

Pues bien, en virtud de estos valores, el modelo legislativo imperante desde entonces en el país considera la dignidad humana como un principio intangible, mientras que la libertad de expresión se entiende como un derecho fundamental que debe ser siempre ponderado con el resto de intereses con los que puede entrar en conflicto[104]. Este posicionamiento, que ha caracterizado desde entonces la cultura jurídica germana, encuentra su arquetipo jurisprudencial en el conocido caso *Lüth* (1958), en el que se juzgó al famoso director de cine Veit Harlan. La sentencia del Tribunal Constitucional (en adelante, TC) Federal Alemán (a partir de ahora, BVG) que puso punto final a este asunto marcó un antes y un después dentro del recorrido jurisprudencial en materia de libertad de expresión; de hecho, como indica BOMHOFF[105], esta resolución puede ser considerada como el origen del denominado «Paradigma de Posguerra» (en inglés, *Postwar Paradigm*) en lo que a la adjudicación de derechos constitucionales se refiere.

Por todo esto entendemos que resulta relevante para nuestra investigación exponer los aspectos fundamentales de esta sentencia; ahora bien, antes de afrontar esta tarea es preciso que expongamos, al menos, una síntesis de lo que fue el proceso de transformación del ordenamiento jurídico de la dictadura de Hitler en el ordenamiento jurídico de la República Federal de Alemania, para poder dar sentido a la historia.

Coincidiendo con VORMBAUM[106], lo primero que se debe tener claro al afrontar esta cuestión es que el paso del Derecho nazi al Derecho propio de un Estado de Derecho no fue, en principio, obra de las instituciones alemanas. Después del conflicto, Alemania fue dividida en cuatro zonas de ocupación, en las cuales los Gobiernos militares gozaban de gran autonomía. En el plano formal, el poder mayor de gobierno lo ostentaba el Consejo de Control Aliado, que ejerció una importante función coordinadora durante los primeros años y hasta el inicio de la Guerra Fría[107]; pero, independientemente de

---

104 Como sostiene PÉREZ DE LA FUENTE, O. «Libertad de expresión y el caso del lenguaje del odio..., *op. cit.*, p. 95.

105 BOMHOFF, J. «*Lüth's* 50th Anniversary: Some Comparative Observations on the German Foundations of Judicial Balancing», en *German Law Journal*, vol. 9, n.° 2, 2008, p. 122.

106 VORMBAUM, T. «La transformación jurídica de Alemania..., *op. cit.*, p. 50.

107 Al caer el Tercer Reich, los cuatro países vencedores [Gran Bretaña, Francia, EE. UU. y la Unión de Repúblicas Socialistas Soviéticas (en adelante, URSS)] anunciaron la creación del Consejo de Control Aliado, que quedó constituido definitivamente en la capital alemana el 30 de agosto de 1945. La principal tarea de esta institución era concretar las áreas a ocupar por parte de las potencias aliadas, de tal forma que se convertía en su órgano de control supremo. Se encontraba formado por los cuatro comandantes en jefe —uno por cada potencia ocupante—, y entre sus funciones se incluían, por ejemplo, la coordinación de cada comandante de cara a alcanzar una política común en Alemania; el establecimiento de planes y la toma de decisiones políticas, militares, económicas, etc., sobre el país; así como la gestión de la administración central alemana. A pesar de sus pretensiones iniciales, la falta de acuerdo entre sus componentes dominó la situación casi desde

la cuestión competencial, era necesario decidir el método que iba seguirse para reformar el sistema jurídico vigente hasta entonces, ya que era absolutamente incompatible con la nueva perspectiva general de defensa de los derechos humanos.

Para lograr esta transformación, las potencias aliadas entendieron que era necesario eliminar lo que consideraban como «el derecho nacionalsocialista», manteniendo, no obstante, la vigencia de aquellas normas que no fueran incluibles en esta categoría. Así, a grandes rasgos, el Consejo de Control acabó con varias leyes que consideraba típicamente nazis —y, en consecuencia, antijurídicas—, como la «*Gesetz zur Behebung der Not von Volk und Reich*»[108], que sirvió formalmente para dotar de plenos poderes al *Führer*. Lo mismo ocurrió con la Ley que prohibía los partidos políticos y permitía únicamente la existencia del NSDAP[109], así como con la Ley que regulaba las funciones de la Gestapo. Igualmente, se derogaron disposiciones discriminatorias en materia de Derecho matrimonial y hereditario, de Derecho laboral, de Derecho agrario y de Derecho de prensa y medios cinematográficos[110].

En lo que al Derecho penal respecta, los gobiernos militares y el Consejo de Control Aliado intentaron acabar también con aquellas leyes que entendían «de carácter nacionalsocialista». Entre otras, eliminaron las normas referentes al mantenimiento de la maquinaria, la industria y la economía de guerra; las que habían servido para desarrollar la propaganda nazi; las que favorecían la persecución de los que tachaban de «parásitos sociales»; y las que permitían la represión de judíos y polacos. Igualmente, en línea con este nuevo rumbo, las leyes que se mantuvieron vigentes no podían interpretarse de acuerdo con las doctrinas nacionalsocialistas; en consecuencia, las potencias aliadas decidieron derogar asimismo una disposición que permitía impo-

el principio, sobre todo debido a las diferencias de criterio entre EE. UU. y la URSS. Estas se volvieron irreconciliables en 1948, durante la celebración de la Conferencia de Londres, cuando la URSS advirtió las intenciones de los países occidentales sobre Alemania, los cuales pretendían crear un Estado alemán que reuniese los territorios ocupados por Gran Bretaña, Francia y EE. UU. La oposición de los soviéticos llevó a su retirada del Consejo de Control, que desapareció como institución. El mayor conflicto conocido hasta la fecha enlazaba así con el siguiente, daba comienzo la Guerra Fría. *Vid.*, «Consejo de Control» [en línea], en *artehistoria.com*, s. f., p. única [fecha de consulta: 4 de marzo de 2021] Disponible en: https://www.artehistoria.com/es/fuente/consejo-de-control.

108 Esta norma, aprobada el 23 de marzo de 1933, se conoce con el nombre de «Ley habilitante» (en alemán, «*Ermächtigungsgesetz*»), y su entrada en vigor supuso el establecimiento de facto de la dictadura en Alemania. Así se explica en «1933: fechas clave» [en línea], en *Enciclopedia del Holocausto* (USHMM), s. f., p. única [fecha de consulta: 14 de marzo de 2022]. Disponible en: https://encyclopedia.ushmm.org/content/es/article/1933-key-dates.

109 El nombre oficial de esta norma era «Ley Contra la Formación de Nuevos Partidos», en alemán «*Gesetz gegen die Neubildung von Parteien*». *Vid. Ibídem*, p. única.

110 *Vid.* Vormbaum, T. «La transformación jurídica de Alemania..., *op. cit.*, p. 51.

ner el castigo penal utilizando la analogía, ello conforme «al sano sentimiento del pueblo». Por último, también fueron derogadas las normas posteriores a 1933 que imponían la pena de muerte —que había sido introducida en el CP alemán ese año—, así como aquellas que establecían castigos más graves que los que podían imponerse antes del 30 de enero de 1933. Así, por ejemplo, el Consejo de Control eliminó todas las disposiciones penales relativas a la protección penal del Estado y del ejército[111].

Pues bien, expuesta brevemente esta evolución, vamos ahora a analizar la resolución del ya mencionado caso *Lüth*. Veit Harlan fue uno de los cineastas más reconocidos del periodo nazi, famoso por haber dirigido películas de carácter profundamente antisemita en el marco de la maquinaria de propaganda nacionalsocialista. Si bien había colaborado activamente con el gobierno de Hitler hasta la caída del Tercer Reich, a la hora de ser enjuiciado las fuerzas Aliadas finalmente no lo consideraron nunca culpable por haber colaborado en los programas de genocidio[112]; es más, una vez terminada la Segunda Guerra Mundial, Harlan intentó volver a ocupar su posición de director respetado con la creación de la película *Amor inmortal* (en alemán, *Unsterbliche Geliebte*) en 1950, hecho que provocó el rechazo del entonces presidente del Club de Prensa de Hamburgo, Erich Lüth[113].

Antes del estreno de la cinta, Lüth —que también era escritor y director— exhortó públicamente al boicot de la obra de Harlan tras anunciarse su proyección en el marco de la semana de la película alemana. En su opinión, un guionista reconocido particularmente por su contribución a la propaganda nazi era la persona menos indicada para recuperar la reputación moral del cine alemán[114], altamente desprestigiado una vez finalizado el conflicto. Tanto la compañía cinematográfica como el director reaccionaron al sabotaje imponiendo un requerimiento judicial contra Lüth bajo una disposición del Código Civil alemán (el §826 del, en alemán, *Bürgerliches Gesetzbuch*; en adelante, BGB) que recogía la necesidad de reparación contra aquella persona que intencionadamente causare daño a otra de forma contraria a las «buenas costumbres». La demanda obtuvo sentencia favorable en primera instancia, como consecuencia de la cual el Tribunal regional de Hamburgo

---

111 *Vid. Ibídem*, p. 52.

112 Así se explica en la página web del Círculo de Bellas Artes de Madrid en El judío Suss [en línea]. Círculo de Bellas Artes de Madrid Casa Europa. 2020, p. única. Recuperado de: https://www.circulobellasartes.com/ciclos-cine/peliculas/judio-suss/.

113 *Vid.* PÉREZ DE LA FUENTE, O. «Libertad de expresión y el caso del lenguaje del odio..., *op. cit.*, p. 90.

114 De esta manera, FUCHS, M. C. «El efecto radiante de los derechos fundamentales y la autonomía del derecho privado: la "sentencia Lüth" y sus efectos», en *Programa Estado de Derecho para Latinoamérica*, Fundación Konrad Adenauer, p. 4. Disponible en: https://www.kas.de/es/web/rspla/veranstaltungsberichte/detail/-/content/ausstrahlungswirkung-der-grundrechte-und-autonomie-des-privatrechts-das-urteil-luth-und-seine-folgen.

prohibió la reiteración del boicot por parte del cineasta. Ante esto, Lüth interpuso un recurso de apelación contra la resolución, pero este fue finalmente rechazado por el Tribunal regional superior. Como respuesta a este último fallo, el director presentó un recurso de amparo basado en la vulneración de su derecho fundamental a la libertad de opinión que finalmente admitió el TC alemán[115].

Teniendo en cuenta que el litigio entre los cineastas tenía su origen en una demanda civil por inhibición y reparación de daños materiales e inmateriales, lo primero que debía estudiarse era si Lüth podía aducir su libertad de opinión[116] frente a Harlan, que era otro particular. A este respecto, el Tribunal estableció que el concepto de «buenas costumbres» no posee una definición clara y que, por tanto, se encuentra abierto a la interpretación, a modo de norma puente entre el Derecho Civil y la Ley Fundamental (en alemán *Grundgeset*, GG). Como consecuencia —y esto es aplicable, según la sentencia, a cualquier concepto jurídico difuso—, este debía ser interpretado a la luz de los derechos fundamentales y —concretamente en este caso— a la luz de la libertad de opinión de Lüth. Dado que el Tribunal regional de Hamburgo no había tenido esto en cuenta a la hora de interpretar la norma de reparación (el §826 BGB), el TC Federal consideró que la interposición del recurso de amparo era legítima y anuló la sentencia recaída en primera instancia[117].

Para delimitar el alcance de la libertad de opinión en este caso, el Alto Tribunal hizo referencia, en especial, «a los valores morales y sociales cambiantes en una sociedad como la alemana en los años 50», en la que el estreno de la película de Harlan había ocasionado gran controversia y había llevado incluso a que se produjeran varias manifestaciones en Alemania y en Suiza. De hecho, dado el pasado que perseguía al director, el filme y su impacto en otros países llegaron a ser objeto de un debate plenario del Parlamento alemán, en el que se llamó a protestar. En base a estos antecedentes, el Tribunal Federal concluyó que el juez de primera instancia no tenía razón, ya que la reclamación de Lüth, así como la opinión que había evidenciado en su llamada al boicot, no era contraria al espíritu alemán de la época y, por tanto, no atentaban contra las «buenas costumbres»[118].

En lo que hace a las partes más relevantes de esta resolución, para empezar el Tribunal estableció que los derechos fundamentales no pueden nunca ejercer un efecto vinculante sobre los individuos, en virtud, concretamente, del art. 1, apartado 3 de la Ley Fundamental[119]. Según este precepto, única-

115 Siguiendo a Fuchs, M. C. «El efecto radiante de los derechos fundamentales..., *op. cit.*, p. 4.

116 Así, Pérez de la Fuente, O. «Libertad de expresión y el caso del lenguaje del odio..., *op. cit.*, p. 90.

117 *Vid.* Fuchs, M. C. «El efecto radiante de los derechos fundamentales..., *op. cit.*, p. 5.

118 *Vid. Ibídem*, p. 5.

119 Expresamente, traducido al español el art. 1, apartado 3 de la Ley Fundamental dispone

mente los poderes ejecutivo, legislativo y judicial se encuentran sometidos a los derechos fundamentales; consecuentemente, debería concluirse —a la inversa— que precisamente este carácter vinculante no se quiso establecer sobre los ciudadanos individualmente considerados. No obstante, tras hacer referencia al extenso debate doctrinal que existía a este respecto en aquel entonces, el BVG dispuso que el caso Lüth no ofrecía razones suficientes para zanjar definitivamente la cuestión. A pesar de esto, sí tomó una postura clara en relación con otros aspectos de gran importancia que son los que precisamente convirtieron esta decisión en todo un paradigma jurisprudencial en lo que al derecho a la libertad de expresión se refiere.

En primer lugar, la sentencia del caso Lüth fue la primera resolución del BVG en la que se consideró que la Ley Fundamental de Bonn no es un texto neutral en cuanto a los valores que defiende. En este sentido, si bien esta idea se hacía más que evidente si se atendía a la localización de los derechos fundamentales dentro del texto constitucional —al principio de este, a modo de núcleo de la Ley—, no fue hasta la resolución del caso Lüth que esta contó con el respaldo jurisprudencial que le faltaba[120]. Por otro lado, la sentencia supuso un punto de inflexión en este ámbito al establecer que, en el marco de las relaciones entre particulares[121] —en este caso la de, por un lado, la empresa cinematográfica y el director Veit Harlan, y, por otro, Eric Lüth—, los derechos fundamentales que recoge la Ley Fundamental ejercen lo que se ha denominado un «efecto radiante» o de «eficacia indirecta» frente a terceros. Esto quiere decir que no pueden ser reducidos al derecho de autonomía de los ciudadanos; por el contrario, estos representan una ordenación objetiva de valores en base a la cual deben evaluarse todas las áreas del Derecho —legislación, administración pública y adjudicación—, afectando «por radia-

que «Los derechos fundamentales que se enuncian a continuación vinculan al Poder Legislativo, al Poder Ejecutivo y a los tribunales a título de derecho directamente aplicable». El texto completo de la Ley Fundamental de Bonn puede consultarse en el siguiente enlace: https://personal.us.es/juanbonilla/contenido/FAYUE/MATERIALES/LEY%20FUNDAMENTAL%20D20BONN.pdf.

120 En este sentido, el Tribunal dispuso lo siguiente:
«Sin duda alguna, los derechos fundamentales se encuentran destinados a asegurar en primer lugar la esfera de libertad de los individuos frente a las intervenciones de los poderes públicos; son derechos de defensa de los ciudadanos en contra del Estado. Ello se desprende de la evolución espiritual de la idea de los derechos fundamentales, así como de los acontecimientos históricos que llevaron a la incorporación de los derechos fundamentales en las constituciones de cada uno de los Estados. Este sentido tienen, también, los derechos fundamentales contenidos en la Ley Fundamental, la cual —al anteponer el capítulo de derechos fundamentales dentro de la Constitución— quiso resaltar la prevalencia del ser humano y de su dignidad frente al poder del Estado».

121 Como pone de manifiesto Limbach, J. «The role of the Federal Constitutional Court», en *SMU Law Review*, vol. 53, n.° 429, 2000, pp. 431-432. En la misma línea, Pérez de la Fuente, Ó. «Libertad de expresión y el caso del lenguaje del odio..., *op. cit.*, p. 114.

ción» no solo al Derecho público sino también al privado[122/123]. Pues bien, según el TC, el núcleo del orden de valores que establece la Ley Fundamental de Bonn lo conforman, concretamente, la dignidad del ser humano y el libre desarrollo de su personalidad (que, indica, se desenvuelve en el interior de una comunidad social), sirviendo de guía al Poder Legislativo, a la Administración y a la Judicatura[124].

Pues bien, continuando con la sentencia, el BVG hizo referencia expresa a la libertad de expresión poco después de haber sentado lo anterior, en los siguientes términos:

«El derecho fundamental a la libertad de expresión es, como expresión directa de la personalidad humana en la sociedad, uno de los derechos más supremos (...). Hace parte del orden estatal democrático y libre el que se posibilite la permanente controversia ideológica, la contraposición de opiniones, que son su elemento vital (...). En cierto sentido, es el fundamento de toda libertad, *the matrix, the indispensable condition of nearly every other form of freedom*[125] (Cardozo)».

No obstante, una vez reconocida la magnitud de este derecho, el Tribunal dejó claro que, si bien la expresión de una opinión en su «efecto espiritual» es libre,

> «(...) cuando a través de ella se perjudica un bien jurídico, protegido legalmente, de un tercero, cuya protección prevalece sobre la libertad de opinión, entonces no se podrá permitir esa intervención por el hecho de que se dé a través de la expresión de una opinión».

Es precisamente en esta parte de su argumentación donde el BVG introduce la última de las ideas que otorgan a su resolución una posición privilegiada: en tal caso, continúa, «Se requiere (...) una "ponderación de los bienes jurídicos"», ya que «El derecho a expresar opiniones debe ceder frente a los

---

122 Cabe destacar que el TC dejó claro, con respecto al Derecho Privado en particular, que el efecto radiante de los derechos fundamentales solo es aplicable cuando el legislador no haya concretado las normas de la legislación ordinaria, ya que «ante la ausencia de conceptos jurídicos difusos y de cláusulas generales, la eficacia indirecta de los derechos fundamentales no tendría cabida». Además, sentó que, en general, la vinculación del juez de primera instancia a los derechos fundamentales incluye su obligación de analizar si estos influyen en las normas de derecho ordinario. *Vid.* Fuchs, M. C. «El efecto radiante de los derechos fundamentales..., *op. cit.*, pp. 5 y 6.

123 En consecuencia, los bienes que protege la Ley Fundamental deben armonizarse de manera que se consiga el mayor grado de libertad —social e individual— posible para los ciudadanos. De esta manera, Fuchs, M. C. «El efecto radiante de los derechos fundamentales..., *op. cit.*, p. 5.

124 *Vid. Ibídem*, p. 5.

125 Traducción libre: «...la matrix la condición indispensable de casi cualquier otra forma de libertad».

intereses de superior rango de un tercero, y que puedan resultar violados con el ejercicio de la libertad de expresión». A partir de este razonamiento, la decisión del caso Lüth inauguró un importante movimiento judicial que adoptó el lenguaje de la ponderación para justificar las decisiones relativas a los derechos constitucionales[126]. De hecho, el Tribunal fundamentó su fallo en base a esta consideración, concluyendo su argumentación de la siguiente manera:

> «La existencia de tales intereses supremos en cabeza de un tercero se debe establecer con base en todas las circunstancias del caso (...). El Tribunal Constitucional Federal (...) está convencido de que el Tribunal Estatal ha desconocido en la valoración de la conducta del recurrente el especial significado que se le atribuye al derecho a la libertad de expresión, también allí donde entra en conflicto con los intereses privados de terceros».

En base a esto, entendió que la resolución del Tribunal Estatal había omitido los criterios basados en los derechos fundamentales, violando así la libertad de expresión, y, como consecuencia, revocó la decisión de dicha instancia.

Pues bien, todo lo expuesto en relación con este asunto nos permite extraer con claridad la nueva configuración que se le dio a este derecho fundamental una vez terminada la Guerra, la cual influiría profundamente la regulación penal por la que optaría en este ámbito Europa a partir de entonces: la libertad de expresión se encuentra delimitada por una serie de valores —reconducibles todos a la dignidad humana, fuente de la que se entiende que emanan todos los derechos fundamentales[127]— que pueden considerarse equiparables o superiores a esta según las circunstancias[128]. La dignidad actúa así como frontera que asegura la convivencia pacífica en sociedad y, como resultado del esquema, surge un modelo constitucional de democracia militante (en alemán, *streitbare Demokratie*), que despoja de las garantías que otorgan los derechos fundamentales a cualquier persona que las utilice con la intención de perturbar el sistema democrático[129].

Cabe tener en cuenta, no obstante, que si bien este modelo democrático ha sido defendido —y aun hoy lo sigue siendo— por muchos países de nuestro entorno cultural, no es el que rige en toda Europa. De hecho, España es uno de los Estados que sigue un modelo de democracia de carácter no mili-

---

126 Así, BOMHOFF, J. «*Lüth*'s 50th Anniversary..., *op. cit.*, p. 122.

127 Es por ello que la dignidad se vincula directamente con otros valores como el derecho a no ser discriminado o a la igualdad de trato (ALCÁCER GUIRAO, R. «Víctimas y disidentes..., *op. cit.*, pp. 51 y 71).

128 La prevalencia de uno u otro dependerá del análisis que haga el Tribunal de las circunstancias del caso concreto (*vid. Ibídem*, p. 65).

129 *Vid. Ibídem*, p. 48.

tante, tal y como ha dejado claro nuestro TC en su Sentencia 235/2007, de 7 de noviembre. Sin embargo, por el momento no vamos a avanzar más en este sentido. En este punto basta con dejar claro una idea clave: el modelo de democracia militante defendido, entre otros, por Alemania impone «no ya el respeto, sino la adhesión positiva al ordenamiento y, en primer lugar, a la Constitución» [Fundamento Jurídico; en adelante, F. J., 4, de la Sentencia del TC (en adelante, STC) 235/2007, de 7 de noviembre].

Continuando con lo que veníamos explicando, y como bien expresa UNGER[130] esta manera de entender los derechos fundamentales se debe a que la Ley Fundamental es, «en gran parte, una reacción directa a las malas experiencias históricas». En efecto, el hecho de estructurar el orden constitucional en base a la dignidad del individuo se corresponde con la visión que venía rigiendo en aquel entonces la elaboración de los Tratados internacionales más relevantes en materia de derechos humanos, como la DUDH o el PIDCP. Todos ellos (la Ley Fundamental de Bonn y los Tratados internacionales) persiguen un mismo objetivo que ya hemos repetido hasta la saciedad: evitar el resurgimiento de una pesadilla como la que fue el Holocausto. A este respecto, no se equivoca este autor al indicar que, sin ningún género de dudas, el mayor logro de la Ley Fundamental alemana reside en haber servido como garantía del cambio de mentalidad de la sociedad alemana de posguerra[131]. Esto se evidencia expresamente en su llamada «cláusula de eternidad»[132], que prohíbe la modificación de la Ley Fundamental con respecto a la dignidad del individuo, la organización estatal como Estado federal, democrático, social de Derecho y con separación de poderes. El orden establecido se encuentra, además, amparado por un derecho de resistencia[133].

Como no podía ser de otra forma, y aunque exista disparidad entre los modelos democráticos defendidos en cada territorio, la tradición jurídica alemana ha sido el referente en el que se han apoyado otros ordenamientos europeos —entre ellos el español—[134] a la hora de introducir en sus orde-

---

130 UNGER, M. «Sesenta años de la Ley Fundamental alemana..., *op. cit.*, p. 303.

131 *Vid. Ibídem*, p. 314.

132 Recogida en el art. 79, apartado 3 de la Ley Fundamental de Bonn, esta cláusula dispone expresamente lo que sigue: «No estará permitida ninguna modificación de la presente Ley Fundamental que afecte a la organización de la Federación en Länder, o el principio de la participación de los Länder en la legislación, o los principios enunciados en los artículos 1 y 20».

133 Según el art. 20, apartado 4 de la Ley Fundamental, «Contra cualquiera que intente eliminar este orden todos los alemanes tienen el derecho de resistencia cuando no fuere posible otro recurso».

134 De hecho, LANDA GOROSTIZA indica que no se puede negar el paralelismo que ha existido entre los trabajos legislativos que llevaron a cabo Alemania y España para enfrentar el fenómeno racista y xenófobo. *Vid.* LANDA GOROSTIZA, J. M. «La regulación penal alemana sobre la discriminación racial y xenofobia tras la nueva "Ley de Lucha contra la Criminalidad" (*Verbrechensbekämpfungsgesetz*, en adelante, *VBG*) de 28 de octubre de 1994», en *Anuario de Derecho Penal y Ciencias Penales*, Tomo 49, Fasc./Mes 2, 1996, p. 533.

namientos figuras delictivas para luchar contra la discriminación. Por eso, entendemos que resulta de gran utilidad en este punto conocer su experiencia en lo relativo al tratamiento penal de estas figuras. A continuación, pues, vamos a presentar una síntesis de la evolución del CP alemán en este ámbito.

Posteriormente nos detendremos a analizar, sin demasiada profundidad por cuestiones de relevancia en lo que al objeto de nuestra investigación se refiere, la evolución que han seguido otros países cercanos a Alemania —en particular, Austria y Suiza— para complementar la realidad del universo jurídico germánico en esta materia. Más adelante ampliaremos nuestra perspectiva haciendo referencia a la labor que en este sentido han desarrollado otros países de nuestro entorno cultural —concretamente Italia, Francia y Portugal—, de manera que podamos alcanzar una visión general de la tradición que ha venido siguiendo Europa hasta finales del siglo XX. Esto nos permitirá desembocar finalmente en nuestro propio ordenamiento jurídico, y nos otorgará la información necesaria para intentar comprender por qué nuestro legislador ha decidido regular penalmente, y de la manera que lo ha hecho, esta materia en concreto.

Comenzamos con la normativa penal del ámbito germánico; concretamente, con la legislación alemana.

i. El ámbito germánico: Alemania, Austria y Suiza

1. Alemania[135]

Por razones históricas obvias, la situación de Alemania en materia de racismo y xenofobia —o, más concretamente, en lo que al antisemitismo se refiere— es una cuestión de obligada referencia en cualquier análisis que pretenda hacerse sobre figuras delictivas creadas para proteger a colectivos vulnerabilizados. Como ya tuvimos oportunidad de ver en el capítulo II. B. 1 de la presente investigación, la trágica experiencia del Holocausto —germen de las primeras iniciativas penales «anti-intolerancia» que se desarrollaron a lo largo del siglo pasado— está unida indisolublemente al ideario nazi, particularmente a sus ideales racistas que defendían la existencia de razas superiores e inferiores. Pues bien, en contra de lo que habría cabido esperar en un principio, esta suerte de postulados volvió a encontrar acogida en los movimientos neonazis que surgieron en Europa y EE. UU. una vez finalizada la Segunda Guerra Mundial[136]. Ante la amenaza que estos suponían, Alemania

135 Para abordar este apartado nos basaremos, mayoritariamente, en las explicaciones de LANDA GOROSTIZA (*vid.* LANDA GOROSTIZA, J. M. La regulación penal alemana..., *op. cit.*, pp. 534-581).

136 Como bien lo expresa LANDA GOROSTIZA, «el fenómeno fáctico objeto de la discusión penal en esta materia hunde sus raíces en la tragedia nacionalsocialista alemana y se liga en la actualidad con su continuación ideológica —neonazi— de posguerra». *Vid. Ibídem*, p. 535.

—que era, al fin y al cabo, la «creadora» del nacionalsocialismo— estructuró su política y las características de su nuevo Estado a partir de lo ocurrido, dando prioridad, «precisamente, a la evitación a toda costa de que la historia se *repitiese*»[137].

En lo que específicamente se refiere a nuestra disciplina, la normativa penal antidiscriminatoria alemana comenzó su andadura poco después de la finalización del conflicto, en febrero de 1950. En aquel momento, el Partido Socialdemócrata (en adelante, SPD) presentó un proyecto de ley ante el Parlamento bajo el título de «Proyecto contra los enemigos de la democracia», referido a un delito destinado a proteger en Alemania a grupos —o a sus miembros— caracterizados por su raza, creencia o ideología, de ataques públicos que lesionasen su dignidad o sus derechos humanos, rompiendo la paz jurídica[138]. Esta iniciativa supuso el inicio de un importante debate legislativo que daría lugar a la inclusión de uno de los artículos más polémicos y relevantes dentro de toda la normativa alemana hasta la fecha: el parágrafo (a partir de ahora, §) 130 «Strafgesetzbuch» (Código penal alemán; en adelante, StGB), que regula el delito de incitación a la población (en alemán, *Volksverhetzung*).

La introducción en el Código Penal alemán de este precepto responde a acontecimientos concretos, algunos de los cuales ya mencionamos al inicio de la presente investigación: los altercados antisemitas ocurridos en la ciudad de *Köln* en diciembre de 1959. La oleada de hostilidad que se extendió por Europa a partir de lo ocurrido, unida a la preocupación existente en aquella época ante la proliferación de discursos de corte nacionalsocialista[139], provocaron una reacción política a gran escala apelando a la opinión pública a reaccionar contra semejantes manifestaciones. Paralelamente, en el plano jurídico, países como Alemania, Gran Bretaña o Suecia crearon preceptos penales relacionados con este tipo de conductas, o bien endurecieron las penas de algunos ya existentes. A nivel internacional, tal fue el impacto de los hechos que la reacción en cadena de los Estados acabaría conduciendo a la elaboración de la CIERD pocos años después, en 1965.

Con este telón de fondo, Alemania materializó su respuesta a la intolerancia —y, más concretamente, al antisemitismo— introduciendo progresivamente en su Código Penal una amplia gama de comportamientos, muchos de ellos recon-

---

137 *Vid. Ibídem*, p. 534.

138 Tal y como indica LANDA GOROSTIZA, este precepto también castiga el mismo comportamiento cuando se dirige contra las costumbres de dichos grupos. Por otra parte, se refiere a la comisión de la conducta de manera violenta, mediante el uso efectivo de la violencia o bien mediante amenazas o incitaciones a la misma. *Vid. Ibídem*, p. 534.

139 Siguiendo las explicaciones de TURIENZO FERNÁNDEZ, A. «El delito de negación del holocausto», en *InDret: Revista para el Análisis del Derecho*, n.° 1, 2015, p. 33.

ducibles al denominado «negacionismo»[140]. De ello se han encargado, fundamentalmente, tres leyes: la *6. StÄG* de 1960, la *21. StÄG* de 1985 y la importantísima Ley de lucha contra la criminalidad (en alemán, *Verbrechensbekämpfungsgesetz*), aprobada el 28 de octubre de 1994. Como tendremos la oportunidad de analizar —y esto es algo que caracteriza en particular al ámbito germánico— «la inspiración, interpretación e incluso aplicación efectiva de los preceptos se desarrolla *de facto* en relación a conductas propias del universo ideológico nazi o neonazi»[141].

Veamos, a continuación, una síntesis de las consecuencias que trajeron cada una de estas leyes para el ordenamiento jurídico alemán.

1.1. La 6. StÄG de 1960

El primer paso en firme que dio el Estado germano para enfrentar las manifestaciones de la intolerancia desde el Derecho penal tuvo lugar con la entrada en vigor de la *6. StÄG* de 1960, que actuó en tres direcciones distintas: por una parte, transformó el anterior §130 StGB, que regulaba la provocación a la lucha de clases (en alemán, *Anreizung zum Klassenkampf*); por otra, incluyó el §96a StGB, referido a la utilización de señas de identidad políticas prohibidas; y, por último, modificó el §189 StGB, que regulaba las injurias a la memoria de los muertos (en alemán, *Verunglimpfung des Andenkens Verstorbener*). Veamos estos cambios más detenidamente.

Para empezar, el §130 fue modificado para castigar la incitación a la población, en los siguientes términos:

> «Aquel que ataque la dignidad humana de otro de forma adecuada para perturbar la paz pública:
>
> 1. Incitando al odio contra parte de la población,
> 2. Exigiendo medidas violentas o arbitrarias contra esta, o
> 3. Insultándola, menospreciándola maliciosamente o calumniándola,
>
> Será castigado con prisión no inferior a tres meses. Además, puede condenarse a multa»[142].

---

140 A modo de aclaración, y como indica TERUELLOZANO, «el negacionismo no se limita a realizar una crítica o una relectura del nacionalsocialismo a partir del estudio de nuevas fuentes históricas, sino que directamente niega sus crímenes y trata abiertamente de manipular el pasado, normalmente con una cierta finalidad ideológica (...)» En este sentido, el autor aclara que «Dentro de los negacionistas están aquellos que niegan de manera radical la existencia del Holocausto, pero (...) también autores que, sin negarlo de forma absoluta, minimizan el número de las víctimas exterminadas por los nazis»; de hecho, admite que «en ocasiones pueden incorporarse como conductas negacionistas la "banalización" o "trivialización" del exterminio, que no supone la negación absoluta de su existencia (...)». *Vid.* TERUEL LOZANO, G. M. *La lucha del Derecho...*, *op. cit.*, pp. 64-65.

141 En palabras de LANDA GOROSTIZA, J. M. *La intervención penal...*, *op. cit.*, p. 203.

142 Tradución de LANDA GOROSTIZA. La regulación penal alemana..., *op. cit.*, p. 541. En el original: *«Wer in einer Weise, die geeignet ist, den öffentlichen Frieden zu stören, die Menschenwürde*

Este precepto mantendría su estructura típica hasta 1994, cuando se reformó la *VBG*; los únicos cambios que sufriría hasta tal momento afectarían, exclusivamente, a la pena a imponer. Con respecto a las características principales del tipo, para castigar cualquiera de los comportamientos recogidos en su seno debían cumplirse tres condiciones: primero, que se atacase la dignidad humana del otro[143]; segundo, que la conducta fuese idónea para perturbar la paz pública; y, tercero, que esta se dirigiese contra «parte de la población»[144].

Por otra parte, en cuanto a las modalidades de comisión de este delito, eran tres las posibilidades. La primera quedaba recogida en su número 1, referido a la incitación al odio (en alemán, *Aufstacheln zum Hass*). Esta conducta debía dirigirse a la parte racional e irracional del individuo, con el objetivo de generar —o bien aumentar— una actitud hostil de este con respecto al colectivo afectado. La segunda modalidad, incluida en el número 2 del precepto, debía interpretarse restrictivamente y ser entendida como «algo más» que la demostración de mero rechazo o desprecio[145]. Por su parte, la tercera

---

anderer dadurch angreift, dass er:
Zum Hass gegen Teile der Bevölkerung aufstachelt,
Zu Gewalt_oder Willkürmassnahnen gegen sie auffordert oder
Sie beschimpft, böswillig verächtlich macht oder verleumdet,
Wird mit Gefängnis nicht unter drei Monaten bestraft. Daneben kann auf Geldstrafe erkannt warden».

143 Como acertadamente explica LENCKNER, la jurisprudencia ha interpretado constantemente este requisito en el sentido de que no existe ataque a la dignidad humana por el mero hecho de lesionarse los derechos de la personalidad del individuo, sino solamente cuando la ofensa «afecta al núcleo mismo de la personalidad, esto es, cuando de este se derive que el atacado es considerado de menor valor —menospreciándole el principio de igualdad— y su derecho a la vida sea puesto en cuestión» (LENCKNER, T; SCHÖNKE, A.; SCHRÖDER, H. *Strafgesenbuch. Kommentar*, C. H. Beck'sche Verlagsbuchhandlung, 24.ª edición, Múnich, 1991, parágrafo 130, n.º 7). De esta manera, el legislador conseguía asegurar un amplio margen para la libre discusión pública, alejándose del riesgo de que la regulación penal interfiriese en el debate político y social (tal y como indica LANDA GOROSTIZA, J. M. La regulación penal alemana..., *op. cit.*, pp. 542 y 133).

144 Siguiendo las explicaciones de LENCKNER, este elemento en concreto suponía una ampliación del ámbito personal del precepto, ya que de esta manera el §130 StGB pasaba de proteger únicamente las «clases» a defender «todo conjunto mínimamente significativo de personas que integran un grupo de población diferenciable del resto de la misma por poseer unas características internas o externas comunes», como podían ser el origen nacional, las ideas políticas, la religión, la raza o los comportamientos económicos o sociales (Lenckner, T. *Strafgesenbuch. Kommentar..., op. cit.*, parágrafo 130, n.º 4). Igualmente, LANDA GOROSTIZA, J. M. La regulación penal alemana..., *op. cit.*, p. 543.

145 Tal y como explican DREHER y TRÖNDLE (DREHER, E.; TRÖNDLE, H. *Strafgesetzbuch und Nebengesetze*, Verlag C.H. Beck, Múnich, 1995, p. 751). En términos similares, LANDA, quien indica que para castigar la conducta era necesaria la concurrencia de una conducta expresiva a partir de la cual se derivase una especie de exigencia a otra u otras personas para que realizasen —o dejasen de realizar— una acción determinada (LANDA GOROSTIZA, J. M. La regulación penal alemana..., *op. cit.*, p. 543).

modalidad —insultar, menospreciar maliciosamente o calumniar—, recogida en el número 3, no solo debía dirigirse contra «parte de la población» sino implicar, al mismo tiempo, un ataque a la dignidad del individuo.

Siguiendo con el resto de las modificaciones que trajo consigo la *6. StÄG* de 1960, el segundo de los «frentes» en los que esta Ley actuó dentro de la lucha de Alemania contra el antisemitismo se materializó en el delito de injurias a la memoria de los muertos, recogido en el §189 StGB. Su transformación legal implicó la introducción de una excepción a la regla general de perseguibilidad que el precepto establecía, a través de la presentación de querella en el caso en que se cumpliesen varios requisitos: que no existiesen personas que pudiesen presentar la querella correspondiente de acuerdo con lo establecido en el párrafo dos del §189, o bien que estas hubiesen fallecido antes de terminar su plazo de presentación; que el fallecido objeto del acto injurioso hubiese sido víctima de un «régimen violento y arbitrario» que le hubiese causado la muerte[146]; y que la injuria estuviese relacionada con esta última circunstancia —el haber sido víctima de un régimen violento y arbitrario—. Si se daban las tres condiciones, no se precisaba querella para poder perseguir el hecho en cuestión, regla que se mantendría vigente en sus aspectos fundamentales hasta la entrada en vigor de la *21. StÄG* de 1985.

Para terminar con esta reforma del Código Penal alemán de 1960, otro de los cambios que trajo consigo fue la introducción del §96a, creado para penalizar la utilización de señas de identidad de organizaciones anticonstitucionales (en alemán, *Verwenden von Kennzeichen verfassungswidriger Organisationen*). La inclusión de este precepto venía a sustituir y a ampliar la prohibición que establecía la anterior Ley de Reunión (en alemán, *Versammlungsgesetz*), de la manera que a continuación se explica.

La acción que pasaba a castigar el nuevo precepto consistía en utilizar públicamente «señas de identidad» de «partidos u organizaciones prohibidas». Estas señas de identidad (en alemán, *Kennzeichen*) quedan definidas en la nueva regulación a partir de una lista abierta entre las que se incluyen las banderas, insignias, consignas, partes de uniforme y los saludos. En este sentido, debe mencionarse que, al tratarse de una enumeración ejemplificativa, la regulación permitía castigar otras señales de identidad que no se encontraban expresamente incluidas en la norma, trasladándose esta tarea, de alguna manera, a los jueces. Con respecto a la «utilización», la doctrina mayoritaria no solo entendía incluidas las señas de identidad corporales (en

---

146 Coincidiendo con SCHAFHEUTLE, a estos efectos, este segundo requisito considera como víctimas no solo a las del régimen nazi, sino también a las de regímenes violentos comunistas (SCHAFHEUTLE, J. «Das Sechste Strafrechtsänderungsgesetz», en *JuristenZeitung*, vol. 15, n.º 15/16, agosto de 1960, p. 474). En los mismos términos, LANDA GOROSTIZA, J. M. La regulación penal alemana..., *op. cit.*, p. 547.

alemán, *Verkörpertes*), sino también las «incorporales», tales como las que se perciben de forma acústica[147].

Cabe tener presente que estas señas de identidad, para encajar en el §96a, debían ser políticas y, además, estar prohibidas. Esto suponía, como ya hemos indicado, la ampliación del tipo con respecto a la regulación anterior, que las restringía exclusivamente a las señas del Partido Nacionalsocialista. De acuerdo con esta nueva normativa, podía tratarse de señas de identidad de cualquier partido político que hubiese sido declarado anticonstitucional, o de cualquier organización prohibida, así como de cualquier organización nazi anterior. Ahora bien, la utilización debía efectuarse siempre de manera pública, o bien restringidamente en reuniones o mediante escritos, soportes acústicos, representaciones o imágenes difundidos por el autor.

Para acabar con la referencia a este precepto solo es preciso mencionar dos ideas más: en primer lugar, que la reforma introdujo en el §96a una cláusula expresa de «adecuación social» que obligaba a dejar exento de castigo el uso de las señas de identidad incluidas en su seno si la acción se realizaba en el marco de objetivos como, por ejemplo, la defensa frente a aspiraciones anticonstitucionales o la instrucción ciudadana; y, en segundo lugar, que el inciso final del precepto establecía un aumento de la pena para aquellos casos en los que el autor hubiese actuado con la intención de poner en riesgo la estructura estatal.

Dicho esto, ya en 1968, con la «8.ª Ley de modificación del Código Penal» (en alemán, *8. Stafrechtsänderungsgesetz —8. StAG—*) de 25 de junio de 1968 (BGLl. I, 741), el §96 StGB fue trasladado al §86 StGB, sin sufrir prácticamente ningún cambio material. Sin embargo, años después, concretamente en 1985, el Código sería objeto de una modificación importante que también afectaría, como adelantamos previamente, al §189 StGB. Dada la envergadura de esta reforma, procedemos seguidamente a exponer sus aspectos más relevantes.

1.2. La 21. StÄG de 1985

Al igual que ocurrió con la *6. StÄG*, lo que llevó al legislador alemán a adoptar nuevamente medidas legislativas en esta materia fue la proliferación de actos violentos y propagandísticos de la extrema derecha. Después de un largo proceso legislativo que generó gran confusión desde que comenzara en 1980, finalmente la *21. StÄG* afectó a cuatro parágrafos del Código penal alemán: el 76a, el 78, el 86a y el 194. A pesar de ello, la polémica acabaría desatándose en relación con el último de estos preceptos, cuya reforma evidenció la posición del legislador frente lo que se llamó la «mentira de Auschwitz» (en alemán, *Auschwitzlüge*). Pero esto lo explicaremos después,

147 Tal y como explica Landa Gorostiza (*vid. Ibídem*, 544-546).

antes haremos referencia, aunque sea de manera sucinta, al resto de parágrafos para alcanzar una visión global de toda la reforma.

Por un lado, la modificación de los parágrafos 76a y 78 se realizó con el objetivo de aclarar el supuesto de confiscación de cualquier tipo de escrito —incluidos los de extrema derecha— cuyo contenido resultara penalmente relevante aunque hubiese prescrito el delito. Esta clarificación respondía a una polémica que se había generado entre la doctrina ante la posibilidad de que, si la persecución del hecho sobre el que trataba el escrito en cuestión prescribía y se aceptaba que, en tal caso, no habría confiscación, debía tolerarse que no podía retirarse del tráfico los escritos de naturaleza extremista. Con la transformación de estas dos disposiciones, el legislador alemán tomaba postura y declaraba la legitimidad de dicha confiscación, en todo caso.

En lo que hace a la modificación §86a StGB —que, recordemos, desde 1968 regulaba la «utilización de señas de identidad»—, esta se debió a la inquietud que despertó en la época el descubrimiento de un aumento de la importación de material nacionalsocialista desde el extranjero que, en virtud de lo que disponía el hasta entonces vigente §86, no encajaba en ninguna conducta típica. El objetivo de la reforma se dirigía, por tanto, a acabar con esa laguna de punibilidad a través de varios cambios. Para conseguirlo se abrió el ámbito de punibilidad del número 2 del párrafo 1 del precepto en cuestión, que quedó redactado de la siguiente manera:

> «Será castigado con pena privativa de libertad hasta tres años o con multa quien:
> 1. (...).
> 2. Produzca, tenga en depósito o importe —dentro del ámbito de vigencia de esta ley— objetos que representen o contengan señas de identidad de este tipo, para su difusión o utilización en la forma y manera descrita en el número 1»[148].

Los cambios introducidos en la norma fueron, concretamente, dos: primero, se incluyeron tres actos preparatorios —las conductas de producir, tener en depósito e importar—; y, segundo, se estableció un requisito adicional para el castigo de estos: que las acciones se llevasen a cabo con el fin de cometer el delito del número 1 del nuevo §86a —es decir, utilizar señas de identidad o difundirlas[149]—. Lo que buscaba el legislador con la exigencia

148 Traducción de LANDA GOROSTIZA. La regulación penal..., *op. cit.*, p. 550). En el original: «*Mit Freiheitsstrafe bis zu drei Jahren oder mit Geldstrafe wird bestraft, wer:*
(...).
Gegestände, die derartige Kennzeichen darstellen oder enthalten, zur Verbreitung oder Verwendung in der in Nummer 1 bezeichneten Art und Weise herstellt, vorrätig hält oder in den räumlichen Geltungsbereich dieses Gesetzes einführt».

149 A este respecto, resultaba indiferente que el autor pretendiese usar o difundir las señas de identidad o bien hacer posible su uso o difusión a un tercero, como indica LANDA GOROSTIZA, J. M. La regulación penal..., *op. cit.*, p. 550.

de este requisito era impedir que la conducta típica se ampliara de manera desproporcional; de tal forma, el simple hecho de poseer un objeto nazi no suponía «tenerlo en depósito» de acuerdo con el nuevo tenor del §86a StGB. La conducta del coleccionista quedaba asimismo fuera del ámbito de protección de la norma, al carecer la acción del elemento subjetivo adicional de pretender utilizar o difundir los objetos en el sentido que establecía el precepto.

Pasando ahora al centro de interés de la *21. StÄG*, y como indicamos previamente, esta transformó también el §194, que sería desde entonces fuertemente criticado por la doctrina[150]. En aquel momento, quedaba poco tiempo para la celebración del cuarenta aniversario de la capitulación de Alemania, motivo que empujó al legislador a impulsar una modificación de carácter procesal, sin grandes implicaciones, del precepto, en lugar de llevar a cabo una reforma material de gran magnitud en materia de delitos contra el orden público.

En este caso, la reforma resultó del necesario compromiso al que se vio abocado el legislador ante la imposibilidad de alcanzar un acuerdo por razones políticas. La dificultad de consenso partía de la compleja situación que afectaba en aquel momento a Alemania y a la que se pretendía hacer frente; esto es, al incremento de la criminalidad propagandística —en particular, de manifestaciones negacionistas y de banalización de la violencia nazi— por parte de grupos de extrema derecha. Pues bien, no obstante este trasfondo social, es importante destacar que el cambio que trajo consigo la *21. StÄG* no se dirigió a cualquier tipo de declaración destinada a la agitación fundamentalmente neonazi, sino solo a aquella que no fuese susceptible de encajar en el §130 StGB. En este sentido, la «mentira de Auschwitz» supone siempre la negación de hechos relacionados con el régimen nazi; ahora bien, el castigo que llevaba aparejada esta conducta a partir de la *21. StÄG* difería dependiendo de que el autor de las declaraciones se identificara con la ideología racista nacionalsocialista. Si así ocurría, entonces la conducta constituía una *Auschwitzlüge* «cualificada», y resultaba aplicable el §130; ahora bien, si por el contrario se trataba de casos en los que se negaba el Holocausto o en general se cuestionaban u ocultaban las prácticas violentas y arbitrarias de los nazis de la manera en que se recogía en el delito de genocidio, pero el autor lo hacía basándose en un amplio material histórico sin llegar a constituir una agitación palpable, entonces se debía aplicar el §194[151]. Así, este precepto abarcaba cualquier «puesta en tela de juicio de todo el fenómeno nacionalsocialista»[152].

150 Coincidiendo con Landa Gorostiza (*vid. Ibídem*, p. 558).

151 Tal y como indica Beisel, D. «Die Strafbarkeit der Auschwitzlüge», en *Neue Juristische Wochenschrift*, 1995, pp. 997-1.000.

152 En palabras de Landa Gorostiza (*vid. Ibídem*, p. 553).

Con respecto al texto definitivo del §194, se establecieron dos excepciones a la necesaria incoación del proceso mediante querella: la primera, para el supuesto de las injurias de los parágrafos 185 y ss. —un nuevo caso que incluyó la *21. StÄG*—; y, la segunda, para el caso de las injurias a la memoria de los muertos del §189 *StGB* —que, como sabemos, fue introducido en la *6StÄG* y luego transformado por la *21. StÄG*—. No vamos a entrar ahora a analizar en profundidad los requisitos que debían cumplirse para la liberación de la obligación de querella, porque nos desviaríamos demasiado de lo que interesa a nuestra investigación; ahora bien, lo que sí haremos será presentarlos resumidamente.

En primer lugar, la injuria debía haberse cometido mediante la difusión o la puesta a disposición pública de un escrito, en una reunión o a través de un programa radiofónico. En segundo lugar, el ofendido debía haber sido objeto de persecución por razón de su pertenencia a un grupo[153], bajo un régimen violento y arbitrario —ya fuese nacionalsocialista o no—. En tercer lugar, el grupo al que perteneciese el injuriado debía ser una «parte de la población», en el sentido establecido en el §130 *StGB*. En cuarto lugar, la persecución debía haber sido lo que hubiese motivado al autor a cometer la injuria, o bien haber sido un punto de referencia en su contenido. Para terminar, en quinto lugar, se establecían dos indicaciones de carácter procesal: por una parte, la persecución de oficio no podía realizarse si el injuriado se oponía a ella; y, por otro, en el caso de que el injuriado hubiese fallecido, se concretaban las personas legitimadas para presentar la querella y para oponerse a la persecución de oficio.

Pasando a otra cuestión, en lo que hace al supuesto de injurias a la memoria de los muertos, ya adelantamos que la reforma de 1960 había eliminado la necesidad de querella, pero también mencionamos que esta situación cambiaría en 1985: en efecto, con la *21. StÄG* se estableció que la persecución del delito debía hacerse de oficio, a no ser que hubiese oposición por parte del legitimado. No obstante, para ello debían cumplirse varios requisitos: la injuria debía haberse cometido difundiendo o poniendo a disposición pública un escrito, en una reunión o en un programa radiofónico; el fallecido objeto de la injuria debía haber perdido su vida como víctima de un régimen arbitrario y violento —fuese, o no, nacionalsocialista—; y, además, el ataque en cuestión debía estar conectado con la muerte del afectado como víctima de dicho régimen.

---

153 Cabe destacar, a este respecto, que por grupo debía entenderse, en palabras de LANDA GOROSTIZA, «aquel conjunto de personas con características comunes que se diferencia del resto de la población y que tiene conciencia de tal», sin establecer, en principio, ninguna clase de limitación. Así, podían entenderse incluidos colectivos caracterizados por diversos factores como su nacionalidad, su religión, su raza, así como grupos políticos. *Vid. Ibídem*, p. 556.

Años después de entrada en vigor de la *21. StÄG*, la misma polémica que condujo a la modificación del §194 surgiría de nuevo a la hora de modificar la *VBG*; y es que, en aquel entonces, el germen de la iniciativa legislativa volvió a ser el incremento de los actos violentos y de propaganda por parte de la extrema derecha. La situación se tornó especialmente preocupante en 1991, momento en el que se produjo un aumento desmesurado de los episodios violentos extremistas[154]: asesinatos, homicidios, ataques incendiarios o con explosivos, lesiones, graves daños materiales, etc. La proliferación de este tipo de actuaciones siguió esta amenazante tendencia hasta 1993, momento en el que comienzan a disminuir, al menos, los delitos violentos. Sin embargo, en el caso de los no violentos, estos experimentaron un crecimiento exponencial, tratándose mayoritariamente de acciones xenófobas. Ya en 1994, Alemania asiste a una disminución importante de estos altercados, tanto de los violentos como de los no violentos, y, dentro de ambos grupos, tanto de los xenófobos como de los no xenófobos. Sin embargo, tuvo lugar un verdadero *boom* de los delitos específicamente antisemitas, fundamentalmente de los de carácter no violento (en particular, aumentaron los delitos de los parágrafos 130 y 131 StGB).

Como respuesta ante la tensión acumulada a lo largo de aquellos años, el Ministerio de Justicia alemán anunció en diciembre de 1993 la necesidad urgente de adoptar medidas que enfrentaran los propósitos de la extrema derecha; en particular, para hacer frente a sus frecuentes manifestaciones xenófobas y antisemitas. Esta iniciativa fue apoyada por la oposición, que ya antes se había mostrado favorable a la elaboración de una Ley especial que comprendiese medidas contra el odio xenófobo. Así, el 18 de febrero de 1994 comenzó el proceso legislativo, que se convertiría en el epicentro de la atención de todos los medios de comunicación[155].

Después de las correspondientes lecturas del proyecto —en las que se modificaría parte del contenido propuesto inicialmente— el Parlamento lo aprobó; sin embargo, fue necesaria la convocatoria de una «Comisión de negociación» debido a oposición del Consejo Federal (en alemán, *Bundesrat*). La propuesta de resolución no llegaría hasta el mes de septiembre, aprobándose definitivamente el día 23. El día 1 de diciembre de 1994 entraba en vigor la *VBG*, que a continuación estudiamos.

154 Cabe destacar que, desde la perspectiva de la discriminación racial, cerca de un 70 por ciento de estos comportamientos eran de carácter xenófobo, y un 14 por ciento antisemita. *Vid. Ibídem*, p. 561.

155 Confróntese, en este sentido, LANDA GOROSTIZA (*Ibídem*, pp. 562-563).

1.3. La Ley de lucha contra la criminalidad (Verbrechensbekämpfungsgesetz) de 1994

Si nos referimos, en primer lugar, a las implicaciones materiales que tuvo la Ley de 1994, esta introdujo una serie de reformas que exceden el ámbito penal y repercuten, además, a otros cuerpos legales. En particular, es su art. I el que hace referencia a las reformas del *StGB* y modifica, en sus apartados 5 a 8, parte de las figuras delictivas destinadas a luchar contra «los excesos de la extrema derecha, así como xenófobos». La reforma en esta materia concreta se estructura en torno a dos preceptos fundamentales: el §86a, que regula la utilización de señas de identidad de organizaciones anticonstitucionales, y el §130, que castiga la «incitación a la población»[156].

Comenzaremos por exponer las modificaciones relativas al delito de «utilización de señas de identidad de organizaciones anticonstitucionales» del §86a. El objetivo del legislador en este caso era terminar con la laguna de punibilidad que existía en el seno de estas conductas, ya que, a pesar de que el párrafo 2 del §86a determinaba cuáles eran las «señas de identidad» cuya utilización resultaba punible si se hacía de acuerdo con el párrafo 1, aún se tenían ciertas dudas con respecto al grado de amplitud de la lista ejemplificativa. La jurisprudencia venía realizando una interpretación extensiva de la misma; sin embargo, había que tener presente el artículo 103-II de la Ley Fundamental de Bonn —relativo a la prohibición de la analogía—, que jugaba en sentido contrario. Para acabar con esta disyuntiva, la reforma de 1994 amplió el párrafo 2 del §86a estableciendo que «Señas de identidad, en el sentido del párrafo 1.º, son las banderas, insignias, partes de uniforme, consignas y saludos»; a lo que añadió —y aquí entra la nueva modificación— que «Las señas citadas en la frase 1.ª se equiparan a las que son casi idénticas a ellas»[157/158].

La segunda transformación que trajo consigo la reforma afectó a la «difusión de elementos propagandísticos de organizaciones anticonstitucionales», regulada en el §86. En este supuesto se buscaba también cubrir lo que era considerado otra laguna de punibilidad a la que se enfrentaban los jueces cuando un fabricante creaba objetos que contaban con emblemas nazis —como, por ejemplo, cruces gamadas— y que se destinaban únicamente a su exportación

156 Como lo sintetiza Landa Gorostiza, J. M. *La intervención penal...*, *op. cit.*, p. 129.

157 Tal y como indican Dreher y Tröndle, para que resultasen equiparables ciertas señas de identidad no era necesario que existiese entre ellas un parecido lingüístico o figurado, sino que su apariencia evocara una seña atribuible a una organización anticonstitucional y que se transmitiese su contenido simbólico (Dreher, E.; Tröndle, H. *Strafgesetzbuch...*, *op. cit.*, p. 635). De esta manera, también, Landa Gorostiza, J. M. La regulación penal alemana..., *op. cit.*, p. 567.

158 En el original: «*Den in Satz 1 genannten Kennzeichen stehen solche gleich, die ihnen zum Verwechseln ähnlich sind*».

al extranjero. Para evitar que esta conducta quedara exenta de castigo, la redacción del párrafo 1 del §86a se modificó para pasar a disponer lo que sigue:

> «Será castigado con pena privativa de libertad hasta de tres años o con multa quien:
> 1. Difunda en el interior del país señas de identidad de partidos y asociaciones descritos en el parágrafo 86, párrafo 1, números 1, 2 y 4, o los utilice públicamente, en una reunión o en escritos (parágrafo 11, párrafo 3) por él difundidos, o
> 2. Produzca, tenga en depósito, importe o exporte objetos que representen o contentan señas de identidad de este tipo, para su difusión o utilización en el interior del país o en el extranjero en la forma y manera descrita en el número 1»[159].

Lo más relevante de la nueva redacción fue el aumento de la cantidad de actos preparatorios —en referencia a la conducta del párrafo 1, número 1— relativos a la conducta de exportar. Con la introducción de este cambio se pretendía salvaguardar la buena imagen de Alemania en el extranjero, teniendo en cuenta el crecimiento de las conexiones entre países dentro de la organización del extremismo de derecha. A pesar de ello, entre la doctrina esta reforma generó dudas desde pronto, dado que el contenido del precepto no dejaba del todo clara la ampliación al extranjero y, además, los actos preparatorios aún debían darse respecto de un hecho «nacional»[160].

Dicho esto, pasamos ahora a analizar otro de los preceptos que fue afectado por la *VBG*: el relativo a la «incitación a la población» (parágrafos 130 y 131), que desde la *6 StÄG* de 1960 no había sufrido ninguna modificación. La idea original del legislador era transformar el §130 en dos sentidos: primero, quería hacer más fácil su aplicación suprimiendo en las conductas de incitación al odio y de exigencia de medidas violentas o arbitrarias la necesidad de que estas supusieran un «ataque contra la dignidad humana»; y, segundo, quería integrar la incitación al odio racial —reformada— en el nuevo §130, elevando al mismo tiempo la pena asociada a la misma. No obstante, finalmente la Ley incluiría, asimismo, el castigo de la «mentira de Auschwitz».

La letra del precepto en cuestión rezaría, finalmente, lo siguiente:

> (1) «Aquel que de forma adecuada para perturbar la paz pública,
> 1. Incita al odio contra parte de la población o exige medidas violentas o arbitrarias contra esta o,

---

159 Traducción de LANDA GOROSTIZA. La regulación penal alemana..., *op. cit.*, p. 567. En el original:
«*Mit Freiheitsstrafe bis zu drei Jahren oder mit Geldstrafe wird bestraft, wer:*
Im Inland Kennzeichen einer der in §86 Abs.1 Nr. 1, 2 und 4 bezeichneten Parteien und Vereinigungen verbreitet oder öffentlich, in einer Versammlung oder in von ihm verbreiteten Schriften (§11 Abs. 3) verwendet oder
Gegenstände, die derartigen Kennzeichen darstellen oder enthalten, zur Verbreitung oder Verwendung im Inland oder Ausland in der in Nummer 1 bezeichneten Art und Weise herstellt, vorrätig hält, einführt oder ausführt».

160 Tal y como expone LANDA GOROSTIZA (*vid. Ibídem*, p. 568).

2. Ataca la dignidad humana de otro insultando, menospreciando maliciosamente o calumniando a parte de la población, será castigado con pena privativa de libertad de tres meses a cinco años.

(2) Será castigado con pena privativa de libertad hasta de 3 años o con multa aquel que,

1. a) Difunda escritos (parágrafo 11, párrafo 3) que inciten al odio contra parte de la población o contra un grupo nacional, racial, religioso o étnico, que exijan medidas violentas o arbitrarias contra ellos o que ataquen la dignidad humana de otro insultando, menospreciando maliciosamente o calumniando a parte de la población o a uno de los grupos precitados,

b) De forma pública exponga dichos escritos, los fije-pegue, exhiba-proyecte o los haga accesibles de otra forma,

c) Los ofrezca, entregue o haga accesibles a una persona menor de dieciocho años o,

d) Los produzca, compre, suministre, tenga en depósito, ofrezca, anuncie, ensalce, importe o exporte (y su tentativa) con el fin de utilizar tales escritos o copias de los mismos en el sentido de las letras *a)* a la *c)* o de facilitar a otro una tal utilización, o

2. Difunda un programa a través de la radio cuyo contenido sea de los descritos en el número 1.

(3) Será castigado con pena privativa de libertad hasta de cinco años o con multa aquel que públicamente o en una reunión apruebe, niegue o banalice una acción de las de la clase de las señaladas en el parágrafo 220a, párrafo 1, cometida bajo el régimen nacionalsocialista, de una forma adecuada para perturbar la paz pública.

(4) El párrafo 2 se aplicará también a escritos (parágrafo 11, párrafo 3) cuyo contenido sea el descrito en el párrafo 3.

(5) En los supuestos del párrafo 2, también en relación al párrafo 4, y en los supuestos del párrafo 3 se aplicará el parágrafo 86, párrafo 3»[161].

---

161 Traducción de LANDA GOROSTIZA (*vid. Ibídem*, p. 569). En el original:
(1) «Wer in einer Weise, die geeignet ist, den öffentlichen Frieden zu stören,
Zum Haß gegen Teile der Bevölkerung aufstachelt oder zu Gewalt- oder Willkürmaßnahmen gegen sie auffordert oder
Die Menschenwürde anderer dadurch angreift, daß er Teile der Bevölkerung beschimpft, böswillig verächtlich macht oder verleumdet, wird mit Freiheitsstrafe von drei Monaten bis zu fünf Jahren bestraft.
(2) Mit Freiheitsstrafe bis zu drei Jahren oder mit Geldstrafe wird bestraft, wer
Schriften (§ 11 Abs. 3), die zum Haß gegen Teile der Bevölkerung oder gegen eine nationale, rassische, religiöse oder durch ihr Volkstum bestimmte Gruppe aufstacheln, zu Gewalt- oder Willkürmaßnahmen gegen sie auffordern oder die Menschenwürde anderer dadurch angreifen, daß Teile der Bevölkerung oder eine vorbezeichnete Gruppe beschimpft, böswillig verächtlich gemacht oder verleumdet werden,
Verbreitet,
Öffentlich ausstellt, anschlägt, vorführt oder sonst zugänglich macht,
Einer Person unter achtzehn Jahren anbietet, überläßt oder zugänglich macht oder
Herstellt, bezieht, liefert, vorrätig hält, anbietet, ankündigt, anpreist, einzuführen oder aus-

De entrada, salta a la vista que esta nueva regulación dificulta en gran medida la que se le había dado al §130 con la reforma de 1960, motivo por el cual acabaría siendo conocida como «el laberinto»[162]. Teniendo en cuenta la complicación que presenta, a continuación vamos a exponer sucintamente los cambios que la reforma implicó para cada una de las acciones punibles según el precepto.

Para empezar, en lo que hace a la originaria «incitación a la población», dos de las tres conductas que componían previamente el §130 (las del reformado apartado 1) fueron eximidas del requisito extra de tener que suponer un ataque a la «dignidad humana» (en alemán, *Menschenwürde*), manteniéndose esta exigencia solo para la conducta de insultar, menospreciar maliciosamente y calumniar[163]. De esta forma, el legislador conseguía sancionar exclusivamente comportamientos que revistiesen cierta gravedad[164] y justificaba la diferencia de castigo con respecto al establecido en los parágrafos 185 y ss., reguladores del delito de injurias. En lo que se refiere a la necesidad de que las conductas sean «adecuadas para perturbar la paz pública», este requisito permanece invariable tras la reforma de 1994.

Un aspecto fundamental del párrafo 1 del parágrafo 130 lo constituyen los colectivos susceptibles de protección. Según esa nueva redacción típica,

---

zuführen unternimmt, um sie oder aus ihnen gewonnene Stücke im Sinne der Buchstaben a bis c zu verwenden oder einem anderen eine solche Verwendung zu ermöglichen, oder Eine Darbietung des in Nummer 1 bezeichneten Inhalts durch Rundfunk verbreitet.

(3) Mit Freiheitsstrafe bis zu fünf Jahren oder mit Geldstrafe wird bestraft, wer eine unter der Herrschaft des Nationalsozialismus begangene Handlung der in § 220a Abs. 1 bezeichneten Art in einer Weise, die geeignet ist, den öffentlichen Frieden zu stören, öffentlich oder in einer Versammlung billigt, leugnet oder verharmlost.

(4) Absatz 2 gilt auch für Schriften (§ 11 Abs. 3) des in Absatz 3 bezeichneten Inhalts.

(5) In den Fällen des Absatzes 2, auch in Verbindung mit Absatz 4, und in den Fällen des Absatzes 3 gilt § 86 Abs. 3 entsprechend».

162 Así lo explica Landa Gorostiza, J. M. «La llamada "mentira de Auschwitz" (art. 607.2° CP) y el "delito de provocación" (art. 510 CP) a la luz del "caso Varela": una oportunidad perdida para la «cuestión de inconstitucionalidad» (Comentario a la Sentencia del Juzgado de lo penal N.° 3 de Barcelona de 16 de noviembre de 1998)», en *Actualidad Penal*, 1999, p. 7, pie de página 16.

163 Según explica Landa Gorostiza, la eliminación del requisito adicional del ataque a la dignidad humana para dos de las tres conductas incluidas en el §130 lo justificaba el legislador explicando que la interpretación jurisprudencial de esta exigencia había generado problemas a la hora de aplicar el precepto, quedando un gran número de comportamientos provocadores exentos de castigo (Landa Gorostiza, J. M. *La intervención penal..., op. cit.*, p. 133). Por tanto, lo que se trataba era evitar la impunidad de los mismos.

164 De hecho, si algo puede destacarse de las tres conductas que componen el párrafo 1 es que las tres pretenden realizar una interpretación restrictiva del mismo, limitando en gran medida el ámbito de aplicación. En este sentido, aclara Landa Gorostiza que «La Reforma de 1994 supone un intento de abrir en cierto sentido el tipo al desaparecer la exigencia de tal requisito en dos de las tres modalidades típicas; pero tampoco debe perderse de vista la interpretación restrictiva de las propias conductas» (*vid. Ibídem*, p. 138).

estos deben en todo caso formar «parte de la población» alemana, lo que supone una ampliación considerable del número de sujetos pasivos establecida por la reforma de 1960 —que solo hacía referencia a las «clases»—. A pesar de ello, lo cierto es que la reforma no lograba cubrir lagunas importantes, ya que seguía suponiendo la exclusión de un importante número de sujetos como podían ser, por ejemplo, los turistas o los extranjeros, que no viven de forma estable en el país.

En segundo lugar, la modificación de la incitación mediante escritos —regulada antes en el §131 y, a partir de la reforma, en el párrafo 2 del §130— constituye el eje principal de la reforma, al entenderla el legislador alemán como el instrumento perfecto para crear un «tipo antidiscriminatorio general»[165]. Este tipo delictivo sufrió dos cambios importantes con la entrada en vigor de la *Verbrechensbekämpfungsgesetz*: por un lado, se amplió el número de sujetos pasivos del delito al establecerse que el contenido de los escritos no tenía que dirigirse contra «parte de la población», sino que este podía tener como objetivo, también, «un grupo nacional, racial, religioso o étnico»; y, por otro, se elevó considerablemente la pena con respecto a la regulación que establecía previamente el §131, pasando esta de ser de un año de prisión o multa hasta tres años de cárcel o multa. Ahora bien, cabe destacar que la sanción es menor que la que impone el párrafo 1 (hasta cinco años de prisión), lo que no se entiende dado que supone castigar la misma conducta, solo por ser realizada a través de escritos, de manera más leve[166].

En otro orden de cosas, si merece destacarse una diferencia de esta figura delictiva con respecto a la anterior —la de la «incitación a la población»— esta es sin duda el ámbito subjetivo de protección de la norma, que se ve aún más ampliada que en el caso del párrafo 1. Y es que, a pesar de tratarse, en principio, de una forma particular de comisión de las acciones que recoge dicho párrafo, las tres conductas que conforman la «incitación mediante escritos» no tienen que estar dirigidas necesariamente contra «parte de la población», sino que pueden estarlo, también, contra «un grupo nacional, racial, religioso o étnico». Consecuentemente, el párrafo 2 del §130 permite castigar conductas dirigidas contra colectivos poblacionales no nacionales, al contrario de lo ocurría en el caso del párrafo 1. La expansión del ámbito subjetivo de protección de este precepto en concreto —esto es, del párrafo 2— se ve confirmada porque no exige la «adecuación de la conducta para perturbar la paz pública». De esta manera, según apuntaba el legislador, el nuevo artículo

---

165 Siguiendo a Landa Gorostiza, los orígenes de este precepto se encuentran en el anterior delito de «representación de violencia; incitación al odio racial» del §131, que había generado muchas dudas al legislador en torno a su estructuración dentro del Código penal. Ante la disyuntiva, decidió dejar abierta la posibilidad de una futura reforma que resolviese la cuestión, zanjándose la problemática al aprobarse la Ley de lucha contra la criminalidad (*vid. Ibídem*, p. 139).

166 Como acertadamente indica Landa Gorostiza, J. M. La regulación penal alemana..., *op. cit.*, p. 574.

conservaba el ámbito de protección previo sin limitarlo al ámbito nacional, tal y como lo hacía el anterior §131, del que precisamente emana la nueva regulación de la «incitación mediante escritos»[167].

En tercer lugar, la nueva regulación que se le dio a la «mentira de Auschwitz» —incardinada en los párrafos 3 y 4 del §130— se debió en gran medida a la difícil situación política y social reinante durante el proceso de elaboración de la *VBG*[168]. El 13 de noviembre del año 1992 había sido condenado por el Tribunal regional (en alemán, *Landgericht*) de Manheim el presidente del NPD en el seno del polémico «caso *Deckert*», por haber negado el fenómeno del Holocausto desde una ideología revisionista. Dos años más tarde, concretamente en marzo de 1994, la suspensión de la sentencia por el Tribunal Federal Alemán (en adelante, BGH) llevó al grupo de los verdes a presentar un proyecto de Ley que incriminaba el negacionismo[169]; sin embargo, en el mes de junio terminó estallando toda la tensión reinante entonces al hacerse pública la nueva resolución del Tribunal regional (de 22 de junio de 1994), debido a la fundamentación que defendía a la hora de medir el castigo. Finalmente, este pronunciamiento fue suspendido, pero la presión política era ya asfixiante[170].

Estos acontecimientos fueron parte del contexto en el que apareció la *VBG*, que, además de los cambios ya señalados, vino a añadir un tercer párrafo al §130 StGB tipificando por fin el negacionismo. El nuevo apartado rezaba lo siguiente:

> «Será sancionado con una pena privativa de libertad de hasta cinco años o con multa quien públicamente o en una reunión apruebe, niegue o minimice un hecho de la índole señalada cometido bajo el régimen del Nacionalsocialismo de la índole señalada en el §220a inciso 112[171], de tal manera que sea apropiada para perturbar la paz pública. También se sancionan las publicaciones que se realicen en conformidad con lo señalado en el inciso 3»[172].

167 Así, también, LANDA GOROSTIZA, J. M. *La intervención penal..., op. cit.*, pp. 139-140.

168 Como lo pone de manifiesto TURIENZO FERNÁNDEZ, A. «El delito de negación..., *op. cit.*, p. 33.

169 Explica TURIENZO FERNÁNDEZ que, con el paso del tiempo, Alemania fue introduciendo en su Código Penal una amplia gama de comportamientos reconducibles al denominado «negacionismo». Así, por ejemplo, incluyó la apología del delito (en alemán, «*Billigung von Straftaten*», regulada en el art. 140 StGB); la injuria y la difamación contra personas individuales, colectividades organizadas o categorías de personas no organizadas (en alemán, «*Beleidigung* y *Verleumdung*», recogidas en los arts. 185 y 186 StGB); y el vilipendio de la memoria de los difuntos (en alemán, «*Verunglimpfung des Andenkens Verstorbener*», regulado en el art. 189 StGB). *Vid. Ibídem*, p. 32.

170 Tal y como explica LANDA GOROSTIZA, J. M. La regulación penal alemana..., *op. cit.*, pp. 575-576.

171 Que castiga el delito de genocidio.

172 Traducción de TURIENZO FERNÁNDEZ, A. «El delito de negación..., *op. cit.*, p. 33. En el original: *«Mit Freiheitsstrafe bis zu fünf Jahren oder mit Geldstrafe wird bestraft, wer eine unter der*

Como puede observarse, se castigan de manera alternativa tres conductas: aprobar, negar y banalizar, pero siempre en referencia al genocidio nacionalsocialista[173]. Ninguna de las tres posibilidades exige que la acción constituya un ataque a la dignidad humana para resultar punible, opción lógica si se tiene en cuenta que lo que perseguía el legislador con la reforma era sancionar penalmente la «mentira simple de Auschwitz», que consiste en la negación, aprobación o banalización del genocidio nacionalsocialista sin exigirse, también, la identificación del autor con la ideología nazi. De darse tal identificación, la acción constituiría un ejemplo de «mentira de Auschwitz» cualificada, comportamiento que ya quedaba englobada en el anterior delito de «incitación a la población»; de esta manera, el legislador conseguía ampliar el círculo de conductas[174]. Ahora bien, para poder castigarlas se establecen dos requisitos: primero, que se cometan públicamente o en una reunión[175], y, segundo, que sean idóneas para perturbar la paz pública[176]. Resulta destacable, en este sentido, la limitación que estos criterios imponen a la hora de apreciar la concurrencia del delito en cuestión, dado que excluyen de su ámbito de aplicación numerosos comportamientos por realizarse en un ámbito privado o semi-privado[177].

En otro orden de cosas, de acuerdo con la letra del precepto, la conducta punible no queda circunscrita a la negación de la Shoá[178], sino que son igualmente relevantes a nivel penal «los discursos o expresiones que aprueben la comisión de estos hechos deplorables, dándose a los mismos un contenido positivo, y su minimización»[179]. De esta manera, por ejemplo, con la nueva regulación resultaría sancionable la conducta de quien defiende que se asesinaron 200.000 judíos, y no 6 millones. Así, nos encontramos ante

---

Herrschaft des Nationalsozialismus begangene Handlung der in §220a Abs. 1 bezeichneten Art in einer Weise, die geeignet ist, den öffentlichen Frieden zu stören, öffentlich oder in einer Versammlung billigt, leugnet oder verharmlost».

173 No cabe, en consecuencia, el castigo de estas acciones cuando se refieren a otros genocidios (*vid. Ibídem*, p. 34).

174 Landa Gorostiza, J. M. *La intervención penal...*, *op. cit.*, p. 144.

175 Esto implica que no podrían castigarse las manifestaciones de este calibre que se hagan en el ámbito privado, pero sí las expresadas en redes sociales o mítines políticos, por ejemplo (*vid.* Turienzo Fernández, A. «El delito de negación..., *op. cit.*, p. 34).

176 Sobre la crítica doctrinal existente a este respecto, *vid.* Landa Gorostiza, J. M. La regulación penal alemana..., *op. cit.*, pp. 577-580.

177 Tal y como indica Landa Gorostiza, J. M. *La intervención penal...*, *op. cit.*, p. 145.

178 «Shoá» es el término hebreo que se utiliza para hacer referencia a la persecución y aniquilación sistemática de los judíos europeos por parte del régimen de Hitler y sus colaboradores. De esta manera se explica en «La Shoá» [en línea], en *Museo del Holocausto de Buenos Aires*, s. f., p. única [fecha de consulta: 14 de marzo de 2022]. Disponible en: https://museodelholocausto.org.ar/educacion/index.php#:~:text=Se%20conoce%20con%20el%20t%C3%A9rmino,Segunda%20Guerra%20mundial%20en%201945.

179 Como especifica Turienzo Fernández, A. «El delito de negación..., *op. cit.*, p. 34.

una especie de delito *ad hoc* creado para enfrentar manifestaciones relativas a los hechos de mayor gravedad que tuvieron lugar durante el holocausto nazi, en especial para el cuestionamiento de la verdadera existencia de las cámaras de gas[180].

Con todo, en este sentido resulta llamativo que el legislador alemán no decida castigar expresamente la justificación del Holocausto, conducta que es, a todas luces, más grave que la negación del mismo dado que supone defender y legitimar las atrocidades cometidas por los nazis. Para salvar esta laguna, la conducta de la justificación podría ser reconducida y entenderse como una suerte de «aprobación» del genocidio para poder ser susceptible de castigo penal[181], pero lo cierto es que también podría interpretarse justamente al contrario.

Dicho esto, para poner fin al análisis del §130 solo queda hacer referencia a su quinto párrafo, que señala la aplicabilidad de la llamada «cláusula de adecuación social» del §86-III. En virtud de la misma, en los casos de los comportamientos recogidos en el párrafo 2 (incitación mediante escritos), en el párrafo 3 (aprobación, negación o banalización de una acción señalada en el parágrafo 220a, párrafo 1, cometida bajo el régimen nacionalsocialista, de una forma adecuada para perturbar la paz pública) y en el párrafo 4 (incitación mediante escritos que presenten el contenido del párrafo 3) la conducta no será castigada cuando sirva «a la instrucción ciudadana, a la defensa frente a aspiraciones anticonstitucionales, al arte o a la ciencia, a la investigación o la enseñanza, a la información de acontecimientos de actualidad o históricos, o fines similares»[182], lo que supone ampliar el catálogo que se encontraba vigente antes de la entrada en vigor de la Ley.

Con esta última referencia ponemos fin a nuestra aproximación a la legislación penal alemana en materia antidiscriminatoria elaborada desde que terminó el gran conflicto hasta 1995. A continuación, pasamos a exponer, de manera sintetizada, el recorrido que ha presentado Austria en este ámbito, ya que, por motivos geográficos e históricos, este se encuentra estrechamente ligado al de Alemania. Entendemos, por tanto, que es la mejor manera de proseguir nuestra investigación en orden a ensamblar las piezas de este puzle europeo.

Pasamos, pues, al estudio de la normativa austríaca.

---

180 Tal y como lo indica, por ejemplo, LANDA GOROSTIZA, J. M. *La intervención penal..., op. cit.*, p. 144.

181 Como explica TURIENZO FERNÁNDEZ, A. «El delito de negación..., *op. cit.*, p. 34.

182 En palabras de LANDA GOROSTIZA, J. M. «La regulación penal alemana..., *op. cit.*, p. 580.

2. Austria[183]

La participación de Austria en la Segunda Guerra Mundial de la mano de la Alemania de Hitler fue determinante a la hora de tomar medidas penales en la lucha contra la xenofobia, de tal forma que la regulación en esta materia se identifica casi en su totalidad con la postura que adoptó el legislador alemán a la hora de hacer frente a una de sus modalidades específicas: las declaraciones de corte nacionalsocialista. Al igual que ocurría en el ejemplo germano, en el caso de la legislación austríaca deberá tenerse presente en todo momento el referente ideológico nazi o neonazi para interpretar y entender los distintos tipos penales.

Además, en el caso de Austria el delito de provocación ocupará de nuevo una posición central; sin embargo, existe una diferencia fundamental entre el tratamiento que se le da en Alemania a este fenómeno y el que le da el legislador austríaco: mientras que en el primero se hace un uso exclusivo de la normativa penal para enfrentar esta problemática, el Código penal austríaco se verá, por el contrario, complementado por la legislación administrativa. De esta forma, se consigue dar cumplimiento a las disposiciones de la CIERD de 1965 al tiempo que se sugiere una interesante alternativa a la criminalización de comportamientos en este ámbito. Veamos cómo ha ocurrido.

Tras finalizar el conflicto, y con el objetivo de comenzar un proceso de *desnazificación* social que frenase cualquier pretensión de resucitar el nacionalsocialismo en el país, el 8 de mayo de 1945 el gobierno provisional austríaco promulgó el primer modelo de su *Verbotsgesetz* (Ley de Prohibición del Nacionalsocialismo), que se vería más tarde complementada por la *Kriegsverbrechenrgesetz* (Ley sobre crímenes de guerra y otros crímenes del Nacionalsocialismo). Sin ninguna duda, si algo merece destacarse de la Ley de Prohibición desde un punto de vista general es su carácter de normativa de excepción, evidenciado particularmente en la desproporcionada gravedad del castigo que llevan aparejados las figuras delictivas que recoge[184].

Entrando ya de lleno en el análisis de su contenido, esta Ley fue responsable de la introducción de dos artículos, el 3g y el 3h, que fueron ubicados casi al final del texto legal y que constituyen el centro de nuestro análisis. La primera parte de la ley —los parágrafos 3a a 3f— se refiere a la prohibición del partido nazi o de cualquiera de sus organizaciones, así como a la eventual participación en estas y la comisión de delitos que sirvan para reactivar la organización de Hitler, delitos que habían dejado de tener sentido práctico alguno mucho antes en la década de los noventa, por resultar altamente improbable que un nazi pretendiese refundar abiertamente el Partido Nacionalsocialista.

183 Para abordar este apartado nos basaremos, mayoritariamente, en las explicaciones de LANDA GOROSTIZA, J. M. *La intervención penal...*, *op. cit.*, pp. 148-161.

184 Tal y como expone TURIENZO FERNÁNDEZ, A. «El delito de negación..., *op. cit.*, pp. 35-36.

Dicho lo anterior, debemos partir de que la *Verbogesetz* ha sido modificada en varias ocasiones a lo largo de los años, sufriendo una última reforma el 26 de febrero de 1992. La versión anterior a esta configuraba el §3g como una suerte de precepto residual que castigaba todos los comportamientos que, realizados «en sentido nacionalsocialista» (en austríaco, *im nationalsozialistischen Sinn*), no pudiesen ser incardinados en ninguno de los preceptos 3a a 3f de la propia Ley. Con esta estructura, el legislador aspiraba a «sellar» la normativa de manera que no presentase ninguna laguna punible.

No obstante, a pesar de la tremenda amplitud del ámbito objetivo del §3g, este resultaba raramente aplicado en la práctica debido, por un lado, a la gravísima pena que llevaba aparejado (el límite mínimo era por entonces de cinco años de prisión), y, por otro, a que su conocimiento se encontraba asignado al Jurado. En efecto, el Jurado, consciente del desproporcionado castigo, prefería simplemente negar los hechos que eran objeto de enjuiciamiento antes de aplicar un castigo tan severo. El «efecto simbólico justificador»[185] que esta tendencia otorgaba a los círculos pro-nazis condujo, con el paso del tiempo, a que el legislador decidiese finalmente modificar la Ley de Prohibición en 1992.

En este punto debe tenerse en cuenta que años antes ya se había llevado a cabo una transformación importante en el ámbito del Derecho administrativo con el fin de enfrentar la falta de aplicación del art. 3g. Nos referimos a la Ley de Procedimiento Administrativo[186] (en adelante, EGVG), responsable de la creación de una infracción administrativa que sancionaba la «difusión de la ideología nacionalsocialista en el sentido de la Ley de prohibición cuando no sea punible por la jurisdicción penal». Merece la pena destacar que esta medida, aparte de estar orientada a la efectiva aplicación de la Ley en el caso de los comportamientos de corte nacionalsocialista que terminaban sin castigo en sede penal, está específicamente dirigida a combatir la difusión de propaganda neonazi en los colegios, así como a facilitar la confiscación del material requisado[187]. Pues bien, a pesar de las pretensiones de la norma, su regulación presentaba un problema fundamental: su contenido exigía, para poder ser aplicada, que la conducta de difundir la ideología nazi en el sentido de la Ley de Prohibición no fuera punible según la doctrina de los tribunales; sin embargo, esto es algo que no podía ocurrir puesto que este comportamiento siempre resultaba sancionable según la jurisprudencia. En

185 En palabras de Landa Gorostiza, J. M. *La intervención penal...*, *op. cit.*, p. 151.

186 *BGBl* (*Bundesgesetzblatt für Österreich*) *50/1991, Kundmachung des Bundeskanzlers, mit der das Einführungsgesetz zu den Verwaltungsverfahrensgesetzen wiederverlautbart wird.*

187 Merli, F. «Das Verbot der Verbreitung nationalsozialistischen Gedankengutes im EGVG», en *Juristische Blätter*, n.° 108, 1986, p. 768. De esta forma, también, Landa Gorostiza, J. M. *La intervención penal...*, *op. cit.*, p. 152.

consecuencia, la infracción administrativa que teóricamente debía aplicarse de manera subsidiaria en realidad era totalmente inaplicable[188].

La modificación que llevó a cabo el legislador austríaco en 1992 incidió precisamente en esta cuestión, pero no obtuvo resultados satisfactorios. Uno de los motivos de este fracaso fue la introducción de un nuevo precepto que tipificaba expresamente la «mentira de Auschwitz»[189], decisión que se adoptó debido a la influencia de los reclamos que se venían haciendo en otros países como Alemania, Suiza o Francia en favor de la penalización de esta conducta. El problema surgió cuando el legislador configuró un delito de tipo apologético —como era el caso de la cláusula general recogida en el §3g o las que sancionaba la infracción administrativa— que, inexplicablemente, no exigía como elemento del tipo que la actuación se realizara «en sentido nacionalsocialista». Expresamente, el art. 3h, en aplicación del art. 3g, castiga a aquel que,

> «(...) con una obra de imprenta, en radiotelevisión o mediante otro medio de comunicación de masas o de otro modo que sea de acceso público a una multitud de personas niegue, banalice gravemente, apruebe o intente justificar el genocidio nacionalsocialista u otros delitos contra la humanidad»[190].

Como puede observarse, la regulación de esta conducta es muy similar a la planteada en Alemania; de hecho, el debate que se generó allí en torno a esta cuestión puede extrapolarse fácilmente al caso de Austria. Con todo, lo más relevante a estas alturas es poner de manifiesto que, si antes de la Ley de 1992 ya resultaba complicado diferenciar el injusto penal de la infracción administrativa partiendo del aspecto subjetivo de la acción, con la reforma esta problemática se torna, si cabe, aún más compleja.

Paralelamente a la inclusión expresa de la *Auschwitzlüge*, la reforma supuso también la transformación del marco penal establecido hasta entonces (de cinco a veinte años de prisión) en la cláusula residual del §3g. El objetivo de esta modificación era acabar con el problema de inaplicación que ya explicamos que generaba este precepto, pero también pretendía evitar

---

188 Tal y como indica PLATZGUMMER, W. «Die strafrechtliche Bekämpfung des Neonazismus in Österreich», en *Österreichische Juristen-Zeitung*, 1994, p. 762. Asimismo, LANDA GOROSTIZA, J. M. *La intervención penal..., op. cit.*, p. 152.

189 Según jurisprudencia consolidada, en realidad algunas modalidades de esta conducta resultaban ya punibles en aplicación del vasto contenido de la cláusula general del §3g (*vid. Ibídem*, p. 154).

190 Traducción de TURIENZO FERNÁNDEZ («El delito de negación..., *op. cit.*, p. 36). En el original: «*Nach § 3g wird auch bestraft, wer in einem Druckwerk, im Rundfunk oder in einem anderen Medium oder wer sonst öffentlich auf eine Weise, daß es vielen Menschen zugänglich wird, den nationalsozialistischen Völkermord oder andere nationalsozialistische Verbrechen gegen die Menschlichkeit leugnet, gröblich verharmlost, gutheißt oder zu rechtfertigen sucht*».

que se trasladase a la sociedad el mensaje de que las conductas punibles no eran lo suficientemente graves como para merecer un castigo severo. En base a esto, el legislador decidió modificar exclusivamente el límite inferior de las penas, disminuyéndolo de cinco a un año de prisión. La letra del art. 3g termina castigando con penas de uno a diez años de prisión y, en caso de especial peligrosidad del condenado o de la actividad, de hasta veinte años de prisión, «a quien realice actividades en el sentido nacionalsocialista de una manera que no encaje dentro del ámbito de las secciones 3a a 3f (...)»[191].

A pesar de la modificación, lo cierto es que la medida llevada a cabo por el legislador en 1992 no solucionaba los problemas de fondo que presentaba la normativa, especialmente en lo que a su excesiva indeterminación típica se refiere[192]. Pero no es este el lugar para una profunda reflexión al respecto; lo verdaderamente importante es que, con las descripciones típicas de ambos artículos —particularmente con la introducción de los verbos «negar», «banalizar», «aprobar» e «intentar justificar»—, la regulación austríaca consigue salvar cualquier hueco y se alza como una de las más completas en materia antidiscriminatoria de toda Europa. Aunque, eso sí, debe tenerse presente que, tal y como ocurría en el caso de la legislación alemana, para que las conductas fueran susceptibles de recibir reproche penal estas debían referirse siempre al Holocausto y no a otros genocidios, lo que restaba aplicabilidad a los preceptos. Por otro lado, con respecto a los medios de comisión de las acciones típicas, estas debían realizarse de modo que resultasen accesibles públicamente a una multitud de personas, lo que permitía excluir del ámbito de aplicación de estos delitos las manifestaciones que tuviesen poco rango de alcance, o bien que se realicen en el entorno privado[193].

Para concluir nuestra referencia a estos artículos en particular, merece la pena destacar que el art. 3h de la Ley de Prohibición del Nacionalsocialismo es la norma que mayores penas impone en esta materia en toda Europa. Entre los casos en los que esta se ha llegado a aplicar y que mayor incidencia mediática han tenido debe mencionarse, sin duda, el proceso que llevó a la condena del autor británico David Irving por haber negado el Holocausto y la política de exterminio nazi. En aquella época, Irving era ya célebre por sus discursos de corte revisionista plasmados, por ejemplo, en su obra *Hitler's War*, pero lo que llevó a su procesamiento fueron dos intervenciones públicas que realizó en 1989. En ellas, el autor defendió que Hitler, en realidad, había protegido siempre a los judíos, y que la Noche de los cristales rotos no

191 Traducción de TURIENZO FERNÁNDEZ (*vid. Ibídem*, p. 36). En el original: «*Wer sich auf andere als die in den §§3a bis 3f bezeichnete Weise im nationalsozialistischen Sinn betätigt, wird, sofern die Tat nicht nach einer anderen Bestimmung strenger strafbar ist, mit Freiheitsstrafe von einem bis zu zehn Jahren, bei besonderer Gefährlichkeit des Täters oder der Betätigung bis zu 20 Jahren bestraft*».

192 Así, LANDA GOROSTIZA, J. M. *La intervención* penal..., *op. cit.*, p. 153.

193 Así, TURIENZO FERNÁNDEZ, A. «El delito de negación..., *op. cit.*, p. 36.

fue obra de los nazis. Como consecuencia de sus intervenciones, el Tribunal Regional de Viena lo condenó, por unanimidad, a tres años de prisión[194].

A continuación, vamos a presentar brevemente el que constituye el instrumento jurídico-penal más relevante en la materia objeto de nuestra investigación: el delito de provocación del §283. Este tipo delictivo fue introducido entre la normativa austríaca con la reforma del Código penal que tuvo lugar en el año 1974. La intención del legislador era, por aquel entonces, tipificar el insulto, el intento de menosprecio y, con carácter general, la provocación contra ciertos colectivos en casos en los que la normativa vigente no resultaba aplicable. Este nuevo delito venía a acatar lo establecido en la CIERD, cuyo art. 4, como ya sabemos, obliga a incriminar la incitación a la xenofobia. Pero esta no fue la única medida que adoptó el legislador en aquella época para seguir los mandatos internacionales: en 1977 incluyó una nueva infracción que castigaba la discriminación racial en la Ley de Procedimiento Administrativo, consiguiendo así dar cumplimiento a la Convención de 1965 haciendo uso de la normativa administrativa y no de la penal[195].

Volviendo al art. 283, que es el precepto que verdaderamente nos interesa, este recogía dos conductas típicas distintas, una en cada párrafo que lo compone. Su contenido rezaba lo que sigue:

> (1) «El que públicamente incita o provoca de forma adecuada para poner en peligro el orden público a realizar una acción hostil contra una iglesia o sociedad religiosa presente en el territorio nacional o contra un determinado grupo por su pertenencia a dicha iglesia o sociedad religiosa, raza, pueblo/etnia, origen étnico o Estado, será castigado con pena privativa de libertad de hasta dos años.
>
> (2) Será castigado con la misma pena el que incite públicamente contra alguno de los grupos mencionados en el apartado 1 o les insulte o intente menospreciar de forma lesiva para su dignidad humana»[196].

Como puede observarse, en el primer párrafo se castiga la provocación pública a actos hostiles contra determinados grupos, exigiéndose la idoneidad de la conducta para alterar el orden público. Así, y como ocurría en el

---

194 *Vid. Ibídem*, p. 37.

195 Para una exposición más detallada de esta cuestión, cfr. LANDA GOROSTIZA, J. M. *La intervención penal..., op. cit.*, p. 156.

196 Traducción de LANDA GOROSTIZA (*vid. Ibídem*, p. 157). En el original:
«*Wer öffentlich auf eine Weise, die geeignet ist, die öffentliche Ordnung zu gefährden, zu einer feindseligen Handlung gegen einen im Inland bestehende Kirche oder Religiongesellschaft oder gegen eine durch ihre Zugehörigkeit zu einer solchen Kirche oder Religionsgesellschaft, zu einer Rasse, zu einem Volk, einem Volkstamm oder einem Staat bestimmte Gruppe auffordert oder aufreizt, ist mit Freiheitsstrafe biz zu zwei Jahren zu bestrafen.*
Ebenso ist zu bestrafen, wer öffentlich gegen eine der im Abs. 1 bezeichneten Gruppen hetzt oder sie in einer die Menchenwürde verletzenden Weise beschimpft oder verächtlich zu machen sucht».

caso de otros delitos ya analizados, no toda provocación resulta típica a la luz de esta regulación ya que se requiere una mínima gravedad de la conducta. Sin embargo, no ocurre lo mismo en el segundo párrafo, en el que no se requiere la perturbación del orden público para poder castigar la acción en cuestión. Es por ello por lo que hablamos de «incitación pura» en este caso. Con todo, lo que resulta más relevante es que ni en un caso ni en otro se exige que la provocación lo sea necesariamente a conductas delictivas; eso sí, para resultar punible, el dolo de la acción no puede abarcar meros sentimientos, sino que deberá referirse siempre al surgimiento de actos hostiles[197].

En lo que hace al ámbito personal de protección de la norma, si nos centramos en el primer párrafo del art. 283, este queda limitado a ciertos grupos caracterizados por contados factores discriminatorios, en virtud de la peligrosidad que la provocación contra ellos puede generar para el orden público[198]. Cabe destacar que en este sentido se plantea un debate doctrinal parecido al planteado en Alemania, concretamente, en el caso que nos ocupa, en torno a la exigibilidad de que las iglesias o sociedades religiosas —cuando la incitación sea contra estas— se encuentren presentes o afincadas en Austria. Esta discusión no solo ocupará un lugar importante en países que han seguido la estela europea en materia antidiscriminatoria, sino que será una constante en todos los países que estructuran el delito de provocación alrededor de la paz o el orden públicos, como puede ser el Reino Unido.

Dicho esto, y para terminar con este primer párrafo, baste con apuntar que la acción típica debe perpetrarse públicamente, lo que requiere, según la doctrina, que se dirija contra un mínimo de diez personas[199].

Pasando ahora al segundo párrafo del precepto, este recoge dos conductas provocadoras que presentan exigencias típicas diferenciadas: la primera se refiere a la provocación pública contra grupos concretos, y la segunda al insulto o intento de menosprecio —ambos públicos— contra los mismos. Ahora bien, tanto una como otra requiere que la acción se realice de manera que lesione la dignidad humana de los miembros del colectivo en cuestión, o lo que es lo mismo, que con ella «sean afectados en el núcleo mismo de su personalidad»[200]. Debe tenerse presente que la mención expresa a los «grupos» no deja fuera del ámbito de aplicación de la norma aquellos comportamientos que afecten a sus representantes; ahora bien, si estos se dirigen contra uno de sus miembros, o bien contra varios de ellos haciendo uso de

197 Tal y como explica Landa Gorostiza (*vid. Ibídem*, pp. 158-159).

198 Hay que tener en cuenta que en el caso del segundo párrafo no pueden ser sujetos pasivos de la conducta las iglesias y las sociedades religiosas, por no constituir un «grupo» en el sentido del primer párrafo.

199 Así lo explica Landa Gorostiza, J. M. *La intervención penal..., op. cit.*, p. 159.

200 En palabras de Landa Gorostiza (*vid. Ibídem*, p. 160).

una designación colectiva —sin dirigirse hacia el grupo como tal— entonces resultan aplicables los preceptos penales que protegen el derecho al honor[201].

Con este apunte ponemos fin a nuestra breve exposición del recorrido que se ha seguido en Austria a la hora de regular jurídicamente este ámbito en particular. En el siguiente epígrafe nos disponemos a analizar la normativa suiza, que es la que termina de cerrar el «triángulo germánico» que venimos exponiendo hasta el momento. Esto nos permitirá luego pasar a estudiar la trayectoria que han seguido los países latinos a la hora de enfrentar el fenómeno discriminatorio e intolerante desde el Derecho penal, enlazando así esta parte de nuestra investigación con el que constituye el centro de la misma; esto es, la regulación española.

Pasamos, a continuación, a presentar sucintamente los instrumentos penales de los que se ha valido Suiza en esta materia.

3. Suiza[202]

En términos generales, puede decirse que la lucha del Estado suizo contra la xenofobia en el ámbito penal se reduce a un artículo fundamental: el 261 *bis* del *StGB*, que, a pesar de constituir formalmente un único precepto, aúna en su seno tanto el delito de provocación como otras figuras penales. Bajo el título de «discriminación racial», este precepto nació de un proceso legislativo en el que, partiendo de las disposiciones de la CIERD, se evidenciaron una serie de carencias y lagunas que necesitaban ser reguladas. El artículo entró en vigor el 1 de enero de 1995, y su texto reza lo que sigue:

> «El que incita públicamente al odio o a la discriminación contra una persona o contra un grupo de personas por razón de su raza, etnia o religión,
>
> el que difunde públicamente ideologías que están dirigidas a la sistemática denigración o calumnia de los miembros de una raza, etnia o religión,
>
> el que con el mismo objetivo organiza, promociona o participa en acciones de propaganda,
>
> el que públicamente mediante palabra, escrito, imagen, gestos, vías de hecho o de otra manera, denigra o discrimina de forma atentatoria contra la dignidad humana, a una persona o a un grupo de personas por razón de su raza, etnia o religión, o por alguna de estas razones niega, banaliza gravemente o intenta justificar el genocidio u otros crímenes contra la humanidad,
>
> el que deniega una prestación por él mismo ofrecida y destinada a la generalidad, a una persona o a un grupo de personas por razón de su raza, etnia o religión,
>
> será castigado con prisión o con multa»[203].

201 De acuerdo con las explicaciones de LANDA GOROSTIZA (*vid. Ibídem*, p. 160).

202 Para abordar este apartado nos basaremos, mayoritariamente, en las explicaciones de LANDA GOROSTIZA (*vid. Ibídem*, pp. 162-172).

203 Traducción de LANDA GOROSTIZA (*vid. Ibídem*, p. 162). En el original:

Como puede observarse, el contenido del art. 261 *bis* es bastante amplio. Para facilitar su estudio, primero expondremos lo que tienen en común todas las figuras que recoge, para más adelante centrarnos en las distintas modalidades de conducta típica.

Dentro de cada uno de los cinco párrafos del precepto encontramos tres grupos de comportamientos distintos. El primero de ellos aglutina los tres primeros párrafos, que tipifican las diferentes formas de propaganda racista tal y como obliga el art. 4 de la Convención de 1965. El segundo grupo lo encontramos en el párrafo 4 del precepto, que castiga aquellas conductas motivadas «racialmente» que afectan a la dignidad de la persona, así como la negación, la grave banalización o la justificación del genocidio o de otros crímenes contra la humanidad[204]. Por último, el tercero de estos grupos de conductas lo hallamos en el párrafo 5, que tipifica la denegación de servicios con destino público por motivos de raza. Cabe tener en cuenta que prácticamente todos los comportamientos típicos recogidos en el art. 261 *bis* exigen su comisión «pública» para poder ser castigados. Pero esto no quiere decir que solo entren en su ámbito punible conductas que se encuentren dirigidas a un colectivo indeterminado de personas, sino que también deben incluirse en el mismo aquellas dirigidas contra un grupo determinado siempre y cuando las declaraciones del autor tuviesen la aptitud necesaria para ser difundidas fuera de su ámbito de control.

En cuanto al ámbito subjetivo de la norma, este es verdaderamente amplio: abarca todos los colectivos raciales, étnicos y religiosos. Ciertamente puede resultar difícil de delimitar, pero su configuración permite dejar fuera de su protección cualquier referencia a otros factores discriminatorios. Por último,

---

«Wer öffentlich gegen eine Person oder eine Gruppe von Personen wegen ihrer Rasse, Ethnie oder Religion zu Hass oder Diskriminierung aufruft,

wer öffentlich Ideologien verbreitet, die auf die systematische Herabsetzung oder Verleumdung der Angehörigen einer Rasse, Ethnie oder Religion gerichtet sint,

wer mit dem gleichen Ziel Propagandaaktionen organisiert, fördert oder daran teilnimmt,

wer öffentlich durch Wort, Schrift, Bild, Gebärden, Tätlichkeiten oder in anderer Weise eine Person oder eine Gruppe von Personen wegen ihrer Rasse, Ethnie, Religion in einer gegen die Menschenwürde verstossenden Weise herabsetzt oder diskriminiert oder aus einem dieser Gründe Völkermord oder andere Verbrechen gegen die Menschlichkeit leugnet, gröblich verharmlost oder zu rechtfertigen sucht,

wer eine von ihm angebotene Leistung, die für die Allgemeinheit bestimmt ist, einer Person oder einer Gruppe von Personen wegen ihrer Rasse, Ethnie, Religion verweigert,

wird mit Gefängnis oder mit Busse bestraft».

204 De acuerdo con su tenor, entran en el marco típico de este párrafo en particular las conductas que tengan por objeto la eliminación de los judíos durante el Holocausto, pero también la de los gitanos y otros grupos que sufrieron su mismo destino. LANDA GOROSTIZA plantea que podría aplicarse igualmente al genocidio ocurrido en la ex Yugoslavia, aunque esta posibilidad no queda clara dado que se trata de un acontecimiento más lejano en el tiempo (*vid. Ibídem*, p. 171). Sea como sea, lo que sí resulta fundamental es constatar que la conducta se dirige contra el colectivo socialmente marginado por razón de alguno de los factores que recoge el precepto y que esta sea idónea para perturbar la paz pública.

debe tenerse presente que las conductas tipificadas pueden estar dirigidas tanto contra personas individualmente consideradas como contra grupos.

Para poner fin a este breve análisis de la normativa suiza en materia antixenófoba debemos hacer referencia, aunque sea de manera sucinta, al párrafo 5 del art. 261 *bis*, que dispone lo siguiente: «El que deniega una prestación por él mismo ofrecida y destinada a la generalidad, a una persona o a un grupo de personas por razón de su raza, etnia o religión».

Como puede verse, esta disposición incrimina un acto de discriminación directa, no ya su provocación: la denegación de un servicio destinado a la generalidad. Merece la pena mencionar que, en aquel momento, la legislación suiza ya contaba con mecanismos jurídicos suficientes para tutelar este comportamiento, lo que dio lugar a distintas críticas por parte de la doctrina. Con todo, el *Bundesrat*, aun habiendo reconocido que el art. 5, letra f, de la CIERD no obliga a la tipificación de esta conducta, optó por su incriminación aduciendo «dificultades técnicas en la regulación de la materia conexas con la cuestión competencial entre la Confederación y los cantones para recurrir al instrumento penal»[205].

Pues bien, con este apunte cerramos el primero de los dos bloques de países europeos que forman parte de nuestra investigación. Dejando a un lado ahora el entorno germánico, en el siguiente epígrafe inauguramos el que denominaremos «bloque latino», dentro del cual analizaremos la trayectoria jurídico-penal de Italia, Francia y Portugal en esta materia.

Pasamos, pues, al siguiente apartado.

ii. El ámbito latino: Italia, Francia y Portugal

Por extraño que pueda parecer, a pesar de que el problema de la xenofobia ha ocupado un papel bastante más preocupante en los países del entorno germánico que en los países latinos o románicos, la legislación penal nacida para hacer frente a esta realidad ha sido, sin embargo, mucho más vasta en el caso de estos últimos, tanto en cuanto al número de delitos creados como a la extensión del ámbito de aplicación de los mismos. En este sentido, resulta paradójico que los Estados que no han sufrido las mayores tensiones históricas, políticas y sociales del siglo XX hayan tendido a utilizar con mayor vehemencia el instrumento penal para enfrentar esta problemática, pero así ha sido. De hecho, antes de entrar a analizar cada normativa en particular adelantamos que este grupo de países presenta evidentes tendencias «expansivas» en lo que a sus regulaciones penales se refiere[206].

205 En palabras de LANDA GOROSTIZA (*vid. Ibídem*, p. 172).

206 *Vid. Ibídem*, p. 173.

Como tendremos oportunidad de ver, esta inclinación tendrá una clara influencia en la trayectoria española en esta materia, pero esto lo comprobaremos más adelante. Ahora vamos a pasar a estudiar, como primer ejemplo representativo del ámbito latino, la normativa penal antixenófoba italiana hasta 1995.

1. Italia[207]

La legislación italiana cuenta con un extenso catálogo de tipos penales específicamente dirigidos a castigar la xenofobia: por una parte tipifica la provocación, pero al mismo tiempo recoge gran variedad de conductas apologéticas, así como una circunstancia agravante genérica. Empezaremos por el estudio del delito de provocación.

Para enfrentar adecuadamente el análisis de esta figura debemos rescatar la Ley de 13 de octubre de 1975, n.° 654[208], que introdujo en el Código penal italiano el delito de provocación como consecuencia de la ratificación y ejecución de la CIERD —más concretamente, de su artículo 4—. Y es que el Decreto-Ley de 26 de abril de 1993, n.° 122 (convertido en Ley de 25 de junio de 1993, n.° 205, con modificaciones)[209], vigente en 1995, introdujo una serie de «medidas urgentes en materia de discriminación racial, étnica y religiosa» que afectaron a este delito en particular, actualizando su contenido. Su transformación se debió —tal y como ocurrió, por ejemplo, en Alemania— a la preocupación existente en aquel momento ante las cada vez más frecuentes manifestaciones intolerantes y discriminatorias de corte racista y xenófobo. La tensión y la inquietud de entonces darán como resultado cierta falta de racionalización a la hora de tipificar estas conductas, lo que se evidencia en el nuevo contenido del precepto[210]. A partir de su entrada en vigor, esta figura delictiva queda regulada de la siguiente manera:

> a) «Salvo que el hecho constituya un delito más grave y con el fin de llevar a cabo lo dispuesto en el artículo 4 de la Convención, es punible:
>
> b) con la reclusión de hasta 3 años el que de cualquier modo difunda ideas fundadas en la superioridad o el odio racial o étnico, o incite a cometer o cometa actos de discriminación por motivos raciales, étnicos, nacionales o religiosos;

---

207 Para abordar este apartado nos basaremos, mayoritariamente, en las explicaciones de LANDA GOROSTIZA (*vid. Ibídem*, pp. 173-180).

208 *Legge 13 ottobre 1975, n. 654. Ratifica ed esecuzione della convenzione internazionale sull'eliminazione di tutte le forme di discriminazione razziale, aperta alla firma a New York il 7 marzo 1966.*

209 *Decreto-legge 26 aprile 1993, n. 122 (convertito dalla l. 25 giugno 1993, n. 205, con modificazioni). Misure urgente in materia di discriminazione razziale, etnica e religiosa.*

210 Coincidiendo con LANDA GOROSTIZA, J. M. *La intervención penal..., op. cit.*, p. 174.

c) con la reclusión de seis meses a cuatro años el que de cualquier modo incite a cometer o cometa violencia o actos de provocación a la violencia por motivos raciales, étnicos, nacionales o religiosos»[211].

Como puede extraerse de su redacción, las pretensiones del legislador a la hora de transformar este artículo eran claras: expandir el ámbito de aplicación que presentaba el precepto de acuerdo con el contenido que le dio la Ley anterior, que databa de 1975. Esto se evidencia particularmente en el hecho de haber añadido a la incitación los casos de provocación a la discriminación «religiosa», que se une a las referencias a la «raza», etnia o nación. Con esta modificación se pretendía evitar dejar fuera del amparo de la norma a este tipo de colectivos, dadas las posibles interpretaciones restrictivas que podían hacerse de la expresión «grupo étnico», así como la ambigüedad de la referencia a lo «racial, étnico o nacional»[212].

Teniendo en cuenta lo anterior, resulta difícil comprender la diferencia que hace el legislador, dentro de la propia figura de la provocación —concretamente en la primera de sus letras[213]— entre la «difusión de ideas» y la «incitación», al disponer que la primera se refiere únicamente a ideas «fundadas en la superioridad o el odio racial o étnico». De acuerdo con esta distinción, se excluye de su ámbito punible de la letra a) a los grupos que sean discriminados por razón de su nación o su religión. Esto puede deberse a que el legislador haya preferido ser prudente antes que ampliar de forma desmesurada la aplicabilidad del precepto; pero, sea como sea, lo importante es que su ámbito de aplicación queda considerablemente aumentado, ya que antes de la reforma la difusión de ideas solo se castigaba penalmente si se refería a colectivos caracterizados por su raza[214].

Pasando a otra de las novedades que entendemos deben ser puestas de relieve dentro del nuevo delito de provocación, tras la reforma que supuso el Decreto-Ley de 1993 la incitación quedó equiparada a la comisión de actos concretos de discriminación, al castigarse con la misma pena a aquel que «incite a cometer» o efectivamente «cometa actos de discriminación». Esta

---

211 Traducción de Landa Gorostiza (*vid. Ibídem*, p. 174):
3.1. «Salvo che il fatto costituisca più grave reato, anche ai fini dell'attuazione della disposizione dell'articolo 4 della convenzione, è punito:
con la reclusione sino a tre anni chi diffonde in qualsiasi modo idee fondate sulla superiorità o sull'odio razziale o etnico, ovvero incita a commettere o commette atti di discriminazione per motivi razziali, etnici, nazionali o religiosi;
con la reclusione da sei mesi a quattro anni chi, in qualsiasi modo, incita a commettere o commette violenza o atti di provocazioni alla violenza per motivi razziali, etnici, nazionali o religiosi».

212 Tal y como recoge Landa Gorostiza (*vid. Ibídem*, p. 175)

213 En lo que hace a la letra b), que como hemos podido ver sanciona la incitación a cometer actos discriminatorios, esta protege por el contrario tanto a los grupos caracterizados por su «raza», como por su «etnia», «nación» o «religión».

214 Landa Gorostiza, J. M. *La intervención penal…*, *op. cit.*, p. 175.

modificación parece venir a colocar al sujeto individual como núcleo de estas conductas alejándolas de un sentido exclusivamente colectivo[215], pero desde nuestro punto de vista esta no es una manera adecuada de hacerlo. Más bien todo lo contrario, ya que supone atribuir el mismo castigo a actos que merecen un reproche penal evidentemente distinto.

En tercer lugar, el delito de provocación, junto con la provocación y la difusión de ideas o la incitación a la discriminación —así como su efectiva perpetración—, tipifica en su apartado b) la conducta de quien «incite a cometer o cometa violencia o actos de provocación a la violencia». Aquí surge un problema parecido al recién apuntado, pero en este caso va más allá: no se pueden equiparar un acto de discriminación y un acto de violencia porque el acto violento, entendido en un sentido «amplio e impropio»[216], incluye en su seno los actos discriminatorios, pero, en un sentido estricto, se trata de comportamientos cualitativamente distintos que, como tales, deben ser valorados de forma diferente.

Dejando a un lado la incitación xenófoba, el Decreto-Ley de 1993 introdujo también ciertos cambios en el ámbito de las conductas apologéticas. En aquel entonces, el legislador italiano decidió tipificar dos comportamientos concretos: las «conductas expresivas» que fueran propias de organizaciones prohibidas, y la exhibición o el porte de sus símbolos y emblemas. Al mismo tiempo, llevó a cabo algunos cambios en el delito de apología «racista» del fascismo y la del genocidio, que ya estaba presente en el Código penal. Veamos, por partes, en qué consistió la reforma.

Para empezar, el art. 2 del Decreto Ley incorporó una «disposición preventiva» (en italiano, «disposizione di prevenzione») en relación con el castigo de la exhibición y porte de emblemas o símbolos, así como de «conductas expresivas» (en italiano, «*manifestazioni esteriori*») propias de las organizaciones prohibidas, de la siguiente manera:

> 2.1. «Aquel que en una reunión pública realice conductas expresivas u ostente emblemas o símbolos propios o usuales de las organizaciones, asociaciones, movimientos o grupos del artículo 3 de la Ley de 13 de octubre de 1975, será castigado con la pena de reclusión de hasta 3 años y con multa de 200.000 a 500.000 liras.
>
> 2.2. Se prohíbe el acceso a lugares donde se desarrollen competiciones deportivas a todo aquel que lleve (porte) emblemas o símbolos de los del apartado 1. El transgresor será castigado con arresto de tres meses a un año»[217].

215 *Vid. Ibídem*, p. 176.

216 En palabras de Landa Gorostiza, con quien coincidimos (*vid. Ibídem*, p. 177).

217 Traducción de Landa Gorostiza (*vid. Ibídem*, pp. 177-178). En el original:
2.1. «*Chiunque, in pubbliche riunioni, compia manifestazioni esteriori od ostenti emblemi o simboli propri o usuali delle organizzazioni, associazioni, movimenti o gruppi di cui all'articolo 3 della legge 13 ottobre 1975, n. 654, è punito con la pena della reclusione fino a tre anni e con la multa da lire duecentomila a lire cinquecentomila.*

El primer apartado se dirige contra el peligro que supone el hecho de que se difundan ideas favorables a la constitución o reconstitución de organizaciones de corte racista, o, más concretamente, a procurar la consolidación de la actividad criminal propia de estas organizaciones. Ahora bien, se critica que la configuración que el legislador le ha dado a esta disposición puede llegar a ser muy arbitraria, lo que choca frontalmente con el principio de determinación de la ley. Y es que en el caso de que la conducta típica fuera interpretada como un tipo de propaganda o bien como una incitación indirecta a adherirse a una de las organizaciones, el juez se vería obligado a decidir la aptitud de la misma para generar la situación de peligro a la que teóricamente conduce. Esto resultaría inadmisible en un Estado de Derecho y, además, supondría llegar a soluciones totalmente contradictorias[218].

En cuanto al apartado 2 del art. 2, este prohíbe el acceso a lugares en los que se lleven a cabo competiciones deportivas a cualquiera que porte emblemas o símbolos prohibidos. A pesar de las dudas que puede generar la letra del artículo, en realidad lo que se castiga es el «llevar» dichos elementos consigo, no el acceder al lugar en cuestión; de esta manera, este apartado se constituye como una disposición incriminadora de actos preparatorios respecto de la prohibición impuesta en el apartado 1.

Pues bien, pasamos ahora a las modificaciones que llevó a cabo el Decreto-Ley de 1993 en la Ley de 20 de junio de 1952 (relativa al fascismo), y que afectaron al delito de apología «racista» del fascismo y del genocidio. Tras la entrada en vigor del Decreto-Ley, la apología fascista queda regulada como sigue:

> «Se aplicará la misma pena que en el inciso primero[219] al que públicamente exalte exponentes, principios, hechos o métodos del fascismo o bien su finalidad antidemocrática. Si el hecho atañe a ideas o métodos racistas la pena será de reclusión de uno a tres años y multa de uno a dos millones»[220].

2.2. È vietato l'accesso ai luoghi dove si svolgono competizioni agonistiche alle persone che vi si recano con emblemi o simboli di cui al comma 1. Il contravventore è punito con l'arresto da tre mesi ad un anno».

218 Como acertadamente indica DEL CORSO, S. «Commenti articolo per articolo. D. L. 26/1993 n. 122, conv. Con modif. Dalla 1.25/6/1993 n.205-Misure urgente in materia di discriminazione razziale, étnica e religiosa», en *La Legislazione Penale*, n.º 2, 1994 (45), pp. 203-206. En este sentido, también, LANDA GOROSTIZA, J. M. *La intervención penal*..., *op. cit.*, p. 178.

219 Que impone una pena de reclusión de 6 meses a 2 años y multa de 400.000 a 1.000.000 de liras.

220 Traducción de LANDA GOROSTIZA (LANDA GOROSTIZA, J. M. *La intervención penal*..., *op. cit.*, p. 179). En el original:
«Alla stessa pena di cui al primo comma soggiace chi pubblicamente esalta esponenti, princìpi, fatti o metodi del fascismo, oppure le sue finalità antidemocratiche. Se il fatto riguarda idee o metodi razzisti, la pena è della reclusione da uno a tre anni e della multa da uno a due milioni».

Si bien el cambio que opera el legislador en esta figura concreta tiene como objetivo evidenciar la especial gravedad de la apología del racismo —siguiendo la estela de la tipificación, ya expuesta, de la «difusión de ideas fundadas en la superioridad o el odio racial o étnico»—, esta se castiga más gravemente, al menos en cuanto a su límite superior, que la conducta de la «difusión». Esto parece obedecer al hecho de que la apología punible requiere que se exalten concepciones o métodos racistas de forma pública, no que se haga «de cualquier modo» como exige la «difusión» típica, lo que supondría un mayor «peligro difuso»[221] para el orden público.

Dicho lo anterior, para terminar este breve análisis de la legislación italiana en materia antixenófoba debemos, por último, referirnos a la circunstancia agravante que introdujo el Decreto-Ley de 1993 en el apartado 1 de su art. 3. Según la misma,

> «Para aquellos hechos punibles con pena diferente de la de prisión perpetua cometidos con finalidad discriminatoria o de odio étnico, nacional, racial o religioso, o con el fin de facilitar la actividad de las organizaciones, asociaciones, movimientos o grupos que tengan entre sus fines la misma finalidad, la pena será aumentada hasta la mitad»[222].

Si algo debe destacarse del contenido de esta agravante esto es, sobre todo, su ambigüedad e imprecisión, que hace verdaderamente compleja una interpretación de la misma que resulte mínimamente segura y correcta. Sea como sea, lo cierto es que su configuración se encuentra en la línea que venía siguiendo entonces el legislador italiano dentro de la normativa de emergencia, así que no suponía una novedad del todo inesperada.

2. Francia[223]

El catálogo de delitos con los que cuenta la normativa penal francesa en el ámbito antixenófobo es bastante amplio, encontrándose diseminadas sus figuras en dos leyes principales: por una parte, en la Ley de 29 de Julio de 1881 *(Loi du 29 Juillet 1881 sur la liberté de la presse)* y, por otra, en el Nuevo Código Penal francés *(Le Nouveau Code Penal)*, que entró en vigor el 1 de marzo de 1994. Para poder comprender mejor el conjunto de la regulación, comenzaremos por estudiar el delito de provocación xenófoba para luego

---

221 En palabras de LANDA GOROSTIZA (*vid. Ibídem*, p. 179).

222 Traducción de LANDA GOROSTIZA (*vid. Ibídem*, p. 180). En el original:
«Per i reati punibili con pena diversa da quella dell'ergastolo commessi per finalità di discriminazione o di odio etnico, nazionale, razziale o religioso, ovvero al fine di agevolare l'attività di organizzazioni, associazioni, movimento o gruppi che hanno tra i loro scopi le medesime finalità, la pena è aumentata fino alla metà».

223 Para abordar este apartado nos basaremos, mayoritariamente, en las explicaciones de LANDA GOROSTIZA (*vid. Ibídem*, pp. 180-194).

pasar al análisis de los delitos contra el honor de carácter xenófobo. Más tarde expondremos algunos comportamientos apologéticos, centrándonos particularmente en la denominada «mentira de *Auschwitz*»; y, por último, haremos referencia a los delitos de actos de discriminación. Dada la envergadura de este elenco normativo, presentaremos solo una síntesis de cada una de estas figuras delictivas, deteniéndonos solamente en profundidad en la del delito de provocación, que se erige como la piedra angular de este arsenal de disposiciones antixenófobas.

Tanto la Ley sobre la libertad de prensa de 1881 como el Nuevo Código Penal regulan la provocación xenófoba a la discriminación, al odio o a la violencia, pero lo hacen en dos formas distintas. La primera tipifica la provocación que se hace públicamente, mientras que el segundo recoge la que tiene lugar en el ámbito privado. Veamos de qué manera.

En cuanto a la provocación pública, su contenido vigente desde 1881 fue modificado a raíz de la entrada en vigor de la Ley n.º 72-546 de 1 de julio de 1972, adaptándola a las disposiciones de la Convención de 1965, que Francia había ratificado. Como resultado de la reforma, la provocación xenófoba se recoge en el art. 24, apartado 6.º, de la Ley de prensa, en los siguientes términos:

> «Aquellos que por uno de los medios enunciados en el artículo 23 provocaren a la discriminación, al odio o a la violencia contra una persona o un grupo de personas por razón del origen o de la pertenencia o no pertenencia a una etnia, nación, raza o religión determinada serán castigados con la pena de prisión de un mes a un año y multa de 2.000 a 300.000 francos, o solamente con una de estas dos penas»[224].

Lo primero que debe destacarse del tenor de este precepto es que la provocación, para resultar punible, debe realizarse públicamente, de acuerdo con la mención expresa que hace al art. 23 de la Ley de prensa de 1881 (esta disposición detalla, a través de ejemplos, cuáles son las distintas formas públicas de perpetración, ya sea oralmente, por escrito o mediante el uso de cualquier medio de comunicación audiovisual). Por otro lado, la conducta típica se restringe al ámbito xenófobo, excluyéndose de su ámbito de protección los delitos de actos discriminatorios cometidos por razón de otros factores discriminatorios como pueden ser la ideología, la orientación sexual, etc.

Por si esto fuera poco, de acuerdo con el contenido antes expuesto la provocación puede ser directa o indirecta, de forma que no se exige que esta

224 Traducción libre. En el original:
«Ceux qui, par l'un des moyens énoncés à l'article 23, auront provoqué à la discrimination, à la haine ou à la violence à l'égard d'une personne ou d'un groupe de personnes à raison de leur origine ou de leur appartenance ou de leur non-appartenance à une ethnie, une nation, une race ou une religion déterminée, seront punis d'un emprisonnement d'un mois à un an et d'une amende de 2.000 F à 300.000 F ou de l'une de ceux peines seulement».

haga referencia explícitamente a los actos a los que apela. Ahora bien, en este sentido debemos aclarar que el hecho de que un escrito o ciertas manifestaciones puedan generar reacciones hostiles no legitima, *per se*, la sanción penal; para que esto ocurra se requiere, en todo caso, la concurrencia de un elemento intencional. Así las cosas, quedan fuera del ámbito punible del precepto aquellas manifestaciones que sean excesivamente genéricas, indeterminadas o erróneas.

En cuanto a los objetos del delito, el art. 24.6 de la Ley de prensa incluye la provocación a la «discriminación», al «odio» y a la «violencia», lo que abre la puerta al castigo de muchas conductas provocadoras que carecen de la gravedad y de la determinación suficientes para constituir una figura delictiva. Además, abarca toda incitación que tienda a generar en el público reacciones hostiles —internas o no— en relación con los colectivos que incluye el precepto.

Teniendo en cuenta lo expuesto hasta este punto, si algo debe subrayarse de la regulación penal francesa en lo que a la figura de la provocación pública se refiere, es la falta de precisión de su ámbito de aplicabilidad, así como la descarada amplitud de este[225]. Junto a este delito, como ya adelantamos, el Nuevo Código Penal tipificó la provocación no pública como mera infracción en su art. R. 625-7, con un tenor similar al recién presentado. A continuación vamos a pasar a exponer la regulación de otras figuras delictivas que podríamos tildar de «secundarias» al lado de la ya analizada, pero que igualmente merecen ser objeto de nuestro estudio. Comenzaremos por la difamación e injuria xenófobas.

Tal y como ocurría en el caso de la provocación, debemos diferenciar entre la difamación e injuria xenófobas realizadas públicamente (haciendo uso de los medios contenidos en el art. 23 de la Ley de prensa de 1881) y las realizadas en el ámbito privado. Al igual que en el análisis inmediatamente anterior, los comportamientos cometidos de forma pública se encuentran recogidos en la Ley sobre libertad de prensa de 1881. En este caso, desde el 21 de abril de 1939, cuando se promulgó la *Loi Marchandeau*, la Ley contaba ya con una serie de disposiciones particulares contra la difamación y las injurias de corte xenófobo, teniendo lugar en el año 1972 (con la Ley de 1 de julio de ese año) una reforma importante que buscaba conseguir una mayor protección de los colectivos diana[226], así como una mayor efectividad en la lucha frente

---

225 Coincidiendo en este sentido con Landa Gorostiza, J. M. *La intervención penal..., op. cit.*, p. 183.

226 Como los llaman, por ejemplo, Landa Gorostiza y Teruel Lozano (Landa Gorostiza, J. M. «Incitación al odio..., *op. cit.*, p. 303; Teruel Lozano, G. M. «La libertad de expresión frente a los delitos de negacionismo y de provocación al odio y a la violencia: sombras sin luces en la reforma del Código penal», en *InDret: Revista para el Análisis del Derecho*, n.° 4, 2015, p. 4).

al racismo. A partir de esta modificación, la difamación y la injuria xenófobas se regulan de la siguiente manera:

> Art. 32-2. «La difamación cometida por los mismos medios contra una persona o un grupo de personas por razón de su origen o de su pertenencia o de su no pertenencia a una etnia, nación, raza o religión determinada será castigada con la pena de prisión de un mes a un año y multa de 300 a 300.000 francos o solamente con una de estas dos penas[227].
>
> Art. 33-3. El máximo de la pena de prisión será de seis meses y el de la multa de 150.000 francos si la injuria ha sido cometida, en las condiciones previstas en el párrafo anterior, contra una persona o un grupo de personas por razón de su origen o de su pertenencia o no pertenencia a una etnia, nación, raza o religión determinada»[228].

En ambos casos, las conductas, para resultar típicas, tienen que estar dirigidas contra personas o grupos por razón de su «raza», etnia, nación o religión, estableciéndose así una conexión directa con el delito de provocación, que se configura en términos similares. En relación con cada una de las figuras, hay difamación cuando alguien imputa a una persona o a un grupo, por razón de la raza, la etnia, la nación o la religión de estos, hechos concretos que son falsos y que atentan contra su honor o su consideración. La diferencia fundamental que existe con respecto a la injuria es que en el caso de esta última el autor no alega ningún hecho concreto. En el caso de que estos comportamientos se cometan en el ámbito privado, constituirán contravenciones recogidas en los arts. R. 624-3 y ss. del Nuevo Código Penal.

Pasando ahora a la apología de la xenofobia, esta se divide en varias figuras delictivas distintas. La primera de ellas, de proyección muy general, tipifica la negación pública de crímenes contra la humanidad, y vino a complementar la apología general de crímenes contra la humanidad que ya estaba incluida en la Ley de 1881[229]. Veamos brevemente el contexto del que surgió esta reforma.

---

227 Traducción libre. En el original:
«Article 32-2. La diffamation commise par les mêmes moyens envers un personne ou un groupe de personnes à raison de leur origine ou de leur appartenance ou de leur non-appartenance à une ethnie, une nation, une race ou une religion déterminée sera punie d'un emprisonnement d'un mois à un an et d'une amende de 300F à 300.000F ou de l'une de ces deux peines seulement».

228 Traducción libre. En el original:
«*Article 32-3. Le maximum de la peine d'emprisonnement sera de six mois et celui de l'amende de 150.000F si l'injure a été commise, dans les conditions prévues à l'alinéa précédent, envers une personne ou un groupe de personnes à raison de leur origine ou de leur appartenance ou de leur non-appartenance à une ethnie, une nation, une race ou une religion déterminée*».

229 Esta modificación fue resultado de la entrada en vigor de la Ley n.° 90-615 de 13 de julio de 1990.

En una época marcada por el éxito de las corrientes revisionistas y por el apogeo del partido ultraderechista *Front National*, que dirigía en aquel momento Jean-Marie Le Pen, Jean-Claude Gayssot, entonces diputado socialista, con el apoyo del presidente de la Asamblea Nacional francesa impulsó la polémica *Loi Gayssot*[230], de corte antirracista y antinegacionista[231]. La Ley sería finalmente promulgada el 13 de julio de 1990, tras ser sometida a votación y aprobada con un amplio margen por las dos cámaras parlamentarias. Su mayor implicación fue la introducción en la Ley de Prensa de 1881 de la figura apologética que ahora analizamos, la del art. 24 *bis*, que castiga con penas de hasta cinco años de prisión más multa por valor de 45.000 euros la puesta en duda de la existencia de crímenes contra la humanidad cometidos por el régimen de Hitler durante la Guerra[232]. Expresamente, el precepto reza lo siguiente:

> «Serán sancionados con las penas previstas en el sexto párrafo del artículo 24 aquellos que, por uno de los medios establecidos en el artículo 23, pongan en duda la existencia de uno o varios crímenes contra la humanidad tal como se encuentran definidos por el artículo 6 del Estatuto del Tribunal Militar Internacional anexado al acuerdo de Londres del 8 de agosto de 1945[233] y que hubieren sido cometidos, ya sea por los miembros de una organización declarada criminal en aplicación del artículo 9 del indicado estatuto, sea por una persona reconocida culpable de tales crímenes por una jurisdicción francesa o internacional»[234].

230 Ley francesa n.º 90-615 del 13 de julio de 1990, «destinada a reprimir todo propósito racista, antisemita o xenófobo».

231 Según el art. 1 de la Ley, «Toda discriminación fundada en la pertenencia o no pertenencia a una etnia, nación, raza o religión está prohibida. El Estado asegura el respeto de este principio en el marco de las leyes vigentes». (Traducción libre. En el original: «*Toute discrimination fondée sur l'appartenance ou la non-appartenance à une ethnie, une nation, une race ou une religion est interdite. L'État assure le respect de ce principe dans le cadre des lois en vigueur*»).

232 Como bien explica a Turienzo Fernández, A. «El delito de negación..., *op. cit.*, p. 30.

233 Según el apartado c) de este artículo, se incluyen:
«el asesinato, la exterminación, esclavización, deportación y otros actos inhumanos cometidos contra la población civil antes de la guerra o durante la misma; la persecución por motivos políticos, raciales o religiosos en ejecución de aquellos crímenes que sean competencia del Tribunal o en relación con los mismos, constituyan o no una vulneración de la legislación interna del país donde se perpetraron».

234 Traducción libre. En el original :
«*Seront punis des peines prévues par le sixième alinéa de l'article 24 ceux qui auront contesté, par un des moyens énoncés à l'article 23, l'existence d'un ou plusieurs crimes contre l'humanité tels qu'ils sont définis par l'article 6 du statut du tribunal militaire international annexé à l'accord de Londres du 8 août 1945 et qui ont été commis soit par les membres d'une organisation déclarée criminelle en application de l'article 9 dudit statut, soit par une personne reconnue coupable de tels crimes par une juridiction française ou internationale*».

Como puede observarse, este artículo otorga un vasto margen al juez francés para sancionar este tipo de conductas, dado que, al remitirse al art. 23 de la Ley de Prensa de 1881, establece como modalidades típicas el cometer el delito «por medio de impresión u otros medios de comunicación posible». Con todo, y como venía ocurriendo en otras legislaciones europeas, la *Loi Gayssot* penaliza únicamente el revisionismo histórico cuando este se refiere a los crímenes cometidos por el régimen nacionalsocialista durante la Segunda Guerra Mundial, excluyéndose de su ámbito de aplicación manifestaciones similares que sean relativas a otros acontecimientos históricos igualmente atroces. La restricción del castigo exclusivamente al negacionismo la confirmaba el Consejo Constitucional francés en su decisión n.º 2012-647 DC de 28 de febrero de 2012, en la que declaró inconstitucional una ley aprobada el 22 de enero de 2012 por la Cámara Alta del Parlamento que sancionaba —con hasta un año de cárcel y 45.000 euros de multa— la negación o la «minimización escandalosa» del genocidio armenio, ocurrido entre 1915 y 1917. En opinión del Consejo, la mencionada Ley vulneraba los derechos a la libertad de expresión y de comunicación de los ciudadanos[235].

En este punto resulta destacable también el hecho de que quedan fuera del paraguas protector de esta norma otras conductas que entendemos igualmente relevantes, como pueden ser, por ejemplo, su trivialización o justificación. Ahora bien, la Ley impone en este caso penas realmente graves: hasta cinco años de prisión, con la multa correspondiente.

Dejando ahora a un lado estos «defectos», lo más importante es que con la entrada en vigor de la *Loi Gayssot*, y al igual que han hecho otros países de nuestro entorno cultural, Francia ha regulado específicamente el delito de negacionismo. Sin embargo, lo cierto es que en el momento en que lo hizo ya contaba con una normativa penal contra comportamientos racistas y xenófobos: a modo de ejemplo puede citarse la ya mencionada *Loi Marchandeau*; o la normativa de julio de 1971 que añadió a la Ley de Prensa el art. 23, que castigaba la provocación al odio y a la discriminación racial. Así, antes de la década de los 90 el país galo contaba ya con herramientas suficientes para hacer frente al revisionismo histórico, pero esto no debe restarle importancia a la tipificación expresa del negacionismo ya que con la aprobación de la *Loi Gayssot* el legislador conseguía satisfacer «los anhelos de una comunidad judía francesa que durante un prolongado periodo esperó a que el legislador se dotara de un instrumento jurídico eficaz para luchar contra la existencia de estas vertientes pseudohistóricas»[236].

Pasando ahora a otra cuestión, junto al delito de negacionismo el Nuevo Código Penal francés tipifica como contravención el porte o la exhibición públicos de cualquier uniforme, insignia o emblema que evoquen los que portaban los miembros de las organizaciones prohibidas por los Tribunales de Nüremberg (como, por ejemplo, las SS o la Gestapo), así como los que

235 Tal y como indica Turienzo Fernández, A. «El delito de negación..., *op. cit.*, pp. 30-31.

236 En palabras de Turienzo Fernández (*vid. Ibídem*, p. 30).

llevaba cualquier persona condenada por crímenes contra la humanidad. Eso sí, en todo caso la conducta estará justificada cuando sirva a fines de proyección de películas, realización de espectáculos o exposiciones con fines de evocación histórica. Cabe destacar, además, que en estos casos se prevén, junto a la pena de multa, penas complementarias como pueden ser la confiscación de objetos destinados a cometer el delito en cuestión.

Para terminar con las figuras de contenido apologético, y de manera similar a la legislación penal italiana, la Ley de 16 de julio de 1984, reformada el 6 de diciembre de 1993, tipifica la introducción, el porte o la exhibición en un recinto deportivo de insignias, signos o símbolos que evoquen ideologías racistas o xenófobas, así como la retransmisión en público de un acontecimiento deportivo en el que tenga lugar tal conducta, con una multa de 100.000 francos y/o prisión de un año. En el caso de la retransmisión punible cabe imponer, complementariamente, la prohibición de acceso a uno o varios recintos deportivos o al desarrollo de un evento deportivo por un máximo de cinco años.

Pasando ya a la cuarta categoría de delitos que vamos a analizar dentro de la normativa penal francesa antixenófoba, vamos a hacer referencia a continuación a los delitos que castigan de forma directa ciertos actos discriminatorios. Al igual que ocurrió con la figura de la provocación y con los delitos xenófobos contra el honor, los delitos que castigan actos de discriminación fueron tipificados con la entrada en vigor de la Ley de 1 de Julio de 1972. A la hora de su análisis, debe tenerse en cuenta que estos tipos sobrepasan en gran medida el ámbito de la xenofobia, ya que los delitos antidiscriminatorios no solo pueden perpetrarse por razón de la raza, etnia, nación o religión del sujeto pasivo, sino también por razón de otros factores que no tienen por qué tener nada que ver con ella. Este apunte es importante porque, precisamente, el legislador selecciona las conductas de discriminación punibles a partir de la definición general de la discriminación, recogida en el art. 225-1 del Nuevo Código Penal. Según este precepto:

> Artículo 225-1. «Constituye discriminación toda distinción llevada a cabo entre personas físicas por razón de su origen, sexo, situación familiar, estado de salud, discapacidad, costumbres, opiniones políticas, actividades sindicales, de su pertenencia o no pertenencia —verdadera o supuesta— a una etnia, nación, raza o religión determinada».

Constituye igualmente discriminación toda distinción llevada a cabo entre personas físicas por razón del origen, sexo, situación familiar, estado de salud, minusvalía, costumbres, opiniones políticas, actividades sindicales, pertenencia o no pertenencia —verdadera o supuesta— a una etnia, nación, raza o religión determinada de los miembros o de ciertos miembros de estas personas morales[237].

---

237 Traducción libre. En el original:
Article 225-1. «Constitue une discrimination toute distinction opérée entre les personnes physiques à raison de leur origine, de leur sexe, de leur situation de famille, de leur état

De acuerdo con lo anterior, por tanto, los factores discriminatorios que convierten en típico un acto discriminatorio son, además de la pertenencia o no pertenencia —ya sea real o supuesta— a una etnia, nación, raza o religión (que son los que constituyen el conjunto conceptual xenófobo), el origen, el sexo, la situación familiar, el estado de salud, la minusvalía, las costumbres, la opinión política y la actividad sindical. El extenso catálogo de factores discriminatorios que incluyen estos delitos se debe a una progresiva ampliación que sufrió el tenor originario otorgado por la Ley de 1972, que hacía referencia, en exclusiva, a la pertenencia o no pertenencia a una determinada raza, nación, etnia o religión[238]. Con el paso del tiempo, estas figuras llevaron su ámbito de protección más allá del ámbito xenófobo, marcando una distancia cada vez mayor con respecto a las figuras delictivas que estudiamos antes.

En cuanto a los delitos de actos de discriminación en concreto, vamos a exponer brevemente sus características más remarcables. La primera figura que vamos a analizar es el art. 225-2, que tipifica distintos comportamientos discriminatorios. Su regulación reza así:

> Artículo 225-2. «La discriminación definida en el artículo 225-1 cometida contra una persona física o moral será castigada con la pena de dos años de prisión y 200.000 francos cuando esta consista:
>
> 1. En denegar la prestación de un bien o un servicio;
> 2. En dificultar el ejercicio normal de una actividad económica cualquiera;
> 3. En denegar un contrato, en sancionar o en despedir a una persona;
> 4. En subordinar la prestación de un bien o un servicio a una condición fundada en uno de los elementos previstos en el artículo 225-1.
> 5. En subordinar una oferta de empleo a una condición basada en uno de los elementos previstos en el artículo 225-1».

Lo más destacable de la redacción de este precepto es la ampliación de los posibles sujetos activos del delito. Ya no se encuentran limitados a profesionales o a particulares que ejercen de manera excepcional actividades paraprofesionales (como puede ser el alquiler de una vivienda), sino que pueden serlo cualquier persona. Esta nueva configuración puede dar lugar a limitaciones ilegítimas de la libertad individual de contratación[239], pero no

---

de santé, de leur handicap, de leurs mœurs, de leurs opinions politiques, de leurs activités syndicales, de leur appartenance ou de leur non-appartenance, vraie ou supposée, à une ethnie, une nation, une race ou une religion déterminée.
Constitue également une discrimination toute distinction opérée entre les personnes morales à raison de l'origine, du sexe, de la situation de famille, de l'état de santé, du handicap, des mœurs, des opinions politiques, des activités syndicales, de l'appartenance ou de la non-appartenance, vraie ou supposée, à une ethnie, une nation, une race ou une religion déterminée des membres ou de certains membres de ces personnes morales».

238 Confróntese, en este sentido, VÉRON, M. *Droit pénal special*, 5.ª ed., Masson & Armand Colin, París, 1996, pp. 97-102.

239 Coincidiendo con las explicaciones de RASSAT, M. L. *Les infractions contre les biens et les personnes dans le nouveau Code penal*, Dalloz, París, 1995. ISBN, pp. 348-349. En este sentido, también, LANDA GOROSTIZA, J. M. *La intervención penal..., op. cit.*, p. 191.

podemos entrar a analizar esta cuestión puesto que se aleja demasiado del centro de nuestra investigación.

Vamos a pasar ahora al art. 432-7, que hace referencia directa al art. 225-2. Según esta disposición, el castigo que impone el delito de discriminación recién presentado debe agravarse siempre que sea cometido por una persona depositaria (investida) de la autoridad pública o que se encuentre a cargo de una misión de servicio público. Lo mismo ocurre en el caso de que se perpetre con ocasión del ejercicio de sus funciones o su misión. En todo caso, podrán responder penalmente tanto las personas morales como jurídicas.

Para terminar con los delitos de actos discriminatorios solo queda añadir dos ideas más. La primera, que los comportamientos descritos en el art. 225-2 pueden justificarse de acuerdo con lo establecido en el art. 225-3, que hace referencia a discriminaciones que se dirigen a prevenir riesgos en la propia salud o incluso vida del sujeto discriminado, así como a otros casos recogidos en la normativa laboral. En segundo lugar, solo queda señalar que en estos casos se extiende la legitimación activa para perseguir este tipo de delitos, incluyéndose a determinadas asociaciones antirracistas que respeten ciertos requisitos[240].

Como colofón a todas las disposiciones de la normativa penal francesa estudiadas hasta este punto, vamos a cerrar el presente epígrafe mencionando dos figuras que tienen una orientación particularmente antixenófoba. Para empezar, el art. 225-17 del Nuevo Código penal tipifica cualquier atentado contra la integridad del cadáver, así como la violación o profanación de tumbas, sepulturas o edificaciones en memoria de los difuntos. El art. 225-18 impone la siguiente agravación:

Artículo 225-18. «Cuando las infracciones definidas en el artículo anterior hayan sido cometidas por razón de la pertenencia o no pertenencia —verdadera o supuesta— de las personas fallecidas a una etnia, nación, raza o una religión determinada las penas se elevan a tres años de prisión y 300.000 francos de multa por las infracciones definidas en los dos primeros párrafos del artículo 225-17 y a cinco años de prisión y 500.000 francos de multa por aquella definida en el último párrafo de este artículo».

Por último, el art. 226-19 del Nuevo Código Penal castiga la introducción o conservación en memoria informática, sin el consentimiento expreso del interesado, de datos que hagan constar —ya sea directa o indirectamente— el origen racial o las opiniones políticas, filosóficas o religiosas, o la pertenencia sindical o las costumbres de las personas. Aunque no se trate de un delito puramente xenófobo, entendemos que resultaba preciso, al menos, traerlo a colación para completar nuestra exposición.

240 Tal y como explica Landa Gorostiza (*vid. Ibídem*, p. 193).

Con esto damos por terminada nuestra referencia a la trayectoria de Francia en la materia que nos ocupa. A continuación presentaremos la normativa antixenófoba que ha ido elaborándose en Portugal, que es la última que nos resta para pasar al que es el centro de nuestra investigación: la regulación penal española en materia de delitos de odio y, más específicamente, en materia de delitos del discurso de odio.

Pasamos, pues, a exponer la normativa portuguesa.

3. Portugal[241]

A diferencia del resto de países latinos analizados, Portugal se ha caracterizado por hacer un uso más moderado del Derecho penal a la hora de enfrentar las distintas manifestaciones de la xenofobia. A pesar de ello, su regulación comparte rasgos importantes con la francesa y con la italiana, lo que nos permite englobarlas en un mismo conjunto. Veamos cuál ha sido su recorrido.

Tal y como ocurrió en Francia y en Italia, la normativa portuguesa contra la xenofobia recibió una importante actualización en 1995, al entrar en vigor su nuevo Código Penal[242]. A partir de entonces pueden distinguirse dos vías fundamentales de actuación en este ámbito: por una parte, la del delito de provocación, unida a la incitación y conspiración del genocidio; y, por otra, las agravaciones de pena por discriminación xenófoba. Comenzaremos nuestro análisis por la primera de ellas.

Dentro de las novedades que supuso la entrada en vigor del nuevo Código Penal portugués, una de las más destacadas fue la separación formal de la figura de la «discriminación racial» como un delito independiente. Anteriormente se encontraba integrada en el mismo artículo que regulaba el delito de genocidio, pero, una vez acontecida la reforma, el delito de «discriminación racial» (art. 240 CP) queda ubicado justo después de aquel (art. 239 CP), habida cuenta la relación que ambas figuras poseen a ojos del legislador. En este sentido, son precisamente estos dos delitos los que abren el capítulo dedicado a la regulación penal de los «crímenes contra la humanidad».

Pues bien, centrándonos ahora en la «discriminación racial», que regula la figura de la provocación, esta ya había sido introducida en la legislación penal antes de 1995—concretamente en el Código Penal portugués de 23 de septiembre de 1982— para dar cumplimiento a la CIERD. La regulación que presenta el precepto debe, por tanto, interpretarse de acuerdo con los postulados de esta Convención, al representar la versión portuguesa del delito de

---

241 Para abordar este apartado nos basaremos, mayoritariamente, en las explicaciones de Landa Gorostiza, J. M. *La intervención penal...*, *op. cit.*, pp. 194-200.

242 El nuevo Código entró en vigor el día 1 de octubre, a partir del Decreto-Ley n.º 48/95, de 15 de marzo.

provocación la figura que este Tratado exige tipificar. Expresamente, el art. 240 del nuevo Código penal portugués reza así:

> «1. Quien:
>
> a) Fundare o creare una organización o realizare actividades de propaganda organizada que inciten a la discriminación, al odio o a la violencia raciales, o los fomente; o
>
> b) Participe o preste ayuda a la organización o a las actividades mencionadas en el apartado anterior, incluso financiándolas; será castigado con la pena de prisión de uno a ocho años.
>
> 2. Quien, en una reunión pública, por escrito destinado a su difusión o a través de cualquier medio de comunicación social:
>
> a) Provoque actos de violencia contra una persona o grupo de personas por razón de su raza, color u origen étnico; o
>
> b) Difame o insulte a una persona o a un grupo de personas por motivos de raza, color u origen étnico; con intención de incitar a la discriminación racial o de alentarla, será castigado con la pena de prisión de 6 meses a 5 años»[243].

Lo primero que debe tenerse en cuenta al estudiar esta norma es que su contenido debe ser dividido en dos partes: una primera, que castiga la provocación «organizada» atribuyéndole una pena de prisión de 1 a 8 años; y una segunda, que castiga la provocación «pública» atribuyéndole una pena mucho menos grave, de 6 meses a 5 años. En lo que hace a la provocación «organizada», según el tenor del artículo solo resulta típico un tipo concreto de incitación o fomento de la discriminación, odio o violencia: la racial. Además, se establece el mismo castigo para quien cometa las conductas de la letra a) y las de la letra b), a pesar de tratarse de comportamientos con un desvalor evidentemente distinto: la letra a) castiga a quienes constituyan o funden una organización que incite o promocione la discriminación, el odio o la violencia racial; mientras que la b) sanciona la simple participación en

---

243 Traducción libre. En el original:

1. «Quem:

Fundar ou constituir organização ou desenvolver atividades de propaganda organizada que incitem à discriminação, ao ódio ou à violência raciais, ou que a encorajem; ou

Participar na organização ou nas atividades referidas na alínea anterior ou lhes prestar assistência, incluindo o seu financiamento;

é punido com pena de prisão de 1 a 8 anos.

2. Quem, em reunião pública, por escrito destinado a divulgação ou através de qualquer meio de comunicação social:

Provocar atos de violência contra pessoa ou grupo de pessoas por causa da sua raça, cor ou origem étnica; ou

Difamar ou injuriar pessoa ou grupo de pessoas por causa da sua raça, cor ou origem étnica;

com intenção de incitar à discriminação racial ou de encorajar,

é punido com pena de prisão de 6 meses a 5 anos».

dichas organizaciones o en las actividades propagandísticas que estas organicen, incluso cuando se trata de una mera colaboración en forma de financiación.

Más allá de lo anterior, hay una diferencia clave entre los dos párrafos del art. 240 CP que, además, no se entiende: en el caso del párrafo 2, los comportamientos deben dirigirse contra personas o colectivos por razón de su raza, color u origen étnico; pero, en el párrafo 1, solo se recoge como factor discriminatorio la referencia a lo «racial». Parece ser que esta distinción no se debe a una pretensión concreta del legislador, sobre todo si se tiene en cuenta que las conductas del párrafo 2 exigen, para ser sancionables penalmente, la intención específica de incitar a la discriminación «racial». En opinión de LANDA GOROSTIZA, lo que se esconde tras la referencia que hace el párrafo 1 a este factor discriminatorio concreto es, en realidad, una referencia global al universo terminológico étnico y xenófobo, que es mucho más amplio, por lo que se trataría de un error conceptual[244].

Cabe destacar que el párrafo 2, para resultar aplicable, requiere la concurrencia de un elemento extra: la intención de incitar a la discriminación racial o de favorecerla. Esta exigencia supone reduplicar el elemento objetivo antes mencionado (el llevar a cabo las conductas por razón de la «raza», el color o el origen étnico de las personas o colectivos contra los que se dirigen las conductas), lo que puede generar serias dificultades a nivel probatorio.

Por otro lado, es preciso hacer hincapié en el objeto de incitación o provocación en cada uno de los párrafos, ya que también difiere. En lo que respecta a la incitación «organizada» (párrafo 1), esta debe referirse a la discriminación, al odio o a la violencia. Por su parte, la provocación «pública» (párrafo 2) se limita exclusivamente a los actos de violencia; sin embargo, queda ampliada de acuerdo con el resto del contenido del precepto, al equipararse esta conducta a la «difamación o injuria» de personas o grupos por causas xenófobas. De acuerdo con esta configuración, se castiga más gravemente la incitación cuando se hace de forma «organizada», lo que tiene sentido; no obstante, el equiparar la provocación pública a actos de violencia con la injuria xenófoba nos resulta completamente ilógico, porque supone otorgar el mismo desvalor a dos conductas que evidentemente no lo tienen.

Pasando ahora a una figura delictiva distinta, y como ya adelantamos, el art. 239 del Código Penal de 1995 castiga la incitación y conspiración al genocidio. La incitación, que debe ser pública y directa, la castiga en su segundo párrafo con una pena de prisión de 2 a 8 años; la conspiración, por su parte, se castiga en el tercero con una pena de prisión de 1 a 5 años. Lo único que merece ser destacado en torno a estos delitos es la referencia que hacen al grupo nacional, étnico, racial o religioso, la cual no comparte —como acabamos de ver— el delito de discriminación racial del art. 240 CP.

244 Coincidiendo con LANDA GOROSTIZA, J. M. *La intervención penal…*, *op. cit.*, p. 197.

En cuanto a las agravaciones de pena por discriminación xenófoba que recoge el entonces nuevo Código Penal, la primera que debe mencionarse es la del art. 132 CP, que eleva la pena en los supuestos de homicidio en que concurran circunstancias que revelen «especial censurabilidad o perversidad», entre las cuales se encuentra [art. 132-2, d)] el hecho de que el autor estuviera «determinado por odio racial, religioso o político». La misma técnica utiliza el legislador para aumentar la pena en el delito cualificado de lesiones (art. 146 CP), que, en aplicación del art. 132-2, d) CP, verá sus límites mínimo y máximo agravados en un tercio cuando se cometa por odio racial, religioso o político. Este tipo de delitos se han venido a denominar «delitos por fanatismo», y la legitimidad de su cualificación descansa en el explícito menosprecio que implican para el principio de igualdad[245].

Resulta llamativo que, al contrario de lo que ocurría en la figura de la «discriminación racial», los factores caracterizadores en estos delitos agravados no se restringen únicamente a lo «racial», ni siquiera a lo étnico. Además, y en contraste también con aquel delito, en estos casos el legislador ha preferido hacer referencia al odio, no a la discriminación o a la violencia.

Llegados a este punto, y para cerrar ya nuestra breve aproximación a la normativa portuguesa en materia antixenófoba, solo resta mencionar otra disposición que recoge su CP en relación con esta materia: el artículo 193. Al igual que observamos al estudiar la legislación francesa, y aunque no se trata de una figura propiamente antixenófoba, el legislador portugués ha decidido aludir expresamente al origen étnico al tipificar la creación, el mantenimiento o la utilización de ficheros automatizados[246] de datos individualmente identificables y que se refieran a dicho origen, o bien que hagan referencia a las ideas políticas, religiosas o filosóficas, a la afiliación sindical o a la vida privada del sujeto en cuestión.

2) La lucha contra la xenofobia en el ámbito anglosajón

En este epígrafe nos disponemos a presentar las medidas penales antixenófobas que han ido estableciéndose en EE. UU. y en el Reino Unido —como países más representativos y cercanos en cuanto a referencias cul-

245 Coincidiendo con LANDA GOROSTIZA (*vid. Ibídem*, p. 199).

246 Los ficheros automatizados son conjuntos de datos que se organizan automáticamente y se gestionan a través de programas, soportes y equipos informáticos. De esta manera se explica en «Tipos de ficheros de datos personales» [en línea], en *REDUCE – Destrucción confidencial de documentos*, s. f., p. única [fecha de consulta: 14 de marzo de 2022]. Disponible en: https://reduce.es/tipos-ficheros-datos-personales/#:~:text=Los%20ficheros%20automatizados%20consisten%20en,%2C%20soportes%2C%20y%20equipos%20inform%C3%A1ticos.&text=Los%20datos%20personales%20relativos%20a,racial%2C%20salud%20o%20vida%20sexual.

turales y jurídicas dentro el ámbito anglosajón— hasta 1995. En primer lugar haremos referencia al recorrido jurídico que ha seguido al respecto EE. UU., donde la problemática neonazi vino a sumarse a su lucha particular contra la discriminación xenófoba, marcada en esencia por el rechazo que tradicionalmente la sociedad estadounidense ha mostrado hacia la población negra[247]. El estudio de esta trayectoria resultará clave para nuestro trabajo de investigación, dado que será precisamente en el seno de las medidas legislativas que se tomaron para acabar con el problema de la discriminación contra ciertos grupos que surgirá el concepto de «delito de odio» y, con él, el inicio de un debate jurídico que se extiende hasta nuestros días. Posteriormente explicaremos cómo ha enfrentado esta cuestión el Reino Unido, a través de cuya experiencia esta terminología se importará a Europa[248] y, con ello, a España[249].

Antes de comenzar nuestra exposición debemos adelantar que, aunque ambos territorios —EE. UU. y el Reino Unido— pertenecen al sistema jurídico, llamará la atención el distinto posicionamiento de uno y de otro en lo que se refiere, concretamente, a la introducción en sede penal del delito de incitación o provocación xenófoba. Como veremos, mientras que EE. UU. se ha inclinado hacia la consolidación de tipos cualificados —utilizando la nomenclatura jurídico-penal española— por razón de la raza o etnia del sujeto pasivo, tachando de inconstitucionales, en la línea de la figura de la provocación, las manifestaciones o acciones provocadoras *(fighting words)*; en el Reino Unido la legislación penal antixenófoba se elabora alrededor del delito de provocación xenófoba, sin contemplarse —al menos hasta 1995— agravaciones del castigo por motivos xenófobos en tipos básicos. Ahora bien, por encima de lo anterior, nos parece especialmente interesante comprobar cómo esta disparidad de criterios enlaza a la perfección con el debate que en esta misma materia se ha planteado en Europa[250].

Pasamos, pues, a explicar las medidas jurídico-penales que ha tomado EE. UU. en su lucha contra la xenofobia.

---

247 Así, Landa Gorostiza, J. M. *La intervención penal..., op. cit.*, p. 104.

248 De esta manera, de Vicente Martínez, R. *El discurso del odio*, Tirant lo Blanch, Valencia, 2018, p. 76.

249 Indica Landa Gorostiza que en nuestro país, al igual que en el resto de Occidente, «(...) la interpretación y comprensión del fenómeno xenófobo, también a la hora de su regulación penal, se verán imbuidas e influenciadas por la fuerza simbólica y social de la identificación de esta realidad con su plasmación histórica concreta en la Alemania nazi —ámbito germánico— y en la segregación racial de USA —ámbito anglosajón—» (*vid. Ibídem*, p. 104).

250 *Vid. Ibídem*, pp. 103 y 105.

i. EE. UU

1. Hacia la creación de una nueva categoría delictiva

Tal y como explican JACOBS y POTTER[251], si bien EE. UU. es una de las sociedades multiénticas, multireligiosas (si no multirraciales), más exitosas del mundo, su historia se encuentra plagada de incidentes —e incluso, en ocasiones, campañas— deplorables de violencia motivada por prejuicios de todo tipo: antisemitismo, racismo, xenofobia, homofobia, etc. A pesar de este lamentable recorrido, no ha sido hasta hace unas décadas que se han decidido enfrentar de manera específica —y, además, desde el Derecho penal— los incidentes violentos dirigidos contra grupos concretos. Ahora bien, debe reconocerse que esta lucha particular no ha sido el primer paso que se ha dado hacia la protección de los colectivos vulnerabilizados. Veamos cómo ha ocurrido.

Si volvemos la vista atrás y nos situamos en la segunda mitad del siglo XIX, puede observarse cómo los delitos motivados por prejuicios ya eran por entonces perseguidos a la luz de distintas normas[252], como por ejemplo la Ley de Derechos Civiles *(Civil Righs Act)* de 1866, la Ley de Ejecución *(Enforcement Act)* de 1870, la Ley del Ku Klux Klan *(Ku Klux Klan Act)* de 1871, y la Ley de Derechos Civiles de 1875. Todas ellas aparecieron en una etapa histórica marcada por la legalización —tanto a nivel estatal como federal— de la esclavitud y de la violencia autorizada por el Estado, con el objetivo de acabar tanto con los ataques violentos contra los afroamericanos del sur como con el recorte de sus derechos que tuvieron lugar en la época de la Reconstrucción. En este sentido, si bien estas injusticias no se enfrentaron jurídicamente hasta pasados casi ochenta años de las mencionadas legalizaciones, las leyes creadas al efecto no fueron debidamente valoradas hasta

251 JACOBS, J. B.; POTTER, K. *Hate Crimes…*, *op. cit.*, p. 5.

252 La adopción de las Enmiendas Decimotercera, Decimocuarta y Decimoquinta a la Constitución estadounidense amplió la protección civil y legal brindada a los antiguos esclavos, y prohibió a los Estados privar del derecho al voto «por motivos de raza, color o condición previa de servidumbre» («*on account of race, color, or previous condition of servitude*»). Sin embargo, en algunos Estados existían fuerzas que trabajaban para negar a los ciudadanos afroamericanos sus derechos legales: los miembros del Ku Klux Klan, por ejemplo, aterrorizaban a los que ejercían su derecho al voto, se presentaban a cargos públicos y formaban parte de jurados. Como respuesta, en 1870 y 1871 el Congreso aprobó una serie de Leyes de Ejecución (también denominadas *Force Acts*) para terminar con esta violencia y facultar al presidente para hacer uso de la fuerza militar para proteger a los afroamericanos. A pesar de que estas medidas contribuyeron a poner fin temporalmente a la situación de violencia e intimidación, el final de la Reconstrucción formal en 1877 permitió el regreso de la privación de derechos a gran escala de los ciudadanos afroamericanos. Así, The Enforcement Acts of 1870 and 1871 [en línea]. *United States Senate*. S. f., p. única [fecha de consulta: 25 de enero de 2022]. Disponible en: https://www.senate.gov/artandhistory/history/common/generic/EnforcementActs.htm.

mucho tiempo después; es más, no se les prestaría la atención que merecían hasta principios de 1980, cuando el concepto de «delitos motivados por prejuicios» se amplió para incluir a otros colectivos minoritarios que hasta entonces habían visto denegada una especial protección[253].

Esta, digamos, «renovada preocupación» en torno a los comportamientos delictivos prejuiciosos venía gestándose en realidad desde hacía veinte años, como consecuencia de los importantes cambios sociales que marcaron la década de los 60 en Norteamérica. Y es que la lucha contemporánea contra este tipo de delitos no ha nacido, en realidad, de un crecimiento desmesurado de los mismos en los últimos años, ni de la existencia de lagunas legales para combatirlos en el ámbito penal, ni tampoco de la imposibilidad de perseguir estos comportamientos de acuerdo con la legislación vigente en aquel momento[254]. Por el contrario, lo cierto es que esta tendencia encuentra su origen, de un lado, en los movimientos por los derechos civiles, cuyo reclamo común y principal era poner fin a la violencia contra grupos minoritarios específicos[255]; y, de otro, en el subsiguiente éxito de las denominadas «políticas de identidad»[256/257/258]. Ambos acontecimientos llevaron a la sociedad de la época y, en particular, a sus líderes políticos a rechazar con cada

---

253 Siguiendo a ALTSCHILLER, D. *Hate Crimes: a reference handbook,* 3.ª edición, ABC-CLIO, Santa Bárbara, 2015, pp. 5-6.

254 En este sentido, también, JACOBS, J. B.; POTTER, K. *Hate Crimes…, op. cit.*, p. 5.

255 De esta manera, NAIDOO, K. «The origins of hate-crime laws», en *Fundamina*, vol. 22, n.º 1, 2016, p. 60. DOI: 10.17159/2411-7870/2016/v22n1a4.

256 Siguiendo las explicaciones de JACOBS y POTTER, en las políticas identitarias o políticas de identidad los individuos se relacionan entre sí como miembros de grupos rivales en base a características como la raza, el género, la religión y la orientación sexual. Según su lógica, resulta estratégicamente ventajoso ser reconocido como desfavorecido y como víctima; ya que, cuanto mayor es la victimización de un grupo, más fuerte es su reclamo moral sobre la sociedad en general (*vid.* JACOBS, J. B.; POTTER, K. *Hate Crimes…, op. cit.*, p. 5)

257 A este respecto, siguiendo a FUKUYAMA, tal y como ocurre con el concepto de delito de odio, la aparición de los términos «políticas de identidad» o «políticas identitarias» es también muy reciente. De hecho, estos no comenzaron a ser utilizados hasta finales del siglo XX, en el seno de la política cultural de la época (FUKUYAMA, F. *Identidad…, op. cit.*, p. 25).

258 Si bien el objetivo actual de esta tendencia es el igual reconocimiento de los colectivos que han sido discriminados por sus sociedades, en ocasiones esto ha sido utilizado como excusa para defender, entre otras, diversas formas de nacionalismo o de política religiosa extremista; ello debido, según el autor, a que «ese deseo de igual reconocimiento puede deslizarse fácilmente hacia una demanda de reconocimiento de la superioridad del grupo» (*vid. Ibídem*, p. 38). El islamismo es buena prueba de esto, ya que presenta todos los caracteres de una política identitaria: apareció en una época de transición social desde comunidades tradicionalmente agrarias y aisladas hacia otras modernas, más plurales y extensas; su ideología da respuesta a la soledad y a la confusión que sufren las personas; se escudan en la victimización, responsabilizando a grupos ajenos de la situación de infelicidad del individuo; y, por último, pretenden el reconocimiento de la dignidad de manera exclusiva y excluyente, esto es, solo para los miembros de su grupo religioso particular (*vid. Ibídem*, pp. 86-87).

vez mayor contundencia los comportamientos motivados por prejuicios, una actitud que se vio más tarde reflejada en un gran número de disposiciones normativas[259], así como en diversas medidas de protección de las minorías históricamente vulnerabilizadas como pueden ser, por ejemplo, la instauración de programas educativos o de creación de empleo para los miembros de estas[260].

Ya a finales de los 60, en respuesta al creciente poder que iba adquiriendo este movimiento, así como al shock que supuso a nivel nacional el asesinato de Andrew Goodman, Michael Schwerner y James E. Cheney (todos ellos activistas pro-derechos civiles), encontramos el que puede considerarse como uno de los precursores de la legislación federal en materia de delitos de odio[261/262]: la Ley de Derechos Civiles *(Civil Rights Act)* de 1968. Esta norma, de carácter federal, amplió enormemente la protección brindada a los individuos víctimas de todo tipo de discriminación[263]; sin embargo, lo cierto es que su complejidad la ha llevado a ser escasamente utilizada (al final ha quedado como una normativa residual a la que recurrir si, por razones discriminatorias o de otro tipo, las fuerzas y cuerpos de seguridad no persiguen las vulneraciones de los derechos civiles)[264]. Pues bien, a pesar de este primer intento, a lo largo de las décadas posteriores la legislación contraria a las conductas violentas motivadas por prejuicios siguió creciendo y se desarrolló a través de distintos estatutos y reformas[265]. De toda la normativa aprobada

259 En este sentido, tal y como explica Naidoo, de entre los numerosos documentos relativos a los Derechos Humanos que se elaboraron tras el conflicto, se considera que uno de los precursores más relevantes en esta materia (pese a no encontrarse expresamente dirigido a los delitos de odio) fue la *Civil Rights Act* de 1968, a la que nos referiremos posteriormente (Naidoo, K. «The origins of hate-crime laws..., *op. cit.*, pp. 53-55).

260 De esta manera, Jacobs, J. B.; Potter, K. *Hate Crimes..., op. cit.*, p. 13.

261 *Vid. Ibídem*, p. 38.

262 Aunque hay quienes se refieren a las leyes de derechos civiles como leyes contra delitos de odio, realmente estas son muy distintas en cuanto a sus objetivos, redacción y funcionamiento. Si bien es cierto que la existencia de unas y otras responde a problemáticas similares (a la cuestión racial y, por tanto, a la discriminatoria), Jacobs y Potter apuntan que el fin de las leyes de derechos civiles nunca ha sido señalar los prejuicios de los delincuentes comunes para condenarlos especialmente a un castigo más severo; más bien, su propósito era garantizar que las leyes se aplicaran por igual en nombre de las víctimas, sin importar la raza, y contra todos los infractores, cualquiera que fuese su raza, prejuicio o motivación criminal. A diferencia de las leyes estatales modernas sobre delitos de odio, que solo abarcan a las víctimas que pertenecen a los grupos enumerados en la ley, las leyes que nacieron tras la Guerra Civil se aplican a todas las víctimas, sin excepción. *Vid. Ibídem*, p. 37.

263 Para más información sobre la *Civil Rights* Act de 1968, *vid. Ibídem*, pp. 7-8.

264 De esta forma, Jacobs y Potter coincidiendo con WANG, pp. 5-13 (*vid. Ibídem*, p. 38).

265 Así, por ejemplo, el *Federal Explosives Statute* de 1982 o la *Church Arson Prevention Act* (18 U.S.C. § 247) de 1996.

al efecto a nivel federal que nacería de este proceso —que no expondremos aquí para no excedernos del marco de nuestra investigación—, si merece la pena destacar alguna esta es, sin duda, la *Hate Crime Statistics Act* (HCSA), promulgada en el año 1990[266]. Y ello porque fue precisamente al proponerse su elaboración en el Congreso de los Diputados que apareció por primera vez la expresión «delito de odio», dándose así el primer paso en firme hacia la configuración de esta como una categoría jurídica independiente. Veamos cómo ocurrió.

La adopción de la terminología «hate crime» se la debemos, concretamente, a tres diputados norteamericanos (John Conyers, Barbara Kennelly y Mario Biaggi) que, en el año 1985, copatrocinaron un proyecto de Ley bajo el título que finalmente adoptaría la norma —*«Hate Crime Statistics Act»*— con el fin de exigir al Departamento de Justicia estadounidense la recogida y publicación de información sobre la naturaleza y el número de delitos que se encontrasen motivados por prejuicios raciales, religiosos y étnicos. Como consecuencia de la iniciativa las referencias a estos delitos se multiplicaron, hecho que se manifestó tanto en las alusiones que hacía la prensa a los mismos como en su cada vez más frecuente uso por parte de los expertos legales y de distintos grupos de defensa[267]. De hecho, la popularización de la expresión «hate crime» ha sido tal que, en la actualidad, existe la creencia generalizada de que desde mediados de la década de los 80 EE. UU. viene experimentando una «epidemia de delitos de odio»; sin embargo, esto no es así. En realidad, el «delito de odio» es un constructo social que se acuñó para darle una mayor relevancia y visibilidad a la conducta delictiva motivada por prejuicios que, como dijimos, no era en absoluto novedosa en el país. Así, al otorgarle un nombre propio y diferenciarla del resto de nomenclaturas existentes entonces, se conseguía extender el paradigma de los derechos civiles al mundo de la delincuencia y, con ello, al Derecho penal[268].

Pues bien, volviendo al derecho sustantivo, la promulgación de la HCSA supuso un importante avance en esta materia al establecerse, con ella, la obligación a nivel federal de recolectar y publicar sistemáticamente toda información referente a los tipos delictivos que tuviesen una motivación prejuiciosa[269]. Según la norma, el encargo de reunir los datos le correspondía al fiscal general, que debía, además, fijar las instrucciones a seguir a la hora de recopilarlos, de tal forma que quedasen claros los criterios que debían concurrir para confirmar su existencia. El fiscal general de entonces, Richard Thornburgh, decidió delegar esta función en el *Federal Bureau of Investigation* (FBI), que asignó esta tarea a su *Uniform Crime Reports* (UCR) *Section*, res-

266 *Hate Crime Statistics Act*, 28 U.S.C. § 534 (HCSA), aprobada el 23 de abril de 1990.

267 Como indican Jacobs, J. B.; Potter, K. *Hate Crimes…*, *op. cit.*, p. 4.

268 Coincidiendo con Jacobs y Potter (*vid. Ibídem*, pp. 27 y 45).

269 Así lo explica Landa Gorostiza, J. M. *Los delitos de odio…*, *op. cit.*, p. 40.

ponsable de la recopilación de datos sobre la delincuencia[270/271]. Para cumplir con su misión, el FBI creó en el seno de la UCR *Section* una sección dedicada exclusivamente a los delitos de odio, denominada *Hate Crime Data Collection Program*, que ha ido creciendo con el paso de los años[272]. Este organismo fue, además, el principal responsable de la consolidación del término *hate crime*, dado a conocer, como ya adelantamos, durante el proceso de elaboración de la HCSA en 1985[273].

Con el transcurso de los años, la HCSA ha sido reformada en distintas ocasiones para incluir en su catálogo nuevos factores discriminatorios como, por ejemplo, la discapacidad (a través de la *Violent Crime Control and Law Enforcement Act* de 1994)[274], el género (mediante la famosa Ley Matthew Shepard y James Byrd)[275/276] o la religión (incluida a través de distintas modificaciones

---

270 Para la elaboración del plan de recogida de datos ordenado por la HCSA, la UCR *Section* analizó doce Estados y distintas ciudades que venían recopilando estadísticas sobre delitos de odio, recurriendo para ello a grupos privados como *National Institute Against Prejudice & Violence* o *Anti-Defamation League of B'nai B'rith*. Ya en 1991, este organismo publicó su Guía de Formación para la Recogida de Datos sobre Delitos de Odio (*Training Guide for Hate Crime Data Collection*), que establecía los conceptos y los criterios a tener en cuenta por parte de los funcionarios locales encargados de clasificar los incidentes como «motivados por el odio». *Vid. Ibídem*, p. 40.

271 No obstante este reparto de funciones, las diferencias entre, por un lado, las denuncias de delitos de odio a nivel estatal y local y, por otro, las disposiciones de la HCSA, dificultan en gran medida el establecimiento de un sistema preciso de recopilación de información en este ámbito. Como pone de manifiesto LANDA GOROSTIZA (*vid. Ibídem*, p. 41).

272 Como bien exponen NOLAN, J. J.; AKIYAMA, Y.; BERHANU, S. «The Hate Crime Statistics Act of 1990. Developing a Method for Measuring the Occurrence of Hate Violence», en *American Behavioral Scientist*, vol. 46, n.° 1, septiembre de 2002 [fecha de consulta 18 de mayo de 2020]. DOI: https://doi.org/10.1177/0002764202046001009.

273 Tal y como explican JACOBS y POTTER (*vid. Ibídem*, pp. 27 y 39).

274 *Violent Crime Control and Law Enforcement Act of 1994, 108 Stat. 1796, September 13. An Act to Control and Prevent Crime*. SEC. 320926.

275 *Matthew Shepard and James Byrd, Jr. Hate Crime Prevention Act of 2009, October 22,* 18 U.S.C. § 249. El nombre de esta disposición normativa se debe a dos acontecimientos que consternaron profundamente a la sociedad estadounidense de la época: el primero, el brutal asesinato de Matthew Shepard, un joven universitario que fue torturado y atado a un cerco en una pradera de Wyoming a causa de su homosexualidad; y, el segundo, el asesinato de James Byrd Jr., afroamericano originario de Jaspers (Texas), que fue encontrado decapitado y desmembrado tras haber sufrido diversas torturas por parte de tres supremacistas blancos. Sobre el caso de Matthew Shepard informa SHEERIN, J. «Matthew Shepard: el brutal asesinato que cambió Estados Unidos» [en línea], en *BBC*, 26 de octubre de 2018, p. única [fecha de consulta: 8 de agosto de 2022]. Disponible en: https://www.bbc.com/mundo/noticias-45991835. Sobre el caso de James Byrd Jr., *vid.* ROBERTSON. C. «Texas Executes White Supremacist for 1998 Dragging Death of James Byrd Jr» [en línea], en *The New York Times*, 24 de abril de 2019, p. única [fecha de consulta: 8 de agosto de 2022]. Disponible en: https://www.nytimes.com/2019/04/24/us/james-byrd-jr-john-william-king.html.

276 Con la nueva norma, el legislador ampliaba el encargo de recogida federal de información sobre delitos de odio cometidos contra un sexo en concreto (mujer u hombre), así

que ha ido realizando el FBI en sus directrices de trabajo)[277]. Si se presta atención, puede comprobarse cómo todos los cambios de los que la norma ha sido objeto se encuentran en línea con la trayectoria general que venimos exponiendo a lo largo de la presente investigación; de hecho, puede decirse que con la publicación de la HCSA empezó ya a vislumbrarse la propensión expansiva de EE. UU. en lo que a la normativa penal «anti-odio» se refiere[278]. No obstante, habría que esperar hasta el año 2009 para contemplar el que sería probablemente el cambio más profundo que ha sufrido esta materia en las últimas décadas: el que supuso la entrada en vigor de la Ley de Prevención de Delitos de odio, más conocida como Ley Matthew Shepard y James Byrd. Y ello porque no fue hasta la promulgación de esta Ley que los delitos de odio han sido considerados como una categoría delictiva separada del resto dentro de la legislación federal, que anteriormente limitaba su competencia a determinados delitos contra los derechos civiles[279].

---

como aquellos que encontrasen su motivación en la identidad sexual del sujeto pasivo. Además, en este último sentido, la Ley reestructuraba las categorías de recogida de datos que hasta entonces se venían utilizando con respecto al colectivo LGTBI. No obstante, lo cierto es que, dentro de las novedades introducidas por la misma, la más destacable no era la expansión de los colectivos que podían ser considerados víctimas de estos delitos, sino la del fortalecimiento del papel del gobierno de la federación, cuya competencia en este ámbito se encontraba hasta el momento muy restringida. Indica LANDA GOROSTIZA que, desde 1968, la competencia federal en materia de delitos de odio se adaptaba a la idea de protección del colectivo afroamericano —en el contexto, además, de actividades concretas—, ya que esta se circunscribía a aquellos casos en los que el factor discriminador hubiese sido la raza, el color de piel, la religión o el origen nacional de la víctima. Esta limitación había permanecido en esos términos incluso tras haberse aprobado la Ley de Agravaciones de Delitos de Odio de 1994 (*Hate Crime Sentencing Enhancement Act, HCSEA. 28 U.S.C. 944*), que endureció las penas para los delitos cometidos por los factores discriminatorios antes mencionados, así como para los que se encontrasen motivados por el género, la discapacidad y la orientación sexual de la víctima), ya que, en realidad, el alcance de la competencia estatal seguía siendo el mismo, aunque con la posibilidad de establecer un castigo más severo (LANDA GOROSTIZA, J. M. *Los delitos de odio..., op. cit.*, p. 41). Del mismo modo lo explica WOODS, J. B. «Hate Crimes in the United States», en *The Routledge International Handbok on Hate Crime*, obra colectiva, Routledge, Londres, 2014, pp. 153-154.

277 De esta manera, ALTSCHILLER, D. *Hate Crimes..., op. cit.*, pp. 11-12.

278 En el mismo sentido, LANDA GOROSTIZA, J. M. *Los delitos de odio..., op. cit.*, p. 40.

279 En palabras de LANDA GOROSTIZA, «La importancia de la Ley Shepard estriba, no solo en ampliar los colectivos de referencia sino en asentar, ampliando, la competencia federal en la materia». Esto se debe a que desde la entrada en vigor de la Ley de Derechos Civiles de 1968 —en línea con las pretensiones legislativas de proteger al colectivo afroamericano—, el gobierno de la Federación solo era competente para investigar delitos de odio dirigidos contra personas por razón de su raza, color, religión u origen nacional, excluyéndose otros supuestos como el género, la discapacidad o la orientación sexual de la víctima. A pesar de que durante los años 90 aparecieron distintas leyes que ampliaron el ámbito subjetivo de este tipo de delitos incluyendo los mencionados factores, su aplicación se encontraba subordinada a que existiese competencia federal en la materia; por eso, indica este autor que con la Ley Shepard se pone punto final a esta disfuncionalidad asentándose «una

Pues bien, si aglutinamos todo lo expuesto hasta ahora, podemos concluir que la aparición del término «delito de odio» y su configuración como categoría delictiva específica responde a dos factores concretos: por un lado, al proceso de toma de conciencia social en torno a los efectos de la discriminación tradicional de ciertos sectores de la población por razón, entre otras, de su raza, género u orientación sexual; y, por otro, al consiguiente protagonismo que le fueron otorgando, en primer lugar, los medios de comunicación y, posteriormente, el poder legislativo a los delitos motivados por prejuicios. Teniendo esto claro, y habiendo hecho ya referencia a la normativa federal, solo nos queda presentar la legislación estatal en la materia para obtener una visión de conjunto del panorama jurídico-penal estadounidense en esta materia[280]. No obstante, antes de pasar a esta tarea debemos hacer referencia a una cuestión que, aunque pueda resultar nimia, afectará de lleno a nuestro análisis posterior.

Si volvemos un poco atrás en el recorrido que veníamos presentando, con el paso de los años tras la publicación de la HCSA —particularmente a finales de los años 90—, se evidenció un aumento de la variedad de opciones terminológicas y de definición respecto a los delitos motivados por prejuicios. Así, acciones violentas perpetradas, por ejemplo, por jóvenes neonazis blancos contra afroamericanos, inmigrantes, instituciones religiosas o contra homosexuales se llegaron a denominar con expresiones tan distintas como *hate crime*, *hate-motivated crime*, *bias crime*, *bias-motivated crime* y *ethnoviolence*[281]. Para evitar confusiones, y habida cuenta de la dificultad para encontrar una conceptualización precisa y que satisfaga a todos (en especial con respecto a los factores discriminatorios recogidos en estas figuras delictivas), a la hora de enfrentar nuestro análisis tomaremos como referencia la definición de «*hate crime*» que el legislador federal dio en la HCSA, por el gran paso que implicó en su momento y por la innegable relevancia que posee en este ámbito.

---

cierta universalización de los delitos de odio a los grupos diana construidos socialmente en torno a rasgos étnicos, al sexo y la discapacidad» (*vid. Ibídem*, pp. 41-42).

280 En este sentido, indica Aaronson que, a diferencia de otros movimientos anteriores que se movilizador para que se tomaran medidas legislativas contra la violencia racial, el movimiento de los delitos de odio fue especialmente exitoso al iniciar cambios legislativos tanto a nivel estatal como federal (Aaronson, E. *From Slave Abuse to Hate Crime. The Criminalization of Racial Violence in American History*, Cambridge University Press, Cambridge, 2014, p. 155).

281 *Vid.* Landa Gorostiza, J. M. *La intervención penal…, op. cit.*, p. 107.

Así, según esta Ley, se considera delito de odio[282] aquel «que manifiesta una evidencia de prejuicio[283/284] basada en la raza, la religión, la orientación sexual o la etnicidad» de la víctima[285/286]; de esta manera, se caracteriza por dirigirse contra los miembros de colectivos concretos principalmente por razón de su pertenencia a los mismos[287]. Como puede observarse, la amplitud de esta definición permite abarcar factores discriminatorios que quedan lejos del universo xenófobo o étnico, un aspecto que deberá tenerse presente a la hora de estudiar la legislación creada al efecto dado que reflejará esta forma de entender estos tipos delictivos. Pues bien, si tenemos en cuenta estas dos características, puede concluirse que desde la óptica estadounidense resultan completamente asimilables los conceptos de *hate crime* y de delito xenófobo, ya que hacen referencia a realidades similares[288].

Dicho esto, ahora sí tenemos la información suficiente para dar paso a explicar —a grandes rasgos, ya que de otra manera resultaría inabarcable— cómo se han decidido estructurar, desde el punto de vista estatal, las conductas delictivas en la materia que nos ocupa. En este sentido, si bien desde finales de los años 70 cada Estado ha ido elaborando su propia regulación penal en este ámbito, hasta finales de la década de los 80 y, sobre todo, hasta la entrada de los años 90 no contarían todos ellos con una normativa específica anti-odio (o antixenófoba). Esta proliferación normativa se debió

282 En este punto cabe destacar que la HCSA menciona solamente ocho delitos susceptibles de ser considerados delitos de odio si se encuentran motivados por cualquiera de los factores discriminatorios que enumera: asesinato; homicidio imprudente; violación; agresión cualificada; agresión simple; intimidación; incendio doloso; y destrucción, daño o vandalismo de la propiedad. Se cuestionan la limitación de este catálogo delictivo, por ejemplo, JACOBS y POTTER (*vid.* JACOBS, J. B.; POTTER, K. *Hate Crimes...*, *op. cit*, p. 40).

283 La ley define el prejuicio como «una opinión o actitud negativa preformada hacia un grupo de personas basada en su raza, religión origen étnico/nacional u orientación sexual» (en el original, «*a preformed negative opinion or attitude toward a group of persons based on their race, religion, ethnicity/national origin, or sexual orientation*»). En este sentido, JACOBS y POTTER critican —entre otras— la omisión del género y de la enfermedad como factores discriminatorios penalmente relevantes. *Vid. Ibídem*, pp. 40-41.

284 La referencia al prejuicio revela que esta definición pone el énfasis en la motivación que guía al autor a cometer el delito; así, la selección discriminatoria de la víctima resulta irrelevante a no ser que esta manifieste un ánimo discriminatorio subyacente. Coincidiendo con LAWRENCE, F. M. «The Punishment of Hate: Toward a Normative Theory of Bias-Motivated Crimes», en *Michigan Law Review*, vol. 93, n.° 2, 1994, p. 336.

285 En el original, «(...) *crimes that manifest evidence of prejudice based on race, religion, sexual orientation, or ethnicity* (...)» [*Hate Crime Statistics Act, (b) (1)*].

286 Ahora bien, de acuerdo con la Guía de Formación para la Recogida de Datos sobre Delitos de Odio (*Training Guide for Hate Crime Data Collection*), para confirmar la existencia de este tipo de delitos deberá comprobarse en cualquier caso que su comisión se encuentra motivada, *en todo o en parte*, por los factores discriminatorios que se recogen.

287 De esta manera, ALTSCHILLER, D. *Hate Crimes...*, *op. cit.*, p. 4.

288 Así lo entiende, también, LANDA GOROSTIZA, J. M. *La intervención penal...*, *op. cit.*, p. 108.

en gran parte a la influencia de la Liga Antidifamación (ADL), la organización por los derechos civiles de los judíos más relevante en EE. UU., que se ocupó de elaborar un modelo legislativo de delitos de odio[289] que no solo abarcaba los incidentes contra personas de religión judía, sino también aquellos cometidos por motivos racistas o xenófobos[290]. Hoy en día, como resultado de todos los esfuerzos realizados[291], cuarenta y cinco Estados más el distrito de Columbia, cuentan con una regulación particular en materia de delitos de odio[292/293/294].

Además, en este punto cabe destacar que la ADL ha ido adecuando progresivamente su modelo legislativo a las demandas sociales imperantes en cada momento histórico. Prueba de ello es, por ejemplo, el hecho de que en el año 1996 se decidiera incluir el género como factor relevante en el mismo. Esta evolución en la materia se evidenciaría también a nivel federal, donde,

> «(...) desde los 90 (del siglo XX) hasta finales de la primera década del siglo XXI, se consolida (...) una visión (...) de los delitos de odio que se desliza desde su núcleo histórico centrado en colectivos étnicos (particularmente afroamericanos) y religiosos hacia los grupos que se definen en torno al sexo pero incluyendo además otras categorías como la de los discapacitados»[295].

Pues bien, dicho esto, a modo de cierre del presente epígrafe vamos a explicar, aunque sea brevemente, las dos vías legislativas que han sido más utilizadas dentro de la lucha contra la xenofobia a nivel estatal en EE. UU.: por una parte, las figuras delictivas que castigan las denominadas *fighting words* («expresiones provocadoras») —que pueden considerarse equivalentes, aunque con reservas, a los delitos de provocación tipificados en Europa occidental—; y, por otra, los *penalty enhancement statutes* («leyes agravato-

289 Para más información sobre esta cuestión, *vid.* Jacobs, J. B.; Potter, K. *Hate Crimes...*, *op. cit.*, pp. 33-34.

290 *Vid.* Landa Gorostiza, J. M. *Los delitos de odio*, Tirant lo Blanch, Valencia, 2018, pp. 42-43. Para más información sobre la historia de la ADL, *vid.* https://www.adl.org/who-we-are/history#in-the-1980s.

291 En el año 1981, Oregón y Washington se convirtieron en los primeros Estados en proclamar leyes contra los delitos de odio basadas en el modelo propuesto por la ADL. Tal y como sostiene Aaronson, E. *From Slave Abuse...*, *op. cit.*, p. 155.

292 Información extraída de la página web de la ADL. Disponible en: https://www.adl.org/what-we-do/combat-hate/hate-crimes [fecha de consulta 25 de mayo de 2020].

293 Siguiendo a Altschiller, cabe destacar que la organización ha ido adecuando su modelo legislativo a las demandas sociales imperantes en cada momento histórico; prueba de ello es, por ejemplo, que en el año 1996 se decidiera incluir el género como factor relevante en el mismo (Altschiller, D. *Hate Crimes...*, *op. cit*, p. 7).

294 De este modo, Landa Gorostiza, J. M. *Los delitos de odio...*, *op. cit.*, p. 43.

295 En palabras de Landa Gorostiza (*vid. Ibídem*, p. 42).

rias de pena») —a cuya fórmula responde la mayoría de los delitos de odio[296] y que se caracterizan por establecer tipos cualificados basados en causas típicas diversas, como la raza o la etnia—. Si bien ambas opciones pretenden hacer frente a una misma problemática, observaremos cómo la técnica utilizada a la hora de redactar cada una de ellas dará lugar a diferencias de detalle que determinarán un posicionamiento distinto —e, incluso, contradictorio— de la Corte Suprema ante este tipo de casos.

Procedemos, pues, a estudiar la primera de estas vías legislativas.

2. La tipificación de las *fighting words*

La penalización de las «expresiones provocadoras» o *fighting words* permitía a los Estados castigar ciertas manifestaciones intolerantes por no encontrar amparo, según el legislador estadounidense de la época, en el derecho a la libertad de expresión recogido en la Primera Enmienda de la Constitución. Que este derecho no posee un carácter absoluto ya lo había confirmado el Tribunal Supremo (en adelante, TS) en 1942 en el caso *Chaplinsky v. New Hampshire*[297/298], en el que reunió el catálogo de expresiones excluidos de ámbito de protección del mismo: las expresiones lascivas y obscenas, las indecentes, las difamatorias y las insultantes o provocadoras[299]. En su argumentación, el tribunal dio un concepto de estas manifestaciones —concretamente de las expresiones «provocadoras»— en un doble sentido, definiéndolas como aquellas cuya expresión genera un daño o tienden a incitar una perturbación inmediata de la paz[300]. Y ello porque, en su opinión,

> «(...) tales declaraciones no son parte esencial de ninguna exposición de ideas, y ostentan tan poco valor social como paso hacia la verdad que cualquier beneficio que pueda derivarse de ellas es claramente superado por el interés social en el orden y la moralidad»[301].

---

296 De esta manera, Jacobs, J. B.; Potter, K. *Hate Crimes..., op. cit.*, p. 29. Utilizamos aquí la expresión «delito xenófobo» como sinónimo de «delito de odio», de acuerdo con la definición que otorga a estos últimos la *Hate Crime Statistics Act* de 1990.

297 *Chaplinsky v. New Hampshire*, 315 U. S. 568 (1942).

298 En palabras de la propia Corte: «*Allowing the broadest scope to the language and purpose of the Fourteenth Amendment, it is well understood that the right of free speech is not absolute at all times and under all circumstances*» (negritas añadidas).

299 En palabras de la Corte Suprema:
«*There are certain well-defined and narrowly limited classes of speech, the prevention and punishment of which have never been thought to raise any Constitutional problem. These include the lewd and obscene, the profane, the libelous, and the insulting or "fighting" words*» (negritas añadidas).

300 En el original: «*Those which by their very utterance inflict injury or tend to incite an immediate breach of the peace*» (negritas añadidas).

301 Traducción libre. En el original,

Aclarada esta base, sobre la constitucionalidad de la tipificación de las *fighting words* se pronunció la Corte Suprema de EE. UU. a principios de los años noventa[302]. Por aquel entonces la expresión «delito de odio» había quedado acuñada en referencia a delitos base agravados, pero no a tipos que castigaban manifestaciones del discurso de odio. Ello a pesar de que existía una evidente inclinación hacia la tipificación de este tipo de comportamientos —existían claros modelos intervencionistas a nivel estatal en este sentido— que se veía unida a las leyes que agravaban el castigo de ciertos delitos al ser cometido contra grupos concretos *(hate crimes)*[303]. Pues bien, en este contexto el asunto *R.A.V. v. St. Paul*[304] supondría un punto de inflexión.

La sentencia de la Corte venía a resolver el caso de un joven que, con sus amigos, había prendido fuego una noche a tres cruces en los alrededores de la casa de una familia de raza negra. Se le acusó por haber vulnerado la proscripción de «expresiones provocadoras» *(fighting words)*, que prohibía ciertas manifestaciones —entre las que se encontraba expresamente la quema de cruces— cuando su autor, al realizarlas, sabe o debería saber que su comportamiento puede enojar, asustar o perturbar los estados de ánimo de las personas a las que se dirigen por haber sido efectuadas en base a su raza, color, confesión religiosa o sexo. Como respuesta, el acusado alegó que su conducta se encontraba amparada por el derecho a la libertad de expresión y, en consecuencia, adujo que la norma que la prohibía era inconstitucional. Ante la disyuntiva, si bien los magistrados de la Corte Suprema reconocieron que la protección de los derechos humanos de los miembros de colectivos que habían sido discriminados a lo largo de la historia constituía sin duda

«(...) such utterances are no essential part of any exposition of ideas, and are of such slight social value as a step to truth that any benefit that may be derived from them is clearly outweighed by the social interest in order and morality».

302 Según explica Walker, este debate comenzó en realidad en los años 20 del siglo pasado, cuando se vieron enfrentadas las pretensiones de aquellos que defendían los derechos de grupos católicos y judíos con las de la recién creada ACLU, que defendía la primacía de la Primera Enmienda para proteger los discursos antisemitas del presidente Henry Ford o del Ku Klux Klan (en adelante, KKK). En aquel momento, los tribunales se posicionaron en favor de la ACLU, pero el debate resurgió con ímpetu a partir de los años 80 (Walker, S. *Hate Speech. The History of an American controversy*, University of Nebraska Press, Nebraska, 1994, pp. 17-37 y 127 y ss.). En el mismo sentido, Díaz López, J. A. *El odio discriminatorio como agravante penal. Sentido y alcance del artículo 22.4° CP*, Aranzadi, Pamplona, 2013, pp. 86-87.

303 Tal y como señala «Delitos de odio y estándares internacionales: una visión crítica a contracorriente», en *Revista Electrónica de Ciencia Penal y Criminología*, n.° 22, 2020, p. 16.

304 *R.A.V. v. City of St. Paul, Minnesota*, 505 U. S. 377 (1992).

«un interés de tutela obligada para el Estado»[305], acabaron posicionándose en favor de la libertad de expresión[306].

Para fundamentar su decisión, la Corte arguyó que «el "riesgo de censura" que presenta una Ley aparentemente basada en el contenido requiere que esa arma se emplee solo cuando sea "*necesaria* para servir al interés [imperioso] alegado"»[307]; y, en su opinión, esto no se cumplía en el caso objeto de enjuiciamiento. Su argumentación fue la que sigue:

> «La cuestión decisiva en este caso, (...), es si la discriminación de contenidos es razonablemente necesaria para lograr los intereses imperiosos de St. Paul; claramente no lo es. Una norma que no se restringiese a los temas favorecidos, por ejemplo, tendría precisamente el mismo efecto beneficioso. De hecho, el único interés al que sirve claramente la limitación de contenidos es el de mostrar la especial hostilidad del ayuntamiento hacia los prejuicios concretos señalados. Eso es precisamente lo que prohíbe la Primera Enmienda. Los políticos de la ciudad de St. Paul tienen derecho a expresar esa hostilidad, pero no por medio de la imposición de limitaciones únicas a los oradores que (aunque benévolamente) discrepan»[308].

En base a lo anterior, concluye:

> «Que no haya confusión sobre nuestra creencia de que quemar una cruz en el patio delantero de una persona es censurable. Pero la ciudad de St. Paul tiene

305 En palabras de LANDA GOROSTIZA. La intervención penal..., *op. cit.*, p. 110. Expresamente, la argumentación de la Corte Suprema fue la siguiente:
«*Specifically, they* (St. Paul and its *amici*) *assert that the ordinance helps to ensure the basic human rights of members of groups that have historically been subjected to discrimination, including the right of such group members to live in peace where they wish. We do not doubt that these interests are compelling, and that the ordinance can be said to promote them*» (negritas añadidas).

306 De acuerdo con las explicaciones de SILVERMAN, J. D. E. «Criminalidad xenófoba en los Estados Unidos: posibilidades de tutela ante el conflicto entre la protección de minorías y la libertad de expresión», en *Cuadernos de Política Criminal*, n.º 63, 1997, pp. 697-698 (Traducción del original: LANDA GOROSTIZA, J. M. *Haßdelikte in den USA: Abwehrmöglichkeiten mi Spannungsfeld von Miderheitenschutz und Redefreiheit. Zeitschrift führ die gesamte Strafrechtswissenschaft*. 104, 1995, pp. 649-658). (negritas añadidas).

307 En el originl: «*the "danger of censorship" presented by a facially content-based statute, (...), requires that that weapon be employed only where it is* "necessary *to serve the asserted [compelling] interest"*».

308 Traducción libre. En el original:
«*The dispositive question in this case, (...), is whether content discrimination is reasonably necessary to achieve St. Paul's compelling interests; it plainly is not. An ordinance not limited to the favored topics, for example, would have precisely the same beneficial effect. In fact, the only interest distinctively served by the content limitation is that of displaying the city council's special hostility towards the particular biases thus singled out. That is precisely that the First Amendment forbids. The politicians of St. Paul are entitled to express that hostility, but not through the means of imposing unique limitations upon speakers who (however benightedly) disagree*».

suficientes medios a su disposición para impedir tal comportamiento sin echar la Primera Enmienda, también, al fuego»[309].

Y, de esta manera, revoca la sentencia de la Corte Suprema de Minnesota.

En aquel momento, este pronunciamiento pareció frustrar la posibilidad de utilizar la tipificación de las *fighting words* como herramienta penal contra la xenofobia; sin embargo, lo cierto es que no todas las sentencias que aparecieron entonces siguieron la misma línea[310]. Sea como sea, y en lo que interesa al objeto de nuestra investigación, el posicionamiento de la Corte en el caso *R.A.V. v. St. Paul* revela una diferencia fundamental entre la legislación estadounidense y la europea en esta materia: mientras que en Europa el delito de provocación xenófoba constituye la piedra angular de su sistema antixenófobo y antirracista, en EE. UU. se ha tendido a defender —particularmente en estos casos— el tradicional «libre mercado de las ideas»[311] como modelo idóneo para resolver los problemas que derivan de comportamientos y expresiones de carácter xenófobo.

La respuesta al porqué de la postura que se ha decidido adoptar en Europa en este ámbito la ilustra a la perfección LANDA GOROSTIZA[312] cuando indica que

«En la amarga experiencia histórica de algunos países europeos se constata una permisividad —e incluso apología oficial— de lenguaje xenófobo y crímenes, persecuciones, eliminaciones masivas... que de alguna manera obliga a una vía más "represiva" (tipos de provocación) ante la desconfianza y falta de fe en la libertad de expresión como vía de superación de la xenofobia. (...) se viene a afirmar que Europa no se encontraría en situación de hacer frente a una discusión plural, abierta, pública respecto del racismo y la xenofobia. No se podría arriesgar a discutir sin cortapisas la ideología racista y hacer frente —con éxito— al racismo

309 Traducción libre. En el original: *Let there be no mistake about our belief that burning a cross in someone's front yard is reprehensible. But St. Paul has sufficient means at its disposal to prevent such behavior without adding the First Amendment to the fire*.

310 A este respecto, *vid.* LANDA GOROSTIZA, J. M. *La intervención penal..., op. cit.*, p. 110, pie de página n.º 23.

311 Puede decirse que el concepto del «mercado libre de las ideas» *(marketplace of ideas)* y la prueba del «peligro claro y presente» *(clear and present danger test)* constituyen las mayores aportaciones de Oliver Wendell Holmes como juez del TS de EE. UU., elaboradas ambas en el seno de sus decisiones en relación con el derecho a la libertad de expresión (así, BISBAL TORRES, A. «El "mercado libre de las ideas" de O. W. Holmes», en *Revista Española de Derecho Constitucional*, año 27, n.º 81, 2007, pp. 184). En lo que hace concretamente al concepto de «mercado libre de las ideas», Holmes sostiene el siguiente argumento: «los pensamientos ganan o pierden aceptación en el mercado de ideas, de manera que con el tiempo unos corrigen a otros y se alcanza la verdad»; así, el bien último se consigue siguiendo un proceso experimental, en el que «solo las ideas que amenazan directamente la existencia del Estado podrían ser eliminadas (*vid. Ibídem*, p. 198).

312 LANDA GOROSTIZA, J. M. *La intervención penal..., op. cit.*, p. 111.

militante. Es por ello que para evitar los problemas que de ello se puedan derivar deba recurrir a la vía —represora— de tipos penales de provocación en la línea de delitos de pensamiento».

Hecha esta fundamental aclaración, pasamos ahora a estudiar la segunda de las vías que ha utilizado el legislador estadounidense para enfrentar las conductas xenófobas.

3. Los *penalty enhancement statutes*

Para poder proceder al análisis de las «leyes agravatorias de pena» o *penalty enhancement statutes* creemos que es preciso comenzar por presentar, aunque sea sucintamente, una clasificación de este tipo de normas. Las leyes agravatorias de pena estadounidenses pueden ser divididas de acuerdo con dos modelos de técnica legislativa agravatoria: por un lado, el denominado *discriminatory selection model* («modelo de selección discriminatoria) y, por otro, el *racial animus model* («modelo del ánimo racial»). El primero de ellos subordina la agravación del castigo a que se compruebe que efectivamente ha tenido lugar una selección discriminatoria, siendo irrelevante por qué el autor escoge a su víctima en base a un determinado factor discriminatorio. Por su parte, el segundo modelo define el delito xenófobo a partir de la intencionalidad o el ánimo del autor respecto del colectivo racial de la víctima, así como del papel central que juegue este a la hora de perpetrar el delito[313].

Ahora bien, debe tenerse en cuenta que, tanto en uno como en otro caso, el marco penal agravatorio varía según el Estado, al igual que ocurre con el catálogo de delitos susceptibles de ser calificados como delitos xenófobos o de odio cuando su comisión se encuentra motivada por prejuicios[314]. En cualquier caso, lo importante es tener claro que el contraste entre estos dos modelos descansa en la manera de describir el tipo subjetivo, que da lugar a distintas interpretaciones: una, digamos, más «objetiva» en el caso del modelo de selección discriminatoria ya que solo exige constatar la selección que hace el autor con independencia de lo que internamente lo mueva a cometer el delito; y otra que requiere, asimismo, constatar su ánimo discriminatorio al perpetrarlo en el caso del modelo del ánimo racial.

Aclarada esta base, en EE. UU. la mayor parte de las regulaciones de los *penalty enhancement statutes* siguen un modelo que puede calificarse como «mixto»; además, algunos de ellos incluyen el elemento subjetivo extra «mala intención» *(maliciousness)* a la hora de describir la conducta típica. De esta manera, solo una pequeña parte de las distintas legislaciones de los Estados puede clasificarse en uno u otro de los modelos anteriormente presentados.

---

313 Tal y como explica LAWRENCE, F. M. «The Punishment of Hate..., *op. cit.*, pp. 323-324. Igualmente, LANDA GOROSTIZA, J. M. *La intervención penal..., op. cit.*, p. 111.

314 De esta manera, JACOBS, J. B.; POTTER, K. *Hate crimes..., op. cit.*, pp. 30-31.

Este hecho cobra especial importancia a la hora de analizar la jurisprudencia de la Corte Suprema en esta materia ya que, como vamos a ver seguidamente, al estudiar la constitucionalidad de las leyes agravatorias que siguen el modelo de selección discriminatoria, esta se ha visto obligada a hacer frente al eventual castigo de los llamados «delitos de opinión»[315].

Yendo ya al centro de esta cuestión, la disputa en torno a la constitucionalidad de las leyes agravatorias de pena fue solventada en el año 1993, en el seno del importante caso *Wisconsin v. Mitchell*[316], cuya resolución afectó a disposiciones que se encontraban vigentes en más de treinta y dos Estados. La regulación penal objeto de juicio era la del Estado de Wisconsin, que imponía agravaciones de pena para delitos convencionales en aquellos casos en los que el autor eligiera conscientemente a la víctima en virtud de la raza o religión, confesión, orientación sexual, lugar de nacimiento u origen de esta. El supuesto de hecho consistía en lo ocurrido una noche de octubre de 1987, en la que varios jóvenes de raza negra, tras discutir sobre una escena de la película «Mississippi Burning» en la que un hombre blanco golpeaba a un joven negro mientras este rezaba, apalearon a un adolescente blanco que paseaba por la zona, provocándole heridas de gravedad. El acusado fue finalmente condenado por un delito de lesiones graves, y además el jurado consideró probado que la víctima había sido seleccionada por razón de su raza; en virtud de ello, la norma elevaba el marco penal máximo de las lesiones desde los dos años hasta los siete.

El condenado, que había sido sentenciado a una pena de prisión de cuatro años, alegó que la Ley que se le había aplicado era inconstitucional porque, en su opinión, le castigaba por sus pensamientos, y estos, al igual que el lenguaje y los meros actos concluyentes, quedaban amparados por la Constitución. Sin embargo, estas alegaciones fueron rechazadas de forma unánime por los magistrados, convirtiéndose la sentencia del caso *Wisconsin v. Mitchell* en el primero de sus pronunciamientos que declaraba un delito xenófobo —en los términos que imponían las leyes aprobadas en aquella época— acorde con los principios constitucionales y, además, en base al modelo de selección discriminatoria[317]. Con respecto a la problemática fundamental sobre si los *penalty enhancement statutes* constituían una suerte de «delitos de opinión», la Corte adujo que estos tipos no suponen la tipificación de la esfera interna del autor, sino el castigo de una conducta concreta. En otras palabras, «No se castiga al delincuente por ser racista o xenófobo, sino que se castiga su conducta criminal racista siendo dicha conducta, precisamente, la de seleccionar a una víctima determinada, lo cual no se encuentra

315 Así, Landa Gorostiza, J. M. *La intervención penal..., op. cit.*, p. 113.

316 *Wisconsin v. Mitchell*, 508 U. S. 476 (1993).

317 Lawrence, F. M. «The Punishment of Hate..., *op. cit.*, p. 324.

protegido por la Constitución»[318]. Por otro lado, el Tribunal consideró legítima —y, por ende, constitucional— la agravación de la pena en aquellos casos en los que el comportamiento se lleva a cabo por motivos xenófobos, dado que su fundamento es el mismo que el de otras leyes antidiscriminatorias que ya habían sido declaradas constitucionales antes de 1993[319].

La Corte confirmaba así el ya por entonces extenso catálogo de leyes penales agravatorias contra la xenofobia, y consolidaba un sistema no dualista en la legislación penal estadounidense en esta materia al declarar, con respecto a la Primera Enmienda, la incompatibilidad de la tipificación del discurso de odio[320] (en el caso *R.A.V. v. St. Paul*)[321] y la compatibilidad de las leyes agrava-

---

318 En palabras de LANDA GOROSTIZA, J. M. *La intervención penal..., op. cit.*, p. 114.

319 En este sentido, la Corte Suprema ponía como ejemplo las disposiciones antidiscriminatorias que prohíben al empresario discriminar por razón de la raza, color, religión, sexo o lugar de nacimiento del trabajador (*vid. Ibídem*, p. 114).

320 ALCÁCER GUIRAO sintetiza el posicionamiento de EE. UU. ante el discurso de odio de la siguiente manera: «todo discurso extremista, racista, xenófobo o incitador del odio ha de incardinarse bajo el ámbito del discurso político, o del discurso sobre asuntos con relevancia pública, recibiendo, por tanto, la consideración de *high value speech* y, con ello, la máxima protección de la Primera Enmienda (...). Además, toda eventual regulación del discurso del odio (...), en la medida en que presupone la prohibición de un determinado contenido del discurso dirigido, por lo general, contra grupos sociales específicos, habría de calificarse como basado en un determinado punto de vista [*viewpoint-based*], infringiéndose con ello el principio de absoluta neutralidad del Estado sobre las convicciones morales y políticas». Dentro de este vasto margen de ejercicio, «el único límite que cabe oponer al ejercicio de la libertad de expresión es el de la *incitación directa a una conducta que genere un peligro claro e inminente*, criterio establecido por el juez Holmes en el voto particular a la sentencia *Schenck v. United States* [249 U.S. 47 (1919)] y consolidado en *Brandenbug v. Ohio* [395 U.S. 444 (1969)], en la que el Tribunal sentó el principio de que las garantías constitucionales asociadas a la libertad de expresión no permiten siquiera a un Estado prohibir la apología [*advocacy*] del uso de la fuerza o de la violación de la ley excepto cuando esa apología está dirigida a incitar o producir una inminente acción ilícita y es adecuada para incitar o producir esta acción» (ALCÁCER GUIRAO, R. «Víctimas y disidentes..., *op. cit.*, pp. 61-62).

321 Al respecto, la Corte sostuvo lo siguiente:
«Nada en nuestra decisión de la pasada legislatura en el caso R.A.V. obliga a un resultado diferente en este caso. Ese caso implicaba una impugnación de la Primera Enmienda a una ordenanza municipal que prohibía el uso de "expresiones provocadoras que insulten o provoquen violencia "por motivos de raza, color, credo, religión o género" (...). Dado que la ordenanza solo proscribía una clase de «expresiones provocadoras» consideradas especialmente ofensivas por la ciudad (...), sostuvimos que violaba la norma contra la discriminación basada en el contenido. (...). Pero mientras que la ordenanza anulada en el caso R.A.V. se dirigía explícitamente a la expresión (...), el estatuto en este caso se dirige contra una conducta no protegida por la Primera Enmienda» [traducción libre. En el original: «*Nothing in our decision last Term in R.A.V. compels a different result here. That case involved a First Amendment challenge to a municipal ordinance prohibiting the use of "'fighting words' that insult, or provoke violence, 'on the basis of race, color, creed, religion or gender'" (...). Because the ordinance only proscribed a class of "fighting words" deemed particularly offensive by the city (...) we held that it violated the rule against content-based*

torias de pena. En otras palabras, liquidaba «los modelos de legislación penal anti-odio "con palabras", mientras que *afirmaba* y *legitimaba* las figuras agravatorias de delitos base sin encontrar ahí tacha ninguna desde el punto de vista de la libertad de expresión»[322].

Esto suponía, además, la desvinculación de EE. UU. del «estándar internacional universal de los derechos humanos» que exige a los Estados parte la tipificación de una parte del discurso de odio, como es el caso del art. 4 de la Convención de 1965 o el art. 20 del Pacto de 1966. Tanto en uno como en otro Tratado este país ha establecido reservas, de manera que ha quedado fuera de la obligación de incriminar o prohibir esta clase de manifestaciones, mostrando así una postura claramente restrictiva en este ámbito. Con esta decisión EE. UU. también se aleja del modelo establecido en Europa, que, como sabemos, centra su lucha antixenófoba en los delitos de odio cometidos a través de la palabra. Ahora bien, como tendremos la ocasión de ver al estudiar la legislación penal española en la materia, la hegemonía cultural que posee la Federación norteamericana en Occidente va a acabar calando en lo jurídico y va a determinar un cambio importante en la estrategia de los países de nuestro entorno[323]. Pero esto lo veremos más adelante.

A continuación pasamos a presentar la última de las normativas que vamos a analizar en Derecho Comparado: la legislación del Reino Unido en materia antixenófoba.

ii. Reino Unido[324]

Para estudiar la normativa penal antixenófoba del Reino Unido, dado que en este caso no existen las dificultades que caracterizan al sistema jurídico estadounidense[325], extraeremos nuestro análisis directamente de las leyes que regulan la materia y no de los pronunciamientos de los tribunales. Además, y de nuevo para no desviarnos del objeto de investigación, centraremos nuestra tarea en la legislación que estuvo vigente hasta 1995 en Inglaterra y Gales, sin ahondar en las divergencias legislativas que existen, dentro de la nación, entre Inglaterra, Gales, Escocia e Irlanda del Norte.

---

discrimination. (...). But whereas the ordinance struck down in R.A.V. was explicitly directed at expression (...), the statute in this case is aimed at conduct unprotected by the First Amendment»].

322 Como indica, acertadamente, Landa Gorostiza, J. M. «Delitos de odio y estándares internacionales..., *op. cit.*, p. 16.

323 *Vid. Ibídem*, pp. 17-19.

324 Para abordar este apartado nos basaremos, mayoritariamente, en las explicaciones de Landa Gorostiza, J. M. *La intervención penal..., op. cit.*, pp. 115-128.

325 Nos referimos, concretamente, a la ingente cantidad de leyes que allí existen, a la cuestión competencial entre la Federación y los Estados, y al papel trascendental que posee el sistema de revisión constitucional de la Corte Suprema (*vid. Ibídem*, p. 115).

La piedra angular de la legislación penal contra la xenofobia en el Reino Unido se encuentra en la *Public Order Act* de 1986[326], que aglutina un conjunto de preceptos relativos al odio «racial» procedentes de distintos cuerpos legales: la *Public Order Act* de 1936[327], la *Theatres Act* de 1968[328] y la *Cable and Broadcasting Act* de 1984[329]. Con esta configuración, la norma consigue reunir en un único texto legal toda la legislación diseminada hasta aquel momento, dando una respuesta congruente e integral frente a las alternativas que los medios de comunicación actuales ofrecen a la propaganda incitadora de la xenofobia. Concretamente, las secciones 17 a 29 de la ley de 1986 (Parte III) recogen seis tipos delictivos *(offences)*, dos de los cuales fueron introducidos en el ordenamiento con la entrada en vigor de la norma. Como veremos, toda la regulación se verá empañada por la complejidad que la tipificación del delito de provocación conlleva para el ejercicio legítimo del derecho a la libertad de expresión, cuestión que se tornará esencial y que protagonizará nuestro estudio.

Pasamos, a continuación, a exponer los puntos comunes de estas figuras penales para, más tarde, entrar a analizar el ámbito particular de cada una de ellas.

1. La *Public Order Act* de 1986: puntos comunes de la regulación

Antes de entrar a analizar cada uno de los elementos que el conjunto normativo de la Ley de Orden Público comparte, debe tenerse en cuenta que la presunta variedad de tipos delictivos que recoge es, en realidad, un conjunto de meras variantes de los delitos de provocación o de incitación al odio «racial». Como podremos constatar, la figura de la provocación es, sin duda, el núcleo de la lucha penal contra la xenofobia en el Reino Unido; sin embargo, a nivel sustantivo se configura a través de un amplio catálogo de artículos que tienen en común los aspectos que siguen.

El primer elemento que comparten las figuras delictivas recogidas en la *Public Order Act* se recoge en su sección 17, que establece el concepto de odio «racial» y el ámbito subjetivo de protección de la norma. Según la misma, «odio racial» *(racial hatred)* significa «odio contra un grupo de personas en Gran Bretaña definidas por referencia al color, raza, nacionalidad (incluida

326 *Public Order Act* 1986 (1986 c. 64). El texto completo de la Ley puede consultarse en el siguiente enlace: https://www.legislation.gov.uk/ukpga/1986/64.

327 *Public Order Act* 1936 (1936 c. 6). El texto completo de la Ley puede consultarse en el siguiente enlace: https://www.legislation.gov.uk/ukpga/Edw8and1Geo6/1/6/contents.

328 *Theatres Act* 1968 (1968 c. 54). El texto completo de la Ley puede consultarse en el siguiente enlace: https://www.legislation.gov.uk/ukpga/1968/54.

329 *Cable and Broadcasting Act* 1984 (1984 c. 46). El texto completo de la Ley puede consultarse en el siguiente enlace: https://www.legislation.gov.uk/ukpga/1984/46/contents.

la ciudadanía) u orígenes étnicos o nacionales». La noción de «grupo» que recoge la definición se elaboró a partir de la Ley de relaciones raciales *(Race Relations Act)* de 1976[330], en cuyo marco se encuentra precisamente el origen del delito de incitación. En lo que se refiere al «odio», a pesar de la ambigüedad y extensión del término, con su inclusión se pretende dirigir los tipos a conductas provocadoras que posean una mínima envergadura, más allá de la simple vulneración del derecho al honor. Además, en virtud de lo establecido en la norma, el colectivo contra el que se dirige el odio racial debe encontrarse en Gran Bretaña, de forma que no podría castigarse si los destinatarios fuesen personas radicadas fuera del país. Esto nos recuerda a la discusión en torno a la «proyección interna» del delito de provocación que existía en el ámbito germánico, una semejanza que resulta de la localización en estos países de esta figura delictiva entre los delitos contra la paz o el orden públicos[331].

En otro orden de cosas cabe resaltar, en cuanto a los factores discriminatorios que recoge la Ley [«color, raza, nacionalidad (incluida ciudadanía) u orígenes étnicos o nacionales], que esta excluye la referencia a la religión. Sin embargo, la falta de consenso sobre la diferencia entre grupo «racial» y religioso a la hora de aplicar estas figuras demostró que no estaba tan claro que los colectivos religiosos no estuviesen incluidos en el ámbito de protección de la norma. En este sentido adquiría gran relevancia la interpretación de la expresión «origen étnico», dado que la jurisprudencia venía dándole un mayor alcance que el propiamente biológico o «racial»[332]. Así, una exégesis amplia de «lo étnico» posibilita un entendimiento extensivo de la legislación «antirracista» y la aproxima al universo étnico o xenófobo, salvando así la referencia a lo religioso de ser excluida de la regulación a pesar de no hacerse referencia a la misma de manera expresa.

Esta inclusión del fenómeno religioso entre los factores discriminatorios que recoge la *Public Order Act* de 1986 lo confirmó el caso Mandla c. Dowell Lee, que vino a zanjar la polémica que existía desde que se introdujera el delito de incitación al odio «racial» (en el año 1965) en torno a si los judíos se encontraban amparados por la norma. En este caso, la polémica se había desatado a raíz de la negativa del director de una escuela privada de aceptar a un alumno ortodoxo *Sikh*[333] si este no dejaba de llevar el pelo largo y portar

---

330 Como acertadamente indica MARSTON. J. *Public order: A guide to the 1986 Public Order Act*, Fourmat Publishing, Londres, 1987, p. 103. En la misma línea, LANDA GOROSTIZA, J. M. *La intervención penal..., op. cit.*, p. 116.

331 Tal y como expone LANDA GOROSTIZA, J. M. *La intervención penal..., op. cit.*, pp. 116-117.

332 Como bien explica CARD, R. *Criminal Law, Butterworths*, Londres/Dublín/Edimburgo, 1995, p. 409. En términos similares, LANDA GOROSTIZA, J. M. *La intervención penal..., op. cit.*, p. 117.

333 La religión de los sikhs es el sikhismo, una fe sincrética que reúne elementos del hinduismo y del islamismo. Proveniente de la India, sus seguidores creen en un único Dios

un turbante. El director justificó su posición explicando que ambos elementos recalcaban las diferencias religiosas y sociales que la escuela pretendía minimizar al máximo; sin embargo, el muchacho y su familia decidieron recurrir a los tribunales ante lo que consideraban una discriminación proscrita por la Ley de relaciones raciales de 1976[334].

Después de ver denegada su pretensión ante el tribunal correspondiente y ante la Corte de apelación, la cuestión llegó hasta la *House of Lords*, donde el Tribunal haría una interpretación extensiva clave de lo que debe entenderse por grupo étnico y, en consecuencia, por grupo «racial» según la ley de 1976. Según su argumentación, para que un colectivo étnico pueda ser considerado como tal debe reconocerse a sí mismo y ser reconocido por los demás como una «comunidad distinta en virtud de unas características esenciales y otras de carácter accesorio»[335], siendo las primeras una historia común y una tradición cultural. A partir de esto, y como entendía que cumplían los requisitos pertinentes, el Tribunal reconoció a los *Sikh* su condición de grupo étnico, abriendo así la puerta para que otros colectivos —como podían ser los judíos o los gitanos—[336] pudiesen ser considerados de la misma forma. Con todo, si bien es innegable la relevancia de esta resolución, debe decirse que el posicionamiento de la jurisprudencia y de la doctrina en este sentido no es completamente unánime[337].

El segundo de los elementos que comparten las figuras recogidas en la *Public Order Act* de 1986 es su aspecto subjetivo, en virtud del cual deben concurrir alternativamente la «intención» *(intend)* provocadora del autor o bien la aptitud objetiva para provocar al odio racial según las circunstancias. Así, se castigan tanto los comportamientos dolosos de provocación al odio «racial» (independientemente de que no pueda probarse su idoneidad objetiva para tal incitación) como aquellos que, sin ser dolosos, son objetivamente aptos para provocar el odio «racial» según el contexto. Indica LANDA GOROSTIZA que

> «El espíritu de la modificación del aspecto subjetivo como alternativa entre *«intend»* e «idoneidad objetiva» se inspiraría en la reflexión que provoca la cons-

intangible y, a la vez, en la doctrina del karma (ley de causa y efecto) aplicada al dominio de lo moral. La comunidad sikh se encuentra asentada fundamentalmente en la región del Panjab, en la India. Para una información más detallada, *vid.* GALLUD JARDIEL, E. *El sikhismo. La religión del valor*, Editorial Alas, Barcelona, 2013, pp. 11, 65 y ss.

334 De esta manera, HUTCHESSON, P. *The all England law reports*, vol. I, Butterworths/The Law Journal, Londres, 1983, p. 1.062. Le sigue, LANDA GOROSTIZA, J. M. La intervención penal..., *op. cit.*, p. 118.

335 Citando expresamente a LANDA GOROSTIZA (*vid. Ibídem*, p. 118).

336 Como acertadamente indica CARD, R. *Public Order: the new law*, Butterworths, Londres, 1987, p. 96.

337 Tal y como indica LANDA GOROSTIZA, J. M. *La intervención penal...*, *op. cit.*, p. 119.

tatación histórica de que cuando se producen provocaciones de odio «racial» se materializa posteriormente un advenimiento de violencia y ruptura de la paz pública o, al menos, tal violencia no está lejos»[338].

Teniendo en cuenta lo expuesto, esta manera de configurar el aspecto subjetivo de las figuras delictivas acarrea varias dificultades. En primer lugar desde el punto de vista probatorio (resulta harto complejo probar la intencionalidad de un sujeto), a lo que se debe añadir la crítica negativa según la cual, si efectivamente se llegase a probar el dolo del autor, podrían castigarse conductas dolosas provocadoras que no poseen la aptitud necesaria para generar tal provocación, lo que carece de toda lógica. En segundo lugar desde la perspectiva de la «idoneidad», dado que no solo resulta difícil probar este hecho sino que, además, la figura delictiva puede perder toda su legitimidad si, al aplicarse, genera una verdadera responsabilidad objetiva del autor más allá de su dolo o su imprudencia.

El tercero de los elementos comunes a los tipos delictivos recogidos en la parte III de la Ley de Orden Público lo constituye la exigencia de que el «material, las palabras o la conducta» correspondiente sean «amenazantes, abusivas o insultantes» *(threatening, abusive or insulting)*. El sentido de tales términos es el ordinario, de manera que los jueces o, en su caso, el jurado deberá determinar si se cumple tal requisito de acuerdo con el efecto que las manifestaciones o el comportamiento en cuestión tendrían de acuerdo con los baremos del hombre medio. De esta manera, pueden considerarse «amenazantes, abusivas o insultantes» ciertos comportamientos a pesar de que ninguna de las personas a las que se dirijan se sientan efectivamente ofendidas[339]. Con todo, lo más relevante de esta exigencia es que supone una limitación del ámbito de aplicación del precepto, razón por la cual ha recibido fuertes críticas[340] como, por ejemplo, que le resta utilidad y efectividad[341]. Pero no es este el lugar para ahondar en esta cuestión. Pasamos, ahora, a analizar cada una de las figuras delictivas en particular.

2. Las figuras delictivas de la *Public Order Act* de 1986 en particular

Como adelantamos, son seis las figuras que desarrollan el delito de provocación dentro de Ley de Orden Público. Para su división, el legislador ha atendido al medio de comisión, regulando una forma de provocación o una esfera comunicativa concreta en cada caso. Veamos el contenido de cada una de estas figuras, por orden.

---

338 *Vid. Ibídem*, p. 120.

339 Coincidiendo con CARD, R. *Public Order...*, *op. cit.*, p. 100.

340 De esta manera, LANDA GOROSTIZA, J. M. *La intervención penal...*, *op. cit.*, p. 122.

341 Así lo entiende, por ejemplo, CARD, R. *Public Order...*, *op. cit.*, p. 100 (*vid.*, LANDA GOROSTIZA, J. M. *La intervención penal...*, *op. cit.*, p. 122, pies de página 67, 68 y 69).

2.1. Sección 18: la utilización de palabras, la realización de conductas o la exhibición de material escrito

El apartado 1 de la sección 18 tipifica expresamente la siguiente conducta:

> «Utilizar palabras o realizar conductas amenazantes, abusivas o insultantes, o bien exhibir material escrito amenazante, abusivo o insultante, lo cual será punible
>
> a) si se intenta con ello provocar al odio racial o,
>
> b) si teniendo en cuenta todas las circunstancias concurrentes, es posible que con ello se provoque el odio racial»[342].

Como puede observarse, el tipo se refiere no solo a las palabras sino también a la conducta *(behavior)*[343], lo que permite considerar incluidos en su ámbito de aplicación los gestos a pesar de que no se haga referencia a los mismos de manera expresa[344]. Aparte de esto, su aplicabilidad se ve asimismo ampliada por el sentido que esta otorga al «material escrito» *(written material)*, que puede referirse a «cualquier sino o representación visible»[345] según lo establecido en su sección 29.

Especial relevancia cobra el segundo apartado de la sección 18, que permite castigar esta conducta tanto cuando se cometa en un lugar público como en un lugar privado, exceptuándose en este último caso que se perpetre en la «vivienda» en ciertas circunstancias, para salvaguardar el derecho a la intimidad[346]. Con la introducción de esta posibilidad de comisión del delito el legislador inglés conseguía ampliar el ámbito punible de la regulación anterior, que restringía su aplicabilidad a aquellos casos en que el comportamiento en cuestión hubiese tenido lugar en un lugar o en una reunión públicos[347].

---

342 Traducción libre. En el original:
«*A person who uses threatening, abusive or insulting words or behaviour, or displays any written material which is threatening, abusive or insulting, is guilty of an offence if* he intends thereby to stir up racial hatred, or *having regard to all the circumstances racial hatred is likely to be stirred up thereby*».

343 Tal y como indica Smith, A. T. H. *The offences against public order. Including the Public Order Act 1986*, Sweet & Maxwell, Police review publishing company, Londres, 1987, p. 152. En los mismos términos, Landa Gorostiza, J. M. *La intervención penal…, op. cit.*, p. 122.

344 Coincidiendo con las explicaciones de Thornton, P. *Public Order Law. Including the Public Order Act of 1986*, Financial Training, Londres, 1987, p. 62. En una línea similar, Landa Gorostiza, J. M. *La intervención penal…, op. cit.*, p. 122.

345 Traducción libre. En el original, «*(…) "written material" includes any sign or other visible representation*».

346 El apartado 2 de la Sección 18, en el original, reza lo que sigue:
«*An offence under this section may be committed in a public or a private place, except that no offence is committed where the words or behaviour are used, or the written material is displayed, by a person inside a dwelling and are not heard or seen except by other persons in that or another dwelling*».

347 Como bien explica Card, R. *Public Order…, op. cit.*, p. 104. En el mismo sentido, Landa Gorostiza, J. M. *La intervención penal…, op. cit.*, p. 123.

2.2. Sección 19: la distribución o publicación de material escrito

La sección 19 regula la publicación o distribución de material escrito que sea amenazante, abusivo o insultante; una conducta que para resultar típica debe poseer «idoneidad objetiva» para incitar al «público o a una sección del público», o bien ser cometida de manera dolosa[348].

En lo que hace a los verbos típicos, el legislador no ofrece ninguna definición de los mismos. Así las cosas, por «distribuir» deberá entenderse el reparto, sea de la clase que sea, de una cosa determinada. En cuanto a «publicar», su entendimiento depende de la necesaria conexión del comportamiento con sus receptores, de forma que el autor no tiene que dirigir su conducta a una generalidad de personas, pero sí a un número determinado que permita corroborar que la conoce el público o una parte de él.

El aspecto más novedoso de esta sección se encuentra en la expansión de la norma a las conductas que se dirijan no ya al público en exclusiva, sino también a una parte del mismo, lo que permite incluir en el ámbito punible el material que se transmite en privado a miembros de una asociación, posibilidad que en la anterior sección 5.ª de la *Public Order Act* de 1936 quedaba exenta de sanción penal. Ciertamente, con esta decisión el legislador corre el riesgo de sacrificar el derecho a la libertad de expresión en el ámbito asociativo, lo que ha generado una importante discusión doctrinal que, para evitar desviarnos del núcleo de nuestra investigación, no reproduciremos aquí[349].

2.3. Sección 20: representación pública de una obra artística

En este caso el comportamiento típico consiste en la provocación a través de una «representación pública» *(public performance)* a la que pueda asistir el público o una sección de este[350]. Como ocurría en las secciones anteriores, se produce una ampliación del delito de provocación mediante la tipificación

---

348 En el original:
«*A person who publishes or distributes written material which is threatening, abusive or insulting is guilty of an offence if* he intends thereby to stir up racial hatred, or *having regard to all the circumstances racial hatred is likely to be stirred up thereby*».

349 Para una explicación detallada al respecto, *vid. Ibídem*, p. 125.

350 En el original, el precepto reza lo que sigue:
«*If a public performance of a play is given which involves the use of threatening, abusive or insulting words or behavior, any person who presents or directs the performance is guilty of an offence if*
(a) he intends thereby to stir up racial hatred, or
(b) having regard to all the circumstances (and, in particular, taking the performance as a whole) racial hatred is likely to be stirred up thereby».

de la proyección, podría decirse, «sectorial» de la conducta (las representaciones teatrales de los miembros de un club, por ejemplo, entrarían así en el ámbito de protección de esta norma).

En otro orden de cosas, debe llamarse la atención sobre el riesgo de censura que puede generar la interpretación del término «obra» *(play)*, ya que permite dejar en manos del juez la clasificación de esta como «merecedora o no» de sanción penal. Con respecto al autor del delito, este debe ser siempre «presentador» o «director» de la obra en cuestión, no siendo posible castigar por esta figura delictiva a los actores que se limiten a seguir el guion.

2.4. Sección 21: la distribución, muestra o representación de una grabación

La sección 21[351] constituye una de las principales novedades de la *Public Order Act* de 1986. Esta disposición introduce una nueva figura delictiva con el fin de acabar con ciertas lagunas existentes en los supuestos de hecho del tipo recogido en la sección 19 (relativo al «material escrito»). Concretamente, la norma pretende evitar que se pueda hacer uso para cometer el delito, no solo de medios «tradicionales» como panfletos, revistas o manuales, sino de otros más modernos, como por ejemplo las grabaciones de audio y vídeo.

2.5. Sección 22: la radiodifusión o inclusión de un programa en un servicio de cable

Con este precepto el legislador pretende dar un tratamiento legal particular a la retransmisión por cable, aunque excluye de su ámbito de aplicación las entidades de titularidad estatal[352]. Como no podía ser de otra manera, esta excepción ha sido objeto de numerosas críticas a nivel doctrinal, así como por parte de distintas organizaciones entre las que se encuentran la *Home Affairs Select Comittee* y la *Commission for Racial Equality*[353].

2.6. Sección 23: la posesión de material racista o provocador

Esta sección constituye otra de las novedades introducidas por la Ley de Orden Público. Tipifica, concretamente, la posesión de material escrito o grabaciones con el objetivo de llevar a cabo los comportamientos de los delitos

---

351 El texto completo de esta sección puede consultarse en el siguiente enlace: https://www.legislation.gov.uk/ukpga/1986/64/section/21.

352 El texto completo de esta sección puede consultarse en el siguiente enlace: https://www.legislation.gov.uk/ukpga/1986/64/section/22.

353 Para más información sobre esta cuestión, *vid.* LANDA GOROSTIZA, J. M. *La intervención penal..., op. cit.*, p. 127.

de provocación ya estudiados[354]; o, lo que es lo mismo, supone la incriminación individualizada de un acto preparatorio del delito de provocación conforme a nuestra construcción jurídica.

El motivo de la tipificación de estos actos responde a las dificultades que la regulación anterior generaba a nivel probatorio, al exigir la comprobación de un acto concreto de distribución para poder sancionar a aquellos que producían o suministraban el material de incitación racista. Sin embargo, tal y como fue redactada en 1986, la sección 23 implica la posibilidad de que se castigue a personas que poseen dicho material por mera curiosidad, lo que no es de recibo. Así las cosas, para defender la atipicidad de ciertos comportamientos resultará esencial la comprobación de que la posesión se realice «con el fin de» *(with a view to)* perpetrar un delito de provocación. El legislador no da una definición de lo que deba entenderse por «posesión», pero sería suficiente con que la persona tuviese control —mediato o no— sobre el material en cuestión[355].

3. Excurso: la recepción de la terminología *«hate crime»* en Europa

La primera vez que se utilizó en el Reino Unido la expresión «delito de odio» de manera reiterada[356] fue a raíz del asesinato de Stephen Lawrence, un estudiante negro de 18 años que fue apuñalado en abril de 1993 por un grupo de jóvenes blancos en una parada de autobús en Eitham, al sudeste de Londres. Tras lo ocurrido el Tribunal dejó en libertad a las personas que habían sido detenidas por falta de pruebas concluyentes[357]; sin embargo, se desató una gran polémica debido al mal trato que dio la policía a la familia del joven fallecido y a los graves errores que se cometieron durante la investigación del caso[358].

Los hechos conmocionaron profundamente a la sociedad británica, que experimentó en aquel momento un importante cambio de actitud frente a los

354 El texto completo de esta sección puede consultarse en el siguiente enlace: https://www.legislation.gov.uk/ukpga/1986/64/section/23.

355 De acuerdo con los planteamientos de CARD, R. *Public Order*..., *op. cit.*, p. 108. Del mismo modo, LANDA GOROSTIZA, J. M. *La intervención penal*..., *op. cit.*, p. 128.

356 Aunque no llegaría a popularizarse del todo hasta los atentados del metro de Londres de 2005.

357 Así se explica en The Macpherson Report: Twenty-two years on [en línea]. www.parliament.uk. 30 de julio de 2021, p. única [fecha de consulta: 11 de marzo de 2022]. Disponible en: https://publications.parliament.uk/pa/cm5802/cmselect/cmhaff/139/13903.htm.

358 De esta manera, REDACCIÓN. «La familia que evidenció el racismo de la policía en Londres» [en línea], en *BBC Mundo*, 4 de enero de 2012, p. única [fecha de consulta: 11 de marzo de 2022]. Disponible en: https://www.bbc.com/mundo/noticias/2012/01/120104_familia_britancia_LAWRENCE_lucha_contra_racismo_jr.

incidentes motivados por prejuicios. Esto se evidenciaría, sobre todo, cuatro años después de lo ocurrido, cuando una queja formal de la familia Lawrence, unida a la presión mediática que rodeaba el caso, provocó que el entonces ministro del interior, Jack Straw, ordenara una investigación pública que acabaría demostrando la actitud racista de la Policía Metropolitana de Londres[359], así como su corrupción e ineficacia. Los resultados, publicados en febrero de 1999, fueron verdaderamente revolucionarios, y llevarían a reformas de gran envergadura en la Ley[360], en el cuerpo policial, en la respuesta al racismo institucional, en el tratamiento de los delitos racistas y, en última instancia, en la definitiva resolución del caso, de la que resultarían condenadas por asesinato dos personas[361].

Sin ninguna duda, de todos los cambios que se llevarían a cabo a raíz de esta investigación debe destacarse la nueva manera en que la Policía debía registrar los incidentes racistas, que pasaban a ser definidos, tal y como recomendaba el informe resultante de la misma (conocido como «Macpherson report»), como «cualquier incidente que la víctima o cualquier otra persona perciba como racista», excluyendo así al cuerpo policial de esta potestad. Esta modificación tuvo una enorme repercusión; de hecho, a partir de la misma la nueva definición fue ampliamente adoptada y utilizada por distintas organizaciones más allá de la propia Policía[362]. En esta línea cabe añadir que el informe recomendó la creación de un amplio sistema de denuncia y registro de este tipo de incidentes, y también apoyó la creación de medidas que fomentaran su investigación.

---

359 *Vid. Ibídem*, p. única.

360 El Comité sobre la Eliminación de la Discriminación Racial celebra en este sentido la adopción de la Ley de Relaciones Raciales (enmendada) de 2000, que refuerza la Ley de relaciones raciales de 1976 al ilegalizar la discriminación en todas las actuaciones y medidas de las autoridades, incluida la Policía. También elogia la elaboración de la reglamentación de 2003 de la Ley de relaciones raciales (enmendada), que extiende el concepto de «discriminación indirecta» y traslada la carga de la prueba de la víctima al supuesto autor del hecho. *Vid.* COMITÉ SOBRE LA ELIMINACIÓN DE LA DISCRIMINACIÓN RACIAL. Examen de los informes presentados por los Estados Parte de conformidad con el artículo 9 de la Convención. Observaciones finales sobre la eliminación de la discriminación racial: Reino Unido de Gran Bretaña e IrLANDA del Norte. 63° período de sesiones, 4 al 22 de agosto de 2003, p. 2 [fecha de consulta: 11 de marzo de 2022]. Disponible en: https://www.google.com/url?sa=t&rct=j&q=&esrc=s&source=web&cd=&ved=2ahUKEwj65Zrm_dv1AhWMzYUKHTIrA98QFnoECAcQAQ&url=https%3A%2F%2Fdocstore.ohchr.org%2FSelfServices%2FFilesHandler.ashx%3Fenc%3D6QkG1d%252FPPRiCAqhKb7yhshGaTDZN2XHf9a81uBueOrCn9LIM6YK%252B6%252BycVkMJAx6JVCOjQfA%252FqxZi3yg3IA0AdIVHKOzGjssCknAsQFikhTrdqNj%252FoCQALt%252FtyNsb3%252FP0&usg=AOvVaw2iCf9ycRskDTzLdtl5XCa9.

361 De esta manera, HOUSE OF COMMONS HOME AFFAIRS COMMITTEE. The Macpherson Report: Twenty-two years on. Third Report of Session 2021-2022. 30 de julio de 2021, p. 5 [fecha de consulta: 11 de marzo de 2022]. Recuperado de: https://committees.parliament.uk/publications/7012/documents/89144/default/.

362 *Vid. Ibídem*, p. 33.

Fue así como, durante la época de los 90, la expresión «delito de odio» fue ganando pulso a partir de la cuestión racial. Ya en el año 1998 entró en vigor la *Crime and Disorder Act*, que dio por primera vez un tratamiento penal diferenciado a estos comportamientos al permitir aumentar la pena del autor cuando el delito cometido estuviese motivado por prejuicios[363]. Y en el año 2007 se daría un paso más en este sentido cuando la Policía, la Fiscalía de la Corona, el Servicio Penitenciario (hoy el Servicio Nacional de Gestión de Delincuentes) y varios organismos que integran el sistema de justicia penal británico convinieron una conceptualización común de los delitos de odio que incluía, además de la referencia a la raza, la referencia a la discapacidad, a la identidad de género, a la religión y la orientación sexual[364]; todo ello con el objetivo de asegurar una directriz de trabajo coherente que hiciese posible un registro y un seguimiento precisos de este tipo de comportamientos[365].

3) Recapitulación

A muy grandes rasgos, y para facilitar la comprensión de la materia, de todo lo expuesto a lo largo de este capítulo nos gustaría subrayar una serie de ideas que entendemos son fundamentales para comprender el devenir de la regulación penal antidiscriminatoria en España, que es nuestro próximo objeto de estudio y, además, el núcleo del presente trabajo de investigación. Son las siguientes.

Para empezar, y a pesar de las diferencias que existen entre las legislaciones —y las experiencias— de cada territorio[366], resulta evidente que existe una propensión antidiscriminatoria general a nivel jurídico, tanto en el ámbito europeo como en el anglosajón. Si bien ha tendido a partirse —aunque con reservas— del antirracismo como herramienta para luchar contra comportamientos motivados por diferencias que pueden ser tanto físicas como «de

363 La sección 66 de la *Sentencing Act* de 2020 se aplica también a este tipo de delitos. Así se indica en la página web de la Fiscalía de la Corona [fecha de consulta: 11 de marzo de 2022]. Disponible en: https://www.cps.gov.uk/crime-info/hate-crime.

364 Concretamente y en el original, se define «delito de odio» como «*Any criminal offence which is perceived by the victim or any other person, to be motivated by hostility or prejudice, based on a person's disability or perceived disability; race or perceived race; or religion or perceived religion; or sexual orientation or perceived sexual orientation or transgender identity or perceived transgender identity*» (*vid.* HOUSE OF COMMONS HOME AFFAIRS COMMITTEE. The Macpherson Report..., *op. cit.*, p. 33)

365 *Vid.* HOUSE OF COMMONS HOME AFFAIRS COMMITTEE. The Macpherson Report..., *op. cit.*, p. 33.

366 Ejemplo paradigmático del arraigo que tiene la experiencia histórica de cada país en la regulación de esta materia en particular es Alemania, cuya legislación se encuentra del todo impregnada por la cuestión antisemita. Como vimos, esta se erige como eje central de la reflexión y estructuración de las figuras delictivas contra la xenofobia; a lo que debe añadirse su rol fundamental en la selección de los colectivos susceptibles de protección. *Vid.* LANDA GOROSTIZA, J. M. *La intervención penal..., op. cit.*, pp. 203-204.

pensamiento», en realidad toda la normativa estudiada se enmarca en un universo que podríamos calificar de «antixenófobo» o de protector, en todo caso, de colectivos étnicos[367/368]. Expresado de otra forma, «la normativa penal incorpora (...) la "inflación conceptual" de lo étnico y gira (...) sobre un referente de realidad sobredimensionado e indefinido en sus contornos que, sin embargo, tiende a ser presentado —identificándose una parte con el todo— con lo "racial"»[369/370].

Sin embargo, teniendo en cuenta la amplitud y la ambigüedad que caracteriza la referencia a lo étnico, lo cierto es que la unanimidad del Derecho comparado en esta materia es solo aparente. Esto se debe a que materialmente existe todo un abanico de interpretaciones de lo que debe entenderse por «grupo étnico», y en él cohabitan desde las concepciones más restrictivas del mismo hasta las más amplias. Como ejemplos de un posicionamiento claramente extensivo en este sentido puede mencionarse a EE. UU. (con su polémica en torno a la introducción de factores discriminatorios como el sexo o la orientación sexual), a Alemania (cuya legislación antixenófoba ampara, en teoría al menos, a todo tipo de grupos), a Portugal (que no especifica las causas que describen un comportamiento xenófobo) y, sobre todo, a Francia (que ha pasado de reducir su catálogo discriminatorio únicamente a factores xenófobos a incluir en su seno la referencia a la situación familiar, al sexo, al estado de salud y a las costumbres, entre otras)[371].

El problema es que a esta tendencia expansiva ha venido a sumarse —en la gran mayoría de los casos analizados—[372] el arma más letal de cualquier ordenamiento jurídico, con todas las consecuencias que ello implica[373]. Si

367 *Vid. Ibídem*, p. 200.

368 Lo que, como hemos tenido la oportunidad de ver, permite considerar incluidos entre los factores discriminatorios la referencia a la religión (*vid.* pp. 137 y 138 de este mismo texto).

369 En palabras de LANDA GOROSTIZA, J. M. *La intervención penal..., op. cit.*, p. 201.

370 Según explica LANDA GOROSTIZA, el uso de la referencia a lo étnico es, en gran parte, resultado del potente influjo que ejerce —en todos los Estados salvo en EE. UU.— el modelo legislativo establecido en la CIERD sobre el legislador interno. La Convención alude expresamente a lo «racial», pero sus disposiciones se refieren a elementos diferenciadores de carácter étnico. Esta identificación de términos afectará a otros textos de gran relevancia a nivel europeo (como, por ejemplo, la Recomendación 453 y la Acción Común de 1996) para acabar siendo asimilada en la propia legislación penal de cada Estado. *Vid. Ibídem*, p. 201.

371 *Vid. Ibídem*, pp. 201-202.

372 Como hemos podido observar, de toda la normativa analizada solo la austríaca apuesta por incorporar ilícitos administrativos, en lugar de figuras penales, como herramienta contra la discriminación (*vid.* pp. 84 y ss. de la presente investigación).

373 No podemos detenernos aquí a exponer los inconvenientes que ha traído —o puede traer— consigo el recurso al Derecho penal en cada uno de los Estados que han utilizado nuestra disciplina como instrumento para hacer frente a esta problemática (para una

analizamos desde un punto de vista general los tres grupos de países analizados (el formado por los países del entorno germánico, el de los países del entorno latino y el de los países del ámbito anglosajón), al menos hasta 1995 podemos diferenciar dos modelos legislativos distintos según cuál sea el delito principal sobre el que se sustenta la lucha antixenófoba: el primero, que es el que ha predominado en todos los países europeos analizados (incluido en el Reino Unido, aunque pertenezca al sistema jurídico anglosajón), se estructura alrededor de la figura delictiva de la provocación o incitación xenófoba[374], en línea con las disposiciones del art. 4 CIERD; el segundo, que es el que ha caracterizado la normativa penal antixenófoba estadounidense, parte fundamentalmente de cualificaciones de delitos básicos cuando estos se perpetran por motivos xenófobos. Esta divergencia en el tratamiento penal de la xenofobia se debe al carácter vinculante que tiene la CIERD para sus Estados firmantes, entre los cuales se encontraban entonces todos los países europeos analizados, pero no así EE. UU., que alegaba al respecto el eventual riesgo que esto implicaría para el derecho a la libertad de expresión de sus ciudadanos[375].

En lo que a los países europeos se refiere, a pesar de que la herramienta penal central es sin duda el delito de provocación xenófoba, ciertos países vienen utilizando también la técnica agravatoria o de cualificación de tipos comunes como opciones penales contra la xenofobia —sin eliminar, por supuesto, la figura penal de la incitación—. Este es el caso de los países del ámbito latino, en los que se observa una tendencia a aglutinar figuras penales características de ambos modelos legislativos, de manera que recogen en su ordenamiento jurídico-penal tanto el delito de provocación como otros delitos antidiscriminatorios, apologías y circunstancias agravantes. Como resultado de esta política legislativa nos encontramos con

> «(...) una normativa en la materia de dimensiones desproporcionadas, que contrasta con el nivel real de tensionamiento interétnico de las sociedades a que se debe aplicar y que apunta a un modelo no ya de intervención antixenófoba, sino antidiscriminatorio general vía penal»[376].

Este será también el caso de España, que, siguiendo los pasos de sus países vecinos —y, en algunos aspectos, también de otros más lejanos— en el año 1995 incorporó en su normativa un extenso catálogo de tipos delictivos

exposición detallada al respecto, cfr. Landa Gorostiza, J. M. *La intervención penal..., op. cit.*, pp. 210-213). Enfrentaremos, eso sí, esta cuestión a lo largo de nuestro análisis de la normativa española, que es la que interesa a los efectos del presente trabajo de investigación.

374 Incluyendo, en ocasiones, figuras que tipifican expresamente conductas discriminatorias. Tal es el caso de Francia, Suiza o Italia. *Vid. Ibídem*, p. 206.

375 *Vid.* Landa Gorostiza, J. M. *La intervención penal..., op. cit.*, pp. 202 y 204.

376 En palabras de Landa Gorostiza (*vid. Ibídem*, p. 209).

que regulan conductas racistas y xenófobas basadas en prejuicios contra ciertos grupos. Como no podía ser de otra forma, esta medida hizo evidentes los problemas que entraña la regulación de un ámbito tan complejo como es el discriminatorio; pero es que, además y desafortunadamente, la tarea se ha llevado a cabo de manera cada vez más deficitaria en España. Como tendremos la oportunidad de ver, la irrupción de la terminología «delitos de odio» ha complicado sobremanera la cuestión; de hecho, a pesar de no suponer ninguna novedad a día de hoy, parece que seguimos sin tener muy claro qué son, ni para qué existen.

Es por ello que en el siguiente epígrafe, de cara a evitar eventuales problemas terminológicos y de interpretación, vamos a intentar aglutinar los elementos que deben caracterizar a cualquier «delito de odio». Pasamos, pues, a afrontar esta tarea.

CAPÍTULO II

FUNDAMENTO, LEGITIMIDAD Y ALCANCE

En Europa, la expresión «delitos de odio» comenzó a ganar terreno a partir de la década de los 90, en un escenario marcado por la progresiva intensificación de las ideas supremacistas en los países desarrollados. Este proceso llegó a su punto álgido con el cambio de siglo, a raíz de varios sucesos históricos que aceleraron la propagación de ideas excluyentes que generaban una atmósfera cada vez más hostil y de rechazo hacia todo aquello que resultase «molesto o extraño a la cultura dominante»[377]. Un acontecimiento clave en este sentido fue el 11-S, que desencadenó una ola de islamofobia en Occidente a la que vino a sumarse, años más tarde, el crecimiento exponencial del flujo migratorio[378] como consecuencia de las crisis económicas que han tenido lugar a nivel mundial[379]. A todo ello debe añadirse el gran impulso que en poco tiempo experimentaron las tecnologías de la información y de

377 En palabras de LAURENZO COPELLO, P. No es odio, es discriminación. A propósito del fundamento de los llamados delitos de odio. En LAURENZO COPELLO, P. / DAUNIS RODRÍGUEZ, A. (coords.). *Odio, Prejuicios y Derechos humanos*. Granada: Comares, 2021, p. 260.

378 Los movimientos migratorios, así como la «cada vez más sangrante desigualdad norte-sur», «se ven agravados con una peligrosa proliferación de conflictos interétnicos, con espasmos violentos de afirmación identitaria por parte de minorías nacionales, étnicas o religiosas, y con fundamentalismo que han exacerbado la violencia y han dado una nueva dimensión al terrorismo» (en palabras de CONSEJO DE REDACCIÓN. Los discursos del odio..., *op. cit.*, p. 12).

379 Es bien sabido que con la llegada del siglo XX hicieron su aparición los movimientos globalizantes, no solo en el ámbito económico y político sino también en el cultural. Entonces, los medios de comunicación procuraron la uniformidad ideológica; sin embargo, «mientras las fronteras geopolíticas se hicieron laxas para algunos, otras fronteras, especialmente las culturales, se endurecieron». La tensión se vio acrecentada por las descolonizaciones de muchas naciones dominadas que reclamaban su identidad y autonomía, desbordando el mundo con enfrentamientos nacionales, religiosos, culturales y tribales. De esta manera, Aniyar DE CASTRO, L. «Los crímenes de odio: discurso político y delincuencia violenta en Venezuela. El respeto a las diferencias y el rol de la criminología crítica en Venezuela. El respeto a las diferencias y el rol de la criminología crítica en Venezuela en los inicios del siglo XXI», en *Capítulo Criminológico*, vol. 36, n.º 2, abril-junio 2008, p. 11.

la comunicación, las cuales han multiplicado las posibilidades de publicitar discursos extremos y discriminatorios[380/381].

Pues bien, en este contexto hicieron su aparición —tanto a nivel europeo como internacional— distintos documentos que comenzaron a emplear la terminología «delitos de odio» para hacer referencia a aquellas manifestaciones de intolerancia, aunque lo cierto es que la mayoría aludían al supuesto concreto de «discurso de odio» sin hacer referencia a una categoría genérica que abarcase un conjunto de agresiones discriminatorias[382]. La influencia de estos textos se extendería, como es lógico, a España, donde la expresión «delito de odio» acabaría convirtiéndose, con el paso del tiempo, en parte de la terminología habitual de los medios de comunicación, de la clase política, e incluso de la propia jurisprudencia. El problema es que la importación que en nuestro país se ha hecho de esta expresión dista en gran medida del sentido que se le dio originariamente, de tal forma que en la actualidad puede considerarse delictiva toda una amalgama de conductas que lo único que tienen en común es que se encuentran condicionadas por un sentimiento de aversión del autor hacia la víctima, independientemente del motivo que lo cause[383]. Pero, ¿a qué se debe esta confusión?

Desde nuestro punto de vista, la base de la recepción distorsionada de los delitos de odio se encuentra en la omisión del elemento objetivo que les da sentido como categoría jurídica diferenciada: su componente discriminatorio[384]. Esto responde a la enorme popularidad que han experimentado

---

380 Coincidiendo con LAURENZO COPELLO, P. No es odio, es discriminación..., *op. cit.*, pp. 260-261.

381 Como bien explica CONSEJO DE REDACCIÓN, esto ha generado «un problema de impredecibilidad e incerteza jurídica en este ámbito que se ha agravado en los últimos años. El actual contexto de globalización de la comunicación propicia la aparición de constantes tensiones frente a las que el derecho titubea y se contradice constantemente. Fricciones que se ponen más claramente de manifiesto en el actual marco de la protección multinivel de derechos (reconocidos y garantizados por instancias diversas, internas y supranacionales), en el que los conflictos relativos a la libertad de expresión están, sin duda, entre aquellos que presentan márgenes de indeterminación más amplios, con respuestas que a menudo resultan contradictorias, en lo interno, y entre las instancias internas y supranacionales» (CONSEJO DE REDACCIÓN. Los discursos del odio..., *op. cit.*, p. 17).

382 Sobre esta cuestión, GÜERRI FERRÁNDEZ explica que, de la amalgama temática que puede abordarse desde el análisis de los delitos de odio, es el discurso de odio el que más relevancia ha tomado, lo que entiende que se debe, en gran parte, al auge de partidos políticos con un discurso extremista (GÜERRI FERNÁNDEZ, C. «La especialización de la fiscalía en materia de delitos de odio y discriminación», en *InDret: Revista para el Análisis del Derecho*, n.° 1, 2015, p. 15).

383 Siguiendo a LAURENZO COPELLO, P. No es odio, es discriminación..., *op. cit.*, p. 257.

384 Como acertadamente indica LAURENZO COPELLO, P. «Sentimientos religiosos y delitos de odio: un nuevo escenario para unos delitos olvidados», en *Liber amicorum: estudios jurídicos en homenaje al profesor Juan Mª. Terradillos Basoco,* obra colectiva, coordinadores Paz M. DE LA CUESTA AGUADO, Luis Ramón RUIZ RODRÍGUEZ, María Acale Sánchez, Esther HAVA GARCÍA, María José RODRÍGUEZ MESA, Gloria GONZÁLEZ AGUDELO, Iván MEINI MÉN-

estas figuras a lo largo de las dos últimas décadas, la cual ha llevado a que distintos actores políticos y judiciales —que son, al fin y al cabo, los que poseen el poder de dar un significado propio a esta terminología— hagan un uso interesado de la misma. Como consecuencia de ello, la rúbrica «delito de odio» se ha desvirtuado y ha tendido a ser utilizada con el fin de reprimir la crítica política o las distintas manifestaciones legítimas de malestar social, en contra de lo que venían advirtiendo los organismos internacionales[385].

Sin ninguna duda, a esta manipulación ha contribuido el hecho de que todavía no contamos con un concepto universalmente válido de «delito de odio», al igual que ocurre con el de «discurso de odio». A pesar del amplio trabajo empírico que se ha realizado hasta hoy y de las numerosas aportaciones con las que contamos en este ámbito, aún existe una importante «falta de sistematización, categorización y de clarificación de conceptos»[386] que debe ser solventada si queremos que el recurso al Derecho penal sea verdaderamente efectivo. En este sentido, creemos que es fundamental aclarar *de qué debemos hablar* —es decir, cuáles son los comportamientos a los que debemos referirnos— cuando utilizamos una y otra expresión, para lo cual será imprescindible no perder de vista los orígenes de cada una de ellas. En lo que hace específicamente a nuestro objeto de estudio, encontrar una idea precisa de lo que debe constituir un «delito de odio» posee una importancia capital ya que no se trata de una cuestión meramente terminológica sin apenas relevancia en la aplicación de la ley penal sino todo lo contrario: el hecho de calificar un tipo penal como «delito de odio» supone *per se* una forma de legitimación que sirve para fundamentar el castigo del comportamiento o, en su caso, el aumento de pena No nos encontramos, pues, ante una categoría inofensiva; su consecuencia práctica es evidente porque puede marcar la

---

DEZ, Tirant lo Blanch, Valencia, 2018, p. 1.295.

385 La Comisión Europea contra el Racismo y la Intolerancia (en adelante, ECRI), por ejemplo, en el apartado 10, letra c) de su Recomendación General n.° 15, llama a los Estados a establecer las medidas necesarias para perseguir el discurso de odio, pero siempre de manera que estas no sean empleadas «para reprimir la crítica a las políticas oficiales, la oposición política o las creencias religiosas». En el mismo sentido se manifestó el Comité para la Eliminación de la Discriminación Racial (en adelante, CERD) en su Recomendación General n.° 35, en la que subrayó que «las medidas encaminadas a vigilar y combatir el discurso racista no deben emplearse como pretexto para restringir las expresiones de protesta contra la injusticia, ni las de descontento social o de oposición» (apartado 20). También, la Comisión de Venecia en 2008, en los siguientes términos: «la aplicación de la legislación sobre el odio debe hacerse con mesura para evitar un resultado en el que unas restricciones que se dirigen potencialmente a proteger a las minorías contra abusos, extremismos o racismo tengan el efecto perverso de acallar las voces opositoras y disidentes, silenciar a las minorías y reforzar el discurso y la ideología dominante en materia política, social y moral» (EUROPEAN COMMISSION FOR DEMOCRACY THROUGH LAW (VENICE COMMISSION). Report on the relationship between freedom of expression and freedom of religion: the issue of regulation and prosecution of blasphemy, religious insult and incitement to religious hatred, n.° 406/2006, 17 y 18 de octubre de 2008, apartado 58).

386 En palabras de CONSEJO DE REDACCIÓN. Los discursos del odio..., *op. cit.*, p. 22.

frontera entre una intervención penal justificada o un exceso —otro— dentro de la corriente punitivista tan característica de nuestros días[387].

El problema es que, al igual que ocurre con el fenómeno delictivo en general, construir una definición exhaustiva de «delito de odio» que tenga en consideración todas las facetas de este constructo no es tarea fácil. La delincuencia es relativa e histórica y culturalmente contingente, algo que puede decirse, en especial, de estos delitos[388], particularmente difíciles de definir de forma precisa y efectiva[389] y, además, muy condicionados por las normas sociales y por los intereses políticos presentes en cada sociedad en cada momento[390]. Dada esta ineludible complejidad, no debería llamar la atención que existan numerosas definiciones de delito de odio, tanto a nivel académico como profesional, alrededor del mundo[391]; y tampoco que, a pesar de todo el trabajo que se ha realizado hasta el día de hoy en la materia, no exista un consenso en torno a cuáles son sus elementos definitorios[392].

Pues bien, el objetivo del presente epígrafe es, precisamente, arrojar algo de luz en este sentido. Para ello, en primer lugar, trataremos de delimitar con claridad el fenómeno del discurso de odio del de los delitos de odio, para evitar confusiones futuras. Ello nos dará pie a presentar, en segundo lugar, los documentos que dieron paso a la popularización del vocablo «delito de odio» a nivel internacional, y a observar, más adelante, de qué manera ha sido recibido en España.

Damos paso, a continuación, a abordar la primera de estas cuestiones.

---

387 Tal y como explica LAURENZO COPELLO, P. No es odio, es discriminación..., *op. cit.*, p. 258.

388 Tal y como señala MARTÍN HERRERA, los delitos de odio abarcan comportamientos fuertemente marcados por el componente cultural y cuya articulación depende de los prejuicios que marcan la sociedad en un determinado momento histórico, de ahí que su regulación constituya un asunto que sobrepasa los límites de lo meramente legal [MARTÍN HERRERA, D. «¿Cuándo el "hate speech" se convierte en "hate crime? Libertad de expresión y Derecho internacional según el TEDH», en *Revista de la Facultad* (Facultad de Derecho y Ciencias Sociales, Universidad Nacional de Córdoba, Argentina), vol. V, n.° 2, Nueva Serie II, 2014, p. 78].

389 Como acertadamente indica PERRY, B. *In the Name of Hate: Understanding Hate Crimes*. Nueva York: Routledge, 2001, p. 8.

390 Tal y como señala BOECKMANN, R. J.; TURPIN-PETROSINO, C. BOECKMANN, R. J.; TURPIN-PETROSINO, C. «Understanding the Harm of Hate Crime», en *The Society for the Psychological Study of Social Issues*, vol. 58, n.° 2, 2002, p. 208.

391 De esta manera, HALL, N. *Hate Crime*, Routledge, Nueva York, 2013, p. 1.

392 Así, BOECKMANN, R. J.; TURPIN-PETROSINO, C. «Understanding the Harm..., *op. cit.*, p. 208. En esta misma línea, CASTILLA JUÁREZ explica que lo que sí existen son ciertos parámetros de lo que puede considerarse, como tal, delito de odio, «pero no acuerdos cerrados». Tampoco existe consenso ni a nivel global ni regional, ni en las leyes ni en los estudios, en torno a las características personales que están protegidas por este tipo de delito (CASTILLA JUÁREZ, K. «Crimen de odio, discurso de odio: en el Derecho las palabras importan», *Institut de Drets Humans de Catalunya*, Barcelona, 2018, pp. 1 y 3).

A. Una aclaración de términos: delitos de odio vs. discurso de odio

1) El origen de la confusión

Como vimos en el capítulo anterior, a lo largo del s. XX el mundo entero pudo comprobar la capacidad que poseen ciertos discursos para poner en riesgo el orden y la paz social[393]. En el ámbito particular que nos ocupa, se hizo patente que la comisión de delitos antidiscriminatorios contra determinados grupos de personas (las que ocupan un lugar minoritario y subordinado en la sociedad) se debe en muchas ocasiones a una razón en concreto, esto es, a «la difusión y generalización de determinadas ideas intolerantes que favorecen y apoyan su realización»[394]. Esta realidad fue la que llevó a muchos Estados a tipificar algunas manifestaciones de lo que con el tiempo se bautizaría como «discurso de odio»[395], una expresión que era prácticamente desconocida hasta hace una década[396] y cuya popularización ha generado una importante discusión acerca de su misma existencia, justificación y regulación[397].

Para poder abordar correctamente este fenómeno lo primero que se debe tener claro es su origen. A diferencia de los delitos de odio, el discurso de odio no hunde sus raíces en EE. UU. sino en Europa, concretamente en la huella que dejó el Holocausto en nuestra conciencia social general[398]. Desde lo ocurrido en Alemania entre 1933 y 1945 late entre nosotros una desconfianza irremediable en que el sistema democrático sea capaz de sostenerse ante las manifestaciones de intolerancia abiertamente contrarias a la igual dignidad y derechos de todos, por eso los discursos calificados de «extremos» han estado en el punto de mira desde entonces.

393 Tal y como explica WEBER, A. *Manual on hate speech*, Publicaciones del Consejo de Europa, Francia, 2009, p. 3.

394 En palabras de GALÁN MUÑOZ, A. «Delitos de odio, discurso del odio y Derecho penal: ¿hacia la construcción de injustos penales por peligrosidad estructural?», en *Revista Penal*, n.° 46, 2020, p. 43.

395 Coincidiendo con las explicaciones de DE VICENTE MARTÍNEZ, R. *El discurso del odio..., op. cit.*, p. 39.

396 Así, también, DE VICENTE MARTÍNEZ (*vid. Ibídem*, p. 31).

397 Como bien explica LÓPEZ ORTEGA, A. I. «Análisis y evolución de los delitos de odio en España (2011-2015)», en *Revista de Antropología Experimental*, n.° 17, 2017, p. 20.

398 En efecto y como bien explica LANDA GOROSTIZA, fue precisamente la imagen de una Europa «derruida y abrasada por la barbarie» la que dejó «un rescoldo en la conciencia jurídica que ha determinado un tratamiento excepcional del discurso de odio» [«Incitación al odio: evolución jurisprudencial (1995-2011) del art. 510 CP y propuesta de lege lata», en *Revista de Derecho Penal y Criminología*, 3.ª época, n.° 7, 2012, p. 299].

Con este telón de fondo, la terminología «discurso de odio» (del inglés «hate speech») hizo su aparición a finales de los años 90. El organismo responsable de su cuño fue el Consejo de Europa, que, junto a las Naciones Unidas, ha propiciado la punición de conductas que considera englobables bajo esta rúbrica. En este sentido, tal y como indica el voto particular del Magistrado Martínez Arrieta a la famosa Sentencia del TS (en adelante, STS) 259/2011, de 12 de abril (caso Librería Kalki)[399], han sido numerosos los convenios internacionales que ambas instituciones han elaborado a tal fin. El Magistrado hace referencia, en particular, a los siguientes:

- La Convención para la prevención y sanción del delito de genocidio.
- El PIDCP, cuyo art. 20, como sabemos, indica que «toda apología del odio nacional, racial o religioso que constituya incitación a la discriminación, a la hostilidad o a la violencia estará prohibida por la ley».
- El CEDH, que limita la libertad de expresión en relación con las manifestaciones racistas y xenófobas.
- La CIERD.
- La Recomendación R (97) 20 del Comité de Ministros del Consejo de Europa, de 30 de octubre de 1997, y la Recomendación n.° 7 de Política General de la ECRI[400], de 13 de octubre de 2002.
- La Recomendación 1805 (2007) de la Asamblea Parlamentaria del Consejo de Europa, sobre blasfemia, insultos religiosos y discursos del odio contra personas por razón de su religión[401], que ha recomendado la conveniencia de sanciones penales a sus autores[402].
- La Resolución 60 de la Asamblea de Naciones Unidas, de 1 de noviembre de 2005.

399 STS (Sala 2.ª) 259/2011, de 12 de abril.

400 La ECRI es el organismo independiente de vigilancia de los derechos humanos del Consejo de Europa especializado en combatir el antisemitismo, la discriminación, el racismo, la intolerancia religiosa y la xenofobia. Para más información puede consultarse su página web, disponible en el siguiente enlace: https://www.coe.int/en/web/european-commission-against-racism-and-intolerance/.

401 En sus párrafos 12 y 17.2.2 se indica que constituyen discursos de odio «las manifestaciones en las que se pide que una persona o grupo de personas sean objeto de odio, discriminación o violencia por motivo de su religión o por cualquier otro motivo». El texto completo de la Recomendación (en inglés) puede consultarse en el siguiente enlace: https://pace.coe.int/pdf/047b7436533c017050218e0adee782835b6b998ca92fc45ca6bfe5e15d142c18/recommendation%201805.pdf.

402 Ahora bien, en su párrafo 15 puntualiza que solo deben penalizarse aquellas expresiones sobre cuestiones religiosas «que alteren grave e intencionadamente el orden público y en las que se haga un llamamiento público a la violencia». En esta línea, recomienda que se revisen el Derecho y las prácticas internas con el objetivo de despenalizar la blasfemia en su condición de insulto a la religión (párrafo 17.2.4).

- La Decisión Marco del Consejo de Europa para luchar contra el racismo y la xenofobia.
- La Convención Europea sobre el cibercrimen[403].

De todos los documentos mencionados, es considerada referente estatal europeo en este ámbito la Recomendación R (97) 20 del Comité de Ministros del Consejo de Europa sobre el discurso de odio[404], ya que es precisamente el primer documento oficial en el que se utiliza de manera expresa esta terminología. En él, el Consejo insta a los Estados a combatir el discurso de odio, entendiéndolo como

> «todas las formas de expresión que propaguen, inciten, promuevan o justifiquen el odio racial, la xenofobia, el antisemitismo y cualquier otra forma de odio fundada en la intolerancia, incluida la intolerancia que se exprese en forma de nacionalismo

403 Aunque no aparece en esta lista, es preciso hacer mención de la Declaración y Programa de Durban de 2001, que, dentro del apartado «Medidas de prevención, educación y protección destinadas a erradicar el racismo, la discriminación racial, la xenofobia y las formas conexas de intolerancia en los ámbitos nacional, regional e internacional», la Declaración insta a los Estados «a adoptar y aplicar, en los ámbitos nacional e internacional, medidas y políticas eficaces (apartado 58), además de la legislación nacional vigente de lucha contra la discriminación y los instrumentos y mecanismos internacionales pertinentes, que alienten a todos los ciudadanos e instituciones a oponerse al racismo, la discriminación racial, la xenofobia y las formas conexas de intolerancia (...)». Además —y más concretamente—, de acuerdo con el derecho internacional relativo a los derechos humanos pertinente, exhorta a que los países «apliquen sanciones legales contra la incitación al odio racial mediante las nuevas tecnologías de la información y las comunicaciones» (apartado 145). El texto completo del documento puede consultarse en el siguiente enlace: https://www.ohchr.org/sites/default/files/Documents/Publications/DurbanDecProgAction_sp.pdf. Asimismo, debe mencionarse la Conferencia de Examen de Durban, que se celebró del 20 al 24 de abril en Ginebra (Suiza), con el fin de evaluar el avance conseguido respecto a las metas establecidas en la Conferencia Mundial contra el Racismo, la Discriminación Racial, la Xenofobia y las Formas Conexas de Intolerancia, celebrada en Durban (Sudáfrica) en 2001. Sirvió para cumplir con lo prometido en la Declaración y el Programa de Acción de Durban, aprobadas en la Conferencia mencionada a través de acciones, iniciativas y soluciones prácticas renovadas orientadas a alcanzar la igualdad para todas las personas y colectivos de todas las regiones y países del mundo (información extraída de la página web de la ONU, disponible en el siguiente enlace: https://www.un.org/es/durbanreview2009/). En su punto número 13, el documento final de la Conferencian «Reafirma que las leyes deben prohibir toda apología del odio nacional, racial o religioso que constituya incitación a la discriminación, la hostilidad o la violencia; reafirma además que la difusión de ideas basadas en la superioridad racial o el odio racial, la incitación a la discriminación racial y todos los actos de violencia y la incitación a tales actos deben ser tipificados como delitos punibles por ley, de conformidad con las obligaciones internacionales de los Estados, y que esas prohibiciones son compatibles con la libertad de opinión y de expresión» (el texto completo del documento puede consultarse en el siguiente enlace: https://www.un.org/es/durbanreview2009/pdf/Durban_Review_outcome_document_Sp.pdf).

404 El texto completo de la Recomendación puede consultarse en las páginas 29 a 32 del siguiente enlace: https://www.educatolerancia.com/wp-content/uploads/2017/06/material-didactico12.-Discurso-de-Odio.pdf.

agresivo y etnocentrismo, la discriminación y hostilidad contra las minorías, los migrantes y las personas de origen inmigrante»[405].

De esta definición parece inferirse que el elemento característico del discurso de odio es que constituye una manifestación de intolerancia, odio u hostilidad en base a un determinado factor discriminatorio (racial, xenófobo, nacionalista, antisemita...)[406]. Además, como puede advertirse de las formas de intolerancia que señala el Consejo de Europa, el objeto de reproche en estos casos lo constituye el discurso que promueve la intolerancia hacia colectivos minoritarios, más que la protección de la sensibilidad de sus miembros. Esta interpretación respeta, de hecho, lo dispuesto en el Principio 3 de la Recomendación, según el cual los Estados miembros deben asegurar que las injerencias en el derecho a la libertad de expresión que se establezcan para prohibir el discurso de odio deben quedar restringidas a esta materia concreta y ser aplicadas respetando el debido proceso y de acuerdo con criterios no arbitrarios[407].

Volviendo al texto, el Consejo de Europa dispone que «los gobiernos de los Estados miembros deben establecer o mantener un marco jurídico sólido que contenga disposiciones de derecho civil, penal y administrativo» sobre esta materia, de forma que «permitan a las autoridades administrativas y judiciales reconciliar en cada caso el respeto a la libertad de expresión con respecto a la dignidad humana y la protección de la reputación o los derechos de otros»[408]. De aquí se extrae que la respuesta al discurso de odio no tiene que ser siempre penal, lo que implica que no todas las formas de discurso de odio deben ser consideradas delictivas. Esta idea es clave a los efectos de nuestra investigación, ya que, como veremos, en muchas ocasiones se ha asimilado este fenómeno al de los delitos de odio cuando, en verdad, se trata de realidades muy distintas.

Pues bien, en este punto es importante decir que si bien la definición de discurso de odio otorgada por el Consejo de Europa no ha sido aceptada de forma unánime por la doctrina[409], es la que han manejado tanto el TEDH (Sentencias 25071/97, de 4 de diciembre de 2003[410], § 41; 59405/00, de 6 de

---

405 *Vid.* Apéndice de la Recomendación.

406 Coincidiendo con Teruel Lozano, G. M. «El discurso del odio como límite a la libertad de expresión en el marco del Convenio Europeo», en *Revista de Derecho Constitucional europeo*, Año 14, n.° 27, enero-junio de 2017, p. 84.

407 Siguiendo a Díaz Soto, J. M. «Una aproximación al concepto de discurso del odio», en *Revista Derecho del Estado*, n.° 35, 2015, p. 85.

408 Vid. Principio 1 de la Recomendación.

409 Tal y como explica García Álvarez, P. «El efecto perverso de la recepción del fenómeno de los «delitos de odio» en el sistema penal español», en *El odio como motivación criminal*, obra colectiva, Wolters Kluwer, España, 2022, p. 56.

410 Sentencia del Tribunal Europeo de Derechos Humanos (en adelante, STEDH), Sección 1.ª, 25071/97, de 4 de diciembre de 2003, caso Gündüz c. Turquía.

julio de 2006[411], entre otras) como los tribunales españoles[412]. En lo que hace particularmente al Tribunal de Estrasburgo, debe reconocerse que este ha sido bastante inconsistente en su respuesta al fenómeno, dejando abiertos frentes importantes. No obstante, detenernos a analizar su evolución jurisprudencial en la materia nos alejaría demasiado del núcleo de nuestra investigación[413]; por tanto, solo traeremos a colación una idea: para la Corte, más allá del contenido del mensaje que se trasmite, el discurso de odio se caracteriza por su carácter ofensivo, elemento que, además, legitima la restricción del derecho a la libertad de expresión que consagra el art. 10 CEDH[414/415].

Dicho esto, tras la Recomendación de 1997 han aparecido otras resoluciones que han contribuido a delimitar el alcance del discurso de odio. Tal ha sido el caso, por ejemplo, del Protocolo adicional al Convenio sobre la ciberdelincuencia relativo a la penalización de actos de índole racista y xenófoba cometidos por medio de sistemas informáticos, de 28 de enero de 2003[416], ratificado por España. Este texto insta a los Estados a tipificar la difusión de material racista y xenófobo mediante sistemas informáticos (art. 3); establece la necesidad de penalizar las amenazas con motivación xenófoba (art. 4), los insultos proferidos con la misma motivación (art. 5) y la negación,

---

411 STEDH, Sección 5.ª, 59405/00, de 6 de julio de 2006, caso Erbakan c. Turquía.

412 De esta manera, CÁMARA ARROYO, S. «El concepto de delitos de odio y su comisión a través del discurso. Especial referencia al conflicto con la libertad de expresión», en *Anuario de Derecho penal y ciencias penales*, Tomo 70, Fasc./Mes 1, 2017, p. 157. Como la cuestión del tratamiento del discurso de odio en España la enfrentaremos más adelante (*vid.* pp. 149 y ss. de este mismo texto), por ahora basta con traer a colación la famosa STC 235/2007, de 7 de noviembre, en la que el discurso de odio se define como «aquel discurso que incite directamente a la violencia contra los ciudadanos en general o contra determinadas razas o creencias en particular» [Fundamento Jurídico (en adelante, F. J.) quinto].

413 En este sentido, puede consultarse mi aportación RODRÍGUEZ RAMOS, M. «El Convenio Europeo de Derechos Humanos ante el discurso de odio: ¿abuso del derecho o libertad de expresión?», en *La libertad de expresión asediada: delitos de odio, delitos de opinión, censuras de Gobiernos y de empresas*, obra colectiva, coordinador Alejandro L. DE PABLO SERRANO, Aranzadi, Navarra, 2023, pp. 255-282.

414 En palabras de la Corte:
«La incitación al odio no necesariamente supone una llamada a cometer actos de violencia y otras conductas criminales. Sin embargo, cualquier ataque contra un grupo específico de la sociedad, ya sea por medio de insultos o de declaraciones que busquen ridiculizarlo o difamarlo, es suficiente para que las autoridades privilegien el combate contra los discursos racistas frente a la libertad de expresión, cuando ella es ejercida de forma irresponsable».
(STEDH, Sección 1.ª, 1813/07, de 9 de febrero de 2012, caso Vejdeland y otros c. Suecia).

415 Como acertadamente señala TERUEL LOZANO, G. M. El discurso del odio como límite..., *op. cit.*, p. 84.

416 El texto completo del Protocolo puede consultarse en el siguiente enlace: https://www.plataformaong.org/conferencia/wp-content/uploads/2014/10/Protocolo_adicional_convencion_cibercrimen.pdf.

minimización burda, aprobación o justificación del genocidio o de crímenes contra la humanidad (art. 6).

Cabe destacar que, aunque el Protocolo no utiliza expresamente los términos «discurso de odio» a la hora de describir las conductas, estas encajan perfectamente en la definición otorgada años antes por el Consejo de Europa. El único elemento novedoso que introduce es la posibilidad de que el discurso se dirija, no ya contra un colectivo, sino contra una persona individualmente considerada[417]. Ahora bien, existe un elemento del Protocolo que nos parece mucho más relevante a los efectos que nos ocupan. Y es que, a diferencia de la Recomendación de 1997, a la hora de abordar el tratamiento del discurso de odio impone directamente el recurso al Derecho penal para enfrentar este tipo de comportamientos. Esta propuesta la mantendrá la siguiente resolución de envergadura que se elaboró en esta materia: la Recomendación n.º 7 de Política General de la ECRI sobre legislación nacional para combatir el racismo y la discriminación racial[418], de 13 de diciembre de 2002.

Tal y como ocurría con el texto recién analizado, la Comisión no se refiere expresamente en su Recomendación al discurso de odio, pero sí lo hace indirectamente al establecer la necesidad de tipificar la incitación pública a la violencia, el odio o la discriminación; las injurias o la difamación pública; y las amenazas, siempre que estas se encuentren dirigidas a personas por razón de su raza, color de piel, idioma, religión, nacionalidad u origen nacional o étnico. En esta misma línea, recomienda contener la expresión pública con fines racistas de ideologías supremacistas basadas en estos factores discriminatorios, así como la minimización descarada, la justificación o la apología públicas, también con fines racistas, de los delitos de genocidio o de lesa humanidad[419]. Por último, aconseja a los Estados estipular, para todos los delitos no contemplados en los apartados anteriores, que la motivación racista constituya una circunstancia agravante, y que se prevea la responsabilidad de las personas jurídicas[420/421].

Si se tienen en cuenta tanto el Protocolo adicional al Convenio sobre la ciberdelincuencia como la Recomendación n.º 7 de Política General de la ECRI, puede observarse cómo en cuestión de un lustro las instituciones internacionales pasaron de reconocer la problemática del llamado discurso de

417 Como acertadamente dispone Teruel Lozano, G. M. El discurso del odio como límite..., *op. cit.*, p. 85.

418 El texto completo de la Recomendación puede consultarse en el siguiente enlace: https://rm.coe.int/ecri-general-policy-recommendation-no-7-revised-on-national-legislatio/16808b5aaf.

419 *Vid.* apartado 18 de la Recomendación n.º 7 de Política General de la ECRI.

420 *Vid.* apartado 8 de la Recomendación.

421 Según el apartado 8 de la Recomendación, las conductas mencionadas deberán ser sancionadas de manera efectiva, proporcionada y disuasoria.

odio a situar el foco de la lucha contra el mismo en el Derecho penal como el único medio aparentemente idóneo para acabar con ciertas manifestaciones intolerantes. Aunque puede parecer sorprendente, en realidad este cambio de orientación tiene una razón de ser. Debemos recordar que, en aquella época, la expresión «delito de odio» estaba comenzando a ser utilizada en Europa de la mano del Reino Unido, y que en poco tiempo estas referencias se multiplicarían exponencialmente[422]. El protagonismo que finalmente conseguiría a nivel terminológico no vendría, sin embargo, acompañado de un entendimiento de la esencia de estas figuras, lo que ha motivado que se consideren incluibles en su seno un amplio grupo de conductas entre las que se encontraban las englobables bajo la definición de discurso de odio otorgada por el Consejo de Europa en 1997. Veamos cómo ha ocurrido.

2) Los delitos de odio como categoría delictiva en el ámbito europeo

En la actualidad, la terminología «delito de odio» no es en absoluto ajena a nivel internacional, más bien al contrario: puede decirse que forma parte del vocabulario habitual de las instituciones de mayor envergadura en materia de defensa de los derechos humanos y, más específicamente, en materia antidiscriminatoria. Sin embargo, la popularidad de la que goza hoy es, en realidad, muy reciente dado que, como hemos explicado, hace poco más de dos décadas que esta nomenclatura hizo acto de presencia en nuestro entorno cultural. De hecho, su consolidación en la esfera jurídica[423] no tuvo

422 Ejemplo de este incipiente protagonismo fue precisamente el Reino Unido, donde, desde que se publicara la investigación sobre el asesinato de Stephen LAWRENCE el debate en el ámbito antidiscriminatorio pasó de limitarse exclusivamente a cuestiones de raza a abarcar otros conceptos mucho más amplios, como los de «diversidad» y «odio». En línea con esta evolución, la Asociación de Jefes de Policía (*Association of Chief Police Officers*) inglesa conceptualizó el delito de odio como «un delito en el que el perjuicio del perpetrador contra cualquier grupo identificable de personas es un factor que determina quién es víctima». Desde el año 2005, este organismo los considera como «incidentes que constituyen una ofensa criminal, percibida por la víctima o por cualquier otra persona, como motivada por prejuicio u odio». Tal y como explica HALL, N. «Making Sense of Numbers: The Social Construction of Hate Crime in London and New York City», en *Hate Crime...*, *op. cit.*, p. 32. En el mismo sentido, CÁMARA ARROYO, S. El concepto de delito de odio..., *op. cit.*, p. 177.

423 Coincidiendo con CÁMARA ARROYO, si bien hace aproximadamente una década la expresión «delito de odio» no formaba parte de la terminología habitual de los profesionales del Derecho penal, sí que existían por aquel entonces delitos inspirados en la intolerancia o en la discriminación contra determinados colectivos. Lo único es que estos no contaban con una «rúbrica de referencia» dentro del ámbito criminológico, por encima de ciertas aproximaciones imprecisas tales como «delitos culturalmente condicionados» o «delitos de tendencia» (CÁMARA ARROYO, S. El concepto de delitos de odio..., *op. cit.*, p. 145).

lugar hasta principios de los años 2000[424], cuando de la mano, sobre todo, de ciertos organismos europeos[425] pasó a ser conocida por la generalidad de los países occidentales.

En este contexto, aunque originariamente no existía en nuestro continente una preocupación similar a la de EE. UU. en este ámbito, la expresión «delito de odio» ha ido poco a poco ganando terreno hasta el punto de ser asimilada por el propio TEDH[426]. Sin embargo, y por extraño que pueda parecer, a día de hoy no contamos con una definición oficial de «delito de odio», ni tampoco existe consenso sobre cuáles son sus características esenciales[427]. El porqué de esta laguna entendemos que se debe, al menos en parte, a que bajo esta rúbrica se esconde un fenómeno multidimensional en el que se funden disciplinas tan variadas como la historia, la sociología, la criminología y el derecho, y que, además, está influenciado tanto por la experiencia cotidiana como por las pretensiones internacionales de delimitar y codificar hilos comunes[428]. A este respecto, la Agencia de Derechos Fundamentales de la Unión Europea (en adelante, FRA) ha señalado que nuestra historia está en realidad colmada de delitos de odio e intolerancia que han tomado formas diversas (esclavitud, colonialismo, inmigración, dictaduras, etc.), las cuales nos informan sobre cómo y por qué cada país responde a estos en una determinada dirección, lo que nos puede ayudar a comprender que no exista una definición legal o social única de este tipo de delitos en nuestro continente[429].

Pues bien, a pesar de que esta realidad imprime una complejidad evidente a la tarea, la falta de una conceptualización definitiva no ha supuesto un

424 El Consejo de Europa había aprobado mucho antes su Resolución del Comité de Ministros (68) 30, de 31 de octubre de 1968, que insta a los Estados a ratificar la CERD respaldando así sus disposiciones; sin embargo, no considero que esta pueda considerarse un antecedente directo de la normativa europea en materia de delitos de odio. En contra, GASCÓN CUENCA, A. El concepto de delito de odio y de discurso de odio en el ámbito internacional y regional europeo. En: LAURENZO COPELLO, P.; DAUNIS RODRÍGUEZ, A. *Odio, prejuicios...*, *op. cit.*, p. 167.

425 Tal y como indica DE VICENTE MARTÍNEZ, R. *El discurso del odio...*, *op. cit.*, pp. 39 y ss.

426 Como se observa, por ejemplo, en la STEDH, Sección 1.ª, 4637/99, de 23 de febrero de 2006, caso Ognyanova y Choban c. Bulgaria [«(...) Las autoridades militares investigadoras no estaban obligadas a investigar los aspectos teóricos de un caso en el que no había indicios de un posible delito de odio», párrafo 142]. De esta forma, también, CANCIO MELIÁ, M.; DÍAZ LÓPEZ, J. A. *¿Discurso de odio y/o discurso terrorista? Música, guiñoles y redes sociales frente al artículo 578 del Código Penal*, Aranzadi, Pamplona, 2019, p. 65.

427 HALL, N. *Hate Crime...*, *op. cit.*, pp. 1-2.

428 En palabras de MOVIMIENTO CONTRA LA INTOLERANCIA. La lucha contra los Delitos de Odio..., *op. cit.*, p. 11.

429 De esta manera, GOODEY, J. «Racist Crime in the European Union: Historical Legacies, Knowledge Gaps, and Policy Development», en *Hate Crime: Papers From the 2006 and 2007 Stockholm Criminology Symposiums*, obra colectiva, Criminal Justice Press, Nueva York, 2008, pp. 16-17.

obstáculo para que esta terminología se asiente entre nosotros y ostente en la actualidad una relevancia del todo innegable, no solo en lo que respecta a la disciplina del Derecho penal, sino también en otros ámbitos científicos e, incluso, en la esfera social y política[430]. Pero, ¿a qué comportamientos nos referimos cuando lo calificamos de «delito de odio»? Veamos qué han respondido a esta pregunta los organismos internacionales europeos.

i. La OSCE

Poco después de la aparición de la Recomendación General n.º 7 de Política General de la ECRI, la *corriente punitivista*[431] que viene caracterizando esta materia[432] condujo a que se celebrara en Maastricht, en diciembre del año 2003, una importante reunión del Consejo Ministerial de la Organización para la Seguridad y la Cooperación en Europa (en adelante, OSCE)[433] en la que se reconoció el peligro que representaban los delitos de odio[434]. Como resultado del encuentro nació la Decisión sobre Tolerancia y No Discriminación (n.º 4/2003), en la cual la OSCE insta a los Estados miembros[435] «a elaborar y mantener registros de información fidedigna y estadísticas sobre delitos de odio, incluyendo manifestaciones violentas de racismo, xenofobia, discriminación y antisemitismo»[436], y, además, los anima a informar sobre la

430 Siguiendo a García Álvarez, P. «El efecto perverso..., *op. cit.*, p. 53.

431 La cursiva es nuestra.

432 Como explicamos en el capítulo I, con el tiempo se impuso en muchas legislaciones la idea de que la lucha contra la discriminación contra colectivos minoritarios debía llevarse a cabo, fundamentalmente, a través de la tipificación de conductas de provocación o incitación al odio, a la discriminación, a la violencia, etc. (*vid.* p. 32 de la presente investigación).

433 Nos referimos aquí a la undécima reunión del Consejo Ministerial.

434 En aquel momento, la OSCE reconoció la vaguedad de la terminología «delito de odio» y subrayó que no era necesaria su tipificación penal específica para considerar que un ordenamiento castigaba las conductas que esta engloba (Cancio Meliá, M.; Díaz López, J. A. *¿Discurso de odio...?*, *op. cit.*, p. 66).

435 La OSCE está constituida por 57 Estados participantes repartidos entre América del Norte, Europa y Asia. Concretamente, son los siguientes: Albania, Alemania, Andorra, Armenia, Austria, Azerbaiyán, Bielorrusia, Bélgica, Bosnia y Herzegovina, Bulgaria, Canadá, Chipre, Croacia, Dinamarca, Eslovaquia, Eslovenia España, EE. UU., Estonia, Rusia, Finlandia, Francia, Georgia, Grecia, Hungría, Irlanda, Islandia, Italia, Kazajstán, Kirguistán, Letonia, Liechtenstein, Lituania, Luxemburgo, Macedonia del Norte, Malta, Moldavia, Mónaco, Mongolia, Montenegro, Noruega, Países Bajos, Polonia, Portugal, Reino Unido, República Checa, Rumanía, San Marino, Santa Sede, Serbia, Suecia, Suiza, Tayikistán, Turkmenistán, Turquía, Ucrania y Uzbekistán (así lo recoge la página web de la OSCE [fecha de consulta: 4 de abril de 2022]. Información disponible en el siguiente enlace: https://www.osce.org/es/participating-states.

436 En su Decisión n.º 633 relativa al fomento de la tolerancia y de la libertad informativa en Internet, de 11 de noviembre de 2004, la OSCE recuerda a los Estados miembros este

normativa vigente en relación con los delitos motivados por la intolerancia y la discriminación[437]. En este contexto encomienda a su principal institución, la Oficina de Derechos Humanos e Instituciones Democráticas (en adelante, ODIHR), la recopilación de toda la información y las estadísticas recogidas por los Estados, trabajando durante el proceso con el ECRI y el Observatorio Europeo de Racismo y la Xenofobia (a partir de ahora, EUMC). Debe decirse que este primer intento de reconocimiento oficial de los delitos de odio fue un tanto infructuoso, dado que solamente cuatro países (Alemania, Dinamarca, Austria y Finlandia) siguieron las instrucciones de la OSCE[438]; no obstante, su relevancia a efectos prácticos es innegable dado que a raíz del consenso alcanzado en Maastricht se produjeron las primeras investigaciones acerca de estas figuras en Europa[439].

Pues bien, para que estas labores pudieran llevarse a cabo era preciso alcanzar un consenso en torno a qué debía entenderse por «delito de odio», algo que todavía no había tratado de aclarar ningún organismo europeo[440]. Es cierto que en su Decisión n.º 4/2003 la OSCE reafirma su preocupación en torno a la discriminación basada, entre otros factores, en «la raza, el color, el sexo, el lenguaje, la religión o creencias, las opiniones políticas o de otro tipo, el origen nacional o social, la propiedad, el nacimiento u otros estatus»;

compromiso. Su texto completo puede consultarse en el siguiente enlace: https://www.osce.org/files/f/documents/6/4/16917.pdf. Fuera del ámbito de la OSCE, ha incidido, también, sobre esta obligación el Relator de la ONU sobre libertad de expresión en su informe para la Asamblea General titulado «Promoción y protección del derecho a la libertad de opinión y expresión», de 7 de septiembre de 2012, en el que parte de la idea de que las medidas legales, especialmente la represión penal del discurso de odio, son necesarias pero no suficientes para resolver este fenómeno (el texto del informe está disponible en el siguiente enlace: https://documents-dds-ny.un.org/doc/UNDOC/GEN/N12/501/28/PDF/N1250128.pdf?OpenElement). Asimismo, se ha pronunciado sobre esta obligación de los Estados el Parlamento Europeo en su Resolución sobre el refuerzo de la lucha contra el racismo, la xenofobia y los delitos motivados por el odio, de 14 de marzo de 2013, en la que pide a la Comisión, al Consejo y a los Estados miembros que refuercen la lucha contra los delitos motivados por el odio y las actitudes y conductas discriminatorias (punto 2. El texto completo de la Resolución está disponible en el siguiente enlace: https://eur-lex.europa.eu/legal-content/ES/TXT/PDF/?uri=CELEX:52013IP0090&from=SV).

437 En lo que a España respecta, la OSCE destacó el art. 22.4 CP, que recogía —y recoge a día de hoy— la circunstancia agravante de discriminación, como herramienta para hacer frente a los delitos de odio (Cancio Meliá, M.; Díaz López, J. A. *¿Discurso de odio...*, *op. cit.*, p. 66).

438 Como acertadamente explica López Ortega, A. I. Análisis y evolución..., *op. cit.*, p. 20.

439 De nuevo siguiendo a López Ortega (*vid. Ibídem*, p. 77).

440 Y ello a pesar de que se venía exigiendo a los Estados miembros la inclusión de circunstancias agravantes que aumentaran el castigo de la conducta en caso de que fuese cometida con una motivación prejuiciosa o intolerante (como bien indica Gascón Cuenca, A. El concepto de delito de odio..., *op. cit.*, p. 168).

sin embargo, no otorga como tal un concepto de delito de odio[441]. Habría que esperar al año 2005 para que la ODIHR diera un paso al frente en este sentido, contando para ello con las aportaciones de expertos de las fuerzas de seguridad de varios Estados miembros en el marco del Programa Piloto para Agentes de las Fuerzas de Seguridad sobre el Combate de los Delitos de Odio que se llevó a cabo en Hungría y España a partir de 2004.

Antes de presentar su propuesta es preciso saber que la ODIHR no defiende un concepto uniforme de delitos de odio con la idea de crear una normativa penal nueva[442], sino que, por el contrario, pretende fomentar un entendimiento compartido que facilite la recogida de datos significativos y susceptibles de comparación. Además, su manera de interpretar estos tipos tiene en consideración las divergencias nacionales, así como las diferencias en cuanto a legislación, medios y necesidades, permitiendo a cada Estado adaptarlo como estime conveniente[443]. Teniendo esto en cuenta, según la definición de trabajo de la ODIHR (2005) es un delito de odio

> «(A) Cualquier infracción penal, incluyendo infracciones contra las personas o las propiedades, donde la víctima, el local o el objetivo de la infracción se elija por su, real o percibida, conexión, simpatía, filiación, apoyo o pertenencia a un grupo como los definidos en la parte B.
>
> (B) Un grupo se basa en una característica común de sus miembros, como su "raza" real o percibida, el origen nacional o étnico, el lenguaje, el color, la religión, el sexo, la edad, la discapacidad intelectual o física, la orientación sexual u otro factor similar».

---

441 De Vicente Martínez entiende lo contrario y extrae de la Decisión de la OSCE la siguiente definición de delito de odio:
«Toda infracción penal, incluidas las infracciones contra las personas y la propiedad, cuando la víctima, el lugar o el objeto de la infracción son seleccionados a causa de su conexión, relación, afiliación, apoyo o pertenencia real o supuesta a un grupo que pueda estar basado en la "raza", origen nacional o étnico, el idioma, el color, la religión, la edad, la minusvalía física o mental, la orientación sexual u otros factores similares, ya sean reales o supuestos» (De Vicente Martínez, R. *El discurso de odio...*, *op. cit.*, pp. 31-32).

442 Los Estados miembros no tienen por qué crear una legislación particular relativa a los delitos de odio para poder registrar y contestar a este tipo de incidentes, ya que los marcos normativos vigentes otorgan una legitimación adecuada. En teoría, podrían elaborarse ciertas directrices para la recogida de datos sobre delitos de odio en los Estados que forman parte de la OSCE sin modificar ninguna Ley penal; de hecho, sería suficiente únicamente con cambiar los trámites que debe seguir la policía a la hora de recoger las denuncias, de manera que tomen en consideración si las víctimas fueron o no escogidas por su pertenencia a un determinado colectivo [Movimiento contra la Intolerancia. «La lucha contra los Delitos de Odio en Europa (OSCE)», en *Materiales Didácticos*, n.º 5, p. 11].

443 En este sentido, Movimiento contra la Intolerancia entiende que la expresión «delito de odio» brinda una gran ventaja en términos de inclusividad, al dar la posibilidad de ir más allá del enfoque tradicional sobre el racismo y dirigirse a aquellos que son considerados «diferentes» —así como a los delitos contra ellos cometidos— como puede ser el caso de los «grupos étnicos, comunidades de gais y lesbianas, distintos grupos religiosos, y aquellos que, como los 'travelers' tienen estilos de vida percibidos como diferentes» (*vid. Ibídem*, p. 10).

Conforme a esta interpretación, parece que en el caso de los delitos de odio lo que justifica el castigo penal o el mayor castigo de quien selecciona a su víctima por algunos de los factores que enumera es el impulso emocional que guía al autor a cometerlos. Así lo reconoce, de hecho, MOVIMIENTO CONTRA LA INTOLERANCIA, que ha recopilado en un informe los datos relativos a los delitos de odio que fueron enviados a la ODIHR por parte de los Estados miembros de la OSCE durante el año 2004, tal y como esta había demandado en 2003. Este documento resultante recoge expresamente que

> «Los delitos de odio son delitos en los que la motivación del autor es una característica que identifica a la víctima como miembro de un grupo hacia el que el delincuente siente alguna *animosidad*[444]. Porque los autores están motivados para actuar contra un individuo o sus propiedades, en razón de su pertenencia real o supuesta a un grupo»[445].

Esta manera de entender los delitos de odio casa, de hecho, con el cambio de perspectiva que se dio ante los mismos en EE. UU. a finales del siglo XX. Si bien el debate en torno al fundamento y la razón de ser de estas figuras había comenzado en la década de los 80, durante los 90, época marcada por el auge del neoliberalismo, los delitos de odio comenzaron a perder su carácter político y, con ello, parte de su «raíz socio-estructural que apuntaba a la responsabilidad colectiva»[446]. En tal contexto, la idea primigenia de injusticia social generadora de prejuicios y discriminación fue relegada por las políticas de ley y orden para colocar la razón de ser de los delitos de odio en la personalidad malévola del delincuente individual[447], de forma que se convertían «en hechos puntuales atribuidos a sujetos inadaptados y violentos»[448]. Si se traduce esta evolución al ámbito legislativo, surgen las dos vías que ha seguido tradicionalmente el legislador norteamericano a la hora de tipificar este tipo de delitos[449]: la del denominado *animus* u *hostility model* y la del *discriminatory selection model*. Veamos, antes de continuar con la definición de la OSCE, en qué consiste cada una de estas opciones.

444 Cursiva añadida.

445 MOVIMIENTO CONTRA LA INTOLERANCIA. La lucha contra los Delitos..., *op. cit.*, p. 10.

446 En palabras de LAURENZO COPELLO, P. «Un delito en busca de justificación: la humillación o descrédito de colectivos discriminados», en *Azafea: Revista de Filosofía*, vol. 23, 2021, p. 98.

447 Tal y como explica LEWIS, C. S. LEWIS, C. S. *Tough on hate? The cultural politics of hate crimes*, Rutgers University Press, Nueva Jersey, 2014, pp. 41 y ss. Le sigue, LAURENZO COPELLO, P. «Un delito en busca de justificación..., *op. cit.*, p. 98.

448 En palabras de LAURENZO COPELLO, P. «Un delito en busca de justificación..., *op. cit.*, p. 98.

449 Así lo recoge LAWRENCE en su obra *Punishing Hate: Bias Crimes Under American Law*, una obra de referencia en esta materia [LAWRENCE, F. M. *Punishing Hate: Bias Crimes Under American Law*. Cambridge (Massachusetts): Harvard University Press, 2002, pp. 34 y ss.].

Para el modelo de la «animosidad» o modelo de hostilidad (*animus* u *hostility model*), la característica esencial de los delitos de odio es la motivación discriminatoria que guía al autor a cometer el delito. Es decir, el elemento que permite considerar que un determinado comportamiento constituye un delito de este tipo es la intolerancia —el prejuicio— que *siente*[450] su autor hacia una condición personal de la víctima, sea cual sea esta. De acuerdo con esto, el hecho de que el sujeto pasivo de la conducta pertenezca o no a un colectivo socialmente desaventajado carece de relevancia a efectos penales, porque lo importante es la animadversión que guía al sujeto activo a cometer el hecho. Este es el modelo que sigue, tal y como puede observarse, la definición de delito de odio otorgada por la OSCE en 2005[451].

Por su parte, en el modelo de selección discriminatoria *(discriminatory selection model)* la motivación del autor carece de relevancia a efectos penales, dado que el fundamento de la sanción en este caso reside en que la conducta se ejerce sobre una víctima que, por poseer ciertos caracteres, forma parte de un colectivo que merece una especial protección. En otras palabras: se exige que exista una relación de causalidad entre el carácter en cuestión y la conducta del sujeto activo, sin dársele relevancia en ningún momento al mundo interno del sujeto activo[452]. Esta manera de entender los delitos de odio encaja con las reivindicaciones de los movimientos sociales que impulsaron la creación de esta tipología delictiva allá por los años 80, dado que limita el castigo a aquellos casos en los que el autor forma parte del colectivo mayoritario y su víctima de un colectivo vulnerabilizado[453].

Expuestas las notas fundamentales de ambas vías legislativas, nos veremos obligados a volver sobre ellas más adelante ya que, precisamente, van a ser las pretensiones de adaptarnos al *modus operandi* jurídico-penal norteamericano en este ámbito las que van a dar lugar en España al debate sobre el fundamento y la legitimidad de los delitos de odio, así como a todos los problemas de interpretación que han surgido desde su introducción en nuestro Código penal.

Volviendo ahora al informe de la OSCE, al margen de lo ya dicho, este indica que estos delitos «simbolizan una forma única de agresión, puesto que la violencia constituye una amenaza de más violencia para los miembros de grupos minoritarios». Señala, además, que

> «el término delito de odio se usa para describir una amplia variedad de comportamientos, que van desde la violación de la legalidad internacional de derechos

450 Cursivas añadidas.

451 Tal y como se indica en OSCE. *Hate Crime Laws: A Practical Guide*, ODIHR, Varsovia, 2009, p. 46 (traducción libre).

452 De esta manera, también, OSCE (*vid. Ibídem*, p. 48. Traducción libre).

453 En términos similares, DÍAZ LÓPEZ, J. A. *El odio discriminatorio...*, *op. cit.*, p. 115.

humanos hasta la difusión de propaganda de extrema derecha. (...) se puede aplicar a delitos como la agresión y el asesinato y también reflejar actos de violencia de baja intensidad como el vandalismo»[454].

Y en este punto aclara: «La violencia no solo implica violencia física hacia las personas o sus propiedades, sino que incluye palabras, amenazas y la incitación al odio»[455].

De acuerdo con lo anterior, puede decirse que en el ámbito de la OSCE la expresión «delito de odio» es entendida de manera muy amplia, quizás excesiva: puede referirse a cualquier infracción penal (delito base), recoge un catálogo no tasado de factores diferenciadores, y ni siquiera exige que la víctima pertenezca efectivamente al colectivo en cuestión[456]. Todo esto so pretexto de tener en consideración «las diferencias nacionales, (...) en legislación, recursos, aproximaciones y necesidades», de manera que se otorgue a cada Estado la posibilidad de «enmendar la definición como crea conveniente»[457]. Como era de esperar, semejante amplitud conceptual ha generado numerosos interrogantes, razón que ha llevado a la ODIHR a seguir trabajando para elaborar una guía que facilitara el trabajo a los Estados en este ámbito. Como consecuencia de su labor nació la obra *Hate Crime Laws: A Practical Guide* (2009), que insiste, en particular, en varias ideas: los delitos de odio son actos cometidos por motivos prejuiciosos, por lo que es preferible utilizar el término «prejuicio»[458] al de «odio»; son precisamente estos motivos los que diferencian a estos delitos del resto; y los delitos de odio no constituyen ninguna ofensa penal particular (puede tratarse de un acto intimidatorio, amenazas, daños a la propiedad, agresión, homicidio o cualquier otro delito). Esto lleva a la OSCE a concluir que la terminología «delito de odio» o «delito motivado por prejuicios» describe un tipo de delito (un concepto), más que una ofensa específica tipificada en el Código penal (esto es, una definición legal)[459].

Dicho esto, aunque España, como miembro de la OSCE, debía acoger el concepto otorgado por esta en 2005[460], lo cierto es que también podía haberlo

454 *Vid. Ibídem*, p. 10.

455 *Vid. Ibídem*, p. 10.

456 En términos similares, García Álvarez, P. «El contrasentido del nuevo tenor literal de la agravante de discriminación tras su reforma por la Ley Orgánica 8/2021, de 4 de junio», en *Nuevas tendencias y modernos peligros de la política criminal*, obra colectiva, coordinadora Marta Rodríguez Ramos, Tirant lo Blanch, Valencia, 2023, p. 197.

457 MOVIMIENTO CONTRA LA INTOLERANCIA. La lucha contra los Delitos..., *op. cit.*, p. 11.

458 Entendiendo por prejuicio la opinión o actitud negativa hacia una o varias personas en base a su identificación, real o supuesta, con un grupo especialmente protegido (*vid.* OSCE. *Hate Crime Laws..., op. cit.*, p. 16).

459 Traducción libre (OSCE. *Hate Crime Laws..., op. cit.*, p. 16).

460 En este sentido, de Vicente Martínez señala que el concepto otorgado por la OSCE en

matizado, cosa que ha decidido no hacer[461/462]. Así lo atestigua el Informe del Ministerio del Interior sobre la Evaluación de los incidentes relacionados con los delitos de odio en España del año 2017: en este documento, el Ministerio dispone literalmente que «para que exista un delito de odio deben existir dos componentes básicos: un delito base, que puede ser un delito ordinario, más la "motivación de odio y discriminación" como factor denominador común»[463]. Es decir, nuestro Ministerio del Interior reproduce, tal cual, la definición de la OSCE[464], y ello sin tener en cuenta su incompatibilidad con nuestro sistema penal, como veremos próximamente.

Para cerrar este epígrafe debemos decir que la de 2005 no ha sido la última aportación de la OSCE en materia de delitos de odio[465]. En el año 2014 publicó su guía sobre registro de datos sobre delitos de odio *(Hate Crime Data-Collection and Monitoring Mechanisms: A Practical Guide)*[466], en la que recomienda la adopción de una definición común, integral y simple para su uso por todos los sistemas de justicia, así como el desarrollo de formularios estandarizados

2005 es el que más éxito ha cosechado a nivel internacional (DE VICENTE MARTÍNEZ, R. *El discurso del odio..., op. cit.*, p. 31).

461 Tal y como indica GARCÍA ÁLVAREZ, P. «El contrasentido del nuevo tenor literal..., *op. cit.*, p. 198.

462 Y ello a pesar de las críticas que ha recibido por parte de un sector de la doctrina. A modo de ejemplo podemos citar a MARTÍN HERRERA, quien explica que, si bien con la adopción de la definición de la OSCE se pretendían limitar y detener los comportamientos englobables bajo la misma, lo cierto es que esta no alcanza a proteger a ciertos colectivos vulnerabilizados que se caracterizan por factores distintos a los que enumera. En su opinión, más que encontrar una verdadera solución al problema, lo que consiguió la Organización fue elaborar «una suerte de cajón de sastre de imposible operativa policial e inimaginable aplicación procesal» que se encuentra lejos de contribuir a acabar con este tipo de conductas (MARTÍN HERRERA, D. «Libertad de expresión: ¿derecho ilimitado según el TEDH? Del discurso de odio al crimen de odio», en *Estudios de Deusto: revista de la Universidad de Deusto*, vol. 62, n.° 2, 2014, p. 18).

463 El texto completo del informe puede consultarse en el siguiente enlace: https://www.interior.gob.es/opencms/pdf/prensa/balances-e-informes/2017/ESTUDIO-INCIDENTES-DELITOS-DE-ODIO-2017-v3.pdf). Esta definición se recoge, asimismo, en la página web de este organismo (https://www.interior.gob.es/opencms/es/servicios-al-ciudadano/delitos-de-odio/que-es-un-delito-de-odio/index.html, última consulta 29 de septiembre de 2022).

464 Así, también, GARCÍA ÁLVAREZ, P. «El contrasentido del nuevo tenor literal..., *op. cit.*, p. 198.

465 En realidad, desde que se produjo la famosa reunión de la OSCE en Maastricht, la OSCE ha seguido celebrando conferencias en las que se han reforzado los compromisos de los Estados miembros en su lucha contra los delitos de odio. En esta línea merece mención especial la duodécima reunión del Consejo de Ministros de Sofía en 2004, en la que los Estados decidieron expresamente combatir las manifestaciones de nacionalismo agresivo, racismo, xenofobia, antisemitismo y otras formas de intolerancia y discriminación (MOVIMIENTO CONTRA LA INTOLERANCIA. La lucha contra los delitos de odio..., *op. cit.*, p. 8).

466 El texto completo de la guía está disponible en el siguiente enlace: https://www.inclusion.gob.es/oberaxe/ficheros/documentos/herramientasRecogidaDelitosOdio.pdf.

y el establecimiento de procedimientos de revisión de datos[467/468]. Recientemente ha vuelto a pronunciarse al respecto de la primera de estas cuestiones en un informe titulado «Los delitos de odio motivados por el racismo y la

467 En esta guía, la OSCE da visibilidad a una cuestión muy controvertida en esta materia: el alto índice de infradenuncia (también llamado *cifra negra* o *cifra oculta*) que existe en relación con los delitos de odio; señalando como posibles causas:
El miedo a la revictimización o a las represalias por parte de los agresores.
Los sentimientos de humillación o vergüenza por ser víctima.
La incertidumbre sobre cómo o dónde denunciar el incidente o sobre qué beneficios le reportará como víctima.
Las barreras lingüísticas.
El temor a ser deportado en caso de personas indocumentadas.
En el caso de personas del colectivo LGBT, el miedo a exponer su identidad o estatus sexual.
El no considerar que el incidente haya sido un delito o concebirlo como una infracción menor.
(OSCE. *Hate Crime Data-Collection and Monitoring Mechanisms: A Practical Guide*, ODIHR, Varsovia, 2014, p. 5).
En España, el Instituto de Derechos Humanos de Cataluña (en adelante, IDHC) y la asociación SOS Racisme se han hecho eco de esta problemática y han advertido de que «La falta de denuncia impide que se puedan registrar y que se pueda profundizar en el estudio de este fenómeno. (...) dificulta que se puedan diseñar medidas de respuesta adecuadas y eficientes o revisar las existentes» (tal y como explica Serra Perelló, L. «Discurso de incitación al odio: Análisis desde los derechos humanos y pautas interpretativas», *Institut de Drets Humans de Catalunya*, Barcelona, 2018, p. 10). Ahora bien, autores como Bamforth, Malik y O'cinneide consideran, en relación con los delitos de odio de carácter racista (conclusiones que creemos extrapolables a los delitos de odio en general), que los datos cuantitativos, aunque útiles para comprender el alcance de este tipo de criminalidad, pueden no ser una guía adecuada para estudiar las causas de la violencia y el acoso. Ello porque quienes cometen este tipo de delitos no actúan en ningún vacío social, sino que se relacionan con su entorno, al menos, de tres formas distintas: en primer lugar, las actitudes o prejuicios de la sociedad en general (presentadas como «aceptables» estereotipos racistas) alientan o alimentan los puntos de vista racistas de los autores individuales; en segundo lugar, las acciones violentas de estos sirven como marcadores para que otros puedan evaluar si sus propias acciones intimidatorias y abusivas son lo suficientemente dañinas; y, en tercer lugar, el autor del discurso racista sirve a la comunidad llevando a la práctica las opiniones y deseos de un sector de aquella. De lo anterior se extrae que cualquier estrategia contra los delitos de odio deba poner el foco no solo sobre la conducta individual del autor sino, también, en la relación entre su conducta y la comunidad social en la que se desarrolla (Bamforth, N.; Malik, M.; O'cinneide, C. *Discrimination Law: Theory and Context*, Sweet & Maxwell, Londres, 2008, pp. 489-490. Les sigue, Rey Martínez, F. «Discurso del odio y racismo líquido», en *Libertad de expresión y discursos del odio*, obra colectiva, Universidad de Alcalá, Madrid, 2015, p. 80).

468 Ese mismo año, la Agencia de los Derechos Fundamentales de la Unión Europea (en adelante, FRA) elaboró su propia guía de recopilación de datos sobre delitos de odio, titulada *Hate crime recording and data collection practice across the EU* (FRA. *Hate crime recording and data collection practice across the EU*. Luxemburgo: Oficina de Publicaciones de la Unión Europea, 2014), en la que reivindica priorizar las encuestas y los estudios por encima del simple registro de datos. El texto de esta guía está disponible en el siguiente enlace: https://fra.europa.eu/sites/default/files/fra_uploads/fra-2018-hate-crime-recording_en.pdf.

xenofobia»[469], publicado el 24 de agosto de 2021. En este caso, la Organización cambia de planteamiento y recurre a una fórmula matemática para definir este conjunto de delitos, de la siguiente manera: Delito + Motivación prejuiciosa = Delito de odio. Seguidamente, aclara que todo delito de odio se compone de dos elementos: un delito y una motivación prejuiciosa.

Con respecto al primero, la OSCE indica que es imprescindible la existencia de un delito base; esto es, que el acto cometido constituya un delito según la legislación nacional. En cuanto al segundo, explica que el autor debe cometerlo «por un prejuicio o varios», entendiendo que es precisamente la *motivación prejuiciosa*[470] el elemento diferenciador entre un delito de odio y otro que no lo es. Como puede observarse, en su nuevo planteamiento la OSCE ha sustituido el requisito de que el autor sienta una cierta *animosidad* hacia el colectivo al que pertenecería —real o presuntamente— el sujeto pasivo del delito (o, lo que es lo mismo, que sujeto activo deba cometer el delito base guiado por una motivación odiosa o discriminatoria) por la de que el delito base deba cometerse con una motivación prejuiciosa, lo que es distinto.

Ahora bien, aunque en este informe se refiere concretamente a los delitos de odio por motivos racistas y xenófobos, la OSCE mantiene que estos afectan siempre a «las personas, la propiedad o las asociaciones» en virtud de ciertos prejuicios que posee el autor, sin que deba confirmarse que el sujeto pasivo posee, efectivamente, los rasgos que aquel le atribuye. Es decir, la Organización se mantiene firme en su idea de que el *quid* de estos delitos (su fundamento y legitimidad) reside en la esfera interna del autor, en sus prejuicios, lo que supone —como ya se anticipó— la asunción del *animus model* estadounidense. Esta elección, aunque no expresa, termina de confirmarse en el informe cuando la OSCE indica que «Los delitos de odio (...) pueden dirigirse contra grupos minoritarios y mayoritarios». Desde luego, semejante afirmación va completamente en contra de los orígenes de los *hate crimes*; pero, más allá de eso, si estas figuras se entienden tal y como hace la OSCE (es decir, haciendo depender el castigo —o su gravedad— de las motivaciones que presiden el comportamiento del sujeto activo, sin que tenga que afectarse bien jurídico alguno), entonces carecen de toda legitimidad desde la perspectiva de nuestro Derecho penal, que no es de autor, sino de hecho.

Esta cuestión, fundamental a los efectos de nuestra investigación, la desarrollaremos en el siguiente punto, centrado ya plenamente en los delitos de odio en sentido estricto. A continuación, vamos a terminar de presentar las aportaciones institucionales más relevantes que se han hecho en esta materia y, también, en relación con el discurso de odio, para zanjar de una vez la confusión que suele plantearse entre ambas realidades.

Dejamos, pues, la labor de la OSCE a un lado y ponemos el foco en la UE.

469 El texto completo del informe puede consultarse en el siguiente enlace: https://www.osce.org/files/f/documents/6/b/502275.pdf.

470 Cursivas añadidas.

ii. La UE

Al mismo tiempo que los términos «delito de odio» eran oficialmente reconocidos a nivel europeo, su andadura comenzaba en el entorno de la UE. De hecho, una de las primeras alusiones que la comunidad hizo al mismo tuvo lugar en el año 2005: nos referimos a la Resolución del Parlamento, de 28 de abril de 2005, sobre la situación de la población romaní en la UE, en la que se demandaba al Consejo la aprobación de «la propuesta de directiva marco de la UE sobre el racismo y la xenofobia, que perseguiría los delitos por odio en toda la UE y sobre la cual el Parlamento Europeo *debía* ser consultado de nuevo». El Parlamento respondió al requerimiento poco después, en su Resolución de 8 de junio de 2005, insistiendo en la necesidad general de «reconocer que los motivos racistas y xenófobos constituyen agravantes que alargan las condenas». Fueron estos dos precedentes los que llevarían a que el Consejo elaborara la fundamental Decisión Marco 2008/913/JAI, de 28 de noviembre de 2008, relativa a la lucha contra determinadas formas y manifestaciones de racismo y xenofobia mediante el Derecho penal[471/472].

El texto parte de «la necesidad de una mayor aproximación de las legislaciones penales de los Estados miembros para garantizar (...) la aplicación de una legislación clara y completa con el fin de combatir eficazmente el racismo y la xenofobia» (Considerando 4). Para el Consejo, en esta materia «Es necesario definir un enfoque (...) que sea común a la Unión Europea con el fin de que el mismo comportamiento constituya un delito en todos los Estados miembros y se establezcan sanciones efectivas, proporcionadas, disuasorias» contra sus responsables (Considerando 5). En este sentido, señala que los Estados comparten la idea de que «la lucha contra el racismo y la xenofobia requiere varios tipos de medidas en un marco global y puede no estar limitada a cuestiones penales»; sin embargo, la Decisión «se limita a la lucha contra formas particularmente graves de racismo y de xenofobia mediante el Derecho penal» reconociendo que «especialmente en este ámbito, la plena armonización del Derecho penal no es posible en la actualidad» (Considerando 6).

Pues bien, partiendo de estas ideas, la Decisión establece una serie de obligaciones mínimas[473] para los Estados miembros en materia de delitos de odio, casi todas referentes al supuesto concreto del discurso de odio[474]. De

---

471 El texto completo de la Decisión puede consultarse en el siguiente enlace: https://www.boe.es/buscar/doc.php?id=DOUE-L-2008-82444.

472 De acuerdo con las explicaciones de Cancio Meliá y Díaz López (Cancio Meliá, M.; Díaz López, J. A. *¿Discurso de odio..., op. cit.*, pp. 66-67).

473 Lo que, según el texto, no supondrá un impedimento a que un Estado miembro adopte disposiciones en su legislación nacional destinadas a ampliar el alcance de estas obligaciones (Considerando 11).

474 En este sentido, la Decisión pone de manifiesto la preferencia del Consejo por la crimina-

esta manera, pone de manifiesto la preferencia del Consejo por el castigo de los delitos cometidos a través de la palabra, a los que consagra una parte importante de su contenido (arts. 1, 2, 3, 7, entre otros). Particularmente destacable en este sentido es su art. 1, que insta a los Estados miembros a adoptar las medidas necesarias para garantizar que se castiguen penalmente ciertas manifestaciones del discurso de odio (art. 1.1) abogando, eso sí, por una postura restrictiva al obligar a los Estados a supeditar el castigo a condiciones [como, por ejemplo, la perturbación del orden público (art. 1.2)][475] y señalar que estas conductas, para ser castigadas, deben ser realizadas intencionadamente (art. 1.1). De esta forma, el Consejo reconoce que no todo discurso de odio puede ser considerado delictivo.

Pero el contenido de esta Decisión Marco no queda ahí. Aparte de lo anterior, su entrada en vigor supone un cambio de gran envergadura en el ámbito que nos ocupa porque impulsa la agravación de la pena de delitos base que se cometan con una motivación racista o xenófoba (art. 4). Con esta medida el Consejo adopta decididamente una nueva línea político-criminal que sintetiza, acumulándolas, las vertientes que se venían siguiendo por entonces a uno y otro lado del Atlántico para luchar contra los comportamientos motivados por prejuicios[476]. Como resultado de la misma han surgido importantes reformas penales entre los Estados miembros: por ejemplo, en 2015 Alemania acumuló a su icónica Volksverhetzung (§ 130 StGB) una circunstancia agravante de discriminación [§ 46 (2) (2) StGB] aplicable tanto a los delitos de odio cometidos «con hechos» como a los cometidos «con palabras»[477]; y España, en el mismo año, vería nacer la famosa Ley Orgánica 1/2015, de 30 de marzo[478], que supuso la reforma de mayor envergadura hasta la fecha en materia de delitos de odio.

Lo que no termina aún de consolidar la Decisión Marco de 2008 es la ampliación del catálogo de grupos protegidos más allá del universo étnico: según su texto, las conductas que recoge solo adquieren relevancia desde el punto de vista penal cuando se dirigen contra «un grupo de personas o un miembro de tal grupo definido en relación con la raza, el color, la religión, la ascendencia o el origen nacional o étnico». En lo que se refiere concretamente a la «religión», el modelo europeo se muestra prudente a la hora de

---

lización de los delitos cometidos a través de la palabra (art. 1.1), a los que consagra una parte importante de su contenido (arts. 1, 2, 3, 7, entre otros)]. Ahora bien, lo cierto es que sigue manteniendo una postura bastante restrictiva en estos casos, ya que supedita el castigo a condiciones como, por ejemplo, la perturbación del orden público (art. 1.2).

475 *Vid.*, en este sentido, LANDA GOROSTIZA, J. M. «Delitos de odio y estándares internacionales..., *op. cit.*, p. 22.

476 De esta manera, LANDA GOROSTIZA, J. M. *Los delitos de odio*..., *op. cit.*, p. 47.

477 Tal y como explica LANDA GOROSTIZA, J. M. Delitos de odio..., *op. cit.*, p. 22.

478 Ley Orgánica (en adelante, LO) 1/2015, de 30 de marzo, por la que se modifica la Ley Orgánica 10/1995, de 23 de noviembre del Código penal.

interpretarla como un elemento susceptible de identificar al grupo atacado; en tales casos, la tipificación de la conducta debe respetar un «estándar mínimo» que solo se supera cuando pueda probarse que el factor religioso constituye «un pretexto para dirigir actos contra un grupo de personas o un miembro de tal grupo definido en relación con la raza, el color, la ascendencia o el origen nacional o étnico» (art. 1.3). Según LANDA GOROSTIZA, con este condicionante parece querer transmitirse la idea de que no está permitido ir más allá de lo que expresamente dice la letra de la Decisión Marco e incluir a los grupos religiosos como tales, sino que su ámbito de protección solo los abarca cuando estos sufran un ataque en el que se solape, además, la hostilidad étnica, que se mantiene como el eje sobre el que pivotan estas figuras y al que se abre una especie de puerta complementaria[479].

Fuera de lo anterior no hay mayores referencias, por tanto, de la letra de la Decisión se extrae que quedan desprotegidas las agresiones incitadoras o las agravaciones de delitos base contra colectivos caracterizados por su orientación o identidad sexual, sexo, género, enfermedad, diversidad funcional u otras circunstancias. Esto confirma la tendencia de la UE por seguir la estela norteamericana en su tratamiento de los delitos de odio, ya que, si recordamos, en aquel territorio no se considerarían tales los cometidos por razón, por ejemplo, de la orientación sexual o la ideología de la víctima hasta la aprobación de la Ley federal del año 2009[480].

Dicho esto, posteriormente a la elaboración de la Decisión Marco 2008/913/JAI, de 28 de noviembre de 2008, la terminología «delito de odio» ha seguido siendo utilizada por los Estados miembros[481], aunque lo cierto es que las referencias que se han hecho desde entonces a los mismos han tenido un impacto mucho menor que aquella. Respetando el orden temporal, particularmente destacable en este sentido es la Recomendación CM/Rec (2010) 5 del Comité de Ministros sobre las medidas para combatir la discriminación por motivos de orientación sexual o identidad de género[482], que se adoptó el 31 de marzo de 2010. En su texto, el Consejo se refiere a los delitos de odio y a otros incidentes que estuviesen motivados por el odio indicando, concretamente y entre otras sugerencias, que «los Estados miembros deberían garantizar al determinar las sanciones que sea tomada en consideración la motivación discriminatoria relativa a la orientación sexual o la identidad de género como circunstancia agravante» (I. A. 2).

---

479 LANDA GOROSTIZA, J. M. «Delitos de odio y estándares internacionales..., *op. cit.*, p. 23.

480 *Matthew Shepard and James Byrd, Jr. Hate Crime Prevention Act of 2009, October 22,* 18 U.S.C. § 249.

481 De esta forma, CANCIO MELIÁ, M.; DÍAZ LÓPEZ, J. A. *¿Discurso de odio..., op. cit.*, pp. 68-69.

482 El texto completo de la Recomendación puede consultarse en el siguiente enlace: https://rm.coe.int/CoERMPublicCommonSearchServices/DisplayDCTMContent?documentId=09000016804c1743.

Un año más tarde, los delitos de odio volverían a aparecer en la Propuesta de Directiva del Parlamento Europeo y del Consejo, de 18 de mayo de 2011, por la que se establecen normas mínimas sobre los derechos, el apoyo y la protección de las víctimas de delitos[483]. En particular, este documento prevé que se estableciera un servicio de apoyo a las víctimas de delitos de «odio racial o de género u otros delitos motivados por prejuicios» [Considerando (13)]. Cuando finalmente se aprobó la Directiva en cuestión[484], esta mantuvo la alusión al delito de odio equiparándolo al de «delito cometido por motivos de prejuicios o discriminación» [Considerando (56)][485].

Pues bien, con la referencia a esta resolución terminan las aportaciones institucionales más relevantes a nivel internacional europeo que hacen referencia expresa a los delitos de odio. A partir de 2012, la labor de las instituciones en esta materia se centraría concretamente en el discurso de odio, que, con el desarrollo de los medios de comunicación y, sobre todo, con la inevitable presencia de internet, renovó su protagonismo y se fortaleció a costa de nuevos destinatarios, como por ejemplo algunas comunidades religiosas, el colectivo LGTBI+ e incluso las personas con escasos o nulos recursos económicos. Veamos cuáles han sido las aportaciones más destacadas en este sentido.

3) Otras aportaciones: el alcance del discurso de odio según la jurisprudencia y la doctrina

Como adelantamos, desde que la ECRI elaborara su Recomendación n.° 7 de Política General y se asentara en Europa la expresión «delito de odio», ningún texto internacional había tratado de manera individualizada el fenómeno del discurso de odio. Sin embargo, la situación cambiaría en 2013, cuando el CERD aprobó su Recomendación general N. ° 35 sobre la lucha contra el discurso de odio racista[486], que recomienda a los Estados parte, en base al art. 4 CIERD, declarar y castigar como delitos conforme a la ley:

> «a) Toda difusión de ideas basadas en la superioridad o en el odio racial o étnico, por cualquier medio;

483 El texto completo de la Propuesta puede consultarse en el siguiente enlace: https://eur-lex.europa.eu/legal-content/ES/TXT/PDF/?uri=CELEX:52011PC0275&from=ES.

484 Directiva 2012/29/UE, del Parlamento Europeo y del Consejo, de 25 de octubre de 2012, por la que se establecen normas mínimas sobre los derechos, el apoyo y la protección de las víctimas de delitos, y por la que se sustituye la Decisión Marco 2001/220/JAI del Consejo. Su texto completo puede consultarse en el siguiente enlace: https://www.boe.es/doue/2012/315/L00057-00073.pdf.

485 En el original: «*whether it is a hate crime, a bias crime, or a crime committed with a discriminatory motive*».

486 Aprobada por el Comité en su 83° período de sesiones (del 12 al 30 de agosto de 2013). El texto completo de la Recomendación puede consultarse en el siguiente enlace: https://documents-dds-ny.un.org/doc/UNDOC/GEN/G14/408/29/PDF/G1440829.pdf?OpenElement.

b) La incitación al odio, el desprecio o la discriminación contra los miembros de un grupo por motivos de su raza, color, linaje, u origen nacional o étnico;

c) Las amenazas o la incitación a la violencia contra personas o grupos por los motivos señalados en el apartado b) anterior;

d) La expresión de insultos, burlas o calumnias a personas o grupos, o la justificación del odio, el desprecio o la discriminación por los motivos señalados en el apartado b) anterior, cuando constituyan claramente incitación al odio o a la discriminación;

e) La participación en organizaciones y actividades que promuevan e inciten a la discriminación racial» (párrafo 13).

Asimismo, recomienda que se declaren punibles «la denegación pública de delitos de genocidio y crímenes de lesa humanidad, definidos por el derecho internacional, o el intento de justificarlos (...), siempre que constituyan claramente incitación a la violencia o el odio racial», advirtiendo que «la expresión de opiniones sobre hechos históricos no debe prohibirse ni sancionarse» (párrafo 14)[487] y recomendando tener en cuenta una serie de factores contextuales a la hora de castigar este tipo de conductas[488] (párrafo 15).

Para terminar con el análisis de este texto internacional, consciente de que la tipificación de estos comportamientos implica una limitación del derecho a la libertad de expresión, el CERD señala que las restricciones que formulen los Estados parte deben ser suficientemente precisas, y subraya que las medidas dirigidas a vigilar y luchar contra el discurso racista no deben servir como pretexto para limitar las expresiones de protesta contra la injusticia ni las de descontento social o de oposición (párrafo 20). Al respecto, entiende que la expresión de ideas y opiniones en contextos académicos, el compromiso político u otras actividades similares, sin incitación al odio, el desprecio, la violencia o la discriminación deben considerarse un ejercicio legítimo del derecho a la libertad de expresión, incluso cuando esas ideas resulten controvertidas (párrafo 25).

487 En esta línea, el Comité indica que la incitación punible podrá ser explícita o implícita, y que no tiene por qué traducirse en una acción concreta (puede castigarse como acto preparatorio). Además, señala que a la hora de establecer el castigo deberá tenerse siempre en cuenta la intención del emisor y el riesgo o la probabilidad inminente de que el discurso en cuestión tenga por resultado la conducta deseada o pretendida por el emisor, lo que aplica también a las conductas que recoge su párrafo 13 (párrafo 16).

488 Esta sugerencia se encuentra en línea con la evolución que venía experimentando la jurisprudencia del TEDH en materia de discurso de odio: con el paso del tiempo, la Corte desplazó el núcleo de su análisis del contenido de las manifestaciones proferidas y lo situó en el contexto en el que estas se vierten, argumentando que bajo el paraguas protector del art. 10.2 CEDH no solo caben «las ideas e informaciones aceptadas favorablemente o consideradas como inofensivas o indiferentes», sino también «aquellas que molestan, chocan o inquietan, pues así lo requieren el pluralismo, la tolerancia y el espíritu de apertura sin los cuales no hay sociedad democrática» (STEDH, Pleno, 5493/72, caso Handyside c. Reino Unido, de 7 de diciembre de 1976, párrafo 49).

Pues bien, expuestas estas disposiciones que entendemos más relevantes, debe recordarse que la Recomendación general N. ° 35 del CERD circunscribe su ámbito de aplicación al discurso de odio de carácter racista. Esto implica que, si bien su aportación en este ámbito particular es innegable, esta es, a su vez, insuficiente a los efectos que nos ocupan ya que no puede aplicarse a todo el discurso de odio y, en consecuencia, no contribuye a delimitar su alcance general y deslindarlo del de los delitos de odio. Para ser testigos de un verdadero avance en este sentido habría que esperar al año 2015, cuando la ECRI aprobó su Recomendación de Política General n.° 15 relativa a la lucha contra el discurso de odio[489], que fue adoptada el 8 de diciembre de 2015 con el fin de ampliar y fortalecer algunos aspectos de sus Recomendaciones de Política General, en especial la n.° 7.

La Recomendación General n.° 15 parte del reconocimiento de la importancia fundamental de la libertad de expresión, la tolerancia y el respeto de la igual dignidad de todos los individuos. Consciente de que los esfuerzos para combatir el uso del discurso de odio no deben rebasar los límites que pueden aplicarse, como derecho restringido, a la libertad de expresión, y de que en algunos casos se puede reaccionar frente al mismo sin restringir este derecho, la ECRI propone aplicar gradualmente las medidas necesarias. Esto afecta particularmente al Derecho penal, que, según el texto internacional, «no ha de ser la primera medida *a emplear* para combatir el uso del discurso de odio»[490]; solo deberá recurrirse a aquel cuando «otras medidas menos restrictivas puedan resultar menos eficaces» (apartado 10).

Pues bien, partiendo esta idea base y reconociendo que existen distintas maneras de definir y entender el discurso de odio en cada uno de los países europeos, este se define en el texto como

> «(...) el uso de una o más formas de expresión específicas —por ejemplo, la defensa, promoción o instigación al odio, la humillación o el menosprecio de una persona o grupo de personas, así como el acoso, descrédito, difusión de estereotipos negativos o estigmatización o amenaza con respecto a dicha persona o grupo de personas y la justificación de esas manifestaciones— basada en una lista no exhaustiva de características personales o estados que incluyen la raza, color, idioma, religión o creencias, nacionalidad u origen nacional o étnico al igual que la ascendencia, edad, discapacidad, sexo, género, identidad de género y orientación sexual» (apartado 9 ME).

---

489 El texto completo de la Recomendación en castellano puede consultarse en el siguiente enlace: https://rm.coe.int/ecri-general-policy-recommendation-n-15-on-combating-hate-speech-adopt/16808b7904.

490 Apartado 2 del Memorándum explicativo (en adelante, ME) de la Recomendación. Otras medidas que la ECRI considera necesarias para luchar contra el discurso de odio incluyen «el aumento de la concienciación pública; (...) el apoyo a las víctimas del discurso de odio; promover la autorregulación; emprender acciones reguladoras; exigir responsabilidades administrativas y civiles; retirar el apoyo a algunas organizaciones y prohibir otras (...)» (apartado 4 del Memorándum Explicativo).

Pero no queda ahí la aportación de la ECRI. En esta línea señala, además, tres elementos que considera esenciales en cualquier discurso de odio, siguiendo para ello criterios establecidos en el Plan de Acción de Rabat de la ONU[491/492], que se incorporó al Informe de la Alta Comisionada de la ONU para los Derechos Humanos de 11 de enero de 2013. Son los siguientes:

> «a) El fomento, promoción o instigación, en cualquiera de sus formas, al odio, la humillación o el menosprecio, así como el acoso, descrédito, difusión de estereotipos negativos, estigmatización o amenaza.
>
> b) uso que no solo tiene por objeto incitar a que se cometan actos de violencia, intimidación, hostilidad o discriminación, sino también actos que cabe esperar razonablemente que produzcan tal efecto[493]; y
>
> c) motivos que van más allá de la raza, color, idioma, religión o creencias, nacionalidad, origen étnico o nacional y ascendencia» (apartado 10 ME).

---

491 El Plan de Acción de Rabat de la ONU, de 11 de enero de 2013, sobre la prohibición de la apología del odio nacional, racial o religioso que constituye incitación a la discriminación, la hostilidad o la violencia (A/HRC/2217/Add. 4), aúna las conclusiones y recomendaciones de una serie de talleres que llevaron a cabo expertos de la Oficina del Alto Comisionado de la ONU para los Derechos Humanos en Ginebra, Viena, Nairobi, Bangkok y Santiago de Chile. Aprobado finalmente en la reunión de recapitulación que tuvo lugar en Rabat los días 4 y 5 de octubre de 2012, este documento nació con un triple objetivo: primero, alcanzar un mejor entendimiento del concepto de incitación al odio nacional, racial o religioso, velando en todo momento por el respeto al derecho a la libertad de expresión; segundo, realizar un análisis exhaustivo del estado de aplicación de la prohibición a la incitación al odio, de acuerdo con el Derecho Internacional de los Derechos Humanos; y tercero, establecer las medidas aplicables en todas las esferas. Así se explica en Libertad de expresión vs incitación al odio: el ACNUDH y el Plan de Acción de Rabat. OHCHR. S. f., p. única [fecha de consulta: 7 de febrero de 2022]. Disponible en: https://www.ohchr.org/SP/Issues/FreedomOpinion/Articles19-20/Pages/Index.aspx.

492 El texto completo del Plan puede consultarse en el siguiente enlace: https://www.ohchr.org/Documents/Issues/Opinion/SeminarRabat/Rabat_draft_outcome.pdf.

493 Para evaluar si existe o no el riesgo de que se produzcan estos actos, la Recomendación establece que deben tenerse en cuenta las circunstancias específicas en las que se utiliza el discurso de odio. Concretamente, entiende que deben tenerse en cuenta (apartado 16): (a) el contexto en el que se utiliza la el discurso de odio en cuestión (especialmente si ya existen tensiones graves relacionadas con este discurso en la sociedad); (b) la capacidad que tiene la persona que emplea el discurso de odio para ejercer influencia sobre los demás (con motivo de ser por ejemplo un líder político, religioso o de una comunidad); (c) la naturaleza y contundencia del lenguaje empleado (si es provocativo y directo, si utiliza información engañosa, difusión de estereotipos negativos y estigmatización, o si es capaz por otros medios de incitar a la comisión de actos de violencia, intimidación, hostilidad o discriminación); (d) el contexto de los comentarios específicos (si son un hecho aislado o reiterado, o si se puede considerar que se equilibra con otras expresiones pronunciadas por la misma persona o por otras, especialmente durante el debate); (e) el medio utilizado (si puede o no provocar una respuesta inmediata de la audiencia como en un acto público en directo); y (f) la naturaleza de la audiencia (si tiene o no los medios para o si es propensa o susceptible de mezclarse en actos de violencia, intimidación, hostilidad o discriminación).

La Comisión indica lo que debe entenderse por «expresión» a los efectos de su Recomendación: los discursos orales y publicaciones en cualquiera de sus formas, incluyéndose la utilización de los medios electrónicos, así como su difusión y almacenamiento. Así, para este organismo el discurso de odio puede tomar forma oral o escrita o cualquier otra forma como pinturas, señales, símbolos, dibujos, música, obras de teatro o vídeos; pudiendo incluir el uso de conductas específicas como gestos para comunicar una idea, mensaje u opinión (apartado 11 ME).

Al margen esto, y para disipar posibles dudas, la ECRI introduce expresamente en su definición de discurso de odio el negacionismo de los delitos de genocidio, delitos de lesa humanidad o delitos en caso de conflicto armado cuya perpetración se haya comprobado tras recaer sentencia por los tribunales, o el enaltecimiento de las personas que hayan sido condenadas por haberlos cometido (apartado 12 ME). Aclara, además, que la definición de discurso de odio no se restringe a las expresiones utilizadas en público, si bien esta es una característica especialmente relevante en sus formas recién mencionadas (apartado 20); y, por encima de todo, excluye explícitamente de la definición de discurso de odio cualquier forma de expresión, tales como la sátira o informes o análisis de forma objetiva, que solo ofenden, dañan o molestan, reflejando así la doctrina del TEDH en la materia[494] (apartado 13 ME).

Pues bien, teniendo en cuenta todas las consideraciones anteriores, ya en el apartado 21 ME la Comisión reitera que el discurso de odio se relaciona con ciertas formas de expresión dirigidas contra una persona o un grupo por motivo de sus características personales o estado, y subraya que la acción contra el mismo no supone necesariamente la imposición de sanciones penales. Sin embargo, en este punto hace un aporte fundamental al indicar que «cuando el discurso de odio toma la forma de una conducta que sea en sí misma un delito, (...), también se puede considerar un delito de odio». Esta idea conecta directamente con las aportaciones del Plan de Acción de Rabat, que distingue tres tipos de expresión (apartado 20): expresión constitutiva de delito; expresión que no es penalmente relevante pero que puede justificar un procedimiento civil o sanciones administrativas; y expresión que no da lugar a sanciones penales o civiles pero que, aun así, plantea problemas de tolerancia, civismo y respeto a los derechos de los demás.

En lo que se refiere a la incitación al odio (es decir, al discurso de odio), el Plan indica que esta debe referirse «a la forma más grave y profundamente sentida de oprobio» (apartado 29). Para evaluar su gravedad y poder ubicarlo en una de las categorías anteriores, propone una prueba umbral que valora seis criterios: el contexto, el emisor, la intencionalidad del autor, el contenido

494 *Vid.* pp. 182 y ss. de la presente investigación.

y la forma del discurso, la extensión del acto discursivo, y la probabilidad e inminencia de que se produzca un daño.

El Plan reconoce que se trata de un control exigente, pero lo justifica argumentando que «la limitación del discurso debe continuar siendo una excepción» (apartado 18). En esta línea, añade un filtro extra a los criterios mencionados llamando a los Estados a asegurar que, en el momento de aplicar la prueba umbral, se respetan los principios de legalidad, proporcionalidad[495] y necesidad a las restricciones a la libertad de expresión, que también se aplica a los casos de incitación al odio (apartado 22). De acuerdo con esta idea, las restricciones deben estar previstas por la ley, estar definidas de forma estricta para servir a un interés legítimo, y ser necesarias en una sociedad democrática. Esto implica, entre otras cosas, que estén definidas de forma clara y estricta y respondan a una necesidad social apremiante; que sean las medidas menos intrusivas disponibles; que no sean excesivamente amplias, de modo que no restrinjan la expresión de manera no selectiva; y sean proporcionales, de forma que el beneficio del interés protegido supere el daño a la libertad de expresión, incluso con respecto a las sanciones que autorizan» (apartado 18).

Volviendo ahora a la Recomendación n.º 15 de la ECRI, esta reconoce va más allá de lo dispuesto en el Plan de Acción de Rabat en lo que se refiere al Derecho penal y establece, además, que la intención de incitar a actos de violencia, intimidación, discriminación u hostilidad no es imprescindible para considerar que un determinado discurso de odio constituye un delito. En este sentido, defiende «que existe uso de discurso de odio también cuando cabe esperar, razonablemente, que como efecto del uso de este discurso en particular se cometan (...) actos delictivos»; y concluye que cuando así sea, se considerará una imprudencia (apartado 17).

Sintetizando todo lo expuesto en este epígrafe, es evidente que la ECRI y el Plan de Acción de Rabat abogan por distintos niveles de exigencia a la hora

495 En este punto creemos que es importante, aunque sea, mencionar que el TEDH viene prescindiendo en sus resoluciones en esta materia de realizar el obligado test de proporcionalidad —es decir, de estudiar si la injerencia es proporcional al fin legítimo que se persigue y si los motivos invocados por el Estado para justificarla son pertinentes y suficientes—; en su lugar, el TEDH ha decidido evaluar estos supuestos de un modo particular: a través del llamado *test de Estrasburgo*. En esencia, la prueba consiste en aplicar ciertos parámetros (concebidos por el propio Tribunal) que ayudan a determinar si la limitación del discurso en cuestión es legítima. Entre ellos se encuentran la materia sobre la que trata el mensaje, el emisor, la intencionalidad de este, el grupo al que se dirige, los medios usados para difundirlo, el ámbito geográfico en el que se emite, el castigo impuesto por el Estado y el contexto en el que se divulga. Ahora bien, debe tenerse en cuenta que «La definición de estas variables y el peso otorgado a cada una no se sistematizan en las sentencias de la Corte, más allá de indicarse que, en el momento de evaluar la restricción, el caso debe analizarse en su conjunto». De esta manera, también, Díez Bueso, L. «Discurso del odio en las redes sociales: la libertad de expresión en la encrucijada», en *Revista Catalana de Dret Públic*, n.º 61, 2020 (Ejemplar dedicado a: La llibertat d'expressió a l'era digital), p. 57.

de considerar delictivo el discurso de odio; ahora bien, ambos comparten la idea que ya defendió el Consejo de Europa en 1997 y que es uno de los ejes sobre los que pivota nuestra investigación: el discurso de odio y el delito de odio no son realidades identificables[496]. Aunque es posible la inter-confusión, dado que ambas presentan rasgos comunes —como el hecho de que se dirigen contra grupos (o sus miembros) que se encuentran en una situación de vulnerabilización social—[497], en realidad juegan en esferas distintas que solo intersecan cuando el discurso de odio, por cumplir ciertos estándares que con el tiempo han ido perfilando la doctrina y la jurisprudencia, se considera lo suficientemente grave como para constituir un delito (de odio, que preferimos llamar en este caso, para evitar confusiones, un «delito del discurso de odio»). Fuera de estos casos, por muy reprochable que puedan resultar las manifestaciones vertidas, no existe legitimidad alguna para imponer una sanción penal dado que predomina el derecho a la libertad de expresión.

Llegados a este punto, para terminar con las labores institucionales más relevantes que se han realizado a nivel internacional en torno al concepto de «discurso de odio» creemos que es interesante traer a colación el informe «Combattre les discours de haine sur Internet», elaborado por la Organización de las Naciones Unidas para la Educación, la Ciencia y la Cultura (a partir de ahora, UNESCO) en el año 2015[498], ya que aporta reflexiones muy pertinentes a este respecto. Entre otras, cuestiona la propia denominación del discurso de odio por ser excesivamente vago y, por tanto, sujeto a manipulaciones, proponiendo alternativas que entiende más adecuadas como «discurso discriminatorio», «discurso peligroso» o «discurso del miedo»[499]. La opción elegida nunca será neutral, ya que revela qué se prioriza en la conceptualización: si el criterio que fundamenta la definición es de orden público, se pondrá el foco en la capacidad del discurso de provocar violencia;

---

496 De esta manera, García Álvarez, P. «El efecto perverso..., *op. cit.*, p. 53. También, Cámara Arroyo, S. El concepto de delitos de odio..., *op. cit.*, p. 154.

497 Así lo corrobora, en relación con el discurso de odio en concreto, la ya mencionada Recomendación General n.° 15 de la ECRI al recordar «que de la historia europea nace la obligación de memoria, vigilancia y de combatir el aumento del racismo, la discriminación racial, la discriminación basada en el género, el sexismo, la homofobia, la transfobia, la xenofobia, el antisemitismo, la islamofobia, la discriminación contra los gitanos y la intolerancia», todas ellas formas patentes de discriminación cuyo objetivo son colectivos socialmente excluidos o marginados [coincidiendo con las explicaciones de Laurenzo Copello, P. «La categoría de delitos de odio como fuente de expansión penal», en *Delitos de opinión y libertad de expresión: un análisis interdisciplinar. Cuestiones de la parte general de los delitos de opinión*, obra colectiva, coordinador Alejandro L. de Pablo Serrano, Aranzadi, Navarra, 2021, p. 212].

498 UNESCO. *Combattre les discours de haine sur Internet* [en línea], Collection UNESCO sur la liberté de l'Internet, París, 2015. Disponible en: https://unesdoc.unesco.org/ark:/48223/pf0000234620.

499 *Vid. Ibídem*, p. 12.

si se colocan los derechos de las víctimas como núcleo del fenómeno, se focalizará desde su capacidad para lesionarlos[500], etc.

Por otra parte, la UNESCO analiza en su informe el vínculo discurso/acción explicando que, al menos por ahora, no contamos con estudios suficientes que permitan confirmar la existencia de una relación directa e incuestionable entre ambos; ahora bien, lo que sí se ha conseguido determinar es que la acción precisa de ciertas condiciones previas para ser llevada a cabo. Los discursos de odio descansan sobre tensiones preexistentes, que tratan de reproducir y amplificar; crean un determinado estado de opinión que legitima la acción violencia y que termina activando su perpetración. A lo largo del proceso, cumplen una doble función: por un lado, degrada y deshumaniza al individuo y al colectivo vulnerabilizado del que forma parte, creando un «ellos» y un «nosotros»; por otro, fortalece la sensación de pertenencia de quienes difunden el discurso, haciéndoles sentir legitimados para continuar su divulgación[501].

Aclaradas estas ideas básicas, surge necesariamente una pregunta: ¿dónde termina este derecho y se abren las puertas a la intervención penal[502], según nuestra doctrina y nuestra jurisprudencia? Para contestarla habría que partir de la definición de discurso de odio; el problema es que, como hemos visto, entre las instituciones no existe una que pueda considerarse «oficial»[503], y ya adelantamos que a otros niveles tampoco se ha alcanzado ningún consenso. Ahora bien, eso no significa que los autores y los tribunales no hayan hecho aportaciones relevantes en este ámbito. Comenzaremos con las de la jurisprudencia.

---

500 Como acertadamente explica Serra Perelló, L. «Discurso de incitación al odio..., *op. cit.*, p. 12.

501 *Vid.* UNESCO. *Combattre les discours*..., *op. cit.*, p. 11. Asimismo, Serra Perelló, L. «Discurso de incitación..., *op. cit.*, p. 12.

502 A este respecto, indica Laurenzo Copello que «La delgada línea que separa el discurso del odio del ejercicio legítimo de la libertad de expresión ha llevado a que una y otra vez se advierta desde distintas instituciones internacionales sobre los riesgos de su uso abusivo y descontextualizado». La autora pone como ejemplo, entre otros, el apartado 58 del informe de la Comisión de Venecia titulado «Report on the relationship between freedom of expression and freedom of religion: The issue of regulation and prosecution of blasphemy, religious insult and incitement to religious hatred», en el cual se dispone que «la aplicación de la legislación sobre odio debe hacerse con mesura para evitar un resultado en el que unas restricciones que se dirigen potencialmente a proteger a las minorías contra abusos, extremismos o racismos que tengan el efecto perverso de acallar las voces opositoras y disidentes, silenciar a las minorías y reforzar el discurso y la ideología dominante en materia política, social y moral». Laurenzo Copello, P. «La categoría de delitos de odio como fuente..., *op. cit.*, p. 215; EUROPEAN COMMISSION FOR DEMOCRACY THROUGH LAW. Report on the relationship..., *op. cit.*. El texto completo del informe puede consultarse en el siguiente enlace: https://www.venice.coe.int/webforms/documents/default.aspx?pdffile=CDL-AD(2008)026-e.

503 Díaz Soto va más allá de esto y señala que, en general, «la comunidad internacional no ha acordado una definición de lo que debe entenderse por discurso del odio que cumpla con los atributos de claridad y certeza necesarios para invocarse como límite válido al ejercicio de la libertad de expresión» (Díaz Soto, J. M. «Una aproximación al concepto..., *op. cit.*, p. 86).

i. La jurisprudencia europea

En nuestro continente, especialmente en los países en los que se aplica el CEDH, puede decirse que el discurso de odio es un referente terminológico indudable[504] —aunque no del todo consolidado— que otorga a los Estados cierto margen de legitimidad para tipificar las manifestaciones más graves de este fenómeno. Como ya hemos dicho, el rechazo frontal a este tipo de comportamientos encuentra su razón de ser en la desconfianza latente en nuestro entorno cultural en que el sistema democrático sea capaz de sostenerse ante las distintas manifestaciones de intolerancia que son abiertamente contrarias a la igual dignidad y derechos de todos. Precisamente por esta razón, el Convenio establece un modelo de protección que acepta ciertas restricciones a los derechos fundamentales, concretamente al derecho a la libertad de expresión (art. 10 CEDH)[505].

En este contexto, el órgano judicial que vela porque los Estados miembros respeten los derechos y las libertades que consagra el CEDH, el TEDH, lleva más de dos décadas desarrollando su propia línea jurisprudencial en este ámbito. Según la misma, la libertad de expresión debe restringirse en aquellos casos en los que esta se ejerza de manera abusiva, de acuerdo con lo previsto en el art. 17 CEDH[506/507]. El problema es que delimitar los criterios que identifican las manifestaciones excluidas de la protección que brinda este derecho y, específicamente, las que forman parte del «discurso de odio», no es tarea fácil. Ello se debe, en parte, a la dinámica y función que

504 El propio TEDH viene haciendo referencia al mismo de manera profusa desde el año 1999 [así lo explica Quesada Alcalá, C. «La labor del Tribunal Europeo de Derechos Humanos en torno al discurso de odio en los partidos políticos: coincidencias y contradicciones con la jurisprudencia española», en *Revista Electrónica de Estudios Internacionales*, n.º 30, 2015, p. 2].

505 El art. 10 CEDH, tras reconocer que toda persona tiene derecho a la libertad de expresión —la cual, enuncia, «comprende la libertad de opinión», por un lado, «y la libertad de recibir o de comunicar informaciones o ideas», por otro—, dispone en su apartado 2 lo siguiente: «El ejercicio de estas libertades, que entrañan deberes y responsabilidades, podrá ser sometido a ciertas formalidades, condiciones, restricciones o sanciones previstas por la ley, que constituyan medidas necesarias, en una sociedad democrática, para la seguridad nacional, la integridad territorial o la seguridad pública, la defensa del orden y la prevención del delito, la protección de la salud o de la moral, la protección de la reputación o de los derechos ajenos, para impedir la divulgación de informaciones confidenciales o para garantizar la autoridad y la imparcialidad del poder judicial».

506 Art. 17: «Ninguna de las disposiciones del presente Convenio podrá ser interpretada en el sentido de que implique para un Estado, grupo o individuo, un derecho cualquiera a dedicarse a una actividad o a realizar un acto tendente a la destrucción de los derechos o libertades reconocidos en el presente Convenio o a limitaciones más amplias de estos derechos o libertades que las previstas en el mismo».

507 Así, también, Gómez Martín, V. «Daño, ofensa y discurso del odio», *Anales de la Cátedra Francisco Suárez*, n.º Extra 1, 2021 (Ejemplar dedicado a: Protocolo I. Crisis del Derecho Penal del Estado de Derecho: Manifestaciones y Tendencias), p. 236.

sigue el TEDH en su análisis caso a caso[508], pero es indudable que la extensión de los universos de expresión y propaganda objeto de regulación tiene también un peso importante en este sentido[509]. Si a esto añadimos que en Europa conviven distintas sensibilidades en torno al conflicto entre la libertad de expresión y otros valores como la dignidad humana, el principio de igualdad o la propia defensa de la democracia[510], es evidente que nos movemos en un terreno, cuanto menos, pantanoso.

Si descendemos en nuestro análisis y observamos la jurisprudencia del TEDH, una idea que parece consolidada es que el discurso de odio constituye un concepto autónomo, no vinculado por la interpretación que de él hagan los tribunales internos[511], que abarca «expresiones en todo caso nocivas por su carácter intolerante y por el desprecio que transmiten», y que «pueden lesionar bienes dignos de protección, reconocidos por el propio Convenio, como son la protección de la reputación y de los derechos de las personas, la seguridad pública o la prevención de desórdenes y delitos (art. 10.2 CEDH)»[512]. Aparte de esta idea, realmente, lo único que puede sacarse en claro de la jurisprudencia de la Corte es que esta no maneja una concepción clara y estable del discurso de odio, sino que considera incluibles en su seno realidades diferentes[513].

En algunos casos lo ha identificado con aquellas expresiones capaces de generar violencia física e inmediata contra un colectivo determinado (SSTEDH 25067/94, de 8 de julio de 1999[514]; 35071/97, de 4 de diciembre de 2003[515]; 15948/03[516], de 10 de julio de 2008; 36109/03, de 2 de octubre

508 Como bien explica Oetheimer, M. «Protecting freedom of expression: the challenge of hate speech in the European Court of Human Rights case law», en *Cardozo Journal of International & Comparative Law*, vol. 17, n.° 3, 2009, p. 429. Del mismo modo, Landa Gorostiza, J. M. *Los delitos de odio..., op. cit.*, p. 28.

509 Coincidiendo con los planteamientos de Landa Gorostiza (*vid. Ibídem*, p. 28).

510 Tal y como señala Teruel Lozano, G. El discurso del odio como límite..., *op. cit.*, p. 89.

511 *Vid.*, por ejemplo, la STEDH, Gran Sala, 26682/95, de 8 de julio de 1999, caso Sürek c. Turquía.

512 Como indica expresamente Teruel Lozano, G. El discurso del odio como límite..., *op. cit.*, p. 90.

513 Coincidiendo con Díez Bueso, L. Discurso del odio en las redes sociales..., *op. cit.*, p. 52. En la misma línea, Gómez Martín, V. Daño, ofensa..., *op. cit.*, p. 243.

514 STEDH, Gran Sala, 25067/94, de 8 de julio de 1999, caso Erdogdu e Ince c. Turquía. En esta resolución, la Corte identifica el discurso de odio como aquel que incita a la violencia (párrafo 54).

515 STEDH, Sección 2.ª, 35071/97, de 4 de diciembre de 2003, caso Müslum Gündüz c. Turquía. En su apartado 51, el Tribunal admite que las expresiones que pretenden difundir, incitar o justificar el odio basado en la intolerancia (incluida la intolerancia religiosa) no gozan de la protección del art. 10 CEDH; sin embargo, considera que el mero hecho de defender la sharía (la ley islámica) sin llamar a la violencia para instaurarla, no puede ser considerado como «discurso de odio».

516 STEDH, Sección 5.ª, 15948/03, de 10 de julio de 2008, caso Soulas y otros c. Francia. Esta resolución analizaba la publicación de un libro que defendía «la incompatibilidad de

de 2008[517]; 2034/07, de 15 de marzo de 2011[518]; 42168/06, de 3 de octubre de 2017[519]; 51168/15, de 13 de marzo de 2018[520]); sin embargo, en otras no ha entendido necesario que estas puedan tener consecuencias a corto plazo (SSTEDH 15615/07, de 16 de julio de 2009[521]; 38450/12, de 25 de octubre de

la civilización europea con la civilización islámica en un área geográfica concreta». De la argumentación del Tribunal se desprende que la referencia expresa en la obra a una guerra civil étnica es el elemento esencial que justifica la restricción de la libertad de expresión del recurrente; dicho de otro modo, la clave de la condena es que existía la posibilidad de que su discurso diera lugar a una violencia física e inmediata.

517 STEDH, Sección 5.ª, 36109/03, de 2 de octubre de 2008, caso Leroy c. Francia. En este asunto era objeto de enjuiciamiento una caricatura publicada justo después de ocurrir el atentado del 11-S y que, en opinión de la Corte, «alababa inequívocamente el acto de la muerte». Además, considera que «el dibujante justificaba el uso del terrorismo, se identificaba con él y con su método de destrucción» y, en definitiva, «animaba de manera indirecta al lector potencial a valorar positivamente la comisión de un acto delictivo» (párrafo 14). En base a ello, condena al recurrente por vulneración del derecho a la libertad de expresión.

518 STEDH, Sección 3.ª, 2034/07, de 15 de marzo de 2011, caso Otegi Mondragón c. España. En esta resolución, el Tribunal reconoce que las declaraciones por las que se había condenado al recurrente imprimieron una connotación hostil a la institución monárquica; sin embargo, estima que se vulneró su derecho a la libertad de expresión porque estas no suponían una exhortación al uso de la violencia y, por tanto, no constituían un discurso de odio (párrafo 54).

519 STEDH, Sección 3.ª, 42168/06, de 3 de octubre de 2017, caso Dmitriyevskiy c. Rusia. El recurrente en este caso era el director ejecutivo de la *Russian-Chechen Friendship Society*, una ONG que supervisaba las violaciones de derechos en la República de Chechenia, y también el editor jefe de la revista *Protection of Rights*. Esta revista publicó varios artículos en los que el demandante criticaba al Estado ruso por haber cometido distintos delitos —algunos de lesa humanidad— durante el conflicto con Chechenia, lo que llevó a ser condenado por un delito de incitación al odio. El TEDH consideró, finalmente, que la restricción del derecho a la libertad de expresión del recurrente no era lícita, dado que las ideas expresadas en las publicaciones no podían leerse «como una incitación a la violencia», ni tampoco «ser interpretadas como una instigación al odio o a la intolerancia capaz de resultar en violencia» (párrafo 109).

520 STEDH, Sección 3.ª, 51168/15, de 13 de marzo de 2018, caso Stern Taulats y Roura Capellera c. España. En este asunto se analizaba si era legítima la condena a los recurrentes por haber quemado una fotografía de los Reyes de España en una manifestación celebrada en Girona en septiembre de 2007. La sentencia entiende que no, y condena al Estado español por vulneración de la libertad de expresión argumentando que esta actuación no podía constituir una manifestación del discurso de odio por no haber implicado una incitación a la violencia (párrafo 40).

521 STEDH, Sección 2.ª, 15615/07, de 16 de julio de 2009, caso Féret c. Bélgica. En este asunto el Tribunal de Estrasburgo estimó que no vulneraba la libertad de expresión la condena por un delito de incitación a la discriminación y al odio impuesta al presidente del partido político de extrema derecha Frente Nacional (*Front National*) por haber divulgado diversos panfletos que promulgaban la expulsión de los inmigrantes irregulares de Bélgica. La resolución consideró que la ausencia en las declaraciones de amenazas o expresiones que incitaran a la violencia resultaba irrelevante (párrafo 73), y que lo importante era la naturaleza de los destinatarios del mensaje: colectivos susceptibles de encontrarse en una situación de vulnerabilidad (párrafo 71).

2018[522]). En este último grupo de supuestos, la Corte ha ampliado en gran medida el abanico de posibilidades dejando a un lado la alusión a la violencia y sustituyéndola por otros referentes —como la discriminación, la humillación, el odio, etc.— que le han servido como base para justificar la intervención penal estatal (STEDH 1813/07, de 9 de febrero de 2012)[523]. Pues bien, de esta ambivalencia puede extraerse una primera idea: el discurso de odio puede ser articulado a través de la incitación directa o indirecta a la violencia, pero no se restringe a esa posibilidad[524].

Como no podía ser de otra manera, esta vaguedad conceptual ha traído consigo consecuencias indeseables. Una de ellas es que ha terminado llevando, casi inevitablemente, a que la jurisprudencia europea haya recurrido al concepto de «discurso de odio» para justificar la adecuación conforme al derecho a la libertad de expresión de sentencias condenatorias por delitos que poca o ninguna relación guardan en realidad con este fenómeno (tal ha sido el caso, por ejemplo, de las ya mencionadas SSTEDH 2034/07, de 15 de marzo de 2011, y 51168/15, de 13 de marzo de 2018, ambas relativas a supuestos de injurias a la Corona), esquivando así la necesaria ponderación de los intereses en juego (o, lo que es lo mismo, el respeto al test de proporcionalidad)[525]. Pero, ¿cómo se ha llegado

---

522 STEDH, Sección 5.ª, 38450/12, de 25 de octubre de 2018, caso E.S. c. Austria. Esta resolución es la más reciente en esta línea, y en ella se analizaban las expresiones vertidas en unos seminarios titulados *Información básica sobre el islam*, organizados por el *Right-Wing Freedom Party Education Institute*. Entre otras manifestaciones, se había sostenido que Mahoma, «Como era un señor de la guerra, tenía muchas mujeres, (...), y le gustaba hacerlo con niños (...). Tenemos enormes problemas con esto actualmente, ya que los musulmanes entran en conflicto con la democracia y con nuestro sistema de valores». Frente semejantes declaraciones, la Corte se adhiere a la decisión tomada en apelación considerando que «las decisiones impugnadas no fueron formuladas de manera neutral con el fin de hacer una contribución objetiva a un debate público sobre el matrimonio infantil (...), sino que equivalieron a una generalización sin fundamento fáctico. Así, al considerar que estas afirmaciones iban más allá de los límites permisibles en un debate objetivo y entenderlas como un ataque abusivo contra el Profeta del Islam, capaz de provocar prejuicios y poner en peligro la paz religiosa, los tribunales nacionales llegaron a la conclusión de que los hechos controvertidos contenían elementos de incitación a la intolerancia religiosa» (párrafo 57).

523 STEDH, Sección 1.ª, 1813/07, de 9 de febrero de 2012, caso Vejdeland y otros c. Suecia. En este asunto era objeto de juicio la difusión de un folleto de contenido homófobo en una escuela de secundaria. Entre otras afirmaciones, el texto recogía que «la homosexualidad tiene un efecto moralmente destructivo sobre la sustancia de la sociedad», y que los homosexuales poseían un estilo de vida «promiscuo». Para la Corte, «si bien estas afirmaciones no recomendaban directamente la comisión de actos de odio», se trataba de «acusaciones graves y perjudiciales» (párrafo 54), e insiste en que «la incitación al odio no implica necesariamente la llamada a un acto de violencia u otros actos delictivos. Cualquier ataque contra un grupo específico de la sociedad, ya sea por medio de insultos o de declaraciones que busquen ridiculizarlo o difamarlo, es suficiente para que las autoridades privilegien el combate contra los discursos racistas frente a la libertad de expresión, cuando ella es ejercida de forma irresponsable» (párrafo 55). En base a lo anterior, condena.

524 Así, LANDA GOROSTIZA, J. M. *Los delitos de odio...*, *op. cit.*, p. 55.

525 A esto lo ha llamado GÓMEZ MARTÍN la «vocación utilitarista» del concepto de discurso de odio (GÓMEZ MARTÍN, V. Daño, ofensa..., *op. cit.*, pp. 240-242).

a esta situación? Para encontrar una respuesta a esta pregunta es preciso detenernos momentáneamente y observar la evolución que ha experimentado el Tribunal de Estrasburgo en su tratamiento del discurso de odio.

En sus primeros pronunciamientos en esta materia, la Corte aplicó contundentemente el llamado «efecto guillotina» impidiendo todo amparo en el ejercicio de la libertad de expresión a los emisores del discurso, especialmente en supuestos de incitación directa a la violencia xenófoba o racista y de revisionismo del Holocausto; no obstante, con el paso del tiempo ha ajustado este control y lo ha hecho más exhaustivo, para asegurar el respeto a otros derechos como la libertad de prensa y evitar el posible abuso y la manipulación del art. 17 CEDH[526] por parte de los Estados[527]. A lo largo de esta evolución, la Corte ha desplazado el núcleo de su análisis del contenido de las manifestaciones proferidas y lo ha situado en el contexto en que estas se vierten[528], apuntando que bajo el paraguas protector del art. 10.2 CEDH no solo caben «las ideas e informaciones aceptadas favorablemente o consideradas como inofensivas o indiferentes», sino también «aquellas que molestan, chocan o inquietan, pues así lo requieren el pluralismo, la tolerancia y el espíritu de apertura sin los cua-

526 Este precepto recoge la prohibición del abuso de derecho, y reza lo que sigue: «Ninguna de las disposiciones del presente Convenio podrá ser interpretada en el sentido de que implique para un Estado, grupo o individuo, un derecho cualquiera a dedicarse a una actividad o a realizar un acto tendente a la destrucción de los derechos o libertades reconocidos en el presente Convenio o a limitaciones más amplias de estos derechos o libertades que las previstas en el mismo».

527 En este sentido, a lo largo de su evolución jurisprudencial el objeto de la doctrina del TEDH ha pasado de centrarse exclusivamente en supuestos graves de incitación relacionados con el nazismo o neonazismo, el fascismo, el antisemitismo, el racismo y el comunismo, a abarcar otros contextos étnicos (como el fundamentalismo islámico o la población kurda), así como un número creciente de colectivos (como el LGTBI). De esta manera, HARRIS, D.; O'BOYLE, M.; BATES, E.; BUCKLEY, C. *Law of the European Convention on Human Rights*, 2.ª ed., OUP Oxford, Oxford, 2009, p. 449. Les sigue, LANDA GOROSTIZA, J. M. *Los delitos de odio..., op. cit.*, pp. 27 y 35.

528 Se considera que un punto de inflexión en este sentido lo supuso la STEDH, Gran Sala, 15890/89, de 23 de septiembre de 1994, caso Jersild c. Dinamarca. En este asunto se discute si la sanción penal a un periodista danés (Jens Olaf Jersild) por permitir en su programa de televisión que miembros de las Chaquetas Verdes realizaran duras manifestaciones racistas contra los inmigrantes y otros grupos étnicos en Dinamarca, vulnera la libertad de expresión. El TEDH decidió —aunque no de forma unánime— proteger al periodista argumentando que, si bien según el art. 10.2 CEDH los profesionales de la información deben cumplir ciertos «deberes y responsabilidades» (párrafos 29 y 31) que pueden obligarlos a tomar distancia de discursos de corte racista o xenófobo para evitar convertirse en medios de difusión de estos, el denunciado actuó dentro del margen de protección que le brindaba la libertad de expresión. La sentencia supuso un antes y un después en la materia porque, a la hora de fundamentar su postura, el TEDH pone el acento, no en las concretas declaraciones que se hicieron en el programa, sino en el contexto en que fueron vertidas, deslindando así el discurso libre y amparado por la libertad de expresión del que esta no protege y puede llegar a ser sancionado legítimamente desde el Derecho penal.

les no hay sociedad democrática»[529]. A modo de ejemplo, esta inclinación a poner el énfasis en el contexto puede observarse, con matices, en los casos de incitación xenófoba relativos al denominado «negacionismo»[530]. Decimos con matices porque, por una parte, el TEDH tiende a excluir estrictamente de toda protección los supuestos de agitación negacionista o revisionista relacionados con el holocausto nazi[531/532], un planteamiento que ha mantenido asimismo para otras formas de discurso de odio, por su «contenido» y «finalidad» racista

529 STEDH, Pleno, 5493/72, caso Handyside c. Reino Unido, de 7 de diciembre de 1976, párrafo 49. Esta argumentación la reproduce el Tribunal mucho tiempo después, en la ya mencionada STEDH, Sección 3.ª, 2034/07, de 15 de marzo de 2011, caso Otegi Mondragón c. España, donde dispone que, tal y como señala el art. 10 CEDH, la libertad de expresión «se combina con excepciones que requieren no obstante una interpretación restrictiva, y la necesidad de limitarla debe encontrarse establecida de manera convincente» (párrafo 48).

530 Teruel Lozano explica que «el negacionismo es un tipo de discurso que se define por su contenido "negador" o "justificador" de unos crímenes, pero no siempre tiene que venir inspirado ni pretender insuflar odio a la sociedad (de ahí que pueda hablarse, algunos autores lo nieguen, de un "negacionismo neutro"» (Teruel Lozano, G. M. La libertad de expresión..., *op. cit.*, p. 6, pie de página n.º 4).

531 Ejemplo paradigmático de esta tendencia por su planteamiento radical es la Decisión, Sección 4.ª, de 24 de junio de 2003, relativa a la admisibilidad del asunto Garaudy c. Francia. En ella, el TEDH negó *ratione materiae* toda protección al demandante, que había sido castigado penalmente por escribir y publicar un libro que negaba y trivializaba el holocausto judío en el marco de la propaganda revisionista de la Alemania nazi. Y ello porque, según el Tribunal, los discursos negacionistas del Holocausto constituyen
«una de las formas más serias de difamación racial e incitación al odio hacia los judíos. La negación o revisión de hechos históricos de este tipo ponen en tela de juicio los valores en los que se basa la lucha contra el racismo y el antisemitismo y son susceptibles de alterar gravemente el orden público. Estos actos son incompatibles con la democracia y los derechos humanos, y sus autores persiguen indudablemente objetivos prohibidos por el artículo 17 CEDH».
Otro ejemplo que puede citarse en esta línea es la Decisión del TEDH, Sección 1.ª, 35222/04, de 20 de febrero de 2007, relativa a la admisibilidad del caso Pavel Ivanov c. Rusia. En este caso el demandante era un editor ruso que había sido sancionado por publicar varios artículos en los que apelaba a la persecución de los judíos. En aquel momento, el Tribunal resolvió explicando que el contenido y la intencionalidad de los escritos publicados constituían un impetuoso ataque que vulneraba el CEDH.
La misma postura ha mantenido tiempo después en su Decisión, Sección 5.ª, 25239/13, de 20 de octubre de 2015, sobre la admisibilidad del caso M'Bala M'Bala c. Francia, que confirmó la condena al comediante Dieudonné por injurias a los judíos en el espectáculo *J'ai fait l'con*, celebrado el 26 de diciembre de 2008 en París. Para la Corte, colocar «a las víctimas judías de las deportaciones en posición envilecida frente a quien niega su exterminación» supone «una demostración de odio y de antisemitismo, así como la puesta en entredicho del holocausto», y «No puede aceptar que la expresión de una ideología que va en contra de los valores fundamentales del Convenio, tal cual lo expresa su preámbulo, es decir la justicia y la paz, sea equiparada con un espectáculo, aun satírico o provocador, que entraría en el ámbito de la protección del artículo 10 del Convenio». En base esto, aplica el art. 17 CEDH.

532 En otros supuestos de incitación xenófoba que no se refieren al Holocausto de manera directa la actitud del Tribunal ha sido distinta. Ejemplo de ello lo constituye el ya mencionado asunto Lehideux e Isorni c. Francia, de 23 de septiembre de 1998, en el que, al enfrentar la persecución penal de un caso de revisionismo del régimen de Vichy, el

o islamofóbica[533]; mientras que, por otra, se inclina a considerar preferente la libertad de expresión en otros casos de genocidio, delitos de lesa humanidad o de guerra. Así las cosas, ¿qué tratamiento podemos decir que le ha dado la Corte al discurso de odio?

Dado que nunca ha respondido directamente a este interrogante, solo podemos tratar de inferir la respuesta a esta pregunta de la propia jurisprudencia. Concretamente, de dos resoluciones que son particularmente clarificadoras a este respecto: las SSTEDH 27510/08, de 15 de octubre de 2015[534], y 24662/94, de 23 de septiembre de 1998[535]. En la primera de ellas, el Tribunal advierte que la cláusula de abuso de derecho recogida en el art. 17 CEDH puede aplicarse solo «excepcionalmente y en supuestos extremos (...), donde no haya duda de que la libertad de expresión se ha empleado con una finalidad manifiestamente contraria a los valores del Convenio» (párrafo 113). Por su parte, en la segunda sigue el siguiente esquema: entender que el discurso objeto de análisis está protegido por el art. 10 CEDH y estudiar las restricciones que se le han impuesto, utilizando para ello el art. 17 CEDH como principio interpretativo. Si aunamos ambas argumentaciones, la Corte debería, primero, rechazar de entrada la aplicación del art. 17 CEDH; y, segundo, para poder restringir legítimamente el discurso, comprobar que la injerencia cumple tres requisitos: estar prevista en la ley, perseguir los objetivos del art. 10 CEDH y ser necesaria en una sociedad democrática. De estos tres filtros, el que resulta más difícil de superar para los Estados es el tercero, precisamente el que la Corte ha tratado con menor claridad[536].

TEDH reconoció la protección que otorgaba el CEDH a los demandantes. El Tribunal basó su decisión en que el revisionismo en este caso no era del régimen nazi directamente, sino del apoyo que a este le otorgó el gobierno colaboracionista francés (el comportamiento de los demandantes había consistido en colocar un anuncio publicitario en el periódico Le Monde que valoraba positivamente la actuación colaboracionista del mariscal Pétain). Esto llevó al Tribunal, no ya a dejar de aplicar la cláusula abusiva del art. 17 CEDH, sino a entender que el Estado había sobrepasado los límites del derecho a la libertad de expresión de los demandantes y que las manifestaciones revisionistas vertidas debían quedar amparadas por el mismo.

533 Tal ha sido el caso de la Decisión del TEDH, 23131/03, Sección 2.ª, de 16 de noviembre de 2004, sobre la admisibilidad del asunto M. A. Norwood c. Reino Unido, relacionado con ciertos ataques del Partido Nacional Británico (*British National Party*) contra la comunidad musulmana. El mencionado partido político había mostrado una fotografía de las Torres Gemelas ardiendo con el símbolo de la media luna en señal de prohibición y las palabras «*Islam out of Britain-Protect the British People*». Para la Corte, el atacar vehementemente a un grupo religioso vinculándolo con el terrorismo resulta incompatible con la tolerancia, la paz social y la no discriminación que promulga el CEDH; por tanto, «la petición debía ser rechazada como incompatible *ratione materiae* con las previsiones del Convenio» (p. 4).

534 STEDH, Gran Sala, 27510/08, caso Perinçek c. Suiza, de 15 de octubre de 2015.

535 STEDH, Gran Sala, 24662/94, caso Lehideux e Isorni c. Francia, de 23 de septiembre de 1998.

536 Tal y como indica Díez Bueso, L. Discurso del odio en las redes sociales..., *op. cit.*, p. 56.

A la hora de evaluar la necesidad de la limitación del discurso de odio, el TEDH ha ofrecido, como adelantamos, un determinado margen de apreciación a los Estados. El problema radica en que la amplitud del mismo varía según la materia objeto de análisis: por ejemplo, cuando se trata de un discurso político, el margen se estrecha ya que la Corte entiende que el debate en estos casos es «fundamental en una sociedad democrática» y que no debe restringirse si no hay «razones imperiosas» para hacerlo[537]; sin embargo, en asuntos religiosos el margen de apreciación estatal es máximo, dado que considera que no existe a día de hoy un concepto unitario de religión que permita otorgar una protección común a todos los Estados del Consejo de Europa[538]. Pues bien, con independencia de esta falta de uniformidad en el tratamiento del discurso de odio, en esta materia existe un problema más grave que ya adelantamos: que el Tribunal europeo prescinda en estos casos de realizar el obligado test de proporcionalidad; es decir, de estudiar si la injerencia es proporcional al fin legítimo que se persigue y si los motivos invocados por el Estado para justificarla son pertinentes y suficientes[539].

En su lugar, el TEDH ha decidido evaluar estos supuestos de un modo particular: a través del llamado *test de Estrasburgo*. En esencia, la prueba consiste en aplicar ciertos parámetros (concebidos por el propio Tribunal) que ayudan a determinar si la limitación del discurso en cuestión es legítima. Entre ellos se encuentran la materia sobre la que trata el mensaje, el emisor, la intencionalidad de este, el grupo al que se dirige, los medios usados para difundirlo, el ámbito geográfico en el que se emite, el castigo impuesto por el Estado y el contexto en el que se divulga. Ahora bien, «La definición de estas variables y el peso otorgado a cada una no se sistematizan en las sentencias de la Corte, más allá de indicarse que, en el momento de evaluar la restricción, el caso debe analizarse en su conjunto»[540].

En relación con este test, algo que sin duda llama la atención es que el TEDH no contemple de manera independiente la capacidad del mensaje en cuestión para incitar a la violencia física e inminente o bien a largo plazo. Si entendemos que esta aptitud debe extraerse del análisis de los parámetros mencionados, aparece la problemática fundamental que sobrevuela el resto de las cuestiones ya expuestas: en la dinámica establecida por el Tribunal de Estrasburgo en este ámbito se otorga la misma respuesta a comportamientos que claramente tienen distinto desvalor, lo que carece de toda lógica. Si la Corte defiende la existencia —principalmente— de dos clases de discurso de

537 STEDH, Sección 5.ª, 59405/00, de 6 de julio de 2006, caso Erbakan c. Turquía, párrafo 55.

538 STEDH, Sala, 17419/90, caso Wingrove c. Reino Unido, de 25 de noviembre de 1996, párrafo 57.

539 Coincidiendo con las explicaciones de Díez Bueso, L. Discurso del odio en las redes sociales..., *op. cit.*, p. 57.

540 En palabras de Díez Bueso (*vid. Ibídem*, p. 57).

odio, con consecuencias cualitativamente distintas, estos deberían ser tratados de manera diferente. Para ello podrían seguir siendo útiles las variables del test de Estrasburgo, siempre y cuando se adaptaran al tipo de discurso: deberá valorarse, o bien la aptitud del mensaje para generar violencia física o inminente, o bien su aptitud para generar o apoyar un clima actualmente hostil que en un futuro pudiera dar lugar comportamientos violentos[541].

Más allá de esto, no puede perderse de vista la idea con la que cerramos el epígrafe anterior: el hecho de que ciertas manifestaciones puedan ser consideradas englobables en el discurso de odio no puede, por sí mismo, justificar la intervención del Derecho penal para responder al mismo. En nuestra opinión, esto ocurre solamente cuando el discurso tiene capacidad para generar violencia física e inminente, dado que es entonces cuando, de acuerdo con principio de exclusiva protección de bienes jurídicos, está verdaderamente en juego la integridad del colectivo destinatario del mensaje. Ahora bien, que las manifestaciones que no cumplen esta característica no deban tener trascendencia penal no significa que deban gozar del amparo del CEDH.

Desde nuestro punto de vista, la Corte debe reconocer la protección del art. 10 CEDH a cualquier discurso intolerante a no ser que haya existido una ofensa (daño o puesta en peligro) real a uno de los bienes amparados por el Convenio. En este sentido, nos parece acertada la propuesta de Teruel Lozano[542], que entiende que las ofensas pueden tomar tres formas distintas:

a) Insultos o manifestaciones vejatorias, humillantes o que desacreditan al colectivo vulnerabilizado o a sus miembros.

b) Provocación que genera realmente un peligro de que se cometan delitos. En este caso no es suficiente con una incitación a la hostilidad o al odio; además, la peligrosidad debe materializarse en un juicio de causalidad que permita verificar que verdaderamente existe una alta probabilidad de que acontezca el acto lesivo[543].

c) Expresiones amenazantes con un efecto coactivo real.

Compartimos con el autor mencionado que estos criterios dan una respuesta equilibrada al discurso de odio en cualquier democracia pluralista, que como tal está llamada a reconocer y salvaguardar el derecho a la libertad de expresión. Aparte de esto, permiten definir los comportamientos que se consideran ilícitos sin adelantar la naturaleza que debe dárseles (penal, civil

541 De esta manera, Díez Bueso (*vid. Ibídem*, p. 57).

542 Teruel Lozano, G. El discurso del odio como límite..., *op. cit.*, p. 105.

543 En este sentido el autor recomienda —y así lo compartimos— adoptar la doctrina del «*clear and present danger*» porque, como se trata de valoraciones probabilísticas en torno a situaciones político-sociales, «solo un alto grado de certeza y de inmediatez dan un mínimo de solidez». En caso contrario, podrían llegar a admitirse restricciones basadas en «cómo suenan unos determinados discursos», lo que abriría la puerta «a una excesiva discrecionalidad aplicativa» (*vid. Ibídem*, p. 105).

o administrativa), lo que, en nuestra opinión, deja un amplio y beneficioso margen de libertad a los Estados para que puedan adaptarla de acuerdo con su propia experiencia.

Pues bien, dicho esto, para cerrar este epígrafe me gustaría insistir en una idea fundamental que mencionamos al comenzar este capítulo y que, a estas alturas, puede haber quedado en el olvido. Si recordamos, el discurso de odio y los delitos de odio han compartido desde el primer momento un punto esencial común: el estar dirigidos a apoyar o mantener la situación de vulnerabilización —que no de vulnerabilidad—[544] social que sufren determinados colectivos por razón de una serie de características personales. Esto quiere decir que, si el discurso en cuestión no ha sido vertido con esa finalidad, no podemos hablar de ninguno de estos fenómenos y, en consecuencia, no debería poder aplicarse el test de Estrasburgo para valorar la gravedad de la conducta. Eventualmente, el discurso intolerante podría —si cumple las condiciones— ser excluido de la protección del CEDH e incluso podría abrirse la puerta a que fuese considerado delictivo a nivel estatal, pero nunca podría argumentarse la posible concurrencia de un delito del discurso de odio. Lo contrario supondría destruir la propia esencia de esta categoría delictiva y, con ello, su «sentido tuitivo»[545], despojándola de cualquier utilidad.

ii. La jurisprudencia española: el Tribunal Constitucional y el Tribunal Supremo

En principio, nuestra jurisprudencia, al igual que el TEDH, parte del concepto de discurso del odio recogido en la Recomendación (1997) 20 del Comité de Ministros del Consejo de Europa. Así lo demostraba ya el primer pronunciamiento del TC relativo al art. 510.1 CP, que castigaba —y castiga a día de hoy— la incitación al odio: la famosa STC 235/2007, de 7 de noviembre. Esta resolución se retrotrae a la primera condena en instancia referente a aquel precepto, que se produjo por Sentencia del Juzgado de lo Penal n.º 3 de Barcelona el 16 de noviembre de 1998, en el conocido caso Librería Europa. Antes de pasar a analizar el pronunciamiento del TC, pongámonos en contexto.

En virtud de esta Sentencia, el mencionado Juzgado condenó al titular de la librería, que se dedicaba a vender material relacionado con el holocausto

---

544 En Derecho penal, como en cualquier disciplina, las palabras importan: los colectivos a los que nos referimos no son socialmente vulnerables *per se*, sino que han sido colocados —debido a los prejuicios que marcan una sociedad en una época determinada— en una situación de marginación, por eso hablamos de grupos vulnerabilizados. Grupos vulnerables podrían ser, por ejemplo, los niños o los ancianos.

545 En palabras de Teruel Lozano, G. M. El discurso del odio como límite..., *op. cit.*, p. 88.

nacionalsocialista, por los delitos de los artículos 510.1 y 607.2[546] CP. Dos meses más tarde, la resolución fue recurrida en apelación; sin embargo, el recurso no pudo ser resuelto por la Audiencia Provincial hasta transcurridos más de diez años —concretamente hasta el 26 de abril de 2010—[547] debido a la interposición de una cuestión de constitucionalidad (N.º 5152-2000) relativa al delito de apología del genocidio (artículo 607.2 CP)[548] que se encargaría de resolver la ya mencionada STC 235/2007, de 7 de noviembre.

Pues bien, en esta resolución el Tribunal señala expresamente que el objeto de su pronunciamiento es

> «determinar si las conductas castigadas en el precepto sometido a nuestro control de constitucionalidad pueden ser consideradas como una modalidad de ese "discurso del odio" al que, (...), alude el Tribunal Europeo de Derechos Humanos como forma de expresión de ideas, pensamientos u opiniones que no cabe incluir dentro de la cobertura otorgada por el derecho a la libertad de expresión» (F. J. 8).

Más adelante, define más detalladamente el discurso de odio como «aquel desarrollado en términos que supongan una incitación directa a la violencia contra los ciudadanos en general o contra determinadas razas o creencias en particular» (tal y como hace la STEDH Ergogdu e Ince c. Turquía, de 8 de julio de 1999); y, en base a ello, excluye del ámbito de protección de la libertad de expresión «las manifestaciones vilipendiadoras, racistas o humillantes (...) que inciten directamente a dichas actitudes» (F. J. 5). Ahora bien, ¿dónde se encuentra la frontera que da paso a un castigo penal legítimo en estos casos, según el TC?

Para poder acertar en la respuesta a esta pregunta es preciso atender a la STC 235/2007, de 7 de noviembre, en su conjunto ya que, si bien el TC

546 En el momento de emitirse la sentencia en cuestión, el art. 510.1 CP rezaba lo que sigue: «Los que provocaren a la discriminación, al odio o a la violencia contra grupos o asociaciones, por motivos racistas, antisemitas u otros referentes a la ideología, religión o creencias, situación familiar, la pertenencia de sus miembros a una etnia o raza, su origen nacional, su sexo, orientación sexual, enfermedad o minusvalía, serán castigados con la pena de prisión de uno a tres años y multa de seis a doce meses». Por su parte, el art. 607.2 CP rezaba lo siguiente: «La difusión por cualquier medio de ideas o doctrinas que nieguen o justifiquen los delitos [de genocidio y afines] tipificados en el apartado anterior de este artículo, o pretendan la rehabilitación de regímenes o instituciones que amparen prácticas generadoras de los mismos, se castigará con la pena de prisión de uno a dos años».

547 Nos referimos, en concreto, a la sentencia de 26 de abril de 2010 de la Audiencia Provincial (en adelante, AP) de Barcelona.

548 Recordamos que la controversia que generaba el precepto residía en que, en teoría, este castigaba la «apología del genocidio»; sin embargo, la mayor parte de la doctrina española entendía que esto no era así, sino que, para poder considerar el contenido apologético del artículo 607.2 CP, las conductas previstas en él tenían que castigar los comportamientos en el sentido que daba el anterior artículo 18.1 CP.

dice entender el discurso de odio tal y como lo hace el TEDH, lo cierto es que en esta resolución restringe bastante el concepto, en consonancia con el modelo de democracia que rige en nuestro país. Y es que, a diferencia del que defiende el CEDH, el que emana de nuestra Constitución no se corresponde con un modelo de democracia militante[549], lo que supone un grado de protección diferente del discurso antidemocrático[550]. Como indica expresamente el TC,

> «Esta concepción (...) se manifiesta con especial intensidad en el régimen constitucional de las libertades ideológica, de participación, de expresión y de información (...), pues implica la necesidad de diferenciar claramente entre las actividades contrarias a la Constitución, huérfanas de su protección, y la mera difusión de ideas e ideologías. El valor del pluralismo y la necesidad del libre intercambio de ideas como sustrato del sistema democrático representativo impiden cualquier actividad de los poderes públicos tendente a controlar, seleccionar o determinar gravemente la mera circulación pública de ideas o doctrinas» (F. J. 4)[551].

Partiendo de esto, el Tribunal deja claro que, en nuestro ordenamiento, el derecho fundamental a la libertad de expresión

> «comprende la libertad de crítica, aun cuando la misma sea desabrida y pueda molestar, inquietar o disgustar a quien se dirige, pues así lo requieren el pluralismo, la tolerancia y el espíritu de apertura, sin los cuales no existe 'sociedad democrática' (...). Por ello mismo hemos afirmado rotundamente que (...) al resguardo de la libertad de opinión cabe cualquiera, por equivocada o peligrosa que pueda parecer al actor, incluso las que ataquen al propio sistema democrático. La Constitución (...) protege también a quienes la niegan» (F. J. 4).

---

549 Así lo indica el TC en la STC 235/2007, de 7 de noviembre, en los siguientes términos: «por circunstancias históricas ligadas a su origen, nuestro ordenamiento constitucional se sustenta en la más amplia garantía de los derechos fundamentales, que no pueden limitarse en razón de que se utilicen con una finalidad anticonstitucional. Como se sabe, en nuestro sistema (...) no tiene cabida un modelo de 'democracia militante', esto es, un modelo en el que se imponga, no ya el respeto, sino la adhesión positiva al ordenamiento y, en primer lugar, a la Constitución» (F. J. 4).

550 De esta manera, Alcácer Guirao, R. «Discurso del odio y discurso político. En defensa de la libertad de los intolerantes», en *Revista Electrónica de Ciencia Penal y Criminología*, n.° 14, 2012, p. 02:8. En términos similares, Alaustey Dobón, C. «Discurso del odio y negacionismo en la reforma del Código Penal de 2015», en *Revista Electrónica de Ciencia Penal y Criminología*, n.° 18, 2016, p. 21.

551 En este mismo sentido se había pronunciado ya el TC en los años 80, entre otras, en sus SSTC 6/1981, 12/1982, de 31 de marzo; 104/1986, de 17 de julio; y 159/1986, de 16 de diciembre. Un análisis de la doctrina constitucional relativa a la libertad de expresión y al derecho a la información puede encontrarse en Núñez Martínez, M. A. «El Tribunal Constitucional y las libertades del artículo 20 de la Constitución española», en *Revista de Derecho UNED*, n.° 3, 2008, *passim*.

Ahora bien, que el mayor intérprete de la Constitución Española (en adelante, CE) otorgue este amplio espacio[552] a la libertad de expresión no implica que defienda una libertad absoluta a la hora de expresarse. Este hecho se refleja, asimismo, en la STC 235/2007, de 7 de noviembre, cuando se afirma que

> «el ámbito constitucionalmente protegido de la libertad de expresión no puede verse restringido por el hecho de que se utilice para la difusión de ideas u opiniones contrarias a la esencia misma de la Constitución (...) a no ser que con ellas se lesionen **efectivamente**[553] derechos o bienes de relevancia constitucional» (F. J. 4).

En esta línea, el Tribunal considera que en nuestro ordenamiento no cabe

> «la tipificación como delito de la mera transmisión de ideas, **ni siquiera**[554] en los casos en que se trate de ideas execrables por resultar contrarias a la dignidad humana que constituye el fundamento de todos los derechos que recoge la Constitución y, por ende, de nuestro sistema político» (F. J. 6).

De acuerdo con lo anterior, para el TC, lo que delimita el espacio del ejercicio legítimo de la libertad de expresión es la dignidad humana, por ello «carece de cobertura constitucional la apología de los verdugos, glorificando su imagen y justificando sus hechos cuando ello suponga una humillación de sus víctimas»; e, igualmente, se excluye de dicha cobertura «el odio y el desprecio a todo un pueblo o a una etnia» (F. J. 5). Es decir, nuestra jurisprudencia se suma al rechazo que muestra el Tribunal de Estrasburgo ante el discurso del odio como incitación a la violencia o al odio —que queda fuera del legítimo ejercicio de la libertad de expresión—; sin embargo, establece un requisito fundamental para la tipificación de estas conductas que no comparte la instancia europea: resulta indispensable que a lo que incite, provoque o aliente el discurso en cuestión sea a actos delictivos[555/556]. Así lo recogen los FF. JJ. 8 y 9 de la STC que venimos analizando, en los que se con-

552 Tal y como recoge el TC en su STC 9/2007, de 15 de enero, «La libertad de expresión aparece (...) como uno de los fundamentos indiscutibles del orden constitucional español, colocada en una posición preferente y objeto de especial protección y necesitada de un "amplio espacio", es decir, un ámbito exento de coacción lo suficientemente generoso como para que pueda desenvolverse sin angosturas, esto es, sin timidez y sin temor. De ahí que no disuadir la diligente, y por ello legítima, transmisión de información constituya un límite constitucional esencial que el art. 20 CE impone a la actividad legislativa y judicial» (F. J. 4).

553 Cursiva añadida.

554 Cursiva añadida.

555 En este mismo sentido, Quesada Alcalá, C. «La labor del Tribunal Europeo..., *op. cit.*, p. 25.

556 De hecho, el TC considera que nuestro ordenamiento no permite «la tipificación como delito de la mera transmisión de ideas, ni siquiera en los casos en que se trate de ideas execrables por resultar contrarias a la dignidad humana que constituye el fundamento de todos los derechos que recoge la Constitución y, por ende, de nuestro sistema político» (F. J. 6).

cluye que, para que la expresión de ideas u opiniones pueda ser considerada delito, debe constatarse que estas suponen, bien una incitación, aunque sea *indirecta*[557], al delito en cuestión (el de genocidio, en el caso que ocupa a esta resolución), o bien una incitación *directa*[558] a la discriminación, al odio o a la violencia contra determinados colectivos[559], siempre y cuando esta representase «un peligro cierto de generar un clima de violencia y hostilidad que pueda concretarse en actos específicos de discriminación» (FF. JJ. 8 y 9)[560].

Dicho esto, y pese a que puedan existir ciertas similitudes entre el tratamiento que da la instancia europea y la que da el TC al discurso de odio —al menos hasta 2007—, es evidente que la posición adoptada por la Corte restringe mucho más el derecho fundamental a la libertad de expresión. Este hecho se hace patente, en especial, en los supuestos de negacionismo, en los que el Alto Tribunal ha establecido un claro distanciamiento de la doctrina de la Corte. En palabras del propio TC:

> «la regla general de la libertad de expresión garantizada en el artículo 10 CEDH puede sufrir excepciones en aplicación del artículo 17 CEDH, que no tienen parangón en nuestro ordenamiento constitucional. En su virtud, el Tribunal Europeo de Derechos Humanos consideró que no puede entenderse amparada por la libertad de expresión la negación del Holocausto» (F. J. 5).

En este sentido, recuerda que, de acuerdo con la reiterada jurisprudencia de la Corte,

> «para invocar la excepción a la garantía de los derechos prevista en el art. 17 CEDH no basta con la constatación de un daño, sino que es preciso corroborar además la voluntad expresa de quienes pretenden ampararse en la libertad de expresión de destruir con su ejercicio las libertades y el pluralismo o de atentar contra las libertades reconocidas en el convenio» (F. J. 5).

Sin embargo, el Tribunal recuerda que el CEDH «tan solo establece un mínimo común europeo que no puede ser interpretado en el sentido de limi-

---

557 Cursiva añadida.

558 Cursiva añadida.

559 Según el TC, los «definidos mediante la referencia a su color, raza, religión u origen nacional o étnico» (F. J. 9).

560 En base a la toma de postura del TC, la Audiencia Provincial de Barcelona absolvió al dueño de la Librería Europa por el delito del artículo 510.1 CP explicando que, si bien «la incitación debe ser directa, es decir, clara y explícita, sea a la comisión de un delito concreto, sea a actitudes de auténtica y real hostilidad», de los hechos acaecidos no podía afirmarse más que conformaban solo «una incitación indirecta (porque justifican las razones que hacen aparecer el genocidio y la discriminación como un mal menor) y no un llamamiento o incitación directa a cometer genocidio o a discriminar a ningún grupo o raza, por mucho que se les llame parásitos, ratas o inferiores».

tar las libertades fundamentales reconocidas por los ordenamientos constitucionales internos (art. 53 CEDH)», de esta forma

> «el amplio margen que el art. 20.1 CE ofrece a la difusión de ideas, acrecentado, en razón del valor del diálogo plural para la formación de una conciencia histórica colectiva, cuando se trata de la alusión a hechos históricos (...), encuentra su límite en las manifestaciones vilipendiadoras, racistas o humillantes o en aquellas que incitan directamente a dichas actitudes, constitucionalmente inaceptables» (F. J. 5).

Y concluye:

> «es, pues, el deliberado ánimo de menospreciar y discriminar a personas o grupos por razón de cualquier condición o circunstancia personal, étnica o social el que, en estos casos, priva de protección constitucional a la expresión y difusión de un determinado entendimiento de la historia o concepción del mundo que, de no ser por ello, podría encuadrarse en el ámbito constitucionalmente garantizado por el art. 20.1 CE».

Así las cosas, para nuestro Alto Tribunal el castigo de la mera negación del Holocausto supone una vulneración del contenido esencial de la libertad de expresión y, por tanto, al legislador solo le está permitida su restricción en casos muy concretos[561]; sin embargo, y como ya vimos, el TEDH considera el

561 Debe mencionarse que la STC 235/2007, de 7 de noviembre, cuenta con varios votos particulares. Además, en este caso el TC se distancia de otras de sus resoluciones anteriores, especialmente de la relativa al caso Violeta Friedman (STC 214/1991, de 11 de noviembre de 1991) y de la de la editorial Makoki S. A. (STC 176/1995, de 11 de diciembre de 1995), cuyos planteamientos no se centran en la incitación a la comisión de delitos futuros sino que parten de la consideración de que la simple difamación contra una minoría étnica es penalmente relevante.
En la primera de estas sentencias, el TC condena a León Degrelle, ex Jefe de las Waffen S. S. por haber vertido una serie de expresiones racistas y antisemitas en la revista Tiempo que el Tribunal considera que solo se pueden interpretar como una incitación antijudía, independientemente de cualquier juicio de opinión sobre la existencia de hechos históricos. En su opinión, esta constituye un atentado al honor de la demandante y al de todas aquellas personas que, como ella y su familia, estuvieron internadas en los campos de concentración nazis, ello porque «el juicio que se hace sobre los hechos históricos, desgraciados y aborrecibles, por ella sufridos y padecidos, como con desgarro se exponen en la demanda, no comporta exclusivamente correcciones personales de la historia sobre la persecución de los judíos, dando una dimensión histórica o moral sino antes al contrario, y esencialmente conllevan imputaciones efectuadas en descrédito y menosprecio de las propias víctimas, esto es, las integrantes del pueblo judío que sufrieron los horrores del nacionalsocialismo y, dentro de ellas, la hoy recurrente, razón por la cual exceden del ámbito en el que debe entenderse prevalente el derecho a expresar libremente los pensamientos, ideas y opiniones consagrados en el art. 20.1 C.E» (F. J. 8).
Por su parte, en la segunda de las sentencias mencionadas el TC avala la condena impuesta al director de la Editorial Makoki S. A. por un delito de injurias graves y de escarnio de confesión religiosa por la publicación de un cómic titulado «Hitler = SS». En su argumentación, el Tribunal explica que un uso de la libertad de expresión «que niegue la dignidad humana, núcleo irreductible del derecho al honor en nuestros días, se sitúa

negacionismo como un abuso de derecho y, por ello, lo excluye contundentemente del amparo de la libertad de expresión[562].

Pues bien, a pesar de la firmeza de la argumentación contenida en la STC 235/2007, de 7 de noviembre, y de la trascendencia de este pronunciamiento, en los últimos años el TC ha reconducido dos casos particularmente sensibles a la categoría del discurso de odio, rebosando así el contenido que le había reconocido en un primer momento[563]. Nos referimos a las SSTC 177/2015, de 22 de julio; y 112/2016, de 20 de junio[564].

La STC 177/2015, de 22 de julio, responde a un recurso contra una condena impuesta por la comisión de un delito de injurias a la Corona, con circunstancia agravante de disfraz, por haber quemado una fotografía de los Reyes de España tras celebrarse una manifestación antimonárquica convocada a causa de una visita de los Monarcas a la ciudad de Gerona. En esta resolución, el Tribunal mantiene que el ordenamiento jurídico español no sigue un modelo de democracia militante, destacando entre los límites al derecho a la libertad de expresión, por una parte, la prohibición del insulto y, por otra, en lo relativo al discurso de odio, la ilegitimidad de las expresiones que «propaguen, inciten, promuevan o justifiquen el odio basado en la intolerancia» (F. J. 2), tal y como defiende el TEDH. No obstante, a la hora de aplicar estos límites la argumentación del Tribunal se vuelve bastante confusa, especialmente en lo que al contenido del discurso de odio se refiere.

En primer lugar, el TC considera que los comportamientos subsumibles en el delito de injurias a la Corona son manifestaciones del discurso de odio. A este respecto, expande descaradamente el contenido de este fenómeno rebasando sus manifestaciones que califica de «más toscas» (esto es, aquellas que se proyectan sobre las «condiciones étnicas, religiosas, culturales o sexuales de las personas) e incluye otras vertientes de lo que llama «discurso fóbico», argumentando que una de ellas es, «indudablemente, la que persigue fomentar el rechazo y la exclusión de la vida política, y aun la eliminación

por sí mismo fuera de la protección constitucional. Un "cómic" como este, que convierte una tragedia histórica en una farsa burlesca, ha de ser calificado como libelo, por buscar deliberadamente y sin escrúpulo alguno el vilipendio del pueblo judío, con menosprecio de sus cualidades para conseguir así el desmerecimiento en la consideración ajena, elemento determinante de la infamia o la deshonra. Es claro, por lo dicho, que la Audiencia Provincial de Barcelona aplicó el tipo delictivo desde la perspectiva constitucional adecuada» (F. J. 5).

562 Siguiendo las explicaciones de Alcácer Guirao, R. Discurso del odio..., *op. cit.*, p. 02:9.

563 Así lo reconoció la Audiencia Nacional en su SAN 12/2017, de 21 de marzo, en la que se reconoce expresamente que el concepto de discurso de odio «se ha expandido convenientemente» para integrar en su seno ciertos comportamientos, como es, en este caso concreto, la alabanza y la justificación de actos terroristas (F. J. 1).

564 De esta forma, Teruel Lozano, G. M. «Discursos extremos y libertad de expresión: un análisis jurisprudencial», en *Revista Estudios Jurídicos. Segunda Época*, n.º 17, 2017, p. 8.

física, de quienes no compartan el ideario de los intolerantes» (F. J. 4). De esta forma, nuestro Tribunal confunde el discurso intolerante o excluyente con el discurso de odio, ignorando su característica más básica, que es el estar dirigido a un colectivo en situación de vulnerabilización social[565].

Partiendo de lo anterior, el TC considera que no está amparado en el derecho a la libertad de expresión un discurso que «solamente trasluce ultraje o vejación», o las manifestaciones que «persiguen desencadenar un reflejo emocional de hostilidad, incitando y promoviendo al odio y la intolerancia incompatibles con el sistema de valores de la democracia» (F. J. 4). Igualmente, tampoco lo estarán cuando estas «incorporen amenazas o intimidaciones a los ciudadanos», ni cuando consistan en «la utilización de símbolos, mensajes o elementos que representen o se identifiquen con la exclusión política, social o cultural» ya que, en tal caso, «deja de ser una simple manifestación ideológica para convertirse en un acto cooperador con la intolerancia excluyente», y la finalidad de la libertad de expresión es, precisamente, «contribuir a la formación de una opinión pública libre» (F. J. 4). En esta misma línea, aunque en relación con los límites de la libertad ideológica, el TC advierte «sobre el riesgo evidente de que el público presente percibiera la conducta de los recurrentes como una incitación a la violencia y al odio hacia la Monarquía y hacia quienes la representan (...) tal acción pudo suscitar entre los presentes reacciones violentas e "incompatibles con un clima social sereno y minar la confianza en las instituciones democráticas"» (F. J. 5).

Como puede observarse, para fundamentar el castigo nuestro Alto Tribunal pone el foco en la intencionalidad de quien emite el discurso, así como en potencialidades lesivas muy lejanas en el tiempo. Asimismo, subraya el hecho de que, a través de ciertos símbolos que las representen, se difundan ideas contrarias a los valores democráticos. Todo esto choca frontalmente con la visión abierta y personalista de nuestro ordenamiento constitucional, lo que se evidencia especialmente en su análisis de los factores a los que atiende para argumentar su postura. El Tribunal defiende «el significado netamente incitador al odio» basándose en circunstancias como la «escenificación lúgubre y con connotaciones violentas», así como la premeditación y la

565 Sobre esta cuestión se pronuncia en su voto particular la Magistrada Adela ASÚA, voto al que se adhiere el Magistrado Fernando VALDÉS, en los siguientes términos: «Equiparar bajo el mismo concepto el discurso antimonárquico —aquí y ahora— con el discurso dirigido a fomentar la discriminación y exclusión social de los colectivos secularmente vulnerables, revela una lamentable utilización de conceptos acuñados sobre realidades dramáticas que en modo alguno admiten comparación con los insultos a una institución o a unas personas de tan alta relevancia pública». Otro Magistrado que critica la decisión del TC en este caso es Juan Antonio XIOL, que en su voto particular identifica dos elementos particulares del discurso de odio: «i) que suponga una incitación directa a la violencia; ii) que se dirija contra los ciudadanos en general o contra determinadas razas, creencias o actitudes vitales en particular», concluyendo que «no puede compartir que la conducta que dio lugar a la condena penal de los recurrentes pueda ser considerada ni calificada como una genuina manifestación del discurso del odio».

falta de espontaneidad (F. J. 4), sin hacer un enjuiciamiento sólido sobre la lesividad concreta de los comportamientos que permita determinar si existió un peligro real o una humillación cierta[566]. En este sentido, el voto particular de la Magistrada Adela ASÚA, al que se adhiere el Magistrado Fernando VALDÉS, demanda al TC la aplicación del test del peligro claro e inminente como «estándar operativo para demarcar el campo del discurso protegido»; además, reconoce que la libertad de expresión puede limitarse ante

> «cualquier forma de expresión que incite, promueva o propague el odio racial, la xenofobia, u otras formas de odio basadas en la intolerancia, mediante la creación de un clima de hostilidad y exclusión, generador de un *efecto cierto*[567] de amenaza que perturba el ejercicio de la igualdad de derechos de los miembros de determinados colectivos socialmente vulnerables».

Esta falta de congruencia entre la exigencia de una idoneidad lesiva en abstracto y el juicio particular que hace el TC se hace patente también en la STC 112/2016, de 20 de junio, relativa a un caso de enaltecimiento del terrorismo. En esta resolución, el Tribunal acoge su reciente doctrina sobre el discurso de odio y entiende legítimo el castigo penal de las conductas incluibles en el delito de enaltecimiento del terrorismo «en la medida en que puedan ser consideradas como una manifestación del discurso del odio por propiciar o alentar, aunque sea de manera indirecta, una situación de riesgo para las personas o derechos de terceros o para el propio sistema de libertades (F. J. 4). A la hora de valorar los factores concretos para decidir si las manifestaciones vertidas podían considerarse «una manifestación del discurso del odio, que incitaba a la violencia», el Alto Tribunal concluye que estas cumplen los requisitos que, en su opinión, permiten considerarlas tales: «fue una expresión de odio basado en la intolerancia (...); manifestado a través de un nacionalismo agresivo; con inequívoca presencia de hostilidad hacia otros individuos» (F. j. 6). El Tribunal considera que existió una instigación a la violencia porque la conducta en cuestión «era idónea para contribuir a perpetuar una situación violenta», conclusión que sostiene en base a que se trató de «un acto público, previamente publicitado mediante carteles pegados en las calles, en un contexto en el que la actividad terrorista seguía siendo un importante problema social» (F. J. 6).

Pues bien, a pesar de que pueda considerarse un verdadero avance desde la perspectiva constitucional que el TC interprete el delito de enaltecimiento del terrorismo exigiendo la existencia de una incitación, al menos indirecta, a la violencia terrorista[568], creemos que tiene razón el Magistrado Juan Antonio XIOL cuando denuncia en su voto particular la falta de profundización «en la

566 Coincidiendo con Teruel Lozano, G. M. Discursos extremos..., *op. cit.*, p. 10.

567 Cursivas añadidas.

568 Como acertadamente indica Teruel Lozano, G. M. Discursos extremos..., *op. cit.*, p. 11.

determinación de los elementos que deben ser tomados en consideración, (...), para valorar la necesidad y proporcionalidad de la injerencia de la intervención penal respecto de este tipo de conductas». Más allá de esto, y en lo que a nosotros nos interesa particularmente, debemos reproducir aquí la crítica que hicimos a la interpretación que hace el Tribunal del discurso de odio en su STC 177/2015, de 22 de julio, por el desbordamiento que esta supone del contenido esencial de este fenómeno, desvinculándolo por completo de su nota fundamental: su carácter discriminatorio.

Dejando ahora a un lado nuestra jurisprudencia constitucional, para poder obtener una visión general de la perspectiva judicial española en torno al discurso de odio es preciso tener en cuenta, también, la interpretación que hace del mismo el TS, así como el tratamiento que le ha dado. Para conocer ambos aspectos debemos comenzar por una resolución que se dictó solo cuatro años después de la famosa STC 235/2007, de 7 de noviembre: la STS (Sala 2.ª) 259/2011, de 12 de abril.

Esta Sentencia se dictó en el seno del famoso caso «Librería Kalki», y fue el primer pronunciamiento del TS en relación con el discurso de odio. En esta ocasión, la Sección 10.ª de la Audiencia Provincial de Barcelona (en virtud de su Sentencia 892/2009, de 7 de octubre) había condenado a varias personas, entre otros[569], por el delito del art. 510.1 CP por haber redactado, editado y distribuido, a través de la mencionada librería, documentos en los que se atacaba a extranjeros, discapacitados, magrebíes, negros, judíos y homosexuales. Esta sentencia fue objeto del recurso correspondiente y luego casada por el TS en su Sentencia 259/2011, de 12 de abril, por entender el Alto Tribunal que el artículo 510.1 CP debía ser interpretado de manera restrictiva, al poder colisionar con los derechos a la libertad ideológica y de expresión. Concretamente, en su Fundamento de Derecho (en adelante, F. D.) Primero, el Alto Tribunal estructura su argumentación intentando trasladar el fallo del TC de 2007 respecto de la interpretación del art. 510.1 CP, en los términos que exponemos a continuación[570].

Para empezar, el TS deja claro que

> «aunque sean siempre frontalmente rechazables, los contenidos negativos de (...) ideas o doctrinas basadas en la discriminación o la marginación de determinados grupos y sus integrantes como tales, no conducen necesariamente a que la respuesta se configure penalmente en todo caso, debiendo quedar reservada la sanción penal (...) para los ataques más graves, considerando tanto el resultado de lesión como el peligro creado para los bienes jurídicos que se trata de proteger» (F. D. Primero, 1).

569 También las condenó por los delitos de los arts. 607.2 y 515 CP.

570 Landa Gorostiza, J. M. Incitación al odio..., *op. cit.* p. 311.

De acuerdo con lo anterior, permite el castigo del discurso de odio que dé lugar a actos de discriminación; ahora bien, para ello exige que la conducta de «provocación» que incite a tales ideas reúna los requisitos del art. 18.1 CP, tal y como venía defendiendo por aquel entonces parte de la doctrina[571]. Concretamente, en palabras del Alto Tribunal, era necesario que

> «se tratase de una incitación directa a la comisión de hechos mínimamente concretados de los que pudiese predicarse la discriminación, el odio o la violencia contra los referidos grupos o asociaciones y por las razones que se especifican en el artículo»[572] (F. D. Primero, 2).

En esta línea, explicaba: «La expresión o difusión de ideas violentas no puede ser identificada con la violencia que contienen a efectos de su persecución que, sin embargo, se justifica cuando supongan una incitación directa a hacerla efectiva». Ello porque «la superación de los límites protegidos por las libertades ideológica y de expresión no implica directamente la tipicidad de las conductas»; solo es así

> «cuando la difusión, atendiendo a la forma y al ámbito en el que se lleva a cabo y a lo que se difunde, implique un **peligro cierto** de generar un clima de hostilidad que pueda concretarse en actos específicos de violencia, odio o discriminación contra aquellos grupos o sus integrantes como tales»[573] (F. D. Primero, 7).

Partiendo de esta base, el TS considera que, para que el bien jurídico protegido pudiera verse afectado a causa de la difusión de este tipo de ideas, es preciso

> «que el autor **acuda** a medios que no solo **faciliten** la publicidad y el acceso de terceros, que **puedan** alcanzar a un mayor número de personas, o que lo **hagan** más intensamente, sino que, además, **puedan**, por las características de la difusión o del contenido del mensaje, mover sus sentimientos primero y su conducta después**, en una dirección peligrosa** para aquellos bienes»[574] (F. D. Primero, 8).

---

571 Tal era el caso, entre otros, de Bernal del Castillo, J. *La discriminación en el Derecho penal*, Comares, Granada, 1998, p. 138; Borja Jiménez, E. *Violencia y criminalidad racista en Europa Occidental: la respuesta del Derecho penal*, Comares, Granada, 1999, p. 306, nota 466; Feijóo Sánchez, B. J. «Reflexiones sobre el delito de genocidio (art. 607 del Código penal)», en *La Ley: Revista jurídica española de doctrina, jurisprudencia y bibliografía*, n.° 6, 1998, p. 2.273; Landa Gorostiza, J. M. *La política criminal contra la xenofobia y las tendencias expansionistas del Derecho penal (a la vez una propuesta interpretativa de la "normativa antidiscriminatoria" del CP 1995 y un análisis crítico de la incipiente jurisprudencia)*, Comares, Granada, 2001, pp. 168-169; y Tamarit Sumalla, J. M. «De los delitos relativos al ejercicio de los derechos fundamentales y libertades públicas y al deber de cumplimiento de la prestación social sustitutoria», en *Comentarios al nuevo Código penal*, obra colectiva, coordinador Fermín Morales Prats, 2.ª ed., Aranzadi, Navarra, 2001, p. 2.369.

572 Cursivas añadidas.

573 Cursivas añadidas.

574 Cursivas añadidas.

Como en el caso en cuestión los receptores de los textos formaban un grupo pequeño de poca audiencia, el Tribunal concluye que no existió un riesgo indudable para los colectivos atacados y, por tanto, dictamina que el art. 510.1 CP es inaplicable. De esta forma, de acuerdo con la jurisprudencia de nuestro TS, no puede permitirse el castigo penal de cualquier conducta que pueda ser englobada en el discurso del odio. Según el Tribunal, para poder hacerlo son necesarios dos requisitos: primero, que la conducta constituya una *incitación directa*[575] a la realización de actos violentos o discriminatorios mínimamente concretables[576] dirigidos contra los grupos incluidos en su ámbito de aplicación; y, segundo, que la conducta, atendiendo a su forma y al contexto en el que se produce, sea adecuada para provocar dichos actos violentos o discriminatorios o para engendrar el odio, de manera que exista un peligro cierto para el bien jurídico que el precepto protege[577]. En este mismo sentido —que el Derecho penal no puede castigar sin más cualquier manifestación del odio— se pronunciaría el Alto Tribunal años más tarde, en la STS (Sala 2.ª) 4/2017, de 18 de enero[578], referente a las razones que dificultan la interpretación del art. 578 CP. Este precepto recoge el delito de enaltecimiento del terrorismo o la humillación de sus víctimas, lo que muestra cómo el Supremo, al igual que el TC y el TEDH, viene aplicando la calificación «discurso de odio» a conductas que no guardan un vínculo real con él[579].

En esta resolución, el TS se mantiene restrictivo en cuanto a la procedibilidad de la sanción penal del discurso de odio argumentando que

> «No todo mensaje inaceptable o que ocasiona el normal rechazo de la inmensa mayoría de la ciudadanía ha de ser tratado como delictivo por el hecho de no hallar cobertura bajo la libertad de expresión. Entre el odio que incita a la comisión de delitos, el odio que siembra la semilla del enfrentamiento y que erosiona los valores esenciales de la convivencia, y el odio que se identifica con la animadversión o el resentimiento, existen matices que no pueden ser orillados por el juez penal con el argumento de que todo lo que no acoge la libertad de expresión resulta intolerable y, por ello, necesariamente delictivo. (...) Tampoco ayuda a la labor exegética la entendida invocación de los nocivos efectos del discurso del odio como razón justificadora de su punición. (...) hemos de apartarnos de la tentación de construir el

575 Cursivas añadidas.

576 Este es, según LANDA GOROSTIZA, el elemento característico central del delito de incitación según el TS (LANDA GOROSTIZA, J. M. «Incitación al odio..., *op. cit.*, p. 313).

577 De esta manera, también, GARCÍA ÁLVAREZ, P. «La restricción del derecho a la libertad de expresión por el Derecho Penal: el artículo 510.1 del Código Penal y las conductas relacionadas con el fenómeno del "discurso del odio". Evolución y aplicabilidad», en *Derecho Penal: la espada y el escudo..., op. cit.*, p. 141.

578 STS (Sala 2.ª) 4/2017, de 18 de enero de 2017.

579 De hecho, en ocasiones la jurisprudencia española ha utilizado indistintamente los términos «enaltecimiento del terrorismo» y «discurso de odio». Así ha ocurrido, por ejemplo, en la STC 35/2020, de 25 de junio; y en la STS (Sala 2.ª) 646/2018, de 14 de diciembre

> juicio de tipicidad trazando una convencional y artificiosa línea entre el discurso del odio y la ética del discurso. El derecho penal no puede prohibir el odio, no puede castigar al ciudadano que odia» (F. D. 2).

Pues bien, aunque el Alto Tribunal parecía tener claro el tratamiento que quería darle al discurso de odio, solo un año después de la STS 4/2017, de 18 de enero, por Sentencia 52/2018, de 31 de enero[580], ha matizado su doctrina partiendo de la idea de que el delito del art. 578 CP «es la especie del genérico 510 CP» (esto es, del delito de incitación al odio) y que presenta «una problemática parecida *(a la de este)*[581], relacionada con la colisión de su punición con el derecho fundamental a la libertad de expresión» (F. D. Único). En este caso, la Sala Segunda desestima el recurso planteado por la Fiscalía contra la sentencia de la Audiencia Nacional dictada el 21 de marzo de 2017, que había absuelto a Arkaitz Terrón Vives de un delito de enaltecimiento del terrorismo por una serie de tuits publicados entre 2011 y 2015. En aplicación de la Directiva 2017/541, relativa a la lucha contra el terrorismo[582]; de la doctrina establecida en la STC 112/2016, de 29 de junio; y del Convenio del Consejo de Europa para la prevención del terrorismo (firmado en Varsovia el 26 de mayo de 2005), el TS indica que

> «resulta una ilegítima injerencia en el ámbito de la libertad de expresión de sus autores, la condena por esta norma, cuando ni siquiera de manera indirecta, las manifestaciones enjuiciadas, supongan una situación de riesgo para las personas o derechos de terceros o para el propio sistema de libertades; de donde resulta exigible, (...), como **elemento determinante delimitador de la constitucionalidad**, que previamente a la imposición de una condena por el art. 578 CP, se pondere en la resolución judicial, si la conducta desarrollada por el acusado, integra una **manifestación del discurso del odio,** que incita a la violencia»[583] (F. D. Tercero).

De acuerdo con este pronunciamiento, para poder castigar lo que el TS considera «discurso de odio» debe existir, al menos, una incitación *indirecta* a la comisión de actos violentos o discriminatorios, lo que implica una clara expansión del ámbito de aplicación del art. 578 CP. Pero, en lo que aquí interesa, lo importante es que el Supremo ha seguido al Constitucional en su desbordamiento descarado del concepto de *hate speech*, lo que demuestra que, o bien no conocen, o bien prefieren eludir las únicas razones que legitiman la restricción del derecho a la libertad de expresión frente a este tipo de conductas.

---

580 STS (Sala 2.ª) 52/2018, de 31 de enero de 2018.

581 Cursivas añadidas.

582 Directiva (UE) 2017/541 del Parlamento Europeo y del Consejo, de 15 de marzo de 2017, relativa a la lucha contra el terrorismo y por la que se sustituye la Decisión Marco 2002/475/JAI del Consejo y se modifica la Decisión 2005/671/JAI del Consejo.

583 Cursivas añadidas.

La línea actual que sigue el Supremo se confirmó solo unos días después de pronunciarse en la Sentencia que venimos analizando, a través de la STS (Sala 2.ª) 72/2018, de 9 de febrero de 2018, que interpreta el ámbito de aplicación del art. 510 CP determinando los criterios que permiten la intervención penal en estos casos. Según el Tribunal, el riesgo de causación de daño en virtud de este precepto se cumple cuando un mensaje puede incardinarse bajo la rúbrica «discurso de odio», «sin necesidad de una exigencia que vaya más allá del propio discurso que contiene el mensaje de odio y que por sí mismo es contrario a la convivencia por eso considerado lesivo». La mera inclusión de la ofensa en el discurso de odio ya implica, en opinión del TS, «la realización de una conducta que provoca, directa o indirectamente, sentimientos de odio, violencia o de discriminación» ya que, «de alguna manera son expresiones que por su gravedad, por herir los sentimientos comunes a la ciudadanía, se integran en la tipicidad» (F. D. Único). Así las cosas, para colmar el injusto del delito de incitación el odio y, en consecuencia por su relación género-especie (según argumenta el Alto Tribunal), del delito de enaltecimiento del terrorismo,

> «basta la concurrencia de un dolo básico que ha de ser constatado a partir del contenido de las expresiones vertidas. El dolo de estos delitos se rellena con la constatación de la voluntariedad del acto y (...) de no tratarse de una situación incontrolada o una relación momentánea, incluso emocional (...)» (F. D. Único).

Lo anterior implica que, para el TS, no es preciso que el autor actúe con la intención de provocar el daño para poder castigar por alguno de estos delitos, lo que supone un paso más en la extensión del ámbito punible del discurso de odio.

Dicho esto, y sintetizando todo lo expuesto en relación con la jurisprudencia española en este ámbito, tanto para el TC como para el TS el discurso de odio queda, en todo caso, fuera del paraguas protector de la libertad de expresión. Ahora bien, en contra de lo que parecía en un primer momento, esta tiene cada vez menos margen de maniobra. En este sentido, TERUEL LOZANO[584] considera preocupante la conceptualización expansiva del discurso de odio que utiliza la jurisprudencia, la cual le permite justificar limitaciones graves de la libertad de expresión sin tener en cuenta la ofensividad concreta del discurso. Esto conduce a que prácticamente todo discurso que parezca odioso pueda excluirse de la protección constitucional y se justifique su sanción.

No podemos sino suscribir la opinión de este autor. Como hemos podido comprobar, la expresión «discurso de odio» está sirviendo como excusa perfecta a nuestros tribunales para justificar una limitación de la libertad de

584 TERUEL LOZANO, G. M. Discursos extremos..., *op. cit.*, p. 17

expresión[585] inaceptable[586] y, además, cada vez más descarada. Desde nuestro punto de visa, no cabe duda de que esta tendencia está directamente relacionada con el desconocimiento que existe a nivel general en nuestro país en torno a los orígenes de los delitos de odio y del discurso de odio, calificaciones que, como hemos repetido hasta la saciedad, se acuñaron para poner en relieve la situación de subordinación social de grupos socialmente discriminados y, por ello, más susceptibles de sufrir violencia. Al obviar esta realidad, la jurisprudencia ha asumido que el «odio» al que ambas se refieren debe encontrarse en la esfera interna del autor del hecho, lo que supone una tergiversación total de estas figuras.

Teniendo en cuenta la deriva de nuestros tribunales en este ámbito, solo nos queda averiguar si la doctrina ha conseguido disipar algunas dudas. Veámoslo seguidamente.

iii. La doctrina

Desafortunadamente, al igual que ocurre a nivel institucional y jurisprudencial, tampoco entre la doctrina existe a día de hoy consenso alguno en torno al concepto de discurso de odio. En sus intentos de delimitación, los autores han reconocido la dificultad de esta tarea: por poner un ejemplo, de Vicente Martínez advierte que el hecho de que el discurso de odio esté sujeto a distintas interpretaciones dificulta en gran medida el establecimiento de criterios homogéneos que permitan identificarlo, hecho que se agrava por afectar a un derecho de contornos difusos como es la libertad de expresión[587], pilar básico de cualquier sociedad democrática[588]. Otra autora que ha puesto de manifiesto esta problemática ha sido Serra Perelló, quien señala que la conceptualización del discurso de odio se dificulta por el complejo y

---

585 De esta manera, Laurenzo Copello, P. «Un ejemplo de derecho penal expansivo: los delitos de odio en la realidad judicial española», en *Revista de derecho penal*, n.º 26, 2018, pp. 244 y ss.

586 Especialmente esclarecedor en este sentido es el voto particular de los Magistrados Miguel Colmenero Menéndez de Luarca y Ana María Ferrer García a la STS (Sala 2.ª) 135/2020, de 7 de mayo, en el que se afirma que la calificación de ciertas expresiones como discurso de odio produce un «efecto legitimador que da fundamento a la aplicación del derecho penal criminalizando manifestaciones ideológicas, especialmente cuando son coincidentes con las que defiendan grupos terroristas; humillan a las víctimas; ofenden sentimientos religiosos; incitan al odio contra determinados colectivos, o canalizan ataques a las más altas instituciones del Estado».

587 De Vicente Martínez, R. *El discurso del odio...*, *op. cit.*, p. 42.

588 En esta línea, Landa Gorostiza insiste en que «El problema de la intervención penal ante la nuda manifestación de la palabra, sin embargo, es cómo y dónde fijar los límites para evitar que un derecho tan fundamental como el de la libertad de expresión pueda quedar malherido y con él la propia democracia» (Landa Gorostiza, J. M. «Incitación al odio..., *op. cit.*, p. 298).

delicado deslindamiento de sentimientos, creencias e ideologías. Esta autora identifica, concretamente, cuatro complicaciones que afectan a esta tarea.

En primer lugar, que el odio, como emoción interna, no puede castigarse. Esto solo puede ocurrir si la emoción se traduce en actos externos que afecten significativamente los derechos de terceros[589]. En segundo lugar, que los términos «odio», «violencia» u «hostilidad» no son términos normativos sino sociológicos, lo que supone que su significado será relativizado según el entorno cultural en el que se empleen. En tercer lugar, que el discurso de odio afecta a derechos nucleares para cualquier sistema democrático como la igualdad, la libertad de expresión, la participación política y la libertad ideológica, que se conciben y se jerarquizan de distinta forma en virtud de la realidad política. Por último, que la introducción de conceptos jurídicos indeterminados, sumamente interpretables, en el terreno normativo genera gran inseguridad, sobre todo cuando se trata de normas coercitivas, como es el caso del Código penal[590].

Partiendo de esta base, desde que comenzara a emplearse esta terminología en el ámbito doctrinal han sido numerosas las aproximaciones que se han hecho en torno al alcance del fenómeno, unas más restrictivas que otras. A continuación, haremos un repaso de las más relevantes.

SUMNER[591], por ejemplo, ha definido el discurso de odio como toda forma de expresión cuya intención principal sea insultar o humillar a los miembros de un colectivo social identificado por características tales como su raza, etnia, religión u orientación sexual, o para generar rechazo o enemistad contra él. Comparte esta visión DE VICENTE MARTÍNEZ[592], para quien el discurso de odio es ciertamente difundido con el propósito de inspirar odio u hostilidad en contra de un grupo, por lo general, históricamente discriminado.

En una línea similar, hay quienes defienden que este discurso constituye un tipo de lenguaje particular, dirigido a denigrar, amedrentar o fomentar la violencia o cualquier otra acción perjudicial contra un colectivo en base a características como su raza, etnia, religión, género, etc. Según esta inter-

---

589 Para poder distinguir los discursos que afectan realmente los derechos de los otros de los que no lo hacen, WALDRON propone identificar «categorías y modos de expresión que la experiencia indica que probablemente tengan un impacto en la dignidad de los miembros de las minorías vulnerables», así como «prestar atención a lo hiriente de este tipo de discurso». Ello nos permitirá «señalar ciertos tipos de sufrimiento (...) que probablemente estén involucrados, independientemente de otras emociones que también se ocasionen». (WALDRON, J. *The harm in hate speech..., op. cit.*, pp. 113-114). Le sigue, COLEMAN, P. *La censura maquillada..., op. cit.*, p. 101.

590 SERRA PERELLÓ, L. «Discurso de incitación..., *op. cit.*, p. 11.

591 SUMNER, L. W. «Incitement and the Regulation of Hate Speech in Canada: A Philosophical Analysis», en *Extreme Speech and Democracy*, obra colectiva, Oxford University Press, Nueva York, 2009, pp. 207-208.

592 DE VICENTE MARTÍNEZ, R. *El discurso del odio..., op. cit.*, p. 42.

pretación, el discurso de odio no solo incita a la violencia en razón de estos factores discriminatorios, sino que se orienta igualmente a desacreditar y denostar los estándares internacionales de protección de los derechos humanos, justificando toda clase de vulneraciones de las libertades fundamentales. Así, se caracterizaría principalmente por el uso de un vocabulario discriminatorio, cuidadosamente elegido, orientado a legitimar la consideración negativa y despreciativa aquellos que no pertenecen al «nosotros»[593].

PAREKH[594], por su parte, considera que este tipo de discurso cumple en todo caso tres elementos: primero, se dirige contra un grupo de personas en base a ciertas características y no contra la sociedad en su conjunto; segundo, estigmatiza a dicho grupo por poseer ciertas cualidades que se consideran indeseables y que le son inherentes, lo que los convierte en inadaptables dentro de la sociedad; y tercero, se le da este trato despreciativo y hostil porque se considera que el grupo, por poseer ciertas características, no puede integrarse en la sociedad.

Pues bien, algunas de las aportaciones hasta ahora mencionadas llevan a DE VICENTE MARTÍNEZ[595] a concluir que el discurso de odio, no como categoría jurídica sino como fenómeno social, puede definirse como aquel que se difunde oralmente, por escrito, virtualmente, en papel o en audio, en los medios de comunicación, internet u otros medios de distribución social, que aliente comportamientos contrarios a la dignidad e iguales derechos de grupos minoritarios o mayoritarios, de grupos vulnerables y de personas en riesgo por ser diferentes, pudiendo adoptar cualquier forma de intolerancia que implique animadversión, menosprecio o falta de respeto al otro y a los derechos humanos que le son inherentes.

La autora insiste, además, en los efectos perniciosos del uso de este tipo de discurso[596] y en su inadmisibilidad dentro de una sociedad democrática:

---

593 De esta manera, JIMÉNEZ MOLINER, A. «Medios de comunicación y *hate speech* en las sociedades post-totalitarias: el paradigma de Kosovo», en *Cuadernos Constitucionales de la Cátedra Fadrique Furió Ceriol*, n.º 50/51, 2005, pp. 129-130. En este sentido, también, DE VICENTE MARTÍNEZ, R. *El discurso del odio...*, *op. cit.*, p. 43.

594 PAREKH, B. «Hate speech: is there a case for banning?», en *Public Policy Research*, vol. 12, n.º 4, 2012, p. 214. DOI: https://doi.org/10.1111/j.1070-3535.2005.00405.x.

595 DE VICENTE MARTÍNEZ, R. *El discurso del odio...*, *op. cit.*, p. 43.

596 Desde EE. UU., otro autor que ha subrayado los efectos negativos del discurso de odio ha sido FISS, que considera que el peligro en estos casos no reside en su capacidad para persuadir a los destinatarios de actuar de una determinada manera (por ejemplo, sometiendo a ciertos colectivos); sino en que el mensaje imposibilite la participación de grupos históricamente marginados en la discusión pública. Según este autor, «El discurso de odio tiende a disminuir el sentido de valor propio de sus víctimas, impidiendo de este modo su participación plena en muchas de las actividades de la sociedad civil»; además, «Provoca también que las víctimas se refugien en sí mismas». En relación con esta última idea, FISS hace referencia a uno de los efectos más acusados de este tipo de discurso, su efecto silenciador, explicando que este es consecuencia de una dinámica que incapacita a un

considera que, si bien el recurso al Derecho penal no debe ni puede utilizarse para reprimir meras opiniones críticas, de oposición o creencias, el discurso de odio deberá ser punible en su modalidad más grave, esto es, cuando se difunda con el objetivo —o quepa suponer razonablemente que va a tener dicho efecto— de incitar a cometer actos violentos[597], de intimidar, de generar hostilidad o discriminar, y cuando su uso tenga lugar en público[598].

Dicho esto, a pesar de que compartimos la idea de que el *hate speech* no puede confundirse, en sentido jurídico, con cualquier tipo de discurso intolerante o extremo[599], creemos que en la definición que da la autora existe un grave error de fondo. Según ella, bajo el paraguas de esta realidad se incluyen una serie de expresiones que, en su opinión, pueden dirigirse contra colectivos minoritarios y mayoritarios, lo que supone desvincular por completo el

sujeto que quiere expresarse (FISS, O. M. «El efecto silenciador de la Libertad de expresión», en *Isonomía: Revista de Teoría y Filosofía del Derecho*, n.º 4, abril 1996, p. 22; EL MISMO. *La ironía de la libertad de expresión*, Gedisa, Barcelona, 1999, pp. 27-30).

597 La idea de que el discurso de odio conduce a la violencia ha sido defendida por parte de la doctrina, entre la que podemos citar a LÓPEZ ULLA. Este autor considera que para que se pueda hablar en puridad de «discurso de odio» es preciso un elemento esencial: que el mensaje en cuestión incite, directa o indirectamente, a la violencia (LÓPEZ ULLA, J. M. «Libertad de expresión y discurso del odio», en *Fragmentum*, n.º 50, 2018, pp. 142-143. DOI: https://doi.org/10.5902/2179219428863). En la misma línea encontramos a COHEN-ALMAGOR, quien explica que, si bien no todas las formas de discurso de odio conducen a la comisión de delitos de odio, existe evidencia suficiente para sugerir que este discurso no solo tiene la capacidad sino que efectivamente inspira el delito (traducción libre. COHEN-ALMAGOR, R. «When a ritual murder occurred at purim. The harm in hate speech», en *El profesional de la información*, vol. 27, n.º 3, p. 672). Pues bien, a pesar de que pensamos que este tipo de mensajes constituyen un factor relevante que, en determinadas circunstancias, puede conducir a la comisión de delitos, en nuestra opinión es muy acertada la crítica que hace COLEMAN a esta visión del fenómeno: como bien señala este autor, aun cuando existieran pruebas para apoyar que el discurso de odio genera violencia, «es altamente cuestionable qué conexión o causalidad se requiere entre la palabra y el hecho para justificar la prohibición preventiva de la palabra (...). Los que están a favor de las prohibiciones del "discurso de odio" ofrecen pocos detalles sobre la conexión o la causalidad entre el discurso y la violencia» (COLEMAN, P. *La censura maquillada..., op. cit.*, p. 91).

598 De esta forma, DE VICENTE MARTÍNEZ. La autora subraya, asimismo, la importancia que posee redactar estos tipos penales de manera «clara y precisa», y tener siempre en cuenta que no exista otra medida menos restrictiva, pero efectiva, para combatir el discurso de odio (DE VICENTE MARTÍNEZ, R. *El discurso del odio..., op. cit.*, p. 44).

599 Coincidiendo con TERUEL LOZANO, G. M. Expresiones intolerantes..., *op. cit.*, p. 187. En esta misma línea encontramos a CASTILLA JUÁREZ, que explica que el discurso de odio «son palabras o expresiones, pero no cualquiera, sino aquellas que difunden ideas de superioridad e inferioridad de "casta" o que intentan justificar la violencia, el odio o la discriminación contra personas, comunidades o grupos de personas basadas en las características personales que les identifican (...), así como la incitación a todo lo anterior» (CASTILLA JUÁREZ, K. «Crimen de odio..., *op. cit.*, p. 2).

discurso de odio del fenómeno discriminatorio[600], que es su raíz, y hacerle perder cualquier sentido como eventual figura delictiva, esto es, como delito del discurso de odio[601]. Por esta razón, consideramos mucho más adecuadas otras definiciones como, por ejemplo, la que da ALCÁCER GUIRAO[602], para quien el discurso de odio se puede definir como cualquier mensaje público de rechazo o animadversión dirigido contra colectivos sociales caracterizados por su actual o potencial situación de marginación social, o por haber sufrido tradicionalmente discriminación; a lo que añade que bajo esa denominación vaga y genérica se incluyen conductas expresivas de muy diversa índole, desde la incitación a la violencia hasta la propagación de estereotipos.

Otra conceptualización que nos parece, también, bastante acertada es la que propone TERUEL LOZANO, quien entiende que, en sentido estricto, el discurso de odio se caracteriza por tres elementos. En primer lugar, se trata de expresiones dirigidas contra un colectivo especialmente vulnerable caracterizado por ciertas notas. Esta vulnerabilidad evidencia una situación de desigualdad estructural que lleva a reconocer que el discurso se ha construido con la intención de excluir, de enfrentar a «los unos» frente a «los otros». En segundo lugar, las expresiones se caracterizan por un elemento ofensivo: son insultantes, humillantes, amenazantes, se orientan a la comisión de actos hostiles, violentos o discriminatorios contra el grupo en cuestión o sus miembros. En tercer lugar, el autor del discurso tiene una intención ofensiva directa, así como una motivación concreta al actuar por razón de su intolerancia[603].

Pues bien, expuestas estas consideraciones y centrándonos en lo que nos interesa, REY MARTÍNEZ[604] explica que la interpretación errónea que suele hacerse del discurso de odio es consecuencia de la perspectiva que gene-

600 Otra autora que obvia la relación entre el discurso de odio y la discriminación es MOLINA BLÁZQUEZ, que entiende que la expresión «discurso de odio» no solo debe abarcar el delito de incitación al odio, sino también el enaltecimiento y justificación públicos del terrorismo; los actos de descrédito, menosprecio o humillación de las víctimas del mismo; y la difusión pública de mensajes o consignas que tengan una finalidad terrorista o que, por su contenido, sean aptos para incitar a otros a cometer este tipo de actos [MOLINA BLÁZQUEZ, M. C. Valoración crítica de la Circular 7/2019 de la Fiscalía General del Estado sobre las pautas para interpretar los delitos de odio del art. 510 del Código Penal. En: GUZMÁN ORDAZ, R. / NIETO LIBRERO, A. B. (coords.); GORJÓN BARRANCO, M. C. (dir.). *Políticas públicas en defensa de la inclusión, la diversidad y el género*. Salamanca: Ediciones Universidad de Salamanca, 2020, p. 1.064].

601 Así lo entiende, también, TERUEL LOZANO, G. M. El discurso del odio como límite..., *op. cit.*, p. 88.

602 ALCÁCER GUIRAO, R. «Discurso del odio, protección de minorías y sociedad democrática. *Crítica penal y poder: una publicación del Observatorio del Sistema Penal y los Derechos Humanos*», n.º 18, 2019, p. 20.

603 TERUEL LOZANO, G. M. El discurso del odio como límite..., *op. cit.*, p. 87.

604 Así, REY MARTÍNEZ, F. «Discurso del odio..., *op. cit.*, pp. 53-54.

ralmente se adopta a la hora de tratarlo, es decir, desde su consideración como límite de interpretación estricto al derecho fundamental a la libertad de expresión, en lugar de como una forma de discriminación. El autor critica, con razón, la propia expresión «discurso de odio» ya que entiende que dificulta la correcta aprehensión de este fenómeno por ser, en sus propias palabras, «tan famosa, sonora y rotunda como imprecisa y equívoca». En su opinión, se trata de una expresión que encaja mejor en la jerga periodística y política[605] que en la jurídica y, además, lleva a una confusión conceptual inevitable. Al ser imprecisa y excesiva, genera dificultades a la hora de su aplicación concreta, especialmente en el ámbito del Derecho penal, de tal forma que la terminología, más que clarificar, va en sentido opuesto a la finalidad que persigue el concepto.

Por esta razón, el autor mencionado prefiere hablar, no de discurso de odio, sino de «discurso discriminador»[606]. Entiende que, aunque menos expresiva, es una expresión que puede resultar más útil y precisa. El «odio» es una actitud interna del sujeto que puede traducirse en una conducta discriminatoria que puede ser, o no, violenta, funcionando así como la «munición ideológica» de la discriminación. El concepto nuclear es, por tanto, el de la discriminación; el odio es la manifestación más extremista de la intolerancia, sea cual sea su contenido (racista, xenófobo, sexista, homófobo, etc.)[607].

---

605 A este respecto, Castilla Juárez explica la inclusión del término «odio» para hacer referencia a las conductas englobables bajo la rúbrica «delito de odio» buscó, desde el primer momento, tener un impacto mediático. Así lo recoge el propio FBI al desarrollar el contenido de sus ámbitos de investigación, indicando que «investigó lo que ahora se llama crímenes de odio desde la Primera Guerra Mundial», y que su papel «aumentó después de la aprobación de la Ley de Derechos Civiles de 1964» (*vid.* la página web oficial del FBI, que puede consultarse en el siguiente enlace: https://www.fbi.gov/investigate/civil-rights/hate-crimes). Es decir, los delitos de odio se crearon con unos objetivos específicos en un momento histórico también específico, a pesar de que las conductas que estos abarcan ya se venían investigando anteriormente (Castilla Juárez, K. «Crimen de odio..., *op. cit.*, p. 2).

606 Otra propuesta de nomenclatura que nos parece interesante es la que hace Martín Ríos, que apuesta por la sustitución de la referencia al «odio» por la de la «intolerancia» argumentando que, en la práctica, muchas conductas violentas, vejatorias, discriminatorias, etc., son solo manifestaciones de un discurso intolerante. Según la autora, este discurso tiene distintas expresiones, en virtud de su gravedad, de forma que no todas pueden ser consideradas delictivas. En su opinión, esta posibilidad queda reservada para algunas manifestaciones del «discurso discriminador» (aquel que defiende la exclusión, por ejemplo, de ciertos grupos sobre la base de sus «cualidades personales y características comportamentales»); para el discurso de odio que incita a la comisión de actos delictivos; y para el discurso genocida [Martín Ríos, B. (coord.); Cruz Ángeles, J.; Llaquet De Entrambasaguas, J. L.; Rivas Nieto, P.; Jiménez Escobar, J. *La prevención y represión del discurso del odio: hacia la construcción multidisciplinar de la tolerancia*, Aranzadi, Navarra, 2019, p. 81].

607 En línea con esta idea, Rey Martínez propone considerar el discurso discriminador y de odio como una variedad del concepto de «acoso discriminatorio», contemplado en el art. 2.3 de la Directiva 2000/43/CE del Consejo de Europa, de 29 de junio de 2000 (relativa a

En otro orden de cosas, REY MARTÍNEZ ha señalado, y así lo compartimos, el grave error que se comete cuando, desde un enfoque reduccionista, el concepto de «discurso de odio» se interpreta a partir del de delito de odio, lo que ocurre con frecuencia[608]. Según este autor, enfocar exclusivamente desde el *ius puniendi* esta realidad resulta poco eficaz ya que la intervención penal será insuficiente, por excesiva, mientras no se vea acompañada de medidas de otra naturaleza, especialmente la aprobación de una Ley de igualdad de trato que tipifique infracciones y sanciones administrativas de este tipo[609]. Para respaldar sus argumentos, el autor trae a colación la STC 235/2007, de 7 de noviembre, y, a partir de la interpretación que da el TC, critica el hecho de que los delitos de odio, que son figuras estrictamente jurídico-penales, puedan hacer referencia a comportamientos que no están directamente relacionados con el discurso de odio, pero, que también puedan referirse a las formas más graves de este tipo de discurso (los delitos del discurso de odio). De esta forma, los delitos del discurso de odio constituirían una especie (la que aglutina las conductas más reprobables) del género «discurso de odio». A pesar de ello, la literatura y la jurisprudencia interpretan frecuentemente el discurso de odio (que es, realmente, el género) a partir del concepto de delito de odio (que es, como acabamos de decir, la especie), de manera que la pers-

---

la aplicación del principio de igualdad de trato de las personas independientemente de su origen racial o étnico), y en las legislaciones nacionales que lo desarrollan, entre las que se encuentran la española (REY MARTÍNEZ, F. Discurso del odio..., *op. cit.*, p. 60). El texto completo de la Directiva puede consultarse en el siguiente enlace: https://www.boe.es/buscar/doc.php?id=DOUE-L-2000-81307.

608 Según el autor, «el abordaje del discurso de odio en España se suele hacer a partir de la idea jurídico penal de los delitos de discurso de odio, concretamente, desde el análisis de los tipos penales que captan este tipo de conductas» (*vid. Ibídem*, p. 60).

609 El autor propone acudir a la responsabilidad civil y a herramientas no jurídicas, como la prevención, la educación, la conciliación, etc. (*vid. Ibídem*, pp. 61, 67 y 84). Apuestan también en este tipo de medidas, CONSEJO DE REACCIÓN. Los discursos del odio..., *op. cit.*, p. 19; y MOVIMIENTO CONTRA LA INTOLERANCIA. «Leyes de Delitos de Odio - Una guía práctica», en *Cuaderno de Análisis*, n.º 36, p. 14. Por su parte, se muestra contrario a la reacción a este tipo de conductas desde un Derecho administrativo sancionador anti-discriminatorio TERUEL LOZANO. En su opinión, este tipo de sanciones «implican convertir en una cuestión de policía administrativa lo que en sentido propio es una decisión sobre la limitación de un derecho fundamental al colisionar su ejercicio con otro bien o valor constitucional. Decisión, (...), que debe entenderse reservada a los jueces y tribunales, puesto que es a estos a quienes constitucionalmente les corresponde decidir el Derecho y los límites de los derechos (art. 117.3 CE)». Este autor propone introducir en nuestro ordenamiento los daños punitivos, opción que permitiría responder por la vía civil imponiendo condenas con pagos elevados por comportamientos que implicaran un daño ilegítimo constitucionalmente pero que no contaran con el nivel de ofensividad suficiente como para tener relevancia penal. Aunque ciertamente esta opción obligaría a una reforma importante en el orden civil, de esta manera «el Derecho penal quedaría reservado de forma efectiva como un instrumento de extrema ratio para castigar aquellas conductas más graves ante lesiones de bienes jurídicos de primer orden» (TERUEL LOZANO, G. M. Expresiones intolerantes..., *op. cit.*, pp. 192-193).

pectiva jurídico-penal eclipsa el concepto de discurso de odio cercenando gran parte de su contenido, entre el cual se encuentran, precisamente, sus manifestaciones más comunes[610].

Pues bien, con esto entendemos que ha quedado más que aclarada la distinción entre ambas realidades. Si nos centramos ahora en el discurso de odio delictivo, aunque compartimos que es estrictamente necesario filtrarlo (esto es, exigir ciertos requisitos) para permitir la intervención penal en estos casos, somos conscientes de que no se trata de una elección inocua. En este sentido, creemos que tiene razón FUENTES OSORIO[611] cuando dice que optar por recurrir al delito de odio cuando se concibe en la forma de discurso de odio es una opción arriesgada por varias razones: porque permite la restricción de derechos y libertades en base a un sentimiento; porque posibilita la creación de una normativa penal suprainclusiva; porque abre la puerta a la represión selectiva de la discrepancia ideológica; porque no existe certeza en torno a que sea verdaderamente efectivo para prevenir o evitar los incidentes discriminatorios; y porque pone el foco de atención en la que es la última *ratio* del ordenamiento[612].

En esta línea encontramos también a MIRÓ LLINARES, quien advierte que la tendencia a criminalizar conductas «ofensivas» (entre las cuales se encuentra el discurso de odio) abre la puerta a tipificar comportamientos que realmente no lesionan ni ponen en peligro interés alguno, pero que son contrarios a sensibilidades sociales más o menos compartidas[613]; lo que implica una expansión rigurosa del rol y el alcance del Derecho penal[614]. En estos casos, como bien señala FUENTES OSORIO[615], se decide que la mera manifestación aversiva es socialmente insoportable y, a fin de cuentas, el delito de odio se convierte en una forma de proteger el acervo cultural común, la buena educación y el buen gusto, «en una forma moderna de blasfemia cuya sanción explicita que la sociedad "odia" al que se ha manifestado de ese modo, que es visto como un enemigo».

Independientemente de estas consideraciones, compartimos con LAURENZO COPELLO[616] que el objetivo de evitar conductas que impliquen un trato despreciativo, vejatorio o violento hacia ciertas personas o grupos por pre-

610 Tal y como explica REY MARTÍNEZ, F. Discurso del odio..., op. cit., pp. 55-56.

611 FUENTES OSORIO, J. L. «El odio como delito..., *op. cit.*, pp. 39-40.

612 Este aspecto en concreto lo denuncia, también, REY MARTÍNEZ, F. Discurso del odio..., *op. cit.*, p. 59.

613 MIRÓ LLINARES, F. «La criminalización de conductas "ofensivas". A propósito del debate anglosajón sobre los "límites morales" del derecho penal», en *Revista Electrónica de Ciencia Penal y Criminología*, n.º 17, 2015, p. 7.

614 En palabras de COLEMAN, P. *La censura maquillada...*, *op. cit.*, p. 106.

615 FUENTES OSORIO, J. L. «El odio como delito..., *op. cit.*, p. 32.

616 LAURENZO COPELLO, P. La discriminación en el Código Penal..., *op. cit.*, p. 231.

sentar estos ciertos rasgos identitarios que los distinguen de la generalidad merece ser valorado positivamente. Ahora bien, creemos esto no es suficiente para justificar la intervención penal ya que el recurso a esta rama del ordenamiento como medio preventivo no se legitima únicamente por la finalidad perseguida con la tipificación de conductas: solo si este objetivo se canaliza de acuerdo con los límites del *ius puniendi* podrá admitirse la legitimidad de la intervención penal.

Comparte esta postura ALCÁCER GUIRAO, para quien la incriminación del discurso de odio solo se puede legitimarse en sociedades que se encuentren en una situación de crisis estructural en las que las desigualdades entre grupos sociales sean de tal grado que imposibiliten a algunos a acceder en condiciones de igualdad al ejercicio de la libertad de expresión pública, y en las que el Estado no posea otros medios para dar voz a las minorías. En su opinión, en una sociedad como la descrita, el discurso de odio «caería en un campo de cultivo abonado ya previamente para la discriminación», generando entonces un verdadero menoscabo de las condiciones de seguridad del grupo discriminado[617/618]. Por el contrario, según este autor, una sociedad estable contará siempre con herramientas suficientes para luchar contra el discurso del odio, por lo que en tales supuestos no estaría justificado en ningún caso el recurso al Derecho penal[619].

En una línea similar a la que venimos presentando encontramos a LANDA GOROSTIZA[620], quien supedita la punibilidad del discurso a que este tenga la fuerza y la eficacia suficientes como para contribuir a alterar de manera significativa las condiciones de seguridad existencial del grupo contra el que se dirige. En su opinión, esto exige un contexto de crisis que convierta un determinado discurso «indirecto» en una llamada eficaz al odio, a la violencia o a la discriminación contra un determinado colectivo; ahora bien, no defiende que deba exigirse un contexto de crisis extrema en el que sea inminente un delito contra la humanidad, sino que se estudie la fuerza del discurso a la luz de un escenario futuro en el que efectivamente pudiera acontecer dicho delito[621].

617 Coincidiendo con ALCÁCER GUIRAO, R. Discurso del odio, protección..., *op. cit.*, p. 25.

618 Y ello porque no puede obviarse el hecho de que dichas incitaciones a la discriminación constituyen la reproducción de una realidad de marginación social que ya existe previamente en sociedad. En palabras de ALCÁCER GUIRAO, «La conducta expresiva concreta constituiría (...) un recordatorio simbólico de esa marginación, una gota en el océano de la discriminación ya arraigada socialmente» (*vid. Ibídem*, p. 52).

619 *Vid. Ibídem*, p. 25.

620 LANDA GOROSTIZA, J. M. «Incitación al odio..., *op. cit.*, p. 341.

621 En sus palabras, es desde tal escenario que debe analizarse
(...) «hasta qué punto la comunicación provocadora consigue envenenar las relaciones intergrupales en cuestión hasta el punto de que cualquier ciudadano en la situación y condiciones de los destinatarios del discurso de odio vería afectada su confianza en que las

Otro autor que defiende la necesaria existencia de un determinado contexto social para legitimar la apreciación de un delito del discurso de odio es GALÁN MUÑOZ[622]. Partiendo de los estudios realizados por Johan Vincent Galtung[623] sobre las distintas formas de violencia y su interacción social[624], el autor explica que los delitos del discurso de odio se encuentran íntimamente relacionado con lo que GALTUNG denomina «violencia cultural», esto es,

> «aquellos aspectos de la cultura, la esfera simbólica de nuestra existencia —materializada en la religión y la ideología, en el lenguaje y el arte, en la ciencia empírica y la ciencia formal (la lógica, las matemáticas)— que puede ser utilizada para justificar o legitimar la violencia directa[625] o la violencia estructural[626]»[627].

Dicho de otra manera, este tipo de violencia abarca las ideas defendidas por la sociedad que respaldan —ya sea directa o indirectamente— la apa-

---

leyes penales vayan a proteger con eficacia su vida o su integridad física o sus libertades fundamentales».
(*vid. Ibídem*, p. 342)

622 GALÁN MUÑOZ, A. «Delitos de odio, discurso del odio..., *op. cit.*, pp. 41-66.

623 GALTUNG fue un sociólogo y matemático noruego pionero de las investigaciones sobre la paz y los conflictos. Para más información, *vid.* Johan Vincent GALTUNG. Círculo de Bellas Artes. S.f., p. única [fecha de consulta: 9 de febrero de 2022]. Disponible en: https://www.circulobellasartes.com/biografia/johan-vincent-Galtung/.

624 Según GALÁN MUÑOZ, las aportaciones de GALTUNG resultan especialmente útiles cuando se aplican a nuestro ámbito de estudio, ya que permiten «explicar de forma clara cómo las diferentes formas colectivas de violencia (...) pueden interactuar y retroalimentarse con las individuales (...), algo que, (...), resulta de sumo interés para concretar cuáles de dichas interacciones puede sancionar el Derecho penal sin sacrificar por el camino aquellos límites y garantías que lo convierten en un Derecho penal garantista y realmente democrático» (GALÁN MUÑOZ, A. Delitos de odio..., *op. cit.*, p. 52).

625 Por «violencia directa» GALTUNG entiende aquella que es «visible», es decir, la que ejercen los individuos particulares a través de comportamientos concretos dirigidos contra otros. Según el autor, esta es solo una mínima parte de lo que implica la violencia como fenómeno social, y es que, como bien expresa GALÁN MUÑOZ, «La violencia, como fenómeno social lesivo de las necesidades de los individuos, es un fenómeno complejo y también puede ser resultado, por ejemplo, de procesos de estratificación social. En concreto, de un conflicto entre dos o más grupos sociales que se resuelve sistemáticamente a favor de uno de ellos y en prejuicio del resto. Son conflictos que se solventan mediante una diferente distribución de los medios y de las posibilidades de satisfacción de necesidades básicas de los que se dispone, provocando, de esta forma, una situación de explotación de una parte de la sociedad por otra (GALÁN MUÑOZ, A. Delitos de odio..., *op. cit.*, p. 51).

626 Tal y como sintetiza GALÁN MUÑOZ, con la expresión «violencia estructural» GALTUNG hace referencia a una forma de violencia que no es individual sino colectiva, y que emana de un contexto social que no permite a ciertos grupos acceder, en igualdad de condiciones que al resto, a los recursos que necesita para satisfacer sus necesidades básicas (*vid. Ibídem*, p. 52).

627 GALTUNG, J. V. «La violencia: cultural, estructural y directa», en *Cuadernos de estrategia*, n.º 183, 2016, p. 149.

rición y el mantenimiento de otros tipos de violencia, de forma que actúa como un posible instrumento de apoyo psicológico de su aparición o existencia[628]. Esto es precisamente lo que hace el discurso de odio, por lo que estamos de acuerdo con GALÁN MUÑOZ cuando dice que este forma parte de la violencia cultural.

De acuerdo con lo anterior y teniendo en cuenta los criterios establecidos por nuestra jurisprudencia, su sanción penal será legítima siempre y cuando la manifestación en cuestión, además de apoyar y respaldar una forma de violencia cultural, favorezca la ejecución de nuevos ataques de esta naturaleza en el futuro; eso sí, ello siempre y cuando el discurso se dirija contra colectivos en situación de vulnerabilización social. El autor mencionado considera, en cambio, que esto último no es necesario ya que entiende que los delitos del discurso de odio y los delitos de odio se configuran sobre fundamentos diferentes[629], lo que no compartimos en absoluto. Con todo, nos parece acertada su propuesta de aplicación restrictiva y cautelosa de este tipo de delitos, la cual debería conducir a que solo fueran empleados para castigar aquellas expresiones que resulten adecuadas para incitar a sus destinatarios a cometer delitos cuya eventual realización sería tan grave que justificaría el contundente adelantamiento de la barrera punitiva que implicaría el castigo de estas expresiones como delito consumado, independientemente de si estas dieran lugar al comienzo de la ejecución de dichos ataques[630].

Pues bien, con esto damos por terminado nuestro breve repaso de las aportaciones doctrinales más representativas en relación con el discurso de odio. Si algo se puede extraer de todo lo expuesto hasta el momento es que la delimitación de los criterios que permitan discernir entre el discurso de odio admisible y el inadmisible es una cuestión «tan decisiva como vaporosa y de difícil precisión»[631], ya que se trata de un fenómeno que es «claro en su núcleo» pero «difuso en su alcance»[632]. Confiamos en que ha quedado sufi-

---

628 En palabras de GALÁN MUÑOZ, A. Delitos de odio..., *op. cit.*, p. 59.

629 En sus propias palabras, los delitos de odio «castigan y tratan de evitar actos de apoyo a la violencia estructural. Los otros, los del discurso del odio, hacen lo propio con algunas formas de violencia cultural que respaldan y pueden llevar a que se ejecuten de forma efectiva actos de violencia directa. Esto lleva, (...), a que no todos los delitos del discurso del odio tengan necesariamente que partir, ni exijan que sus sujetos pasivos tengan que estar sufriendo violencia estructural para castigar los discursos que los atacan. Puede ser que algunos de dichos sujetos la padezcan y, precisamente, dicho hecho favorezca que el mensaje que se dirija contra los mismos llegue a ser idóneo para producir violencia directa en su contra (así podría suceder, por ejemplo, contra el colectivo homosexual o los inmigrantes), pero ello no es requisito necesario e imprescindible, lo que, (...), hace factible que estos delitos puedan emplearse también para proteger a colectivos no discriminados (p. ej. Las víctimas del terrorismo)» (*vid. Ibídem*, p. 64).

630 *Vid. Ibídem*, p. 65.

631 Como expresamente lo define REY MARTÍNEZ, F. Discurso de odio..., *op. cit.*, p. 85.

632 En palabras de LANDA GOROSTIZA, J. M. *Los delitos de odio...*, *op. cit.*, p. 38.

cientemente claro que, si se quiere abordar correctamente esta materia, «no pueden confundirse ni equipararse los conceptos de discurso de odio (entendido como mensaje de odio) y de delito de odio»[633]. No obstante, somos conscientes de que esta idea no basta para delimitar el alcance de ninguno de ellos (mucho menos del primero, que sobrepasa los límites de lo jurídico). Hasta ahora hemos tratado de dar un sentido al recorrido que ambos han experimentado desde su reconocimiento como realidades diferenciadas del resto centrándonos, particularmente, en el discurso de odio; pero nuestra aproximación al mismo termina aquí. A partir de ahora circunscribiremos nuestro estudio al que es verdaderamente el centro de nuestra investigación, los delitos de odio, tratando de dar respuesta a una cuestión fundamental: ¿tiene sentido la existencia de estas figuras en nuestra legislación penal?

A. La recepción de la terminología «delitos de odio» en España: ¿de qué estamos hablando?

Al margen del desarrollo que experimentaban a nivel internacional, en España estas figuras no fueron reconocidas por las instituciones estatales hasta el año 2013[634], cuando nuestro Ministerio del Interior publicó por primera vez un documento que trataba específicamente sobre ellas: el Informe sobre la evolución de los delitos de odio en España[635]. Este documento mostró que la preocupación por este tipo de conductas estaba a la orden del día en nuestro país, en contra de lo que venían denunciando varios organismos internacionales que manifestaban que España era uno de los pocos Estados europeos que no registraba información relativa a los delitos de odio de forma sistemática;

633 De esta forma, Cámara Arroyo, S. El concepto de delitos de odio..., *op. cit.*, p. 154.

634 Antes de esa fecha, habían comenzado a trabajar en este ámbito distintas organizaciones no gubernamentales e instituciones a nivel municipal, como la Fiscalía de Delitos de Odio de Barcelona, que se creó en 2010. A partir de entonces fueron apareciendo servicios similares en Madrid y Málaga, y el Fiscal General del Estado nombró un Fiscal Delegado para la Tutela Penal de la Igualdad y contra la Discriminación con el fin de que este nombrara, al mismo tiempo, Fiscales Delegados en cada capital de provincia para reforzar y estructurar la actuación del Ministerio Fiscal ante los delitos de odio y discriminación. En el año 2016, España ya contaba con 50 fiscales especializados en la materia (López Ortega, A. I. Análisis y evolución..., *op. cit.*, p. 79).

635 El Informe está disponible en el siguiente enlace: http://www.interior.gob.es/documents/642012/3479677/Informe+sobre+los+delitos+de+odio+en+Espa%C3%B1a+2013.pdf/6f10f526-80f7-47a0-911b-d27c61c6cf40.

situación que cambiaría a partir de 2010[636] y, sobre todo, a partir de 2013[637]. De hecho, en el año 2018 la ECRI publicó su «Informe sobre España»[638], en cuyo apartado dedicado al discurso de incitación al odio toma nota, con satisfacción, de que las autoridades españolas y la sociedad civil hubieran comenzado seriamente a recopilar, mejorar y poner a punto las estadísticas relativas a este tipo de discurso así como «a otros delitos motivados por el odio», lo que permitirá obtener una visión realista del alcance de estos en nuestro país[639].

Pues bien, a pesar de lo tardío que ha sido su reconocimiento en el ámbito institucional estatal, lo cierto es ya se venían haciendo desde tiempo antes numerosos esfuerzos por tratar de clarificar el alcance de los delitos de odio. A lo largo de este proceso, se ha trabajado a distintos niveles con el objetivo de facilitar la aprehensión de un fenómeno aparentemente nuevo que, en realidad, nuestro CP llevaba castigando desde 1995: la discriminación contra colectivos sociales injustamente estigmatizados. La amalgama de posicionamientos que han surgido entre los autores se ha terminado traduciendo en un profundo debate en torno al sentido y objeto de estas figuras que se extiende hasta nuestros días y que merece toda nuestra atención, porque, como bien subraya LAURENZO COPELLO, en esta materia resulta imprescindible saber a qué nos estamos refiriendo, pero también con qué finalidad lo hacemos[640].

En el seno de esta discusión, lo primero que ha llamado la atención a la doctrina es la rúbrica que se ha decidido asumir para hacer referencia a este tipo de comportamientos. Como vimos anteriormente, algunos autores habían denunciado que el utilizar la referencia a un sentimiento para evocar una conducta relevante penalmente no solo resulta chocante sino que puede

636 En el año 2010 se creó la Fiscalía de Delitos de Odio de Barcelona, que, junto a otras organizaciones no gubernamentales, iniciaron el proceso de denuncia y reconocimiento de los delitos de odio en nuestro país. A partir de entonces se crearon servicios similares en otras provincias como Madrid y Málaga, y el Fiscal General del Estado designó un Fiscal Delegado para la Tutela Penal de la Igualdad y contra la Discriminación con el objetivo de que este nombrara, al mismo tiempo, Fiscales Delegados en cada capital de provincia para promocionar y gestionar la actuación del Ministerio Fiscal frente a los delitos antidiscriminatorios y de odio. Asimismo, en 2010 los Mossos d'Esquadra instauraron en Cataluña el «Procedimiento de hechos delictivos motivados por el odio o la discriminación», un protocolo que ha afianzado la posición de este cuerpo policial como el primero en España en desarrollar un mecanismo que ofrece información estadística oficial sobre delitos con motivación discriminatoria denunciados en la comunidad autónoma. Coincidiendo con las explicaciones de LÓPEZ ORTEGA, A. I. *Análisis y evolución..., op. cit.*, p. 23.

637 LÓPEZ ORTEGA, A. I. Análisis y evolución..., *op. cit.*, p. 22.

638 El informe está disponible en el siguiente enlace: https://rm.coe.int/fifth-report-on-spain-spanish-translation-/16808b56cb.

639 *Vid.* p. 20 del Informe.

640 Tal y como indica LAURENZO COPELLO, P. «Un delito en busca de justificación..., *op. cit.*, p. 96.

—y, de hecho, lo hace— inducir a error[641]. Según FUENTES OSORIO[642], esto se debe a que su uso lexicográfico (como rechazo u hostilidad)[643] esconde la «redefinición» que se da en materia penal (como conducta discriminatoria) y posibilita que nuestra disciplina sea empleada para desvalorar comportamientos que nada tienen que ver con la discriminación[644], lo que es del todo desacertado[645]. En opinión de este autor, «la aversión se convierte en odio penal únicamente cuando esta tiene su origen en un motivo rechazado por la sociedad» porque, en tal caso, puede efectivamente «conducir a un trato diferente y perjudicial de personas, grupos e instituciones»[646]. Entendido el odio de esta manera, puede establecerse un símil entre los delitos de odio (*hate crimes*) y los llamados «delitos prejuiciosos» *(bias crimes)*, tal y como hace la Directiva 2012/29/UE del Parlamento Europeo y del Consejo, de 25 de octubre de 2012, por la que se establecen normas mínimas sobre los derechos, el apoyo y la protección de las víctimas de delitos[647] (considerando 56), o incluso parte de nuestra doctrina[648].

Pues bien, partiendo de la confusión que, de entrada, genera la propia terminología «delito de odio», creemos que es primordial determinar cuáles son los caracteres esenciales de este tipo delictivo, tarea a la que dedicaremos el presente epígrafe. A partir ahí, podremos identificar las figuras de nuestro CP que desde nuestro punto de vista pueden ser consideradas tales y analizar, desde un punto de vista crítico, el tratamiento que se les ha dado y se les da en la actualidad. Esto nos permitirá, al final de nuestra investigación, hacer una propuesta de *lege ferenda* que sea coherente con la historia y con los principios que rigen nuestro *ius puniendi*, cuestiones ambas que, como veremos, parecen haber quedado en el olvido para muchos. Pero vayamos por orden.

---

641 Coincidimos con ALCÁCER GUIRAO cuando dice que el odio es un concepto demasiado impreciso y confuso como para emplearlo en la discusión jurídica (ALCÁCER GUIRAO, R. «Diversidad cultural, intolerancia y Derecho penal», en *Revista Electrónica de Ciencia Penal y Criminología*», n.° 18, 2016, p. 3).

642 FUENTES OSORIO, J. L. «El odio como delito..., *op. cit.*, p. 4.

643 La RAE define el odio como la «antipatía y aversión hacia algo o hacia alguien cuyo mal se desea» (ed. 23.ª —2014—, actualización de 2021).

644 Por esta razón, FUENTES OSORIO considera que el uso del término «discriminación» en lugar del de «odio» ayudaría a reducir la inseguridad jurídica existente en este ámbito (FUENTES OSORIO, J. L. «El odio como delito..., *op. cit.*, p. 4).

645 Así lo entiende, también, DÍAZ LÓPEZ, quien insiste en que el odio, en su sentido penal, no puede vincularse con cualquier tipo de ánimo hostil (DÍAZ LÓPEZ, J. A. *El odio discriminatorio..., op. cit.*, p. 97).

646 En palabras de FUENTES OSORIO, J. L. «El odio como delito..., *op. cit.*, p. 4.

647 El texto completo de la Directiva puede consultarse en el siguiente enlace: https://www.boe.es/doue/2012/315/L00057-00073.pdf.

648 Por ejemplo, DÍAZ LÓPEZ, J. A. *El odio discriminatorio..., op. cit.*, p. 103.

En relación con el primero de los objetivos enumerados (el determinar los elementos que caracterizan al delito de odio), va a resultar primordial atender a las aportaciones de la doctrina, ya que es la que mayores esfuerzos ha realizado al respecto. Ahora bien, se tendrán igualmente en cuenta las de las instituciones y la de la jurisprudencia, que, aunque menos abundantes, han servido también para tratar de clarificar la cuestión.

Entrando ya en materia, lo primero que puede extraerse del trabajo que han realizado los autores en relación con los delitos de odio es que han podido identificarse formas concretas de aproximación al fenómeno. Entre ellas, nos parece especialmente ilustrativa la recopilación que ha hecho CÁMARA ARROYO, que distingue cuatro grupos doctrinales según el aspecto concreto de estos delitos en el que incidan para fundamentar el castigo[649]: el primero está formado por aquellos que consideran que lo que caracteriza a estas figuras es el bien jurídico protegido; el segundo lo conforman los que entienden que el elemento diferenciador en estos casos es la motivación que guía al sujeto activo a cometer el delito; el tercero defiende que la característica fundamental de los delitos de odio es el sujeto pasivo de la conducta; y, por último, el cuarto grupo lo forman aquellos autores que consideran esenciales varias de las características anteriores. Dado que esta clasificación nos parece especialmente clarificadora, vamos a partir de ella para sintetizar las principales posturas que se defienden a distintos niveles en este sentido. Veamos cuáles son y qué consecuencias implican.

i. El bien jurídico protegido

Como decíamos, un primer grupo de autores dota de significado a los delitos de odio en base al bien jurídico (o bienes jurídicos) que estos protegen. Tal es el posicionamiento, por ejemplo, de LAURENZO COPELLO, que entiende que la clave para comprender estas figuras no reside en la formulación del delito desde el punto de vista gramatical, sino en saber qué se pretende proteger con este o, más concretamente, «qué se puede proteger con una categoría específica de delitos caracterizados por la agravación de la respuesta penal o, en su caso, por la punición específica de ciertas conductas basadas en prejuicios». ¿Por qué, si no, la doctrina habría dedicado tantos esfuerzos en reflexionar acerca de la configuración y sentido del bien jurídico? ¿Por qué, si no, existe el principio de exclusiva protección de bienes jurídicos?[650]

Partidario de la consideración del bien jurídico como elemento caracterizador de la definición de delito de odio es, también, BRANDARIZ GARCÍA[651], quien

---

649 Coincidiendo con las explicaciones de CÁMARA ARROYO, S. «El concepto de delitos de odio y su comisión..., *op. cit.*, p. 172.

650 LAURENZO COPELLO, P. «Un delito en busca de justificación..., *op. cit.*, p. 96.

651 BRANDARIZ GARCÍA, J. A. «Victimización de migrantes», en *Víctimas olvidadas*, obra colectiva, coordinador Josep M. TAMARIT SUMALLA, Tirant lo Blanch, Valencia, 2020, p. 48.

explica que estas figuras se diferencian del resto de delitos antidiscriminatorios en que afectan a bienes jurídicos eminentemente personales[652]. En esta línea, De Pablo Serrano y Tapia Ballesteros defienden que son varios los bienes jurídicos que protegen los delitos de odio: la dignidad, el derecho a la igualdad y el derecho al honor, todos ellos con un sustrato individual y personalista que se vulnera, a su juicio, aunque la conducta pueda afectar a un conjunto de personas[653].

Profundizando más en la postura de estos autores, y aunque compartimos su punto de partida, discrepamos con la selección de posibles bienes jurídicos con los que pretenden dotarla de contenido. Estos se apoyan en las tesis de Waldron[654] para argumentar que los delitos de odio atentan contra la dignidad de la persona por encontrar fundamento en una característica que comparte un grupo y que se vincula en el imaginario social con una cualidad que lo descalifica. Mediante conductas de este tipo, el perjuicio se expande y pasa de ser un daño hacia un individuo particular a ser un daño colectivo, conectándose así con el orden público o social[655/656]. Pues bien, a pesar de que este razonamiento es del todo coherente a nivel interno, desde nuestro punto de vista encierra un error de fondo. La dignidad de la persona, como fundamento de nuestro ordenamiento jurídico, es un principio inspirador del mismo y conforme a él deben interpretarse no solo los derechos, sino también los bienes jurídicos que de estos derivan, por lo que, en nuestra opinión, no puede ser considerada un bien jurídico. Esto no quiere decir que no deba castigarse penalmente un comportamiento denigratorio contra una persona, más bien lo contrario: este podrá ser sancionado en virtud del precepto concreto de nuestro CP que proteja el bien jurídico que haya sido afectado, precisamente porque este emana directamente de la dignidad humana.

652 En contra, Cámara Arroyo, quien señala que en un delito de odio encontramos siempre un atentado contra un bien jurídico eminentemente personal, sea cual sea el objeto material al que esté dirigido el ataque y a pesar de la eventual afectación de otros bienes jurídicos de carácter no personal (Cámara Arroyo, S. El concepto de delitos de odio..., *op. cit.*, p. 172).

653 De Pablo Serrano, A. L.; Tapia Ballesteros, P. «Discurso del odio: problemas en la delimitación del bien jurídico y en la nueva configuración del tipo penal», en *Diario LA LEY*, n.° 8911, 2017, p. 3.

654 Waldron, J. *The harm in hate speech...*, *op. cit.*, p. 5.

655 *Vid. Ibídem*, p. 4.

656 Partidarios de la consideración de la dignidad como bien jurídico protegido, en general, en los delitos antidiscriminatorios son Rodríguez-Piñero y Fernández López, quienes indican que en estos casos es «la común dignidad de todos los hombres la que se pone en juego», al tratarse de desigualdades particularmente reprochables que, de prevalecer, supondrían negar «la paridad de dignidad social entre los seres humanos» y considerar a algunos, no solamente diferentes, sino también inferiores (Rodríguez-Piñero, M.; Fernández López, M. F. «*Igualdad...*, *op. cit.*, p. 110). En la misma línea podemos mencionar, asimismo, a Güerri Fernández, C. «La especialización de la fiscalía..., *op. cit.*, p. 5.

Dicho esto, en cuanto al bien jurídico honor, De Pablo Serrano y Tapia Ballesteros siguen la línea de pensamiento filosófica de Honneth[657] y lo interpretan como

> «la legítima expectativa de reconocimiento que merece todo ciudadano en tanto que miembro de pleno derecho de una comunidad jurídica, que le asiste en atención al modo personal de conducción y al plan de vida que haya elegido libremente, y a partir del cual (...) puede el individuo tomar parte en condiciones de paridad participativa en el contexto de las interacciones sociales y en el entorno comunicativo»[658].

Aunque entendemos esta significación que se le da al derecho al honor, en nuestra opinión no puede ser considerado un bien jurídico en estos casos porque este ya se protege específicamente en otros delitos y porque difícilmente puede deslindarse del derecho a la igualdad o no discriminación, que sin duda supera su contenido. En relación con este bien jurídico (el derecho a la igualdad o no discriminación), De Pablo Serrano y Tapia Ballesteros siguen a Laurenzo Copello, quien define la discriminación como «un menosprecio, un trato peyorativo, que crea o profundiza la situación de marginación en que se encuentran determinados colectivos por el solo hecho de compartir sus miembros ciertos caracteres que los distinguen de la generalidad». La autora considera, y así lo compartimos, que el comportamiento discriminador afecta de manera directa a un bien fundamental de todo individuo: «el derecho a ser tratado como un ser humano igual a los demás, una pretensión que, por vincularse con las condiciones básicas de la existencia de cualquier individuo, se relaciona con la idea de la dignidad personal». A esto añade un apunte importante: se trata siempre de un bien jurídico individual, a pesar de que este pueda ser lesionado a través de comportamientos dirigidos contra un determinado colectivo[659].

Al respecto de la consideración de la igualdad como bien jurídico protegido en los delitos antidiscriminatorios, Laurenzo Copello señala que no es ajena a las voces que critican la conversión en objeto de tutela penal de lo que no es sino un «principio» difícil de concretar y, en consecuencia, inapropiado para delimitar las fronteras de la intervención penal. Sin embargo, entiende que esta crítica solo sería aceptable si se hubiese partido del derecho genérico a la igualdad, por carecer este de contenido positivo propio y ser configurable únicamente de forma negativa como el derecho a no ser tra-

657 El trabajo más relevante del autor en este sentido es Honneth, A. *La lucha por el reconocimiento. Por una gramática moral de los conflictos sociales*, traducción castellana de Ballestero, M., Grijalbo Mondadori, Barcelona, 1997.

658 Güerri Fernández, C. «La especialización de la fiscalía..., *op. cit.*, p. 4.

659 Laurenzo Copello, P. «Marco de protección jurídico-penal del derecho a no ser discriminado. Racismo y xenofobia», en *Cuadernos de derecho judicial*, n.º 1, 1996, p. 231.

tado de manera desigual[660]. Sin embargo, esto no es así en la situación que nos ocupa, porque esta depende de la vigencia del principio de igualdad y es primordial para la preservación del modelo de convivencia constitucional. En su opinión,

> «Lo importante en la determinación de un bien jurídico es que se capten situaciones sociales claras —bien atribuibles individualmente a los ciudadanos, bien a la comunidad— consideradas como condiciones esenciales para la convivencia y que, por reunir caracteres bien delimitados, resulten susceptibles de ser lesionadas a través de comportamientos humanos. (...), estas notas están presentes en el objeto de tutela que hemos descrito como sustento de los preceptos dirigidos a prevenir la discriminación: se parte de una situación de paridad entre los ciudadanos con independencia de cuál sea su raza, etnia, ideología, religión, etc. Así definido el bien jurídico, también resulta claro cuándo y cómo se lesiona: cuando un comportamiento concreto coloca al afectado en una situación de desventaja —de marginación— precisamente **porque** reúne alguna de aquellas características personales o sociales que la ley expresamente enumera»[661].

Dicho esto, la autora considera que la igualdad (el derecho a no ser discriminado) no es el único bien jurídico que está en juego en cualquier trato discriminador, dado que también se ve implicado en estos casos el modelo de convivencia plural y multicultural del que parte nuestra Constitución[662]. Así lo entiende, también, REY MARTÍNEZ, quien, haciendo referencia al discurso discriminador en particular, indica que este

> «no solo atenta contra la dignidad personal de las víctimas, dañándolas en su estilo de vida, en su bienestar y autonomía, sino que también atenta contra la sociedad, pues el daño se produce mediante actos que estigmatizan a todos los miembros de un grupo, fracturando así la cohesión social, y atenta, por último, contra el mismo principio democrático porque devalúa la participación de los grupos-diana, convirtiéndolos en minorías aisladas y sin voz en el proceso político, con una ciudadanía debilitada. (...), el discurso discriminador mina las propias bases de nuestra convivencia: la libertad, la igualdad y la democracia (art. 1.1 CE)»[663].

No obstante lo anterior, LAURENZO COPELLO apunta que el reconocimiento de esta doble perspectiva ante el fenómeno no implica que ambos elementos

---

660 En este sentido, LAURENZO COPELLO explica que «El mandato de no discriminación, (...), no es una mera concreción del principio de igualdad formal, sino una medida específicamente dirigida a superar los obstáculos que impiden la realización de la igualdad sustancial» (LAURENZO COPELLO, P. La discriminación por razón de sexo..., *op. cit.*, p. 18; LA MISMA. «La protección penal frente a conductas racistas y xenófobas, en *Anuario de los Cursos de Derechos Humanos de Donostia-San Sebastián*, n.º 2, 2002, pp. 181-184).

661 *Vid. Ibídem*, p. 237.

662 *Vid. Ibídem*, p. 239.

663 REY MARTÍNEZ, F. Discurso de odio..., *op. cit.*, p. 67.

(la igualdad y el modelo de convivencia constitucional) deban tener la misma importancia a la hora de fundamentar estos tipos penales. En sus palabras:

> «la perspectiva esencial es en todo caso la individual. Lo que da sentido y concede un contenido específico al trato discriminatorio es su efecto sobre un derecho básico del ser humano y es sin duda ese aspecto el que permite considerarlo merecedor de sanción penal. Pero esto no impide que se tome en cuenta igualmente la dimensión colectiva (...) puesto que, sin ella, el perfil del daño social resultante no estaría completo[664]. Bien es verdad que una conducta aislada de discriminación —o un conjunto de ellas— en contadas ocasiones perturbarán de modo decisivo el modelo de convivencia plural reconocido en nuestra Constitución, pero lo que sí puede decirse de todo trato discriminatorio es que, precisamente por constituir una manifestación de marcada intolerancia, supone al menos un peligro para la preservación de aquellas pautas sociales»[665].

Nos parece muy coherente la argumentación de la autora y compartimos con ella que lo que fundamenta en estos supuestos la imposición del castigo (o la agravación de este) es la vulneración del derecho a no ser discriminado[666]; sin embargo, desde nuestro punto de vista el modelo de convivencia constitucional no debería ser considerado un bien jurídico de relevancia en estos casos dado que no otorga verdadera especificidad a estas figuras. En nuestra opinión, el riesgo que pueda entrañar la conducta para la convivencia pacífica en sociedad deberá ser valorado a la hora de sancionarla, pero esto deberá hacerse en el marco del análisis del desvalor de resultado de la conducta, nada más. Con todo, debe decirse que la defensa de la existencia de un bien jurídico «mixto individual-colectivo»[667] en los delitos de odio ha sido secundada por otros autores como BERNAL DEL CASTILLO[668], RODRÍGUEZ

---

664 A este respecto, GALÁN MUÑOZ subraya que los comportamientos violentos que se realizan de manera individual contra los colectivos que sufren discriminación, además de afectar a los bienes jurídicos de los sujetos pasivos en particular, contribuyen a mantener la violencia estructural que experimenta el grupo del que estos forman parte. En su opinión, esto no solo supone un desvalor añadido que legitima una respuesta más dura en estos casos, sino que también permite catalogar y distinguir los delitos que no solo podrían, sino que deberían, calificarse como «de odio»: aquellos que se realizan contra grupos discriminados y que favorecen su situación de discriminación (GALÁN MUÑOZ, A. Delitos de odio..., *op. cit.*, p. 54).

665 LAURENZO COPELLO, P. La discriminación en el Código Penal..., *op. cit.*, p. 241.

666 Así, también, GARCÍA ÁLVAREZ, P. «El efecto perverso..., *op. cit.*, p. 67.

667 En palabras de CÁMARA ARROYO, S. El concepto de delitos de odio..., *op. cit.*, p. 174.

668 Para BERNAL DEL CASTILLO, el bien jurídico «derecho a no ser discriminado» posee un carácter pluridimensional, lo que genera gran dispersión normativa. Diferencia entre dos tipos de delitos antidiscriminatorios: los que protegen el bien jurídico en sentido estricto y los que lo protegen indirectamente. En el primer grupo incluye los delitos recogidos en la Sección Primera del Capítulo IV del Título XXI del Código Penal («De los delitos cometidos con ocasión del ejercicio de los derechos fundamentales y de las libertades públicas garantizados en la Constitución»); en la segunda, delitos como el de genocidio. El estudio

YAGÜE[669], GÓMEZ MARTÍN[670] y AGUILAR GARCÍA[671], que lo identifican, como LAURENZO COPELLO, con la protección de la igualdad y de determinadas minorías en situación de marginación social dándole, al igual que ella, prioridad a la dimensión individual[672].

de la agravante genérica de discriminación lo sitúa aparte de estas categorías (BERNAL DEL CASTILLO, J. *La discriminación..., op. cit.*, pp. 36, 49 y 134).

669 Esta autora considera que el bien jurídico protegido es el criterio ideal para seleccionar y sistematizar los delitos antidiscriminatorios: por una parte, a partir de él puede diferenciarse entre los tipos penales que protegen prioritaria y directamente el derecho a no ser discriminado y aquellos que tutelan un bien jurídico distinto pero que despliegan una protección extra hacia aquel; por otra, permite distinguir entre los comportamientos discriminatorios que lo afectan individualmente el bien jurídico tutelado (obstaculizando o impidiendo el ejercicio o el disfrute de los derechos del individuo en la vida social) y aquellos que se configuran en torno al factor colectivo (procurando que la provocación, negación, vanaglorización o justificación de conductas discriminatorias no afecten a la situación del grupo y contribuyan a mantenerlo en una posición deficitaria. Ahora bien, dentro de esta última clasificación, advierte de que en ambos casos la dimensión individual y colectiva está presente: «En los primeros, la referencia al colectivo se realiza a través de la enumeración de las causas de discriminación que no hace sino recoger los colectivos que, por su situación de desventaja, son objeto de una tutela reforzada por el Derecho penal, convirtiendo a sus miembros, y no al resto de ciudadanos, en los sujetos pasivos de estos delitos. En los delitos que se configuran en torno al elemento colectivo la referencia al elemento individual está igualmente presente en tanto la conducta puede estar dirigida contra alguno de los miembros por su pertenencia al colectivo, lo que convierte a las personas individuales en sujetos pasivos». Partiendo de estas ideas, RODRÍGUEZ YAGÜE diferencia tres grupos de delitos antidiscriminatorios: los que se construyen alrededor del elemento individual del bien jurídico no discriminación (como, por ejemplo, el delito de discriminación laboral); los que protegen preferentemente la dimensión colectiva del bien jurídico (grupo en el que entraría, entre otros, el delito del discurso de odio); y los que protegen el derecho a la no discriminación aportándole una protección indirecta o adicional extendiendo una tutela reforzada a determinados grupos en virtud de sus caracteres (como, por ejemplo, las manipulaciones genéticas para la selección de la raza) [RODRÍGUEZ YAGÜE, C. *La tutela penal del derecho a no ser discriminado (Análisis de los artículos 511 y 12 del Código penal)*, Bomarzo, Albacete, 2007, pp. 54, 74-76].

670 GÓMEZ MARTÍN, V. «Incitación al odio y género. Algunas reflexiones sobre el nuevo art. 510 CP y su aplicabilidad al discurso sexista», en *Revista Electrónica de Ciencia Penal y Criminología*, n.° 18-20, 2016, p. 12.

671 En relación, concretamente, con del delito de incitación al odio, este autor explica que lo que pretende castigar la ley es «la provocación a la discriminación, la violencia y el odio discriminador, no la provocación a la comisión de delitos de discriminación, con violencia u odio»; de esta forma, no se trataría de «un delito contra bienes jurídicos individuales (el derecho a la igualdad, no discriminación y dignidad de sujetos concretos), sino uno de lesión de un bien jurídico mixto individual-colectivo: el derecho fundamental a la igualdad y la protección de determinadas minorías vulnerables frente a actuaciones idóneas para iniciar procesos agresivos y de hostilidad contra aquellas» [AGUILAR GARCÍA, M. A. (dir.). *Manual práctico para la investigación y enjuiciamiento de delitos de odio y discriminación*, Centre d'Estudis Jurídics, Formació Especializada, Generalitat de Catalunya, 2015, p. 215].

672 Tal y como hace LAURENZO COPELLO, P. La discriminación en el Código Penal..., *op. cit.*, p. 237.

Se muestra contrario a la preeminencia de la perspectiva individual en estos casos DOLZ LAGO, ex Fiscal del TS. En un primer momento, este autor defiende que el bien jurídico que protegen los delitos de odio se ubica entre la igualdad y la no discriminación[673] consagradas por el art. 14 CE; no obstante, al desarrollar su postura añade que este tipo de comportamientos «atacan la libertad y la igualdad y destruyen el fundamento del orden político democrático y su paz social», lo que le lleva a concluir que, en realidad, lo que está en juego en estos casos son

> «los propios valores superiores del ordenamiento jurídico y los fundamentos del orden político y social. (...) No se trata de vulnerar el derecho a la no discriminación de una persona individual por los motivos que expresa el precepto penal sino socavar el orden democrático a través de la lesión a la persona individual o al grupo vulnerable socialmente al que pertenece. (...) En el caso de los delitos de odio, como otros que atacan bienes jurídicos supraindividuales o de esta dimensión, el orden social democrático no enmarca el derecho protegido sino que es el mismo objeto de protección, es el bien jurídico protegido»[674].

Se opone a este planteamiento CÁMARA ARROYO, que lo considera, acertadamente en nuestra opinión, sumamente expansionista. Según este autor, los delitos de odio no pueden erigirse como los mayores defensores del orden social democrático ya que este permite a terceros oponerse, al menos conceptualmente, al mismo[675]. En sus propias palabras: «Lo importante (...) es que la conducta trascienda a ese alejamiento de tales principios y valores democráticos, vulnerando la dignidad e igualdad de los seres humanos»[676].

Pues bien, junto a DOLZ LAGO, considera también preponderante la dimensión colectiva en estos casos LANDA GOROSTIZA. Como LAURENZO COPELLO, este autor pone el foco en la protección de los colectivos minoritarios; sin embargo, se muestra especialmente crítico con el entendimiento de esta autora en torno al principio de igualdad y la prohibición de la discriminación, en su opinión excesivamente individualista. Para LANDA GOROSTIZA,

> «Se atiende desproporcionadamente a un marco de comprensión que sobrestima el esquema bilateral "discriminador-discriminado" en términos exclusivamente individuales, relegándose indebidamente las repercusiones supraindivi-

673 DOLZ LAGO, M. J. «Oído a los delitos de odio: algunas cuestiones claves sobre de la reforma del art. 510 CP por LO 1/2015», en *Diario La Ley*, n.º 8712, 2016, p. 2.

674 DOLZ LAGO, M. J. «Oído a los delitos..., *op. cit.*, pp. 10-11.

675 En la misma línea se encuentra TERUEL LOZANO, quien considera esta opción «inadmisible como límite en un modelo abierto de democracia» (TERUEL LOZANO, G. M. La libertad de expresión..., *op. cit.*, p. 17).

676 CÁMARA ARROYO, S. El concepto de delitos de odio..., *op. cit.*, p. 175.

duales de cada acto y que se caracterizan por afectar al colectivo "sensible" de referencia y a la sociedad en su conjunto»[677].

Desde su punto de vista, el bien jurídico protegido en los delitos de odio no puede ser el derecho a no ser discriminado; por el contrario, entiende que el referente en estos casos debe buscarse

> «en la significación social que las conductas de incitación o la mera negación de hechos históricos de genocidio pueden alcanzar desde el punto de vista de la pacífica convivencia interétnica y de otra clase de grupos, minorías y mayorías en el seno de una determinada sociedad. (...). La perspectiva es, pues, colectiva, y no debe reducirse a una comprensión de las conductas típicas en relación al inmediato destinatario de las mismas al margen del dato de su pertenencia a un determinado grupo. El contexto comunicativo relevante es el de la significación en términos sociales del acto para el colectivo o minoría de referencia y los delitos a estudio son entonces, esencialmente, preceptos dirigidos a la tutela de minorías o colectivos como tales»[678].

Lo anterior lleva a LANDA GOROSTIZA a concluir que lo que lo que vienen a proteger estos delitos es el bien jurídico supraindividual «seguridad existencial de los colectivos en situación de vulnerabilización social», que, para él, «va más allá de la protección de conductas que pongan en peligro la vida o la integridad física de las personas pertenecientes al colectivo en cuestión» y «afecta a las esferas de libertad de otros derechos fundamentales que se ven reducidas a escala grupal»[679].

Como ya explicamos en el epígrafe dedicado al discurso de odio, para este autor el peligro típicamente relevante se produce solo en contextos de crisis, cuando la conducta «despliega un efecto de amenaza que, aunque indirecta o velada, excepcionalmente priva de seguridad normativa al colectivo en cuestión en términos intersubjetivos»[680]. Sin embargo, de seguirse esta interpretación, en nuestra opinión no estaría justificada actualmente la presencia en el CP de ningún delito de odio, dado que es difícil defender que en la sociedad española contemporánea se encuentre verdaderamente en juego la seguridad existencial de ningún colectivo (cualesquiera que sean sus características). Además, debe recordarse que este bien jurídico ya se protege específicamente en otros tipos (los delitos de genocidio y de lesa humanidad), lo que, a nuestro parecer, deja a esta postura sin sustento alguno.

Dejando a un lado estas aportaciones, una posición completamente distinta a la de los autores hasta ahora mencionados presenta QUESADA ALCALÁ,

---

677 LANDA GOROSTIZA, J. M. La llamada «mentira de Auschwitz»..., *op. cit.*, p. 18.

678 *Vid. Ibídem*, pp. 18 y 23.

679 LANDA GOROSTIZA, J. M. *Los delitos de odio..., op. cit.*, p. 63.

680 *Vid. Ibídem*, p. 63.

que equipara los factores discriminatorios con los bienes jurídicos protegidos en estas figuras delictivas señalando que, en un primer momento, estos se encontraban limitados a los rasgos de identidad personal tales como la raza, la ideología, la etnia, etc., pero que, más adelante, el catálogo se ha ampliado para incluir otros como la orientación sexual, la identidad sexual, la discapacidad y, en general, «cualesquiera señas de identidad comunitarias diferenciadas», como lo son la exclusión social y la pobreza[681]. A nuestro modo de ver, este planteamiento es insostenible dado que los factores discriminatorios no constituyen ningún derecho reconocido por nuestro ordenamiento jurídico. Entendemos que lo que pretende invocar la autora es una suerte de «derecho a la identidad», pero este no existe como tal en nuestra legislación. Lo que existe es el derecho a la igualdad, que garantiza que no pueda «prevalecer discriminación alguna por razón de nacimiento, raza, sexo, religión opinión o cualquier otra condición o circunstancia personal o social» (art. 14 CE); por tanto, creemos que el error se encuentra en la perspectiva adoptada, no tanto en el fondo de su idea.

Otra línea diferente dentro de este amplio y heterogéneo grupo de autores la lidera PORTILLA CONTRERAS, quien entiende que el delito de odio es un delito pluriobjetivo cuyo bien jurídico difiere en función de la conducta concreta que describa el delito. Así, por ejemplo, entiende que en el caso de la incitación al odio no se protege ningún bien jurídico, y que esta figura no es más que una «excusa para reprimir la libertad de expresión»[682]. Contra estos argumentos ha respondido pertinentemente LAURENZO COPELLO, explicando que estos supuestos lo que ocurre es que la protección penal se adelanta por partida doble, opción que se justifica —al menos en teoría— por la capacidad que tiene el comportamiento en cuestión para poner en riesgo bienes especialmente importantes. Ahora bien, en este sentido aclara que se excluyen de toda sanción penal «las meras descalificaciones o juicios negativos hacia determinados grupos si no van encaminadas directamente a conseguir los fines previstos por la ley», que en este caso se reducen a «la creación en otros de la voluntad de realizar actos de discriminación o violencia o de actitudes hostiles hacia los colectivos protegidos»[683].

Otros autores como LANDA GOROSTIZA también se han mostrado contrarios a la opinión de PORTILLA CONTRERAS en lo que al delito de incitación se refiere. Como ya explicamos, para aquel autor la incitación o provocación al odio implica algo más que un simple adelantamiento de las barreras de protección de derechos individuales porque considera que los delitos de odio se

681 QUESADA ALCALÁ, C. «La labor del Tribunal Europeo..., *op. cit*, p. 4.

682 PORTILLA CONTRERAS, G. «La represión penal del discurso del odio», en: *Tratado de Derecho Penal español. Parte Especial. IV. Delitos contra la Constitución*, obra colectiva, coordinadores Araceli MANJÓN-CABEZA OLMEDA y Arturo VENTURA PÜSCHEL, Tirant lo Blanch, 2016, Valencia, p. 360.

683 LAURENZO COPELLO, P. La discriminación..., *op. cit.*, pp. 252, 255 y 259.

dirigen a proteger la seguridad existencial de colectivos especialmente vulnerabilizados. Partiendo de esta base, entiende que lo que se pretende prevenir en el caso de la incitación al odio son aquellas «conductas que ponen en marcha un proceso de agresión colectiva» contra estos colectivos[684].

Cabe apuntar que, en contra de lo que pueda pensarse, la determinación de un bien jurídico supraindividual relacionado con la protección de la seguridad de ciertos grupos no tiene por qué suponer, si se interpreta adecuadamente, una interpretación más extensa del delito de incitación al odio, sino aún más restrictiva. En este sentido, LANDA GOROSTIZA advierte que tratar de aprehender esta realidad a través de una incriminación preventiva se topa con dos problemas principales: por un lado, «el alto grado de indefinición y falta de base científica suficiente (...) en torno al conocimiento de los procesos sociales que desembocan en escenarios finales de eliminación masiva de grupos»; y, por otro, el alto contenido ideológico de este tipo de actividades[685]. Según el autor, esta opción interpretativa puede llevar a legitimar lo que se ha dado en llamar «delitos clima»; esto es, figuras que castigan comportamientos dirigidos a crear una atmósfera favorable a la potencial realización de actos hostiles o violentos hacia determinados grupos de personas. Dado que no admite esta categoría de delitos por varias razones[686/687], entiende que este riesgo debe neutralizarse mediante una serie de criterios restrictivos[688] que lleven a valorar si, efectivamente y como explicamos en

684 Atendiendo a las explicaciones de LANDA GOROSTIZA, J. M. *La intervención penal..., op. cit.*, pp. 223 y ss.

685 De esta manera, LANDA GOROSTIZA (*vid. Ibídem*, p. 360).

686 Entre las que se encuentra «el inaceptable grado de indeterminación que supone admitir (...) la "paz pública" u "orden público" como bien jurídico protegido», ya que, en su opinión, «Un tal objeto de tutela resulta inadecuado para contribuir a una interpretación de los delitos a estudio con un mínimo de precisión». Para un mayor desarrollo de esta cuestión, *vid.* LANDA GOROSTIZA, J. M. La llamada «mentira de Auschwitz»..., *op. cit.*, pp. 701 y ss.

687 Tampoco admite la configuración del delito de incitación al odio como un delito clima GARCÍA ÁLVAREZ, quien alerta de la eventual vulneración del principio de intervención mínima «al adelantar la intervención del Derecho penal a conductas totalmente alejadas y desvinculadas del bien jurídico protegido». Desde su punto de vista, «las garantías que implican los principios limitadores del poder punitivo del Estado y entre ellas, la que conlleva el principio de intervención mínima exigiendo que la conducta incriminada constituya un ataque efectivo para los bienes jurídicos más importantes no puede dejarse de lado ni siquiera en "situaciones excepcionales"» porque «se corre el riesgo de que tal merma de garantías acabe por extenderse a la totalidad del Derecho penal, debiéndose también tener en consideración que en la sociedad en la que vivimos la tentación de acudir a este Derecho penal parco en garantías es cada vez mayor, ya que siempre hay "emergencias" que parecen justificar el recurso al mismo. Tentación esta a la que no se debe sucumbir» (GARCÍA ÁLVAREZ, P. *El Derecho Penal y la discriminación. Especial referencia al extranjero como víctima de discriminaciones penalmente relevantes*, Tirant lo Blanch, Valencia, 2004, pp. 240-241).

688 *Vid.*, al respecto, LANDA GOROSTIZA, J. M. *La intervención penal..., op. cit.*, pp. 319 y ss. Hace una síntesis muy aclaratoria de estos criterios ALAUSTEY DOBÓN, C. «Discurso del odio y negacionismo..., *op. cit.*, pp. 14 y 15.

su momento, el discurso incitador tiene la capacidad de contribuir a alterar significativamente las condiciones de seguridad existencial del colectivo al que se dirige[689]. Se trata, en su opinión, de un delito de peligro abstracto que pretende prevenir, como escenario último, el crimen contra la humanidad[690].

Pues bien, ya hemos expuesto los dos motivos principales por los que no compartimos las consideraciones de LANDA GOROSTIZA en cuanto al bien jurídico protegido: primero, porque no creemos que se encuentre en peligro la seguridad existencial de ningún colectivo en la sociedad española actual; y, segundo, porque nuestro CP ya recoge otras figuras que protegen este bien jurídico de manera específica. Aunque estas dos razones nos parecen suficientes para descartar su propuesta, creemos que en este punto es importante tener presente una idea fundamental: la relevancia penal de una determinada conducta no puede depender de la máxima expresión de violencia a la que podría llegarse si esta se sucediera en el tiempo, ya que ello supondría castigar a un individuo por hechos que no ha cometido, con la consiguiente vulneración del principio de culpabilidad. De lo que sí puede —y debe— depender esta relevancia es de la afectación de bienes jurídicos concretos aquí y ahora. En el caso de un delito de odio, el único bien jurídico que se vulnera efectivamente con su comisión es el derecho a no ser discriminado, ya que las conductas incluibles en esta categoría deben suponer siempre una contribución a la creación o al mantenimiento de la situación de discriminación que sufre el grupo al que pertenece el sujeto pasivo. Si se partiera de que el bien jurídico protegido en estos casos es la seguridad existencial de ciertos grupos, quedarían impunes la gran mayoría de comportamientos que apoyan realmente esta situación; en tal caso, ¿qué sentido tendría la previsión diferenciada de los delitos de odio en nuestro CP?

ii. La motivación discriminatoria del sujeto activo

En segundo lugar, en nuestro país hay quienes consideran como elemento determinante y suficiente para la apreciación de un delito de odio la motivación prejuiciosa del sujeto activo a la hora de realizar la conducta.

Así lo entiende, para empezar, nuestro Ministerio del Interior, que, en su Informe sobre la evolución de los incidentes relacionados con los delitos de odio en España del año 2016, da la siguiente definición de delito de odio:

---

689 Comparte estas consideraciones RODRÍGUEZ YAGÜE, quien defiende que la incitación al odio «puede repercutir en la creación o corroboración de un clima favorable para la adopción de medidas violentas, de odio o de discriminación contra ciertos colectivos» (RODRÍGUEZ YAGÜE, A. C. *La tutela penal..., op. cit.*, p. 82). En la misma línea, CANCIO MELIÁ en RODRÍGUEZ MOURULLO, G. (dir.); JORGE BARREIRO, A. (coord.). *Comentarios al Código Penal*, Civitas, Madrid, 1997, pp. 1.275-1.276.

690 Así, LANDA GOROSTIZA, J. M. «Incitación al odio..., *op. cit.*, p. 341.

«una categoría de conductas que presentan como factor denominador y común la presencia de un elemento motivador, el odio y la discriminación»[691].

En lo que se refiere a la doctrina, en esta línea podemos citar a ANIYAR DE CASTRO[692], quien prefiere hablar de «crímenes motivados por las diferencias» y los describe como «aquellos que han sido motivados por el rechazo de un grupo social identificable, generalmente grupos definidos por varias razones, entre otras, su afiliación política. O, también, por sus características personales, funcionales o sociales (...)». Esta definición es parecida a la que da MARTÍN HERRERA, para quien estas figuras abarcan «aquellos tipos delictivos en los que el móvil es causa de la intolerancia hacia el diferente»[693]. En la misma línea encontramos a LUQUE REINA, GUARDIOLA LAGO y SALINERO ECHEVARRÍA, quienes entienden los delitos de odio, en general, como «hechos que poseen una motivación de carácter racista o discriminatoria» y los consideran «formas de expresión de un mensaje excluyente, degradante o segregador»[694].

Pone también el acento en la motivación del autor el *Manual práctico para la investigación y el enjuiciamiento de delitos de odio y discriminación*[695], en el que se indica que la expresión delito de odio define perfectamente el motivo o el ánimo subjetivo que conduce al autor a cometer el delito: su rechazo u hostilidad hacia ciertas personas o grupos. Comparte esta opinión CASTILLA JUÁREZ, que entiende que este tipo de comportamientos deben estar siempre basados

> «en todo o en parte en una supuesta superioridad o un prejuicio, en pretender causar un daño porque la persona o personas a quienes se dirigen las acciones tienen características personales que generan aversión a quien las lleva a cabo por ser diferentes (por regla general) a esta en dichas características personales»[696].

GÜERRI FERRÁNDEZ propone un concepto similar: «aquellas infracciones penales en las cuales la víctima ha sido escogida en razón de su pertenen-

691 MINISTERIO DEL INTERIOR. Informe sobre la evolución de los incidentes relacionados con los delitos de odio en España, 2016, p. 3. Disponible en: https://www.interior.gob.es/opencms/pdf/servicios-al-ciudadano/delitos-de-odio/estadisticas/Informe-2016-delitos-de-odio-en-Espana.pdf. En el mismo sentido, AYA ONSALO, A. «Delitos de odio, evolución legislativa y perspectiva actual», en *Delitos de odio: derecho comparado y regulación española*, obra colectiva, coordinadores Jon M. LANDA GOROSTIZA y Enara GARRO CARRERA, Tirant lo Blanch, Valencia, 2018, p. 304.

692 Aniyar DE CASTRO, L. Los crímenes de odio..., *op. cit.*, pp. 15 y 35.

693 MARTÍN HERRERA, D. ¿Cuándo el "hate speech"..., *op. cit.*, p. 75.

694 TAMARIT SUMALLA, J.; LUQUE REINA, E.; GUARDIOLA LAGO, M. J.; SALINERO ECHEVERRÍA, S. «La victimización de migrantes: una encuesta a colombianos en Cataluña», en *Revista Electrónica de Ciencia Penal y Criminología*, n.º 13-11, 2011, p. 11:3. Disponible en: http://criminet.ugr.es/recpc/13/recpc13-11.pdf.

695 AGUILAR GARCÍA, M. A. (dir.). *Manual práctico...*, *op. cit.*, p. 33.

696 CASTILLA JUÁREZ, K. «Crimen de odio..., *op. cit.*, p. 3.

cia a un grupo despreciado, rechazado u odiado por el perpetrador»[697]. Por su parte, y en el mismo sentido, IBARRA considera delito de odio «cualquier infracción penal motivada por intolerancia, o sea, por prejuicios o animadversión a la víctima a causa de su conexión, pertenencia o relación con un grupo social vulnerable de intolerancia»[698]. Ahora bien, aunque este autor pone el acento en la motivación del sujeto activo, el autor advierte que «El odio es un estado emocional muy específico e intenso, con el que no podríamos describir apropiadamente muchos de los delitos de odio». A este respecto, explica que muchos delitos que se encuentran motivados por este sentimiento no se categorizan como delitos de odio, al igual que ciertos delitos en los que el perpetrador no siente odio hacia su víctima pueden constituir un delito de odio. Por esta razón, prefiere utilizar, en lugar de la referencia al odio, la palabra «prejuicio», que, desde su punto de vista, «tiene un significado más amplio (...), y la motivación por el prejuicio solo requiere alguna forma de prejuicio a cuenta de una característica personal»[699].

Si aunamos las aportaciones expuestas, puede concluirse que, desde esta línea interpretativa, la terminología «delito de odio» está reservada para los comportamientos delictivos motivados por ideas preconcebidas y enfocadas en la psique del autor, más que en la conducta que este realiza. Según DÍAZ LÓPEZ, uno de los autores más representativos de esta tendencia[700], esta forma de concebirlos se debe a que «tanto a nivel comunitario como estatal se ha

697 GÜERRI FERRÁNDEZ, C. «La especialización de la fiscalía..., *op. cit.*, p. 5.

698 IBARRA, E. «Víctimas y seguridad ante los Crímenes de Odio» [en línea], en: www.estebanIBARRA.com, s. f., p. única [fecha de consulta: 17 de junio de 2022]. Disponible en: https://www.estebanIBARRA.com/2013/05/victimas-y-seguridad-ante-los-crimenes-de-odio/.

699 Además, IBARRA diferencia los delitos de odio de otros actos delictivos explicando que las víctimas de aquellos «se seleccionan sobre la base de lo que ellas representan más que sobre lo que ellas son. El mensaje que se transmite no solo alcanza a la víctima inmediata sino también a la comunidad de la que la víctima es miembro», por eso en algunos casos se describen como «delitos simbólicos» (IBARRA, E. En: *Movimiento contra la intolerancia*. Leyes de Delitos de Odio..., *op. cit.*, pp. 21-22).

700 DÍAZ LÓPEZ es autor del Informe de delimitación conceptual en materia de delitos de odio, de 14 de marzo de 2018, encargado por la Comisión de Seguimiento del Convenio de colaboración y cooperación Interinstitucional contra el racismo, la xenofobia y otras formas de intolerancia y financiado por la Secretaría General de Inmigración y Emigración del Ministerio de Empleo y Seguridad Social. En su estudio sobre la conceptualización de los delitos de odio, este informe pone el foco en la intencionalidad del sujeto activo como elemento nuclear de la infracción, y distingue entre delitos e infracciones de odio en virtud de la gravedad del comportamiento, lo que supone la intervención sancionadora de jurisdicciones diferentes (la penal castigará los casos más graves, considerados delictivos, y la administrativa los restantes, como infracciones administrativas). DÍAZ LÓPEZ, J. A. Informe de delimitación conceptual en materia de delitos de odio. 14 de marzo de 2018. Disponible en: https://www.inclusion.gob.es/oberaxe/ficheros/documentos/InformeConceptualDelitosOdio.pdf.

asimilado el concepto del *animus model* estadounidense»[701/702]; sin embargo, esta afirmación no es correcta. Ciertamente, la concepción puramente subjetivista que venimos exponiendo se encuentra bastante extendida en España; de hecho, es la perspectiva que predomina en nuestra jurisprudencia más reciente[703]. Así lo ha terminado de confirmar la STS (Sala 2.ª) 437/2022, de 4 de mayo[704], en la que el Supremo confirma la condena por un delito de odio (concretamente, por el delito del art. 510.2 CP) a unos jóvenes que, en junio de 2016, tras haber sido informados de la colocación en Barcelona de una carpa desmontable en apoyo a la selección española de fútbol, irrumpieron en el lugar donde esta se encontraba al grito de «putas españolas, fuera de aquí, os vamos a matar, putos españoles de mierda, perras españolas, iros a vuestro país, hijos de putas», destrozaron la estructura y lesionaron a varios voluntarios que allí se encontraban. Los jóvenes habían recurrido la condena poniendo el acento en que sus actos no podían constituir un delito de odio en cuanto que los sujetos sobre los que se desarrollaron no integraban un colectivo necesitado de una especial protección o minoritario; sin embargo, para el Tribunal, «no es eso lo que eso lo que se desprende de los hechos probados», ya que el ataque se produjo por razón de

---

701 DÍAZ LÓPEZ, J. A. *El odio discriminatorio..., op. cit.*, p. 131.

702 Para justificar esta afirmación, CANCIO MELIÁ y DÍAZ LÓPEZ esgrimen que muchos de los tipos penales que recoge nuestro CP que normalmente son considerados «delitos de odio» (como el art. 22.4 o el 510 CP) exigen, para ser aplicados, que la conducta se cometa por determinados «motivos», siendo el uso de este término lo que, en opinión de estos autores, marca la diferencia entre la concepción del *animus model* y la del *discriminatory selection model* (CANCIO MELIÁ, M.; DÍAZ LÓPEZ, J. A. *¿Discurso de odio..., op. cit.*, p. 69). En contra, STRATENWERTH, quien explica que cuando el legislador utiliza el término «motivos», en realidad se refiere a las situaciones fácticas que suelen darse cuando un individuo actúa por dichos motivos, dada la dificultad para recogerlos todos en la norma. Desde esta perspectiva, cuando se emplea la fórmula «motivos discriminatorios» realmente se hace referencia a los efectos del comportamiento; por tanto, para comprobar la concurrencia de un delito de odio sería necesario, por un lado, probar que el grupo al que se dirige la conducta ha sido tradicionalmente objeto de discriminación y, por otro, los efectos de la conducta [STRATENWERTH, G. «Zur Funktion strafrechtlicher Gesinnungsmerkmale», en *Festschrift für Hellmuth von* WEBER *zum 70Geburtstag*, obra colectiva, L. Röhrscheid, Bonn, 1963, pp. 177 y ss.].

703 *Vid.* pp. 181 y ss. de este mismo texto.

704 En la misma línea podemos mencionar la STS (Sala 2.ª) 1145/2006, de 23 de noviembre, en la que, refiriéndose a la agravante de discriminación del art. 22.4 CP, el Tribunal señala que esta no debe aplicarse a «(...) todo delito en el que la víctima sea una persona caracterizada por pertenecer a otra raza, etnia o nación o participar de otra ideología o religión o condición sexual (...). *Se trata de una circunstancia que se fundamenta en la mayor culpabilidad del autor por la mayor reprochabilidad del móvil que impulsa a cometer el delito*, siendo por ello requisito que aquella motivación sea la determinante para cometer el delito» (cursivas añadidas). En sentido contrario, *vid.* la STS (Sala 2.ª) 155/2022, de 22 de febrero.

«1.- La nacionalidad española de las víctimas y el odio que exponen y manifiestan hacia ello con sus actos los autores.

2.- La ideología sobre la nacionalidad de las víctimas que representa para los autores con un componente de odio hacia las mismas.

3.- La creencia sobre ese dato objetivo que para los autores se expresa con sus actos agresivos de odio a lo que no aceptan por razón de nacionalidad e ideología sobre lo que conlleva ser español y su significación de exclusión para los autores» (F. D. Cuarto).

En opinión del TS, lo fundamental en que los jóvenes actuaron «con el ánimo de animadversión ideológica hacia todo lo que representa España y lo español», ya que el art. 510.2 CP no señala en ningún momento que las víctimas deban pertenecer a colectivos vulnerabilizados. En sus propias palabras,

«El concepto de la "vulnerabilidad" no es un elemento del tipo, ya que no forma parte de la estructura de exigencias de los elementos que lo conforman, y si el legislador lo hubiera querido así lo hubiera hecho constar. No se trata de una interpretación extensiva o restrictiva del tipo penal, sino de adecuación a las exigencias de lo que dice el precepto» (F. D. Cuarto).

Y continúa:

«La esencia de lo que se trata de proteger con este delito (...) está en la prohibición de la discriminación (...). (...) el objetivo de protección (...) tiene su base en los ataques a la igualdad y, en consecuencia, en la creación de **la desigualdad que se origina con el odio al diferente** por cualquiera de las razones o de la pertenencia a los grupos reflejados en el tipo penal. Pero el término "minorías" o el término "colectivos desfavorecidos" no está previsto ni exigido en el tipo penal, no es un elemento del tipo, dado que se debe proteger el principio de igualdad como valor superior del ordenamiento jurídico (art. 1 CE) y **la prohibición absoluta de discriminación prevista en el art. 14 CE,** por tanto, como no puede ser de otra manera, **protege a toda la sociedad, sean los afectados minoría o mayoría, estén o no estén desfavorecidos en la actualidad o en el pasado**»[705] (F. D. Cuarto).

Dicho esto, concluye que los delitos de odio

«protegen a toda la ciudadanía siempre que la persona o personas afectadas encajen en uno de los motivos de discriminación taxativamente establecidos por el legislador, sean o no minoritarios, sean o no vulnerables, o sean, o no, desfavorecidos. Lo relevante y exigente es que participen de la razón del ataque en alguno de los conceptos y/ o grupos que se integran en el precepto ya antes citado, pero sin aplicación excluyente a los no vulnerables o que no pertenezcan a colectivos desfavorecidos por entenderse que estos "no pueden ser odiados", o que si se les odia esta conducta no es antijurídica, típica, culpable y punible» (F. D. Cuarto).

705 Cursivas añadidas.

Desde nuestro punto de vista, la forma de entender los delitos de odio que defiende en los últimos tiempos el Alto Tribunal es completamente desacertada. Como bien señala LAURENZO COPELLO, es el resultado de un razonamiento erróneo en el que se ignora la función hermenéutica del bien jurídico y, en lugar de determinarse el alcance del delito en función del objeto que este protege, se parte de su redacción sustantiva para construir el objeto de tutela. Así,

> «El bien jurídico deja de jugar su tradicional función limitadora del poder punitivo del Estado para convertirse en un instrumento para justificar una decisión legislativa que se acepta como intocable. Ese es el camino por el que se llega al principio genérico de igualdad que permite identificar el objeto de tutela de los delitos de odio con las características que definen la "identidad personal"[706] (...), con independencia de si esas características están o no relacionadas con identidades colectivas históricamente discriminadas (...)»[707].

Pues bien, a pesar de su crítica, la autora reconoce la coherencia interna de este razonamiento: si se entiende que el fundamento del castigo reside en la actitud interna del sujeto activo, es evidente que no hay justificación para restringir el alcance de estos delitos a aquellos que odian a personas de determinada etnia, nacionalidad, raza, orientación sexual, etc. En sus propias palabras,

> «Si tuviera algún sentido proteger frente al odio, toda la ciudadanía tendría el mismo derecho a que se le protegiera frente a quienes le odian solo por ser quienes son (...). El problema es qué sentido tiene que nuestra legislación conceda una protección penal específica a las personas solo para preservar su "identidad personal". Está claro que no se puede tolerar que en nombre del islam alguien atente contra los feligreses de una iglesia católica o que varias personas homosexuales golpeen a una pareja heterosexual que se está besando en una discoteca de ambiente gay. Para eso están los tipos penales de lesiones, amenazas, coacciones, contra la libertad religiosa y tantos otros. La pregunta es si, además, hace falta que a esos católicos se les proteja "por ser católicos", para preservar su identidad como católicos practicantes, o que a la pareja agredida se les proteja "por ser heterosexual". Una cuestión que en realidad nadie contesta por la sencilla razón de que la respuesta es obvia: es evidente que no hay ninguna necesidad de una protección penal reforzada por ser quienes son»[708].

Lo anterior lleva a la autora a concluir, acertadamente en nuestra opinión, que la razón de ser de los delitos de odio no puede buscarse en la motivación del autor sino en otro lugar: en la historia de opresión de ciertos gru-

---

706 Como hacen CANCIO MELIÁ, M.; DÍAZ LÓPEZ, J. A. *¿Discurso de odio...*, *op. cit.*, pp. 86-87.

707 LAURENZO COPELLO, P. «Un delito en busca de justificación..., *op. cit.*, p. 96.

708 *Vid. Ibídem*, pp. 96-97.

pos históricamente marginados. Si volvemos a los orígenes de los delitos de odio, la historia de su desarrollo normativo en EE. UU. muestra que la finalidad de estas figuras siempre ha estado relacionada con la protección de colectivos que, por encontrarse en una situación socialmente deficitaria, poseen un mayor riesgo de sufrir actos de humillación o desprecio en base a ciertas características que los señalan como «diferentes» frente al canon social aceptado[709]; o, lo que es lo mismo, como «ajenos al ciudadano que la comunidad reconoce como modelo, como 'norma'»[710]. Partiendo de esta situación de vulnerabilización, los delitos de odio generan una serie de efectos negativos añadidos[711] que superan el riesgo al que normalmente daría lugar la conducta en cuestión si esta fuese dirigida contra un colectivo distinto —por ejemplo, el simple peligro para la vida, para la integridad física, para la propiedad, etc.—[712]; pero, especialmente, este plus de daño se materializa a nivel intimidatorio, ya que estos comportamientos disminuyen las expectativas de seguridad y la posibilidad de pleno ejercicio de los derechos fundamentales de las víctimas, lo que conlleva, asimismo, la vulneración de su derecho a la diversidad[713].

709 A este respecto, LAURENZO COPELLO, quien explica que la identificación de la diferencia como un déficit es una construcción sociocultural que depende de las relaciones de poder: «quienes ocupan posiciones de poder marcan el ámbito de lo normativo, lo correcto, lo válido para toda la sociedad; lo que implica a su vez la jerarquización de los grupos sociales y de las personas en función de su mayor o menor adecuación a esos patrones preestablecidos (LAURENZO COPELLO, P. «Un delito en busca de justificación..., *op. cit.*, p. 99).

710 En palabras de LAURENZO COPELLO, P. Sentimientos religiosos..., *op. cit.*, p. 1.293.

711 LAWRENCE identifica varios elementos que demuestran el mayor impacto que tienen sobre las víctimas —aparte del que tienen sobre el grupo al que esta pertenece y sobre la sociedad en general— los delitos prejuiciosos frente a sus equivalentes no prejuiciosos: primero, en comparación, existe mayor probabilidad de que el delito prejuicioso sea violento; segundo, los efectos que este tipo de comportamientos acarrea a la víctima a nivel emocional y psicológico son distintos, ya que esta no es atacada por una condición impersonal sino todo lo contrario (es más, en estos casos la víctima no puede minimizar razonablemente los riesgos de futuros ataques dado que es incapaz de cambiar la característica que la victimizó, por ser inherente a ella); y tercero, los delitos motivados por prejuicios provocan una mayor sensación de vulnerabilidad que sus equivalentes no prejuiciosos. En el caso particular de los delitos de odio este impacto es incluso mayor, ya que al dirigirse la conducta contra un sujeto que pertenece a un colectivo socialmente minoritario se pone de manifiesto —y, con ello, se refuerza— la estigmatización que este sufre, así como sus consecuentes daños. LAWRENCE, F. M. «The Punishment of Hate..., *op. cit.*, pp. 342-345. Sobre los efectos de los delitos motivados por prejuicios sobre el colectivo del que la víctima forma parte y sobre la sociedad en su conjunto, *vid. Ibídem*, pp. 345-348.

712 Coincidiendo con LAURENZO COPELLO, P. La manipulación..., *op. cit.*, p. 460.

713 Así lo explica LAURENZO COPELLO, entendiendo el derecho a la diversidad como el «derecho al pleno desarrollo de la vida pública y privada sin temor a que las particularidades de identidad o las circunstancias personales puedan constituir un obstáculo para la integración social y el ejercicio de los derechos fundamentales tanto del colectivo como de las personas que lo componen» (LAURENZO COPELLO, P. La manipulación..., *op. cit.*, pp. 460-461). En la misma línea encontramos a DOCAL GIL y CABALLERO CASAS, quienes explican

Pues bien, el mismo espíritu tuitivo que guio al legislador estadounidense, aunque surgido de una experiencia histórica distinta, fue el que inspiró en Europa la progresiva adopción de medidas antidiscriminatorias a partir de la mitad del siglo XX, las cuales, como hemos ido poniendo de manifiesto, se centraron particularmente en prohibir ciertas manifestaciones del discurso de odio[714]. Así, cada territorio por separado se ha dirigido hacia un objetivo común: enfrentar los comportamientos que ponen de manifiesto y contribuyen a reproducir estereotipos y juicios peyorativos que posee la sociedad frente a ciertos grupos socialmente desaventajados. El problema ha surgido cuando, a raíz de la enorme influencia que posee EE. UU. en la sociedad Occidental, se ha pretendido trasladar de manera automática el tratamiento jurídico que se venía dando allí a los delitos de odio a nuestro entorno cultural y, con ello, a España, sin tener en cuenta todo lo que nos separa de aquel territorio.

A lo largo de este proceso, no solo se ha impuesto entre nosotros la expresión «delito de odio»[715], sino que se ha popularizado la idea de que solo existen dos vías posibles de articulación de estas figuras[716]: la que parte del denominado *animus* u *hostility model* y la que parte del *discriminatory selection model*[717], que son, como explicamos en su momento, las dos vertientes que ha manejado EE. UU. a la hora de fundamentar el castigo (o su agravación) en estos casos. Sin embargo, lo cierto es que estas no tienen nada que ver con nuestra tradición jurídica, ello a pesar de los intentos que se han realizado a distintos niveles para erigirlas como base de la definición de estas

que los delitos de odio «refieren a la negación delictiva de la igual dignidad intrínseca de la persona y la universidad de derechos humanos en base al rechazo de nuestra diversidad, hacia personas o grupos a los que, desde profunda intolerancia, se puede llegar a concebir como subalternos e incluso "prescindibles"» [Docal Gil, D. / Caballero Casas, J. (coords.). *Criminología y delitos de odio*, Delta Publicaciones, Madrid, 2019, pp. 2-3].

714 En este sentido podemos mencionar la Recomendación General n.º 15 de la ECRI, que recuerda que «la obligación conforme al derecho internacional de tipificar determinadas formas de discurso de odio, aun siendo de aplicación general, se estableció para proteger a los colectivos vulnerables».

715 Como bien indica Landa Gorostiza, en nuestro país se ha ido asentando la referencia a los delitos de odio combinándola con otras denominaciones como «normativa penal antidiscriminatoria, protectora del principio de igualdad, antirracista o antixenófoba entre otras», apuntando todas ellas «a una dinámica de ataque inmediato o mediato contra (y una correlativa voluntad de) protección de determinados colectivos o minorías con mayor o menor grado de vulnerabilidad» (Landa Gorostiza, J. M. *Los delitos de odio..., op. cit.*, p. 45).

716 Así lo recoge, de hecho, la OSCE (*Hate Crime Laws: A Practical..., op. cit.* pp. 46 y ss.)

717 Fuentes Osorio, por ejemplo, reconoce la existencia de opciones «mixtas» que reunirían elementos de uno y otro, en mayor o menor grado. Ahora bien, según este autor, sea cual sea el modelo elegido, lo importante es que el factor discriminatorio está siempre presente, ya sea como motivación o como característica que define al grupo (Fuentes Osorio, J. L. «El odio como delito..., *op. cit.*, p. 6).

figuras en nuestro país. En realidad, no existen razones de fondo para asumir estos modelos como criterio fundamental a la hora de dotar de sentido a estas figuras; es más, quienes siguen esta línea parecen obviar que nuestro Derecho es muy diferente al estadounidense en muchos aspectos (sus características, su forma de legislar, los factores que condujeron a la creación de los delitos de odio, etc.); pero también que nuestra realidad social no coincide con la de aquel territorio. Por tanto, tratar de aplicar el mismo remedio a problemáticas distintas, por mucho que tengan la misma naturaleza, no solo no tiene ningún sentido, sino que, además e inevitablemente, va a generar problemas en distintos planos, sobre todo en el jurídico-penal.

De acuerdo con lo anterior, aun cuando pueda ser verdad, como decía Díaz López, que a nivel internacional o nacional hay quienes pretenden fundamentar el castigo (o su agravación) en los delitos de odio en virtud de la motivación que guía al autor a cometerlos, esto no quiere decir que hayamos *asumido*[718] modelo alguno[719], y mucho menos que este planteamiento sea correcto. Es más, de ser interpretadas de esta manera, la primera crítica que podrían recibir estas figuras es que constituirían una manifestación de un Derecho penal de autor, lo que resulta incompatible con los principios de cualquier Estado que se pretenda democrático. Por encima de esto, esta interpretación nos llevaría a otra consecuencia más grave que ya adelantamos: si se erigiese la motivación del autor (su «emoción "intolerable"») como fundamento de los delitos de odio, entonces el foco se coloca en el hecho de actuar guiado por un prejuicio y no en el contenido del mismo que sustenta el comportamiento; así, «ya no importa si el ataque se dirige a sectores de la población socialmente discriminados o a grupos poderosos y bien situados en la escala comunitaria»[720], lo que supone una banalización total de estas figuras y un desprecio absoluto de su realidad histórica.

---

718 Cursivas añadidas.

719 Para la OSCE, como sabemos, esto no es así; es más, explica que los Estados que redactan su legislación sin elegir deliberadamente un modelo determinado en realidad no es que no sigan ninguno, sino que su inclusión en uno o en otro debe extraerse de las formas lingüísticas que recoja su texto legal [OSCE. *Hate Crime Laws...*, *op. cit.*, p. 46 (traducción libre)].

720 En palabras de Laurenzo Copello. La autora menciona como ejemplo confirmatorio de esta interpretación errónea de los delitos de odio la Sentencia del Tribunal Superior de Justicia (en adelante, STSJ) de Cataluña 142/2020, de 22 de junio, en la que el Tribunal se ampara en los factores discriminatorios que recoge el art. 510 CP para sostener que, si bien originariamente los delitos de odio fueron creados para proteger a grupos socialmente débiles, el actual «universo de colectivos-diana» ya no permite sostener esa restricción y concluye que el precepto «se extiende a cualquier grupo o individuo aunque pueda ser considerado socialmente mayoritario o no desventajado en términos políticos, culturales y económicos siempre que comparta el marcador que lo haga destinatario del ataque incitatorio al odio» (Laurenzo Copello, P. «Un delito en busca de justificación..., *op. cit.*, pp. 98-99).

Teniendo en cuenta todo lo expuesto hasta este punto, en nuestra opinión, la única vía que legitima la imposición de una pena (o el incremento de esta) sin llevar a estas figuras a un sinsentido absoluto es configurarlas de manera que su fundamento descanse, principalmente, en el hecho de que los comportamientos incluibles en su seno se dirijan contra un grupo que merece una protección reforzada debido a la situación de discriminación en la que se encuentra. Al margen de este signo distintivo, la existencia de estos delitos en nuestro ordenamiento jurídico no tendría justificación alguna, ya que los comportamientos que castigan podrían quedar subsumidos en otros tipos que ya prevé el CP español.

iii. El sujeto pasivo del delito

Un tercer grupo de autores considera que el elemento característico de los delitos de odio no es ni el bien jurídico que estos protegen, ni la presencia de un determinado elemento subjetivo del injusto, sino la pertenencia del sujeto pasivo a un colectivo que el autor desprecia, sin ser esta aversión en sí misma lo esencial.

Así lo entienden, Boeckmann y Turpin-Petrosino, quienes afirman que los delitos de odio constituyen una «expresión desafortunada de estereotipos negativos, prejuicios, discriminación y tensiones intergrupales»[721]. En la misma línea, pero desde la sociología, Chakraborti, Garland y Hardy[722] han definido estas figuras como comportamientos violentos o actos hostiles e intimidantes que se dirigen hacia personas elegidas por su identidad, considerada por sus perpetradores como «diferentes».

Por su parte, CRAIG los define como actos que entrañan la selección intencional de la víctima sobre la base del sesgo o el prejuicio del autor en torno a la situación real o percibida de aquella[723]. En la misma línea encontramos a Gerstenfeld[724], quien considera que la forma más simple de definir un delito de odio es la siguiente: «un acto delictivo que está motivado, al menos en

721 Traducción libre. Boeckmann, R. J.; Turpin-Petrosino, C. «Understanding the Harm..., *op. cit.*, p. 222.

722 Chakraborti, N.; Gaarland, J.; Hardy, S. The Leicester Hate Crime Project. Findings and Conclusions, The Leicester Centre for Hate Studies, Leicester, 2014, p. 8 [fecha de consulta: 4 de julio de 2022]. Disponible en: file:///Users/mrora13/Downloads/fcfullreport.pdf.

723 Traducción libre. Craig, K. M. «Examining hate-motivated aggression: A review of the social psychological literature on hate crimes as a distinct form of aggression», *Aggression and Violent Behavior*, n.° 7, 2002, p. 86. DOI: https://doi.org/10.1016/S1359-1789(00)00039-2.

724 Gerstenfeld, P. B. *Hate crimes: causes, controls, and controversies*, SAGE Publications, Los Ángeles, 2004, p. 9.

parte, por la afiliación grupal de la víctima»[725]. Ahora bien, la autora reconoce que su aportación no es todo lo precisa que le gustaría y que esconde dinámicas muy complejas.

Autores como WOLFE y COPELAND se han percatado de este problema y han tratado de definir el fenómeno de los delitos de odio de una forma más detallada, como violencia dirigida contra grupos de personas que generalmente no son valoradas por la mayor parte de la sociedad, que sufren discriminación en otros ámbitos y que no tienen pleno acceso a la justicia social, política y económica[726]. Esta perspectiva opresora la comparte SHEFFIELD[727], para quien este tipo de violencia se encuentra motivada por factores políticos y sociales, y que se ve reforzada por sistemas de creencias que intentan legitimar dicha violencia. Según el autor, este fenómeno, además, revela que lo personal es político y que no se trata de una serie de incidentes aislados, sino que más bien es la consecuencia de una cultura política que asigna derechos, privilegios y prestigio según las características biológicas o sociales del individuo.

Para PERRY, sin embargo, estas aportaciones están incompletas ya que, desde su punto de vista, no tienen en cuenta todos los efectos que posee el delito de odio sobre aquellos a los que este involucra. En su opinión, una definición adecuada del mismo debería aunar varios elementos de las definiciones propuestas por los autores anteriores[728], lo que nos parece adecuado.

iv. Posturas eclécticas

En último lugar, en España también han surgido posicionamientos que podríamos llamar «eclécticos» o «mixtos» que, para reconocer la existencia de un delito de odio, exigen la confluencia de una mezcla de las opciones expuestas hasta ahora. Veamos cuáles son los más representativos.

A nivel institucional, la mayor aportación que se ha hecho a favor de esta propuesta ha sido la de la Fiscalía General del Estado (en adelante, FGE). Así lo evidencia su Circular 7/2019, sobre pautas para interpretar los delitos de odio tipificados en el art. 510 CP, precepto este que considera el paradigma de los delitos de odio en nuestro país. Aunque estudiaremos este documento en mayor profundidad más adelante, en este punto es preciso, al menos, extraer de entre sus conclusiones aquellas que se refieren a las notas carac-

---

725 Traducción libre.

726 WOLFE, L.; COPELAND, L. «Violence Against Women as Bias-motivated Hate Crime: Defining the Issues in the USA», en *Women and Violence*, obra colectiva, coordinadora Miranda DAVIES, Zed Books Ltd, Londres, 1994, p. 201.

727 SHEFFIELD, C. «Hate violence», en *Race, class and gender in the United States: an integrated study*, editor Paula S. Rothenberg, St. Martin's, Nueva York, 1995, pp. 432 y ss.

728 PERRY, B. *In the Name of Hate...*, *op. cit.*, p. 10.

terizadoras de los delitos de odio. Según la Fiscalía, este tipo de delitos se caracterizan por tres elementos principales: primero, por el bien jurídico que protegen (que es, en su opinión, la dignidad humana); en segundo lugar, por el sujeto pasivo de la conducta (que puede ser tanto un grupo que presenta las notas que recoge el art. 510 CP como sus integrantes, sin que sea necesario, en opinión de la Fiscalía, acreditar su situación de vulnerabilización social); y, en tercer lugar, en cuanto al tipo subjetivo, por la concurrencia de un determinado elemento subjetivo del injusto (que la conducta haya sido realizada por un «motivo de odio o discriminación»).

A nivel doctrinal, dentro de esta vertiente podemos citar, sobre todo, a dos autores. El primero de ellos es CÁMARA ARROYO, que en este ámbito extrae las siguientes conclusiones:

a) La terminología «delito de odio» comprende una realidad normativa que va más allá de lo puramente criminológico: es difícil y heterogénea.

b) Los delitos de odio conllevan siempre la presencia de un elemento tendencial, la finalidad discriminatoria, y ello aunque la norma no lo recoja de forma expresa[729].

c) El sujeto pasivo juega un papel relevante en su definición, ya que es elegido por una característica que la diferencia del autor y que «motiva» el elemento tendencial.

d) Estos comportamientos generan un proceso de vulnerabilización de la víctima o de diferenciación jerárquica entre esta y el sujeto activo. Este proceso empieza cuando se reduce la realidad de un individuo a un determinado estereotipo del colectivo del que forma parte o con el que lo identifican. Más adelante, continúa con la creación de ciertos prejuicios que pueden traducirse «en la criminalización (como amenaza social) o victimización (fobia) de esa persona o minoría».

e) Desde la perspectiva de la antijuridicidad material, los delitos de odio implican un mayor rechazo social al ser el comportamiento del autor especialmente indeseable, debido la motivación discriminatoria o intolerante que lo guía[730].

Un planteamiento muy cercano al de CÁMARA ARROYO sigue GARCÍA ÁLVAREZ, quien considera, como nosotros, que el primer elemento caracterizador de los delitos de odio es el bien jurídico que protegen: el derecho a no ser discriminado[731]. Desde nuestro punto de vista, este rasgo resulta clave para

729 Es más, este autor entiende que la concurrencia de este elemento subjetivo específico es indispensable para poder defender la constitucionalidad de estas figuras (CÁMARA ARROYO, S. El concepto de delitos de odio..., *op. cit.*, pp. 221-222).

730 *Vid. Ibídem*, pp. 180-181; 221-222.

731 GARCÍA ÁLVAREZ, P. El artículo 510.1.a)..., *op. cit.*, p. 6.

entender estas figuras y defender su presencia en el CP, ya que no solo las vincula directamente con su origen histórico sino que, además, les otorga entidad propia. Sin lugar a dudas, es la defensa del derecho a no ser discriminado lo que da sentido y finalidad a los delitos de odio, en contra de lo que ha defendido parte de la doctrina y la jurisprudencia más reciente de nuestro TS.

Dejando al margen la dignidad humana (que, como dijimos en su momento, no la consideramos un bien jurídico sino un principio informador del ordenamiento y, por tanto, no nos parece susceptible de dotar de contenido a ningún tipo delictivo), el resto de opciones que se han manejado en este sentido no nos parecen acertadas: el bien jurídico honor ya se protege específicamente en otros tipos y es complicado darle un espacio al lado del derecho a la igualdad o no discriminación; el modelo de convivencia constitucional no lo consideramos un bien jurídico de relevancia en estos casos puesto que no creemos que contribuya a dar especificidad a estos delitos; el orden social democrático no posee, a nuestros ojos, la concreción exigible a todo bien jurídico; la seguridad existencial de ciertos grupos es una opción difícilmente defendible en la sociedad española actual, además de estar ya prevista en otros tipos y ser poco efectiva para paliar los efectos de la discriminación; y los factores discriminatorios no constituyen ningún derecho reconocido por nuestro ordenamiento jurídico, por lo que esta opción tampoco es satisfactoria. Aparte, y para cerrar esta cuestión, nos parece imprescindible dejar claro que el modo de comisión del delito (ya sea a través de actos o de palabras), no define en ningún caso el bien jurídico protegido: en los delitos de odio siempre se protege el derecho a no ser discriminado, lo único que ocurre es que, cuando se cometen a través de la expresión, la protección penal se adelanta doblemente debido a la capacidad que tiene la conducta para poner en riesgo el bien jurídico protegido.

Pues bien, evidentemente, la postura que venimos defendiendo choca frontalmente con la de aquellos que consideran que lo que caracteriza a los delitos de odio es la motivación del sujeto activo a la hora de cometerlos. Como explicamos, esta opción no solo supone darle la espalda a la historia de opresión de ciertos grupos que justificó en su momento la tipificación de este tipo de comportamientos, sino que, además, es toda una manifestación del Derecho penal de autor que desdeñamos en España tiempo atrás. Por estas razones, creemos que no merece mayores consideraciones a estas alturas de nuestra investigación.

Recuperando los planteamientos de García Álvarez, también estamos de acuerdo con esta autora en que, junto al bien jurídico protegido, otro de los caracteres fundamentales de los delitos de odio es su sujeto pasivo. Como bien indica ella, este sujeto no puede ser cualquiera, sino que debe tratarse en todo caso de un grupo (o de sus miembros) caracterizado por factores diferenciadores en atención a los cuales se lleva a cabo la conducta típica y que ponen de manifiesto que «es uno de los histórica y sistemáticamente marginados»[732/733]. En caso contrario, no existiría legitimidad alguna para imponer un castigo mayor en estos casos[734]; por este motivo, la autora subraya que la pertenencia del sujeto pasivo a dicho colectivo debe ser «real y no solo presunta o supuesta»[735], en contra de lo que defiende la Fiscalía General del Estado. Esto implica que, si el sujeto activo cometiese el delito creyendo erróneamente que el sujeto pasivo pertenece a uno de los grupos antes mencionados (casos conocidos como «asociación por error»), no existiría delito de odio, ello con independencia de que se pudiera castigar al autor por el delito base cometido.

Para terminar, García Álvarez identifica un tercero elemento caracterizador de estos delitos: un especial ánimo o tendencia a la hora de cometerlos. Según esta autora, nos encontramos ante delitos dolosos que precisan la acreditación, aunque sea de forma implícita[736], de un elemento subjetivo del injusto determinado: de acuerdo con el bien jurídico protegido, este debe consistir «en la intención de contribuir a perpetuar la situación de desigualdad del colectivo contra el que la conducta se dirija»[737], y exigirse a pesar de las dificultades que puedan surgir a la hora de probar esta intención. Desde nuestro punto de vista, esta exigencia no solo es adecuada, sino que creemos que no debería ser cuestionable. La discriminación se construye sobre

---

732 García Álvarez, P. El artículo 510.1.a)..., *op. cit.*, p. 23. Tal sería el caso, por ejemplo, del colectivo transexual, de acuerdo con la argumentación del TC en su STC (Sala 1ª) 176/2008, de 22 de diciembre, en la que el Tribunal explica que, si bien la condición de transexual «no aparece expresamente mencionada en el art. 14 CE como uno de los concretos supuestos en que queda prohibido un trato discriminatorio, es indudablemente una circunstancia incluida en la cláusula "cualquier otra condición o circunstancia personal o social" a la que debe ser referida la interdicción de la discriminación. Conclusión a la que se llega a partir, por un lado, de la constatación de que la transexualidad comparte con el resto de los supuestos mencionados en el art. 14 CE el hecho de ser una diferencia históricamente arraigada y que ha situado a los transexuales, tanto por la acción de los poderes públicos como por la práctica social, en posiciones desventajosas y contrarias a la dignidad de la persona que reconoce el art. 10.1 CE, por los profundos prejuicios arraigados normativa y socialmente contra estas personas; y, por otro, del examen de la normativa que, *ex* art. 10.2CE, debe servir de fuente interpretativa del art. 14 CE» (F. J. 4).

733 Se muestra favorable a estas consideraciones el AAP de Lleida (Sección 1ª) n.º 322/2018, de 12 de junio (ARP/2018/1541).

734 Así lo entiende, también, Laurenzo Copello: «(...) son las características del grupo social al que se dirige la conducta, el hecho de que se trate de colectivos que por algún elemento identitario tienen un déficit de reconocimiento que debilita sus posibilidades de ejercicio pleno de los derechos fundamentales (...). Esta situación de vulnerabilidad de partida —generada por una sociedad que los marca con el estigma de la «diferencia»— es la que concede gravedad a los ataques hacia esos grupos o hacia sus integrantes» (Laurenzo Copello, P. Sentimientos religiosos..., *op. cit.*, p. 1.294).

735 García Álvarez, P. «El efecto perverso..., *op. cit.*, p. 67.

736 García Álvarez, P. El artículo 510.1.a)..., *op. cit.*, p. 11.

737 *Vid. Ibídem*, p. 24.

la base de un prejuicio; por tanto, si se acredita que, en un determinado supuesto aparentemente discriminatorio, el prejuicio no ha jugado papel alguno en la actuación del sujeto activo, no puede decirse que haya habido discriminación ni, por tanto, contribución a la misma[738]. Decir lo contrario supondría aceptar que merecen el mismo reproche penal una persona que efectivamente busca perpetuar la situación de inferioridad y mal trato social que sufre un determinado grupo, y otra que en ningún momento pretendía contribuir al mantenimiento de esta situación. Para nosotros, esta solución sería de todo menos justa y privaría de sentido a la pretensión de diferenciar comportamientos discriminatorios de otros que no lo son.

Antes cerrar esta cuestión, debe decirse que nuestro posicionamiento no es ajeno a la jurisprudencia española. Coincide, por ejemplo, con el adoptado por el propio TS en su Sentencia (Sala 2.ª) 983/2016, de 11 de enero, en la que dispone que, para poder estimar la concurrencia de la agravante de discriminación del art. 22.4 CP, entiende que esta «debe referirse a la víctima, lo que exige a su vez la prueba de la condición de la misma *y de la intencionalidad del autor*[739]» (F. D. 3). Y ello a pesar de que el precepto no lo demanda de manera expresa: como recuerda CÁMARA ARROYO, «los elementos subjetivos específicos en esta clase de delitos habitualmente se habían entendido, con razón, implícitamente recogidos en el tipo, siendo necesario para que la conducta fuera tenida como delictiva»[740]. Este autor[741] considera, de hecho, que la existencia de un elemento subjetivo específico es requisito para poder defender la propia constitucionalidad del art. 510 CP. Para defender su posición trae a colación la STC 177/2015, de 22 de julio[742], en cuyo F. J. 4 el Tribunal afirma que, ante conductas que pueden considerarse eventualmente como manifestaciones del discurso de odio, el control constitucional consiste en

> «dilucidar si los hechos acaecidos son expresión de una opción política legítima, que pudieran estimular el debate tendente a transformar el sistema político, o si, por el contrario, persiguen desencadenar un reflejo emocional de hostilidad, incitando y promoviendo el odio y la intolerancia incompatibles con el sistema de valores de la democracia».

En esta línea, el mencionado autor[743] considera acertada la fundamentación que hace el TS en su Sentencia (Sala 2.ª) 378/2017, de 25 de mayo,

---

738 En contra, GALÁN MUÑOZ, A. Delitos de odio..., *op. cit.*, p. 55.

739 Cursivas añadidas.

740 Como indica expresamente CÁMARA ARROYO, S. El concepto de delitos de odio..., *op. cit.*, p. 202.

741 *Vid. Ibídem*, p. 221.

742 Sentencia 177/2015, de 22 de julio (BOE n.º 200, de 21 de agosto de 2015).

743 *Vid.* CÁMARA ARROYO, S. El concepto de delito de odio..., *op. cit.*, p. 221.

relativa a un supuesto de enaltecimiento del terrorismo pero perfectamente extrapolable a nuestro ámbito de estudio a los efectos que nos ocupan. En esta resolución, el Alto Tribunal insiste en que, a pesar de que un determinado comportamiento cumpla los criterios que establece el tipo objetivo del delito, la antijuridicidad puede excluirse

> «formalmente, es decir, sin entrar en el examen de determinadas causas de justificación, si aquella descripción no incluye expresamente algún otro elemento que los valores constitucionales reclaman al legislador para poder tener a este por legítimamente autorizado para sancionar esos comportamientos formalmente descritos como delito» (F. D. Segundo, 3).

A este respecto, el TS indica que «no se trata de que debamos examinar si concurre un elemento excluyente (negativo, si se quiere) de la antijuridicidad, como podría ser el ejercicio de un derecho a la libertad de expresión», sino de «comprobar si en el comportamiento formalmente ajustado a la descripción típica concurre además algún otro elemento que haga constitucionalmente tolerable la sanción penal» (F. D. Segundo, 3). Así las cosas, el primer filtro para permitir la punición de este tipo de conductas debe ser, en todo caso, la constatación de la concreta intencionalidad del sujeto activo[744]. Y ello porque, como bien indica el TS en su Sentencia 178/2018, de 31 de enero, en base en la argumentación del TC en la ya mencionada STC 112/2016, de 20 de junio (F. J. 4),

> «una cosa es proclamar, incluso vociferar, lo que el sujeto "siente", es decir sus deseos o emociones, exteriorizándolos a "rienda suelta" y otra (...) que tal expresión se haga, no para tal expresión emotiva, sino, más allá, para la racional finalidad de procurar que el mensaje, al menos indirectamente, incite a otros a cometer delitos de terrorismo» (F. D. Quinto)[745].

En un nivel jurisprudencial distinto, se ha posicionado a favor de la exigibilidad de un elemento subjetivo tendencial, por ejemplo, la AP de Valladolid en su sentencia 432/2018, de 11 de septiembre. Esta resolución vino a responder a un recurso que derivaba de una denuncia presentada por un matrimonio de etnia gitana al que se le había denegado comer en un bar del que terminó siendo expulsado. Ante el sobreseimiento provisional de las actuaciones, el matrimonio había recurrido pidiendo la revocación y la práctica de nuevas pruebas a los efectos de un posible delito de denegación de una prestación por motivos discriminatorios, regulado en el art. 512 CP. Infracción esta que tiene trascendencia jurídica, según la Audiencia, «cuando el autor

744 De esta forma, CÁMARA ARROYO (*vid. Ibídem*, p. 221). Le sigue, GARCÍA ÁLVAREZ, P. El artículo 510.1.a) del Código Penal..., *op. cit.*, p. 11.

745 Paradójicamente, con estos mismos fundamentos jurídicos el TS confirmó poco después la condena a un rapero por los mensajes de odio contenidos en sus canciones [STS (Sala 2.ª) 79/2018, de 15 de febrero].

material *actúa* discriminatoriamente, movido por motivos racistas o cualesquiera otros de los contemplados específicamente con carácter de numerus clausus en el citado precepto», lo que entiende que no queda acreditado en este caso. Y ello porque los denunciantes-recurrentes habían reconocido previamente haber acudido al bar en varias ocasiones y que siempre les habían atendido correctamente. Lo que permite a la AP concluir que no fueron discriminados por razones étnicas sino «todo lo contrario», ya que también manifestaron que la razón para la actuación de la denunciada residía en un incidente previo de los recurrentes con ella, a partir del cual la denunciada los calificó como «clientes conflictivos». En base a esto, la Audiencia desestima el recurso y confirma la absolución de la demandante porque entiende que de lo ocurrido «no se extrae necesariamente que fuese una voluntad discriminatoria de la denunciada el motivo de negarles el servicio ese día concreto, pero sí la previa contienda mantenida con ellos fechas atrás».

Pues bien, con esta referencia a la jurisprudencia en la materia entendemos que ha quedado suficientemente clara nuestra postura en cuanto a los elementos que entendemos que caracterizan a cualquier delito de odio. Para nosotros, estas figuras carecen de sustantividad propia si se las priva de una sola de sus particularidades, que en nuestra opinión son las siguientes: el bien jurídico protegido (que, si tenemos en cuenta sus orígenes históricos y la finalidad con la que fueron creadas, no puede ser otro que el derecho a no ser discriminado); el sujeto pasivo de la conducta (que, atendiendo también a estos orígenes, deben ser en todo caso grupos sociales o sus miembros que se encuentran en una situación de vulnerabilización social y que se distinguen por ciertos caracteres); y, por último, la concurrencia de un determinado elemento subjetivo tendencial (que consista en la intención de perpetuar la situación de discriminación que sufre el colectivo atacado, por las razones que acabamos de exponer). Si se respetan estas tres notas fundamentales, no solo queda más que justificada la presencia de esta especie de delitos antidiscriminatorios en el CP y se evita la vulneración de libertades[746] y principios penales básicos sino que, además, se asegura que sirvan verdaderamente a la misión que en un primer momento —allá por los años 80— tuvieron encomendada.

Con respecto al resto de cuestiones que han ido aflorando hasta aquí, solo nos gustaría destacar que la nomenclatura «delito de odio» no nos parece, ni mucho menos, la más adecuada para evocar las conductas que se esconden tras ella. En nuestra opinión, habría sido muy deseable que se hubiera

746 Como bien recoge Laurenzo Copello, la desnaturalización que vienen experimentando los delitos de odio conlleva el riesgo de convertirlos «en un poderoso instrumento de represión del discurso político crítico con el poder y, en general, de cualquier manifestación disidente, sea verbal o por vías de hecho. (...) Una deriva insostenible que se alimenta de las fuentes del derecho antidiscriminatorio para fortalecer al Estado autoritario mediante la indisimulada tergiversación de un concepto nacido para proteger a las minorías» (Laurenzo Copello, P. La manipulación..., *op. cit.*, pp. 463 y 465).

impuesto otra distinta, pero a estas alturas creemos que es inútil ir a contracorriente. En España, poca gente habla ya de delitos antidiscriminatorios[747]; por tanto, que, al menos, la desafortunada expresión «delito de odio» sirva para retrotraernos a sus orígenes y entender, de una vez por todas, de qué estamos hablando.

747 Creemos que tiene razón LAURENZO COPELLO cuando dice que con «la transformación (a nivel conceptual) de los primigenios delitos antidiscriminatorios introducidos en el Código penal de 1995 en unos difusos "delitos de odio"» consigue liberar a estas figuras «del incómodo significado político que implica reconocer la existencia de grupos sociales injustamente estigmatizados y desviar la atención a la reprochable actitud intolerante de ciertos individuos violentos que se mueven por prejuicios inaceptables en una sociedad democrática (tal y como surge del modelo subjetivista de la motivación)» (LAURENZO COPELLO, P. «Un delito en busca de justificación..., *op. cit.*, p. 98).

CAPÍTULO III

REGULACIÓN ESPAÑOLA

Partiendo de los caracteres que debe poseer un tipo delictivo para ser considerado «delito de odio», en este capítulo vamos a estudiar cómo ha traducido nuestro legislador este fenómeno a nivel sustantivo. Lo primero que debe tenerse en cuenta a este respecto es que los delitos de odio pueden tipificarse como delitos específicos o bajo la forma de una circunstancia agravante aplicable a toda infracción penal que implique un acto de menosprecio hacia un grupo discriminado[748]. Como veremos, el legislador español ha decidido usar ambas opciones, de manera que nuestro texto penal cuenta tanto con una agravante genérica aplicable a todo delito cometido por ciertos factores discriminatorios (art. 22.4 CP) como con varias figuras que castigan comportamientos discriminatorios concretos. Ahora bien, tanto en uno como en otro caso la regulación ha sido objeto de crítica por parte de la doctrina, que viene exigiendo una mejor redacción y sistematización de estos tipos. Como señala MARTÍN RÍOS,

> «al decantarse por la configuración autónoma de estos delitos, el legislador podría haber creado una nueva categoría de delitos de odio que recogiera y castigara todas las manifestaciones del mismo de manera ordenada. Esto, quizás, habría ayudado también a conseguir una mayor comprensión de la naturaleza de estas infracciones por parte de la ciudadanía, que en demasiadas ocasiones desconoce qué comportamientos son susceptibles de catalogarse como delito de odio»[749].

Teniendo esto en cuenta, y sin perder de vista todo lo explicado en el capítulo III, a partir de ahora vamos a estudiar los pasos que ha dado el legislador penal español en esta materia hasta desembocar en la configuración que actualmente poseen los delitos de odio en nuestro ordenamiento. Para ello

---

748 Tal y como recoge LAURENZO COPELLO, P. Sentimientos religiosos..., *op. cit.*, p. 1.295.

749 MARTÍN RÍOS, B. (coord.); CRUZ ÁNGELES, J.; LLAQUET DE ENTRAMBASAGUAS, J. L.; RIVAS NIETO, P.; JIMÉNEZ ESCOBAR, J. *La prevención y represión del discurso del odio...*, *op. cit.*, p. 64.

debemos remontarnos a la década de los 70, que es cuando se le empieza a prestar atención —aunque lo cierto es que no, aún, de manera significativa—[750] a nivel penal en nuestro país. Veámoslo seguidamente.

A. La discriminación como fenómeno penalmente relevante

Ya dijimos en su momento que el ordenamiento jurídico español no ha permanecido ajeno a las influencias internacionales en lo que se refiere a la lucha contra los delitos de odio. Esto, de hecho, no es de extrañar si se tiene en cuenta que nuestro recorrido legislativo en materia antidiscriminatoria había comenzado décadas antes de que esta terminología se pusiera de moda: solo ocho meses después de la muerte de Franco (1892-1975), por Ley 23/1976, de 19 de julio[751/752], se incorporaba por primera vez a nuestro ordenamiento el castigo penal de un comportamiento discriminatorio específico, concretamente el de las asociaciones ilícitas que «promueven la discriminación entre ciudadanos por razón de raza, religión, sexo o situación económica», en el art. 172.4 CP. Sin embargo, su duración fue breve, ya que la LO 4/1980, de 21 de mayo[753], dejó sin contenido este precepto y dio una nueva redacción a los arts. 172[754] y 173[755] CP.

---

750 Así, también, LAURENZO COPELLO, P. La discriminación en el Código Penal..., *op. cit.*, p. 226.

751 Ley 23/1976, de 19 de julio, sobre modificación de determinados artículos del Código Penal relativos a los derechos de reunión, asociación, expresión de las ideas y libertad de trabajo. Su texto completo puede consultarse en el siguiente enlace: https://www.boe.es/buscar/doc.php?id=BOE-A-1976-14022#:~:text=A%2D1976%2D14022-,Ley%20 23%2F1976%2C%20de%2019%20de%20julio%2C%20sobre%20modificaci%C3%B-3n,a%2014136%20(2%20p%C3%A1gs.%20).

752 Cabe mencionar que antes de elaborarse esta Ley se había incorporado al Código Penal el delito de genocidio por Ley 44/1971, de 15 de noviembre, sobre reforma del Código Penal. Este hecho resulta digno de mención porque, si bien el precepto no castiga conductas específicas generadoras de marginación social, protege frente al modo más letal de discriminación: la aniquilación del colectivo (cfr., en este mismo sentido, LAURENZO COPELLO, P. La discriminación en el Código Penal..., *op. cit.*, pie de página n.° 7). El texto completo de la Ley puede consultarse en el siguiente enlace: https://www.boe.es/buscar/doc.php?id=BOE-A-1971-1454.

753 Ley Orgánica 4/1980, de 21 de mayo, de reforma del Código Penal en materia de delitos relativos a las libertades de expresión, reunión y asociación. Su texto completo puede consultarse en el siguiente enlace: https://www.boe.es/buscar/doc.php?id=BOE-A-1980-11880.

754 El tenor del artículo quedaba como sigue: «Quienes impidieren u obstaculizaren el legítimo ejercicio de la libertad de asociación o de alguna manera perturbaren gravemente las actividades estatutarias de arresto mayor y multa de veinticinco mil a doscientas mil pesetas, salvo que el hecho constituyere delito castigado con pena de mayor gravedad. Las penas se impondrán en su grado máximo cuando el impedimento, obstáculo o perturbación afectare al pluralismo político o sindical».

755 El contenido del artículo pasaba a ser el siguiente: «Son asociaciones ilícitas:

Habría que esperar a 1983, concretamente a la reforma operada por la LO 8/1983, de 25 de junio[756], para que se introdujeran en el CP de 1973 dos figuras delictivas que venían a castigar la denegación discriminatoria de prestaciones realizadas por un particular encargado de un servicio público (art. 165 CP)[757] o por un funcionario público (art. 181 *bis* CP) por razón del origen, sexo, situación familiar o pertenencia o no pertenencia a una etnia, raza, religión, grupo político o sindicato. Además, esta Ley se encargó de reintroducir el castigo de las asociaciones ilícitas que promovieran la discriminación; lo hizo en el art. 173.4 CP, aunque el precepto quedaba orientado exclusivamente a sancionar la discriminación racial, que debía ser tipificada según el art. 4 CIERD[758/759].

Después de 1983, la necesidad de cumplir con las obligaciones contraídas a nivel internacional llevó a nuestro legislador a elaborar la LO 4/1995, de 11 de mayo[760], que vino a modificar el CP de 1973 y que entró en vigor pocos meses antes de nuestro Código vigente. Para justificar la reforma, la Ley alega en su Exposición de Motivos «la proliferación en distintos países de Europa (incluido España) de distintos episodios de violencia racista y antisemita que

---

Primero. Las que tuvieren por objeto cometer algún delito o, después de constituidas, promuevan. su comisión.
Segundo. Las que, aun teniendo por objeto un fin lícito, emplearen medios violentos para su consecución.
Tercero. Las organizaciones clandestinas o de carácter paramilitar».

756 Ley Orgánica 8/1983, de 25 de junio, de Reforma Urgente y Parcial del Código Penal. Su texto completo puede consultarse en el siguiente enlace: https://www.boe.es/buscar/doc.php?id=BOE-A-1983-17890.

757 El tenor literal de este precepto era el que sigue: «Incurrirá en la pena de arresto mayor y multad e 30.000 a 300.000 pesetas el particular encargado de un servicio público que por razón del origen, sexo, situación familiar o pertenencia a una etnia, raza, religión, grupo político o sindicato, de una persona, le denegare una prestación a la que tuviere derecho. Las mismas penas serán aplicables cuando los hechos requeridos se cometieren contra una asociación, fundación o sociedad o contra sus miembros por razón del origen, sexo, situación familiar de sus miembros o de alguno de ellos, o por razón de la pertenencia o no pertenencia de aquellos, o de una parte de los mismos a una etnia, nación, raza o religión determinada». Para más información sobre este precepto en concreto, cfr. Landa Gorostiza, J. M. *La política criminal contra la xenofobia...*, *op. cit.*, pp. 26 y ss.

758 Siguiendo las explicaciones de Rodríguez Yagüe, A. C. *La tutela penal...*, *op. cit.*, p. 65.

759 Debe mencionarse que este precepto fue objeto de multitud de críticas, unas por su contenido impreciso y otras por su escasa operatividad al prever únicamente el castigo de las asociaciones que promovieran actos discriminatorios constitutivos de delito, un supuesto que ya abarcaba el art. 173.1 CP. De esta forma, Laurenzo Copello, P. La discriminación en el Código penal..., *op. cit.*, p. 270.

760 Ley Orgánica 4/1995, de 11 de mayo, de modificación del Código Penal, mediante la que se tipifica la apología de los delitos de genocidio. Su texto completo puede consultarse en el siguiente enlace: https://www.boe.es/buscar/doc.php?id=BOE-A-1995-11338.

se perpetran bajo las banderas y símbolos de ideología nazi»[761] y «la reaparición en la guerra que asola la antigua Yugoslavia de prácticas genocidas que los países europeos creían desterradas para siempre», circunstancias que se agravaban, según el legislador, «por el hecho de que la legislación española no *contemplaba*[762] suficientemente todas las manifestaciones que este fenómeno genera, manifestaciones, sin embargo, contempladas en Tratados internacionales ratificados por nuestro país»[763/764]. Además, y aunque esto no lo señala expresamente la Ley, debe añadirse el impacto que estaba teniendo entonces el movimiento negacionista como consecuencia de las iniciativas procesales que tomaron ciertas personas de origen judío tras haberse difundido públicamente opiniones y panfletos que ponían en duda el Holocausto usando juicios despectivos e hirientes hacia sus víctimas, como ocurrió en el caso Violeta Friedman[765].

Es decir, según el legislador de 1994, en aquel momento nuestro país estaba siendo testigo de conductas racistas y xenófobas que, de no ser previstas expresamente como delictivas, iban a quedar impunes[766]; no obstante, hay que decir que no toda la doctrina se mostró de acuerdo con su tipificación[767]. Sea como sea, lo cierto era que con la previsión del castigo de estas

761 Según nuestro legislador, esta proliferación obligaba «a dar un paso más allá en la represión de cuantas conductas puedan significar apología o difusión de las ideologías que defiendan el racismo o la exclusión étnica, obligaciones que no pueden verse limitadas en nombre de la libertad ideológica o de expresión, conforme a la doctrina sentada por el Tribunal Constitucional (Sentencia 214/1991, de 11 de noviembre)».

762 Cursivas añadidas.

763 El legislador cita expresamente el Convenio de Nueva York, de 9 de diciembre de 1948, para la prevención y la sanción del delito de genocidio; y el Convenio internacional sobre la eliminación de todas las formas de discriminación racial de 21 de diciembre de 1965.

764 En particular, el texto justificaba la incorporación de la agravante en base a las obligaciones internacionales que había asumido España, principalmente, una vez aprobada la LO 15/1994, de 1 de junio, que exigía la adopción de las medidas que fuesen necesarias conforme a nuestro Derecho interno «para cumplir con la Resolución 827 (1993) del Consejo de Seguridad de las Naciones Unidas, por la que se creó un Tribunal internacional para el enjuiciamiento de los presuntos responsables de violaciones graves del Derecho internacional humanitario cometidas en el territorio de la ex Yugoslavia». El texto completo de esta Ley puede consultarse en el siguiente enlace: https://www.boe.es/buscar/doc.php?id=BOE-A-1994-12552.

765 Tal y como explica LAURENZO COPELLO, P. «Un delito en busca de justificación..., *op. cit.*, pp. 85-86.

766 De esta manera lo explica GARCÍA ÁLVAREZ, P. «La restricción del derecho a la libertad de expresión..., *op. cit.*, p. 128.

767 Buen ejemplo de ello lo constituye LANDA GOROSTIZA, que considera que la previsión normativa de estos comportamientos tenía su origen en una realidad «más de tipo simbólico (el universo nacionalsocialista y su holocausto como referente emocional) y extranacional que de presencia real y empíricamente constatada en la sociedad española» (LANDA GOROSTIZA, J. M. *La política criminal contra la xenofobia..., op. cit.*, p. 60).

conductas España cumplía finalmente sus obligaciones asumidas a nivel internacional en materia de lucha contra la discriminación y el genocidio, una tarea a la que contribuyeron, sin duda, las recurrentes manifestaciones a pie de calle, la alarma social que generó el conocido como «crimen de Aravaca»[768] y la jurisprudencia sentada por el TC en la ya mencionada STC 214/1991, de 11 de noviembre, en el seno del famoso caso Violeta Friedman[769].

En cuanto al contenido de la reforma, la LO 4/1995, de 11 de mayo, se encargó de introducir los arts. 137 bis, b)[770] y c)[771], relativos a la apología del delito de genocidio; el art. 165 *ter* CP, que recogía el delito de provocación o incitación a la discriminación copiando literalmente parte del art. 4 CIERD a pesar de que España, como Estado firmante de la Convención, contaba con cierto margen

---

768 Considerado el primer crimen racista de la historia de España, este suceso tuvo lugar la noche del 13 de noviembre de 1992, cuando cuatro miembros de un grupo neonazi entraron a tiros en una discoteca abandonada de Madrid que hacía las veces de refugio para un grupo de inmigrantes sin hogar. Lucrecia Pérez, una mujer de origen dominicano de 32 años, murió como consecuencia de los hechos, y otras dos personas resultaron heridas. Según se supo más adelante, antes de lo ocurrido los autores comentaron a sus amigos que tenían la intención de «dar una lección a los negros» (León, A. «30 años del asesinato de Lucrecia Pérez, el primer crimen racista de la historia de España» [en línea], en *RTVE*, 12 de noviembre de 2022, p. única [fecha de consulta: 12 de abril de 2023]. Disponible en: https://www.rtve.es/noticias/20221112/lucrecia-perez-30-anos-del-primer-crimen-racista-espana/2408768.shtml).

769 Coincidiendo con las explicaciones de Rodríguez Yagüe, A. C. *La tutela penal..., op. cit.*, p. 66.

770 El art. 137 bis, b) se incorpora con el siguiente contenido:
«La apología de los delitos tipificados en el artículo anterior se castigará con la pena inferior en dos grados a las respectivamente establecidas en el mismo.
La apología existe cuando ante una concurrencia de personas o por cualquier medio de difusión se expongan ideas o doctrinas que ensalcen el crimen, enaltezcan a su autor, nieguen, banalicen o justifiquen los hechos tipificados en el artículo anterior, o pretendan la rehabilitación o constitución de regímenes o instituciones que amparen prácticas generadoras del delito de genocidio, siempre que tales conductas, por su naturaleza y circunstancias, puedan constituir una incitación directa a cometer delito».
Según explica de Vicente Martínez, este precepto se redactó a partir de la doctrina establecida en la STC 214/1991, de 11 de noviembre, razón por la que no se castiga cualquier negación o banalización del genocidio sino exclusivamente aquella que pueda interpretarse como una suerte de apología y siempre que «por su naturaleza y circunstancias puedan constituir una incitación directa a cometer el delito» (de Vicente Martínez, R. *El discurso del odio..., op. cit.*, p. 91).

771 Este precepto se incorpora en los siguientes términos:
«En caso de cometerse cualquiera de los delitos comprendidos en los dos artículos anteriores por una autoridad o funcionario público, se le impondrá, además de las penas señaladas en ellos, la de inhabilitación absoluta; y si fuera un particular, los Jueces o Tribunales podrán aplicar la de inhabilitación especial para empleo o cargo público».

de discrecionalidad a la hora de conformar la nueva normativa antidiscriminatoria[772]; y una agravante por motivos discriminatorios en el art. 10.17 CP[773].

Si se tienen en cuenta las reformas de 1983 y la de 1995, durante la corta vigencia de la LO 1/1995, de 11 de mayo, existía un desajuste entre las causas típicas que se recogían en los preceptos antidiscriminatorios, concretamente entre los artículos que sancionaban la denegación discriminatoria y los que castigaban las expresiones incitadoras y apologéticas. Esta situación no se solucionaría hasta la entrada en vigor del CP de 1995, que trajo consigo cambios trascendentales en este ámbito.

B. La LO 10/1995, de 23 de noviembre, del Código Penal[774]

Partiendo de la desarmonización que presentaba el anterior Código Penal en materia antidiscriminatoria, el de 1995 pone más que nunca el foco en este ámbito eligiendo el *ius puniendi* como la vía idónea para enfrentar esta clase de conductas[775]. Si bien en la Exposición de Motivos de la LO 10/1995, de 23 de noviembre, el legislador dispone que su intención no es la de convertir el Derecho penal en el medio principal de lucha contra los fenómenos discriminatorios sino la de ayudar, de manera complementaria, a garantizar la igualdad real y efectiva entre todos los ciudadanos (art. 9.2 CE), lo cierto es que estas afirmaciones quedan en agua de borrajas si se observan los cambios que efectivamente introduce la norma: en muchos casos, nuestro legislador apuesta por el castigo penal en aras a prevenir la discriminación por ser este, según la propia letra de la ley, «el instrumento más importante para llevar a cabo esta tarea». Con respecto a los medios específicos en que cristalizan estas pretensiones legislativas, el nuevo CP establece un modelo de protección que enfrenta la discriminación en dos niveles distintos: primero, a través de delitos que la castigan de modo general y, segundo, a través de delitos que se centran en aspectos concretos de la realidad social particularmente sensibles al

772 El precepto se redactó en los siguientes términos:

«1. Los que provoquen o inciten, directamente o mediante la apología, a través de medios de comunicación o por cualquier otro sistema que facilite la publicidad, a la discriminación de personas o grupos por motivos referentes a su origen racial, étnico nacional o a su ideología, religión o creencias, serán castigados con la pena de prisión menor en grado mínimo o medio y multa de 100.000 a 1.000.000 de pesetas.

2. La apología existe cuando, ante una concurrencia de personas o por cualquier medio de difusión, se expongan ideas o doctrinas que ensalcen el crimen o enaltezcan a su autor y que, por su naturaleza y circunstancias, pueden constituir una incitación directa a cometer delito».

773 Según este precepto, se considera circunstancia agravante «Cometer cualquiera de los delitos contra las personas o el patrimonio por motivos racistas, antisemitas u otros referentes al origen étnico o nacional, o a la ideología, religión o creencias de la víctima».

774 Su texto completo puede consultarse en el siguiente enlace: https://www.boe.es/buscar/act.php?id=BOE-A-1995-25444.

775 De esta manera, LAURENZO COPELLO, P. «Marco de protección jurídico-penal..., *op. cit.*, p. 219.

fenómeno. Como veremos, en ambos casos se procede tanto a la introducción de delitos autónomos como a la creación de circunstancias agravantes directamente vinculadas con la discriminación, de manera que se emplean todas las técnicas que posee nuestro Derecho penal para prevenir el menoscabo de bienes jurídicos; lo que, a nuestros ojos, termina de confirmar la apuesta del legislador por la vía punitiva para enfrentar las conductas discriminatorias[776].

A continuación, comenzaremos nuestro análisis refiriéndonos al primero de los dos niveles mencionados.

1. Figuras antidiscriminatorias genéricas

Son cuatro las figuras antidiscriminatorias de carácter genérico que recoge el CP de 1995: dos de ellas (los delitos de provocación a la discriminación y asociación ilícita) se ubican en el apartado dedicado al «ejercicio de los derechos fundamentales y de las libertades públicas garantizados por la Constitución» (perteneciente al Título XXI de los «delitos contra la Constitución»), y las dos restantes (el delito de genocidio y la difusión de ideas vinculadas con él) en el Título XXIV relativo a los «delitos contra la Comunidad Internacional». Salvo el delito de genocidio (art. 607.1 CP)[777], cuya presencia en el Código estaba de sobra legitimada[778], en aquel momento estas figuras eran relativamente novedosas y, además, se redactaron con muy poca precisión, lo que generó grandes dificultades para concretar su contenido y alcance. Sin embargo, como no es este el lugar para hacer un análisis exhaustivo de cada una de ellas, nos limitaremos a señalar los aspectos más destacables que introdujo esta LO.

---

776 Tal y como explica Laurenzo Copello, P. La discriminación en el Código penal..., *op. cit.*, pp. 223, 242 y 243.

777 Art. 607.1 CP:
«Los que, con propósito de destruir total o parcialmente a un grupo nacional, étnico, racial o religioso, perpetraren alguno de los actos siguientes, serán castigados:
1.° Con la pena de prisión de quince a veinte años, si mataran a alguno de sus miembros. Si concurrieran en el hecho dos o más circunstancias agravantes, se impondrá la pena superior en grado.
2.° Con la prisión de quince a veinte años, si agredieran sexualmente a alguno de sus miembros o produjeran alguna de las lesiones previstas en el artículo 149.
3.° Con la prisión de ocho a quince años, si sometieran al grupo o a cualquiera de sus individuos a condiciones de existencia que pongan en peligro su vida o perturben gravemente su salud, o cuando les produjeran algunas de las lesiones previstas en el artículo 150.
4.° Con la misma pena, si llevaran a cabo desplazamientos forzosos del grupo o sus miembros, adoptaran cualquier medida que tienda a impedir su género de vida o reproducción, o bien trasladaran por la fuerza individuos de un grupo a otro.
5.° Con la de prisión de cuatro a ocho años, si produjeran cualquier otra lesión distinta de las señaladas en los números 2.° y 3.° de este apartado».

778 Ello porque, como señala Laurenzo Copello, «encuentra su razón de ser en un Convenio internacional de máximo nivel y (...) las conductas por él abarcadas se cuentan entre las formas más graves de atentar contra la dignidad humana y la propia existencia de los grupos humanos» (Laurenzo Copello, P. La discriminación en el Código penal..., *op. cit.*, p. 249).

Dejando a un lado, como hemos dicho, el de genocidio, el primer delito que se puede decir que protege de modo general la discriminación en el CP de 1995 es el del art. 510.1 CP, que sustituye al art. 165 *ter* CP. El nuevo precepto dispone lo siguiente:

> «1. Los que provocaren a la discriminación, al odio o a la violencia contra grupos o asociaciones, por motivos racistas, antisemitas u otros referentes a la ideología, religión o creencias, situación familiar, la pertenencia de sus miembros a una etnia o raza, su origen nacional, su sexo, orientación sexual, enfermedad o minusvalía, serán castigados con la pena de prisión de uno a tres años y multa de seis a doce meses».

Como puede observarse, si bien es cierto que mantiene la regulación en sus aspectos esenciales, la reforma extiende considerablemente el contenido del delito de provocación a la discriminación al prever como típicas la provocación al «odio»[779] y a la «violencia»; dejar de exigir que la incitación se llevara a cabo de forma «directa» y «por procedimientos que facilitaran la publicidad»; e incorporar nuevos motivos discriminatorios, de forma que extiende los colectivos a los que pueden dirigirse las conductas típicas[780]. De todas las modificaciones que trajo consigo la entrada en vigor del CP del 95, la del delito de provocación fue sin duda la que generó mayor polémica, porque no quedaba claro qué era lo que pretendía proteger el legislador con la nueva redacción[781].

Si era interpretado de manera puramente literal, el artículo configuraba un delito de peligro abstracto que castigaba, no ya la provocación a ciertos comportamientos discriminatorios, sino la creación de situaciones en las que determinados grupos de personas, caracterizados por concretas notas diferenciales, corriesen el riesgo de ser víctimas de una conducta discriminatoria. Esta interpretación conllevaba un peligro evidente: la ampliación despropor-

---

779 Esta modificación ha sido criticada por autores como Bernal del Castillo sobre la base de que esta no se preveía en el Proyecto original del CP de 1995, y de que en su texto definitivo no existe ningún delito que sea concretamente «de odio», por lo que no se entiende que el legislador decida castigar la provocación a los mismos (Bernal del Castillo, J. *La discriminación..., op. cit.*, p. 80). Por su parte, Laurenzo Copello señalaba que, aunque la provocación al odio ya se encontraba por entonces presente en el ámbito internacional y en algunas legislaciones cercanas a la española, no existía justificación alguna para incorporarla a nuestro ordenamiento jurídico. Además, en su opinión, la fórmula elegida por el legislador en 1995 es «muy poco feliz» ya que «Una interpretación literal del término llevaría a incluir (...) cualquier apelación a los sentimientos que contenga una carga de menosprecio hacia alguno de los grupos protegidos», lo que «sobrepasa con creces los límites de intervención penal y no solo por el profundo distanciamiento (...) entre la conducta sancionada y los bienes jurídicos tutelados, sino (...) porque su prohibición supone una limitación inaceptable del derecho fundamental a expresar libremente las ideas (Laurenzo Copello, P. La discriminación en el Código penal..., *op. cit.*, pp. 263 y 265).

780 De esta manera, Alaustey Dobón, C. «Discurso del odio y negacionismo..., *op. cit.*, p. 6.

781 Muestra de las dudas que ha generado este precepto desde su inclusión en el CP es que apenas ha habido pronunciamientos jurisprudenciales condenatorios por el mismo, y aún menos si hablamos de condenas firmes. En esta línea, también, Landa Gorostiza, J. M. «Incitación al odio..., *op. cit.*, p. 299.

cionada del ámbito de aplicación de la norma, sobre todo si se tenía presente que esta era susceptible de interpretarse como un «delito de opinión», esto es, como uno que castigaba simples actitudes internas[782]. De ahí que puedan reducirse a dos las críticas fundamentales que recibió el tenor del entonces vigente art. 510.1 CP: primero, que resultaba muy complejo armonizarlo con los principios básicos del Derecho Penal (especialmente con el principio de intervención mínima, al suponer un adelantamiento desmesurado de la barrera punitiva); y, segundo, que se trataba de un delito de opinión y, por tanto, colisionaba con el derecho fundamental a la libertad de expresión[783]. Ante este escenario, la doctrina se dividió en dos vertientes a la hora de interpretar el precepto: por una parte, se encontraban los que estimaban que a quienes pretendía proteger la norma era a determinados grupos en situación de vulnerabilización frente a la creación de un clima hostil; y, por otra, los que la entendían como un precepto antidiscriminatorio que tenía que interpretarse restrictivamente, opinión esta que compartimos en su totalidad[784].

Desde un punto de vista rigurosamente jurídico-penal, si se entendía el precepto como un caso más de provocación o como una provocación «relajada» o *sui generis*[785], se originaban varios problemas. En primer lugar, no se conseguía una interpretación unitaria del artículo si se entendía como una provocación a la comisión de delitos, ya que de esta manera se descartaba el supuesto de provocación al odio; en cambio, si en el concepto de odio se entendían incluidos comportamientos dañinos para los componentes del colectivo, entonces podrían encuadrarse dentro de la provocación a la violencia o a la discriminación, quedándose vacía la provocación al odio. En segundo lugar, se caía en distintas incoherencias: por un lado, si el objeto de la provocación no tenía por qué ser un delito, era necesario justificar cómo podía tipificarse la mera incitación a conductas que podían no ser delictivas; y, por otro, si debía ser un delito a lo que se provocara, en ocasiones la incitación al mismo conllevaría una pena superior a la del delito a cuya comisión se incitaba, lo que resulta completamente incoherente. Por último y en tercer lugar, en el caso de que el propio delito al que se incitara previese como forma punible la provocación al mismo, existiría un problema concursal si este finalmente llegara a cometerse tras la incitación[786].

Por todas estas razones, esta línea doctrinal concluía que el art. 510.1 CP no era un precepto antidiscriminatorio o de peligro respecto de bienes

782 García Álvarez, P. La restricción del derecho a la libertad de expresión..., *op. cit.,* p. 130.

783 Coincidiendo así con Alaustey Dobón, C. «Discurso del odio y negacionismo..., *op. cit.*, pp. 6-7.

784 Síntesis tomada de García Álvarez, P. La restricción del derecho a la libertad de expresión..., op. cit., p. 131.

785 Planteamiento seguido, entre otros, por Landa Gorostiza, J. M. *La intervención penal...*, *op. cit.*, pp. 223 y ss.

786 Así lo explica Alaustey Dobón, C. «Discurso del odio y negacionismo..., *op. cit.*, p. 11.

jurídicos individuales, sino más bien un delito que protegía la seguridad de las minorías de colectivos vulnerabilizados. Ahora bien, se entendía que el artículo limitaba los posibles sujetos pasivos a aquellos grupos de los cuales resultara probable el que su seguridad pudiera verse comprometida (primer criterio restrictivo); igualmente, se exigía que la provocación, para poder ser subsumida en el tipo, tuviese una significación social para estos colectivos, esto es, que se tratara de conductas que representaran una verdadera amenaza para los mismos (segundo criterio restrictivo). Ambas cosas solamente ocurrirían cuando el destinatario de la provocación no tuviese suficiente autonomía (como es el caso de los menores) o bien cuando su grupo se encontrase en una situación de crisis extrema que pudiese afectar realmente a su existencia, algo que en 1995 no se podía afirmar en España respecto de ningún colectivo. Por tal motivo, esta parte de la doctrina se veía obligada a proponer la eliminación del art. 510.1 CP con el contenido que le dio la LO 10/2995, de 23 de noviembre, llegando algunos a considerarlo inconstitucional[787] (opinión que, de seguir esa línea interpretativa, suscribiríamos).

Según la segunda línea interpretativa, el art. 510.1 CP debía entenderse como una disposición antidiscriminatoria que protegía el derecho a no ser discriminado, lo que no permitiría entender la provocación de la manera que lo hacía la otra parte de la doctrina. Estos autores explicaban que el ámbito de aplicación excesivamente amplio del precepto debía ceñirse a la provocación del art. 18.1 CP, esto es, a aquella que constituía una forma de participación intentada; sin embargo, existían opiniones diversas acerca de si era necesario que los hechos a los que se incitara fueran o no constitutivos de delito[788]. A nuestro juicio, la interpretación de esta vertiente doctrinal es la más correcta teniendo en cuenta que la conducta de «provocar» contaba ya con un contenido concreto (el del art. 18 CP)[789] que requería que el hecho al que se incitara constituyera un tipo delictivo. Aparte, para respetar el principio de intervención mínima y poder justificar el adelantamiento de la barrera punitiva, la conducta incriminada debía ser, como mínimo, adecuada para poner en peligro un bien jurídico, lo que solo se cumple al exigir que la provocación sea a un acto constitutivo de delito. Por último, no puede olvidarse que este tipo de conductas

787 García Álvarez, P. La restricción del derecho a la libertad de expresión..., *op. cit.*, pp. 131-132.

788 Como lo sintetiza García Álvarez (*vid. Ibídem*, pp. 133-134).

789 Art. 18 CP:
«1. La provocación existe cuando directamente se incita por medio de la imprenta, la radiodifusión o cualquier otro medio de eficacia semejante, que facilite la publicidad, o ante una concurrencia de personas, a la perpetración de un delito.
Es apología, a los efectos de este Código, la exposición, ante una concurrencia de personas o por cualquier medio de difusión, de ideas o doctrinas que ensalcen el crimen o enaltezcan a su autor. La apología sólo será delictiva como forma de provocación y si por su naturaleza y circunstancias constituye una incitación directa a cometer un delito.
2. La provocación se castigará exclusivamente en los casos en que la Ley así lo prevea.
Si a la provocación hubiese seguido la perpetración del delito, se castigará como inducción».

entra de lleno en conflicto con un derecho fundamental, la libertad de expresión, y, como tal, solo puede ser limitado por comportamientos suficientemente graves para justificar una restricción a su ejercicio (gravedad que, en mi opinión, solo tienen aquellos que se encuentren tipificados como delito)[790]. Desde este punto de vista, por tanto, debía entenderse que el delito del art. 510.1 CP castigaba la provocación, en exclusiva, a comportamientos discriminatorios, violentos o no, pero constitutivos de delito. De esta forma quedaban fuera las conductas que provocasen únicamente al «odio», que, de acuerdo con nuestro Derecho Penal de acto, no deben ser castigadas penalmente a no ser que se materialicen en actos delictivos[791].

Ahora bien, como bien indica García Álvarez[792], es preciso advertir que esta línea interpretativa también podría llegar al absurdo si, tras la provocación, se acabase cometiendo efectivamente el delito al que se había incitado, ya que la pena que preveía el art. 510.1 CP tras la entrada en vigor de la reforma del 95 resultaba, en ocasiones, mayor que la que conllevaba el delito cometido tras la provocación. Por tanto, si finalmente se perpetrase el delito tras la provocación al mismo, entendemos que debería castigarse por el delito concreto cometido con la agravante genérica del apartado 4 del art. 22, o bien por la provocación del art. 510.1 CP, dependiendo de lo que resultara castigado más gravemente en cada caso (aunque lo cierto es que la inducción debe consumir la provocación al delito al hallarse aquella ya en su fase ejecutiva).

En conclusión, si bien podía salvarse la constitucionalidad del art. 510.1 CP entendiéndolo como un precepto antidiscriminatorio, era incuestionable que esto no eliminaba los obstáculos que podían plantearse a la hora de aplicarlo en la práctica[793]. Es más, como veremos en el siguiente epígrafe, con la entrada en vigor de la LO 1/2015, de 30 de marzo[794], el legislador hizo mucho más compleja la situación, que no ha mejorado con las posteriores reformas.

Pues bien, dejando ya a un lado el delito de provocación, el segundo delito que puede incluirse en esta categoría genérica de defensa frente a la discriminación es el delito de justificación o negación del genocidio. La reforma de 1995 lo situó en el art. art. 607.2 CP, con el siguiente contenido:

> «La difusión por cualquier medio de ideas o doctrinas que nieguen o justifiquen los delitos tipificados en el apartado anterior de este artículo, o pretendan la reha-

---

790 Coincidiendo con García Álvarez, P. La restricción del derecho a la libertad de expresión..., *op. cit.*, p. 133.

791 De esta manera lo entiende, asimismo, García Álvarez, P. La restricción del derecho a la libertad de expresión..., *op. cit.*, p. 135.

792 *Vid. Ibídem*, p. 135.

793 Como lo pone de manifiesto García Álvarez (*vid. Ibídem*, pp. 135-136).

794 Ley Orgánica 1/2015, de 30 de marzo, por la que se modifica la Ley Orgánica 10/1995, de 23 de noviembre, del Código Penal. Su texto completo puede consultarse en el siguiente enlace: https://www.boe.es/diario_boe/txt.php?id=BOE-A-2015-3439.

bilitación de regímenes o instituciones que amparen prácticas generadoras de los mismos, se castigará con la pena de prisión de uno a dos años».

Este precepto encuentra su precedente en el art. 137 bis, b) CP (introducido, como sabemos, por la LO 4/1995, de 11 de mayo) y desató, al igual que el art. 510.1 CP, gran controversia[795] por su difícil conciliación con los principios básicos de nuestro Derecho penal y por su colisión con el derecho a la libertad de expresión[796]. Como ocurriera con el delito de provocación, el adelantamiento de las barreras de protección penal que impuso el nuevo art. 607.2 CP llevó a la doctrina a interpretarlo de manera restrictiva y a demandar una regulación más precisa y respetuosa con estos principios y derechos; sin embargo, en este caso fueron tales las tensiones acumuladas que hubo de pronunciarse el respecto el propio TC, declarando parcialmente inconstitucional el precepto. Analizaremos esta cuestión más detenidamente.

La controversia que generaba el art. 607.2 CP residía en que, teóricamente, este castigaba la apología del genocidio; sin embargo, la mayor parte de la doctrina española, así como la jurisprudencia establecida por el Juzgado de lo penal n.º 3 de Barcelona en su sentencia de 16 de noviembre de 1998, referente al famoso caso Librería Europa[797], entendían que esto no era así. En este sentido, la doctrina y la jurisprudencia argumentaban que para poder considerar el contenido apologético del precepto las conductas en él previstas tenían que castigar los comportamientos en el sentido que daba el anterior art. 18.1 CP; sin embargo, esta exigencia no se cumplía dado que, según el art. 18.1 CP, para poder apreciar la apología la conducta castigada debía tener la capacidad necesaria para incitar de forma directa a la comisión de un delito, y esto no podía predicarse de la redacción que tenía el art. 607.2 CP. Además, la provocación al genocidio ya estaba prevista en el art. 615 CP; por tanto, en el caso de que la difusión de ideas castigada por el art. 607.2 CP

795 Autores como Laurenzo Copello consideraban que el delito de justificación o negación del genocidio no era adecuado a los principios rectores del *ius puniendi*:
«Aun aceptando un cierto carácter peligroso en aquellas conductas, su distanciamiento con los bienes que se pretende proteger es tan notable que lo único que en única instancia explica su punición es el rechazo moral que originan. Y todo ello a costa de una profunda y, (...), injustificada limitación de los derechos fundamentales de opinión y de expresión» (Laurenzo Copello, P. La discriminación en el Código penal..., *op. cit.*, p. 269).

796 Tal y como explica Alaustey Dobón, C. «Discurso del odio y negacionismo..., *op. cit.*, p. 7.

797 En este caso se condenó a Pedro Varela Geis, dueño de una antigua librería situada en Barcelona (la «Librería Europa»), por enaltecimiento, justificación y negación del Holocausto, así como por delitos de incitación al odio contra los judíos, inmigrantes, musulmanes y homosexuales. El proceso dio lugar, asimismo, al cierre definitivo del establecimiento, que se había convertido en sus más de dos décadas de funcionamiento en un punto de referencia para la difusión de la ideología nazi. De esta manera, Font, M. «Capítulo Final para la librería Europa, centro de la difusión del nazismo en Barcelona» [en línea], en *Público*, 19 de julio de 2016, p. única [fecha de consulta: 19 de abril de 2023]. Disponible en: https://www.publico.es/politica/capitulo-final-libreria-europa-centro.html.

llegase a constituir una incitación a este delito, entonces no debía aplicarse este tipo delictivo, sino el del art. 615 CP[798].

Una vez rechazada la interpretación del art. 607.2 CP como apología del genocidio, debía admitirse que la intención oculta tras su redacción no era otra que anticipar la barrera punitiva, porque castigaba la difusión de ciertas ideas por considerar que estas entrañaban un riesgo de que se produjeran actos que vulnerasen gravemente los derechos de un colectivo caracterizado por ciertas notas[799]. En consecuencia, el anterior delito de genocidio constituía lo que se conoce como «delito clima»[800] ya que, según la interpretación mayoritaria, legitimaba la intervención del Derecho Penal hasta el punto de incriminar opiniones que negaran o justificaran el genocidio o que reivindicaran regímenes que respaldaran prácticas genocidas, solo por el hecho de que pudiesen llegar a crear un clima propicio al mismo[801]. Ante este escenario, la amplitud con la que contaba el art. 607.2 CP favorecía que fuese considerado un simple delito de opinión, lo que, como ya dijimos, resulta irreconciliable con nuestro Estado democrático de Derecho. Esta situación llevó a muchos autores a denunciar la inconstitucionalidad del precepto, lo que desembocó en un importantísimo pronunciamiento de nuestro TC: la STC 235/2007, de 7 de noviembre[802].

En esta resolución, que resolvió el recurso de amparo del caso Librería Europa, el Tribunal consideró que la tipificación de la mera negación del genocidio (esto es, la que no implicase incitación al mismo) era contraria al derecho fundamental a la libertad de expresión y a la libertad ideológica. Según el Constitucional, aunque por una parte las conductas recogidas en el entonces vigente art. 607.2 CP «consisten en la mera transmisión de opiniones, por más deleznables que resulten desde el punto de vista de los valores que fundamentan nuestra Constitución», por otra, «a las normas penales les está vedado invadir el contenido constitucionalmente garantizado de los derechos fundamentales» (F. J. 6); en consecuencia, el precepto solo podría ser acorde con la Constitución cuando «se pudiera deducir del mismo que la conducta sancionada implica necesariamente una incitación directa a la violencia contra determinados grupos o un menosprecio hacia las víctimas de los delitos de genocidio» (F. J. 7).

Como la simple negación del genocidio no persigue objetivamente la creación de un clima de hostilidad contra los miembros de los mismos grupos

798 Síntesis extraída de García Álvarez, P. La restricción del derecho a la libertad de expresión..., *op. cit.*, p. 168.

799 Así lo entiende también Alaustey Dobón, C. «Discurso del odio y negacionismo..., *op. cit.*, p. 29.

800 Con esta expresión se hace referencia a aquellas figuras delictivas que castigan conductas que pueden crear un clima favorable a la potencial realización de actos lesivos para determinados bienes jurídicos.

801 Síntesis extraída de García Álvarez, P. La restricción del derecho a la libertad de expresión..., *op. cit.*, p. 169.

802 *Vid. Ibídem*, pp. 169-170.

que en su día fueron víctimas del genocidio y tampoco es idónea para crear una actitud hostil hacia estos colectivos, concluye el TC que

> «la referida conducta permanece en un estadio previo al que justifica la intervención del Derecho Penal, en cuanto no constituye, siquiera, un peligro potencial para los bienes jurídicos tutelados por la norma en cuestión, de modo que su inclusión en el precepto supone la vulneración del derecho a la libertad de expresión (artículo 20.1 CE)» (F. J. 8).

Con todo, el Tribunal considera que

> «La especial peligrosidad de delitos tan odiosos y que ponen en riesgo la esencia misma de nuestra sociedad, como el genocidio, permite excepcionalmente que el legislador penal sin quebranto constitucional castigue la justificación pública de ese delito, siempre que tal justificación opere como incitación indirecta a su comisión (...). Por ello, el legislador puede, (...), perseguir tales conductas, incluso haciéndolas merecedoras de reproche penal siempre que no se entienda incluida en ellas la mera adhesión ideológica a posiciones políticas de cualquier tipo, que resultaría plenamente amparada por el art. 16 CE y, en conexión, por el art. 20 CE» (F. J. 9)[803].

Así las cosas, de acuerdo con la argumentación del máximo intérprete de nuestra Constitución en la STC 235/2007, de 7 de noviembre, solo con respecto a la justificación del genocidio cabe una interpretación restrictiva que la conciba como un modo de apología (eso sí, para castigarla penalmente la justificación deberá ser pública y servir como incitación indirecta a la comisión del delito). No ocurre lo mismo con la negación del genocidio, ya que no puede imaginarse que esta conducta represente, ni siquiera, una incitación indirecta a la comisión de delitos. Además, resulta difícil entender que la negación o trivialización del genocidio pueda crear un clima favorable a la violencia y hostilidad contra los grupos mencionados en el precepto; en todo caso, si la negación viniese acompañada de expresiones degradantes o vejatorias, podría apreciarse una lesión al honor o a la integridad moral de los sujetos pasivos, pero, como dijimos, estas conductas ya se castigan en otros preceptos de nuestro CP.

Expuesta la problemática generada alrededor del art. 602.7 CP, en el epígrafe siguiente veremos si el legislador español respetó las exigencias constitucionales en las sucesivas reformas del texto penal. Ahora, para continuar con nuestra exposición de las modificaciones que introdujo la LO 10/1995, de 23 de noviembre, en lo que a medidas antidiscriminatorias genéricas se refiere, debemos hacer referencia al art. 515.5 CP, que regula un supuesto específico de asociación ilícita: la de carácter discriminatorio.

El precedente legislativo de esta figura es el anterior art. 173.4 CP, que, recordamos, fue introducido en la reforma de 1983. En aquel momento, esta

---

803 Síntesis extraída de García Álvarez, P. La restricción del derecho a la libertad de expresión..., *op. cit.*, pp. 170-171.

figura delictiva solo castigaba el supuesto de asociación ilícita que promoviera la discriminación racial; sin embargo, en 1995 la situación cambia y pasan a considerarse asociaciones ilícitas todas aquellas

> «que promuevan la discriminación, el odio o la violencia contra personas, grupos o asociaciones por razón de su ideología, religión o creencias, la pertenencia de sus miembros o de alguno de ellos a una etnia, raza o nación, su sexo, orientación sexual, situación familiar, enfermedad o minusvalía[804], o inciten a ello».

De acuerdo con la nueva regulación, no solo se castiga la incitación a la discriminación sino también la simple «promoción» a la misma, lo que supone un importante salto en lo que a la amplitud del precepto se refiere. Este hecho se confirma con la referencia expresa que hace el art. 515.5 CP al «odio», la cual permite sancionar penalmente a cualquier asociación que, sin alentar directamente a la hostilidad contra ciertos grupos, lleven a cabo comportamientos que puedan ser interpretados como «propiciadores de aquel sentimiento de rechazo militante»[805].

Por último, la cuarta figura que introduce el CP de 1995 para luchar contra la discriminación de manera genérica es la llamada agravante de discriminación del art. 22.4 CP. Siguiendo el precedente del art. 10.17 del CP de 1973[806/807], la LO 10/1995, de 23 de noviembre considera circunstancia agravante

> «Cometer el delito por motivos racistas, antisemitas u otra clase de discriminación referente a la ideología, religión o creencias de la víctima, la etnia, raza o nación a la que pertenezca, su sexo u orientación sexual, o la enfermedad o minusvalía que padezca».

Como puede observarse, también en este caso el legislador amplía el número de factores discriminatorios. De hecho, salvo el delito de genocidio, todas las figuras mencionadas hasta ahora comparten la lista de factores que caracterizan al sujeto o colectivo afectado: raza, etnia, nacionalidad, ideología, religión u otras creencias, situación familiar, sexo, orientación sexual, enferme-

---

804 Como puede observarse, el legislador de 1995 traslada prácticamente —con la excepción de incluir como posibles sujetos pasivos a «las personas»— los mismos supuestos de autoría individual que los recogidos en el art. 510 CP. Tal y como explica LAURENZO COPELLO, P. La discriminación en el Código penal..., *op. cit.*, p. 270.

805 En palabras de LAURENZO COPELLO (*vid. Ibídem*, p. 271).

806 Ello en virtud de la reforma que introdujo la LO 4/1995, de 11 de mayo, que le otorgó a la agravante un tenor literal parecido al que finalmente tendría en el CP de 1995. El contenido del originario CP de 1973 se alejaba mucho más de este, recogiendo esta circunstancia en los siguientes términos (art. 10, apartado 16): «Ejecutar el hecho con ofensa de la autoridad o desprecio del respeto que por la dignidad, edad o sexo mereciese el ofendido, o en su morada cuando no haya provocado el suceso».

807 En un primer momento, la agravante de discriminación iba a recogerse en el art. 10, apartado 17, del Anteproyecto del Código penal; sin embargo, una vez aprobado el texto definitivo fue reubicada, adoptando su situación actual.

dad o minusvalía. La única excepción la encontramos en la agravante de discriminación, que no hace referencia a la situación familiar del sujeto pasivo[808].

Pues bien, dicho esto, a continuación vamos a explicar los cambios que introdujo la LO 10/1995, de 23 de noviembre, en los delitos que sancionan comportamientos discriminatorios concretos.

2. Figuras antidiscriminatorias específicas

Al margen de las modificaciones que realiza a las figuras que castigan la discriminación en general, el CP de 1995 introduce cambios importantes en relación con las medidas antidiscriminatorias específicas: incorpora la tipificación de la discriminación en el empleo (art. 314 CP)[809] y de la difusión de informaciones injuriosas contra grupos o asociaciones (art. 510.2 CP); regula en un mismo precepto la denegación discriminatoria de prestaciones en el ámbito público (art. 511 CP)[810], cuyo precedente es el anterior art. 165 CP; e introduce el tipo delictivo de denegación discriminatoria de prestaciones profesionales o empresariales (art. 512 CP)[811/812]. A estas figuras les da el siguiente tenor literal:

808 Nos parece muy acertada la crítica que hace LAURENZO COPELLO a la introducción de este factor discriminatorio en el resto de preceptos ya que, por un lado, excluye otros supuestos de filiación, y, por otro, no era entonces —ni es ahora— una fuente de grave desvaloración social. Como bien dice la autora,
«No tiene sentido que la condición familiar se equipare a la raza o a la ideología y se olviden, en cambio, otros factores personales que juegan un papel mucho más evidente como causas de marginación. Piénsese, por ejemplo, en las situaciones económicas precarias, en particular, cuando estas se traducen en mendicidad o ausencia de hogar» (*vid. Ibídem*, p. 246).

809 Un análisis acerca de la eficacia práctica de este precepto puede encontrarse en SIERRA HERNÁIZ, E. «La represión penal de la discriminación laboral. Una necesaria revisión del artículo 314 del Código Penal», en *Un modelo integral de Derecho penal. Libro homenaje a la profesora Mirentxu Corcoy Bidasolo*, obra colectiva, coordinadores Vicente VALIENTE IBÁÑEZ y Guillermo RAMÍREZ MARTÍN, Agencia Estatal Boletín Oficial del Estado, Madrid, 2022, pp. 1.399-1.407.

810 Con la introducción de esta figura, el legislador unifica la tipificación de la denegación discriminatoria de prestaciones en un servicio público, ya sea cometida por un particular encargado del mismo o por un funcionario, en un solo precepto.

811 Este precepto en concreto (el art. 512 CP) fue fruto de una propuesta del Grupo Parlamentario de Izquierda Unida-Iniciativa per Catalunya (C/516/15827 y 15838), que planteaba extender la tutela antidiscriminatoria al ámbito privado de las prestaciones de servicios dirigidos a la ciudadanía. La iniciativa, que había surgido anteriormente en otros foros tras presentarse el proyecto de CP de 1992, fue matizada por el Grupo Parlamentario Socialista, que demandaba la limitación de las conductas discriminatorias punibles en el ámbito de las relaciones entre particulares a las realizadas en el seno de las actividades profesionales y empresariales (C/516/15830). Coincidiendo con las explicaciones de POMARES CINTAS, E. Tutela penal antidiscriminatoria específica en el ámbito de la prestación de servicios: arts. 511 y 512. En: ÁLVAREZ GARCÍA, F. J. (dir.); MANJÓN-CABEZA OLMEDA, A. / VENTURA PÜSCHEL, A. (coords.). *Tratado de derecho penal español. Parte especial. IV. Delitos contra la Constitución*. Valencia: Tirant lo Blanch, 2016, p. 415.

812 Para un análisis pormenorizado de estos delitos, cfr. GARCÍA ÁLVAREZ, P. *El Derecho Penal y la discriminación..., op. cit.*, pp. 99-217. En relación, concretamente, con los arts. 511 y

Art. 314 CP:

«Los que produzcan una grave discriminación en el empleo, público o privado, contra alguna persona por razón de su ideología, religión o creencias, su pertenencia a una etnia, raza o nación, su sexo, orientación sexual, situación familiar, enfermedad o minusvalía, por ostentar la representación legal o sindical de los trabajadores, por el parentesco con otros trabajadores de la empresa o por el uso de alguna de las lenguas oficiales dentro del Estado español, y no restablezcan la situación de igualdad ante la Ley tras requerimiento o sanción administrativa, reparando los daños económicos que se hayan derivado, serán castigados con la pena de prisión de seis meses a dos años o multa de seis a doce meses»[813].

Art. 510.2 CP:

«Serán castigados con la misma pena (de prisión de uno a tres años y multa de seis a doce meses) los que, con conocimiento de su falsedad o temerario desprecio hacia la verdad, difundieren informaciones injuriosas sobre grupos o asociaciones en relación a su ideología, religión o creencias, la pertenencia de sus miembros a una etnia o raza, su origen nacional, su sexo, orientación sexual, enfermedad o minusvalía».

Art. 511 CP:

«1. Incurrirá en la pena de prisión de seis meses a dos años y multa de doce a veinticuatro meses e inhabilitación especial para empleo o cargo público por tiempo de uno a tres años el particular encargado de un servicio público que deniegue a una persona una prestación a la que tenga derecho por razón de su ideología, religión o creencias, su pertenencia a una etnia o raza, su origen nacional, su sexo, orientación sexual, situación familiar, enfermedad o minusvalía.

2. Las mismas penas serán aplicables cuando los hechos se cometan contra una asociación, fundación, sociedad o corporación o contra sus miembros por razón de su ideología, religión o creencias, la pertenencia de sus miembros o de alguno de ellos a una etnia o raza, su origen nacional, su sexo, orientación sexual, situación familiar, enfermedad o minusvalía.

3. Los funcionarios públicos que cometan alguno de los hechos previstos en este artículo, incurrirán en las mismas penas en su mitad superior y en la de inhabilitación especial para empleo o cargo público por tiempo de dos a cuatro años».

---

512 CP, cfr. Garrocho Salcedo, A. «Delitos de denegación de una prestación por motivos discriminatorios de los artículos 511 y 512 CP», en *Eunomía. Revista en Cultura de la Legalidad*, n.º 5, septiembre de 2013-febrero de 2014, pp. 242 y ss.; y Pomares Cintas, E. Tutela penal antidiscriminatoria específica..., *op. cit.*, *passim*.

813 Como puede observarse, este precepto introduce tres nuevos factores discriminación: la ostentación de la representación legal o sindical de los trabajadores, el parentesco con otros trabajadores de la empresa o el uso de alguna de las lenguas oficiales dentro del Estado español.

Art. 512 CP:

«Los que en el ejercicio de sus actividades profesionales o empresariales denegaren a una persona una prestación a la que tenga derecho por razón de su ideología, religión o creencias, su pertenencia a una etnia, raza o nación, su sexo, orientación sexual, situación familiar, enfermedad o minusvalía, incurrirán en la pena de inhabilitación especial para el ejercicio de la profesión, oficio, industria o comercio, por un periodo de uno a cuatro años».

Con la introducción de estos nuevos delitos específicos terminan las modificaciones que la LO 10/1995, de 23 de noviembre, realiza en sede antidiscriminatoria. Ahora bien, antes de pasar a presentar los cambios que trajo consigo la siguiente gran reforma de nuestro texto penal —la de la LO 1/2015, de 30 de marzo— es preciso mencionar dos normas que completaron y modificaron los tipos penales discriminatorios después de entrar en vigor del CP de 1995. Nos referimos, en primer lugar, a la LO 15/2003, de 25 de noviembre[814], que se encargó de añadir al delito de tortura (art. 174.1 CP)[815] la finalidad discriminatoria; incluir los delitos de lesa humanidad en el Capítulo II bis del Título XXIV del Libro II, con el objetivo de adaptar la legislación penal española a las competencias de la Corte Penal Internacional; y agravar la pena de multa que contemplaba hasta entonces el delito de discriminación laboral (art. 314 CP), pasando a ser de doce a veinticuatro meses. Por último, en segundo lugar, nos referimos a la LO 5/2010, de 22 de junio[816], que modificó el contenido del art. 22.4 CP[817] y el inciso inicial art. 607.1 CP[818].

814 Ley Orgánica 15/2003, de 25 de noviembre, por la que se modifica la Ley Orgánica 10/1995, de 23 de noviembre, del Código Penal. Su texto completo puede consultarse en el siguiente enlace: https://www.boe.es/buscar/doc.php?id=BOE-A-2003-21538.

815 Art. 174.1 CP: «Comete tortura la autoridad o funcionario público que, abusando de su cargo, y con el fin de obtener una confesión o información de cualquier persona o de castigarla por cualquier hecho que haya cometido o se sospeche que ha cometido, o por cualquier razón basada en algún tipo de discriminación, la sometiere a condiciones o procedimientos que por su naturaleza, duración u otras circunstancias, le supongan sufrimientos físicos o mentales, la supresión o disminución de sus facultades de conocimiento, discernimiento o decisión o que, de cualquier otro modo, atenten contra su integridad moral. El culpable de tortura será castigado con la pena de prisión de dos a seis años si el atentado fuera grave, y de prisión de uno a tres años si no lo es. Además de las penas señaladas se impondrá, en todo caso, la pena de inhabilitación absoluta de ocho a 12 años».

816 El texto completo de esta Ley puede consultarse en el siguiente enlace: https://www.boe.es/buscar/doc.php?id=BOE-A-2010-9953.

817 En virtud de esta Ley, el art. 22.4 CP pasaba a considerar circunstancia agravante «4.ª Cometer el delito por motivos racistas, antisemitas u otra clase de discriminación referente a la ideología, religión o creencias de la víctima, la etnia, raza o nación a la que pertenezca, su sexo, orientación o identidad sexual, la enfermedad que padezca o su discapacidad».

818 Este inciso quedaba redactado como sigue: «Los que, con propósito de destruir total o parcialmente un grupo nacional, étnico, racial, religioso o determinado por la discapacidad de sus integrantes, perpetraren alguno de los actos siguientes, serán castigados: (...)».

Dicho esto, ahora sí, pasamos a exponer la que ha sido la mayor reforma penal en materia antidiscriminatoria desde la entrada en vigor de nuestro CP.

C. La LO 1/2015, de 30 de marzo, por la que se modifica la LO 10/1995, de 23 de noviembre, del Código Penal

La reforma más importante de nuestro CP desde 1995 tuvo lugar con la entrada en vigor de la LO 1/2015, de 30 de marzo, en una época marcada políticamente por la polémica que había generado en la discusión pública el riesgo que podía implicar el recurso al Derecho penal para el contenido esencial de ciertos derechos fundamentales[819], especialmente para la libertad de expresión[820]. La propia FGE, en su Memoria del año 2012, se había pronunciado al respecto proponiendo la modificación del contenido del art. 510 CP[821], que sería, junto al art. 607 CP, uno de los más afectados por la

819 Como bien ha señalado Cámara Arroyo,

«sorprende (para mal) que el discurso haya variado en los últimos años de tal manera que actualmente sea definido como un medio de limitación de determinados derechos fundamentales, en lugar de lo contrario: que sean los derechos fundamentales recogidos constitucionalmente los que limiten el uso del Derecho penal» (Cámara Arroyo, S. El concepto de delitos de odio..., *op. cit.*, p. 186).

820 Landa Gorostiza, J. M. «Delitos de odio y estándares internacionales..., *op. cit.*, p. 3.

821 En relación con este precepto, dentro del apartado de propuestas de modificaciones legales sustantivas, la Fiscalía disponía lo siguiente:

«En primer lugar, teniendo en cuenta que el uso del verbo provocaren ha generado disquisiciones doctrinales acerca de si la conducta debe enmarcarse o no en la provocación en sentido técnico (art. 18 CP), para evitar interpretaciones en exceso restrictivas, debería introducirse en lugar de provocaren, como verbos típicos los de incitaren, promovieren y difundieren.

En segundo lugar, debería adicionarse además, junto a la discriminación, al odio y a la violencia, el término hostilidad, previsto en el artículo 20 del Pacto Internacional de Derechos Civiles y Políticos. En relación tanto con el tipo de provocación a la discriminación como con el de informaciones injuriosas contra grupos o asociaciones se sugieren las siguientes modificaciones. En primer lugar, a fin de evitar una banalización del núcleo de prohibición, la descripción típica —aun manteniendo la configuración de delitos de riesgo abstracto—, debe exigir que las conductas tengan un mínimo potencial de eficacia incitadora de comportamientos discriminadores. (...). En segundo lugar, la nueva redacción de los tipos debe dejar claro que la incitación ha de ser pública, como se recoge en el derecho comparado, si bien, en cuanto a los medios, la redacción debería ser lo más amplia posible, utilizando una fórmula sintética como cualquier que sea el medio o procedimiento o la fórmula portuguesa en una reunión pública, por escrito destinado a la divulgación, o a través de cualquier medio de comunicación social o sistema informático destinado a la divulgación. En tercer lugar, la nueva redacción debe aclarar que el sujeto pasivo del delito no son solo los grupos o asociaciones, sino también las personas físicas individualmente consideradas que pertenecen a ellos. En cuarto lugar, el término "minusvalía" debe ser sustituido por el de "discapacidad". En quinto lugar, debe incluirse el término "situación reforma. Pero estos no serían los únicos preceptos antidiscriminatorios a los que afecta. También se modifican el art. 22.4, el 511, el 512 y el 515. Estudiémoslos, seguidamente, según la clasificación que seguimos en el epígrafe anterior.

1. La reforma en sede de figuras antidiscriminatorias genéricas

En sede de figuras antidiscriminatorias genéricas, los cambios más significativos que impone la LO 1/2015, de 30 de marzo, afectan a los arts. 510 y 607 CP. Se presentan en el apartado XXVI de su Preámbulo, donde se explica el motivo de la modificación:

> «de una parte, la sentencia del Tribunal Constitucional 235/2007, de 7 de noviembre, impone una interpretación del delito de negación del genocidio que limite su aplicación a los supuestos en los que esta conducta constituya una incitación al odio u hostilidad contra minorías; y de otra, se trata de conductas que deben ser objeto de una nueva regulación ajustada a la Decisión Marco 2008/913/JAI, que debe ser traspuesta a nuestro ordenamiento jurídico».

A pesar de la pretendida justificación del legislador, lo cierto es que ya en relación con el Proyecto de Ley de 2013 autores como Alaustey Dobón habían advertido de que el Proyecto no solo presentaba los mismos defectos que la regulación entonces vigente sino que los ampliaba considerablemente, «situándose en las antípodas de las insistentes reclamaciones doctrinales de las pautas que habían venido marcando nuestros tribunales»[822]. El propio Consejo de Estado, en su Dictamen al Anteproyecto de Ley Orgánica por la que se modifica la ley Orgánica 10/1995, de 24 de noviembre, del Código Penal, de 27 de junio de 2013, concluye recomendando

> «una reconsideración en profundidad del artículo 510 proyectado, tanto de su apartado 1 como de su apartado 2, atendiendo no solo a la jurisprudencia constitucional apuntada y a la mejor incorporación de las previsiones de la Decisión Marco

socioeconómica", para cubrir los ataques a los mendigos o indigentes. Se sugiere además añadir al artículo 510 CP un apartado sobre el enaltecimiento o la justificación a posteriori de los delitos cometidos con este tipo de motivación.
Se propone igualmente que se incorpore una previsión específica en el artículo 510 sobre la responsabilidad penal de las personas jurídicas (art. 31 bis CP) y de las organizaciones sin personalidad jurídica (art. 129 CP) y que declare la aplicabilidad de las penas previstas en el artículo 33.7 CP. Debiera finalmente introducirse la posibilidad de clausura de páginas web, blogs o cualesquiera medios técnicos empleados en la comisión del delito, tanto en su modalidad cautelar como definitiva».

822 Alaustey Dobón, C. «La reforma de los delitos de provocación al odio y justificación del genocidio en el Proyecto de Ley de 2013: consideraciones críticas», en *Diario La Ley*, n.º 8245, Año XXXV, 6 de febrero de 2014, p. 10.

2008/913, sino también a la relación entre las diversas conductas contempladas en sus distintos apartados y a la penalidad prevista en cada caso»[823].

Sin embargo, el legislador de 2015 decidió desatender estas advertencias, lo que provocó el rechazo de gran parte de la doctrina[824], entre la que nos encontramos. Tras la entrada en vigor de la LO 1/2015, de 30 de marzo, la autora antes mencionada volvió a incidir en su crítica diciendo que, «al abordar la reforma de los delitos relativos al discurso del odio y al negacionismo», se «ha ido en la dirección radicalmente opuesta a la que venía demandando»[825]. Ahora bien, estas no fueron las únicas reprobaciones que recibieron los nuevos arts. 510 y 607 CP: hay quienes los tacharon de «auténtico engendro penal»[826], otros que consideraron que «*simbolizaban*[827] el desprecio por la libertad de expresión, creencia e ideología»[828], etc. En la misma línea se pronunciaron desde Jueces para la Democracia, advirtiendo que la reforma de 2015 «*multiplicaba*[829] los problemas que planteaba la regulación anterior dada su irrupción en el núcleo duro de los derechos fundamentales señalados»[830]; y desde el GRUPO DE ESTUDIOS DE POLÍTICA CRIMINAL, que criticó específicamente la tendencia expansiva que viene caracterizando en los últimos

823 CONSEJO DE ESTADO. Dictamen al Anteproyecto de Ley Orgánica por la que se modifica la Ley Orgánica 10/1995, de 23 de noviembre, del Código Penal. 27 de junio de 2013, p. 119.

824 La reforma, no obstante, es acorde con el posicionamiento que venía mostrando la Fiscalía en este ámbito, concretamente en: la Memoria de la Fiscalía General del Estado del año 2012 (pp. 1.259 y ss.), cuyas recomendaciones en la materia, debido a su extensión, no reproduciremos aquí; y el Informe del Consejo Fiscal al Anteproyecto de Ley Orgánica por la que se modifica la Ley Orgánica 19/1995, de 24 de noviembre, del Código penal, de 8 de enero de 2013 (p. 303). La Memoria de la Fiscalía está disponible en el siguiente enlace: https://www.fiscal.es/documents/20142/133838/MEMORIA+-+2012.pdf/65189168-13c9-72cf-707d-718935bdcde6?t=1531900818675. El Informe del Consejo Fiscal está disponible en el siguiente enlace: https://s01.s3c.es/imag/_v3/ecoley/documentos-iuris/18-01-2013/16.informeFiscalia.pdf.

825 ALAUSTEY DOBÓN, C. «Discurso del odio y negacionismo..., *op. cit.*, p. 4.

826 Como hace, por ejemplo, TERUEL LOZANO, G. M. La libertad de expresión..., *op. cit.*, p. 32. Así lo explica DE VICENTE MARTÍNEZ, R. *El discurso del odio...*, *op. cit.*, p. 97.

827 Cursivas añadidas.

828 En palabras de PORTILLA CONTRERAS, G. La represión penal..., *op. cit.*, p. 356.

829 Cursivas añadidas.

830 De esta manera, RAMÍREZ ORTIZ, J. L. «No pienses en un genocida», en *Jueces para la Democracia, Boletín de la Comisión de Penal*, n.º 3, 2013, p. 14.

años a los delitos de expresión[831/832], la cual restringió aplicabilidad efectiva de uno de los pilares indispensables de un Estado democrático: el derecho fundamental a la libertad de expresión y a la libertad ideológica. Según este colectivo de autores,

> «Esta expansión legislativa (bajo la excusa del cumplimiento de la normativa internacional) se ha concretado, por una parte, en un sucesivo incremento de los tipos penales que sancionan conductas de expresión[833], y, por otra, en la utilización en aquellos de conceptos metajurídicos, de difícil definición, como "clima", "hostilidad", o incluso "odio" que han facilitado interpretaciones extensivas. Esta

831 Nos parece sumamente acertada la postura de estos autores cuando, al respecto de la expansividad que caracteriza a este ámbito concreto, indican que
«El Estado no debe limitar coactivamente el contenido del discurso ideológico, pues la legitimidad de las decisiones democráticas se sustenta en el debate, la crítica libre y el pluralismo ideológico. Conforme a la jurisprudencia del Tribunal Constitucional, la democracia, como espacio de juego político y como sistema que respeta la autonomía de los ciudadanos, no solo debe tolerar todas las ideologías y planteamientos, sino que exige la libertad de expresión también frente a cualquier discurso que conlleve una intervención en el espacio público, por ofensivo o molesto que pueda resultar (sin perjuicio de la implementación de políticas públicas que promuevan la tolerancia y el respeto a los derechos de todos los ciudadanos). (...) No es discutible que la libertad de expresión, como cualquier otro derecho, pueda ser limitada. Ahora bien, deben precisarse sus límites teniendo presente que hay que aceptar la existencia de un núcleo esencial que tendría que resultar intangible, y es aquel que afecta a la propia configuración del pluralismo político en un Estado democrático»
(GRUPO DE ESTUDIOS DE POLÍTICA CRIMINAL. *Una propuesta alternativa de regulación de los delitos de expresión*, Tirant lo Blanch, Valencia, 2019, p. 10).

832 Otra autora que ha criticado firmemente esta tendencia ha sido GARCÍA ÁLVAREZ, quien ha señalado, además, que esta deriva contribuye indudablemente al denominado «efecto desaliento» y está provocando una desfiguración total de algunos de los delitos antidiscriminatorios de nuestro CP (GARCÍA ÁLVAREZ, P. «El efecto perverso..., *op. cit.*, p. 54). Sobre esta cuestión en concreto, *vid.* CUERDA ARNAU, M. L. «Proporcionalidad penal y libertad de expresión: la función dogmática del efecto de desaliento», en *Revista General de Derecho Penal*, n.° 8, 2007, *passim*; LA MISMA. «La doctrina del efecto de desaliento en la jurisprudencia del Tribunal Constitucional español. Origen, desarrollo y decadencia», *InDret: Revista para el Análisis del Derecho*, n.° 4, 2022, *passim*; y LA MISMA, «La regresión de la doctrina del efecto de desaliento en la jurisprudencia del Tribunal Constitucional», en *Un modelo integral de Derecho penal. Libro homenaje a la profesora Mirentxu Corcoy Bidasolo*, obra colectiva, coordinadores Vicente VALIENTE IBÁÑEZ y Guillermo RAMÍREZ MARTÍN, Agencia Estatal Boletín Oficial del Estado, Madrid, 2022, pp. 105-116.

833 CASTILLA JUÁREZ considera, acertadamente en nuestra opinión, que, en el fondo, el verdadero problema no es que todo pueda considerarse discriminatorio o dar origen a delitos de odio sino que, una vez más, «serán quienes más ventajas tengan (...) quienes accederán (...) a los sistemas de justicia para reclamar la afectación que dicen sufrir; una vez más son y serán quienes mejor posicionados se encuentren quienes denunciarán y serán atendidos en sus reclamos»; y no solo eso, sino que será a quienes originariamente se pretendió otorgar una especial protección «quienes reciban las sanciones, quienes no accedan a la justicia, quienes sigan padeciendo la discriminación» (CASTILA JUÁREZ, K. Crimen de odio..., *op. cit.*, p. 6).

tendencia ha derivado en la creación de preceptos penales omnicomprensivos —como el artículo 510 del Código Penal— en los que se incluyen todas las fases de realización e intervención delictiva con la intención de evitar eventuales interpretaciones restrictivas»[834].

Pero, ¿cuál es la nueva situación de los arts. 510 y 607 CP? Lo primero que debe decirse al respecto es que la reforma de 2015 regula conjuntamente estos preceptos, cambiando, además, de ubicación el art. 607.2 CP (lo traslada a la sede de los delitos cometidos con ocasión del ejercicio de los derechos fundamentales, convirtiéndolo en una modalidad típica de la incitación a la violencia, al odio o a la discriminación)[835]. Vayamos por partes.

i. El art. 510 CP

El actual art. 510 CP dispone lo que sigue:

«1. Serán castigados con una pena de prisión de uno a cuatro años y multa de seis a doce meses:

a) Quienes públicamente fomenten, promuevan o inciten directa o indirectamente al odio, hostilidad, discriminación o violencia contra un grupo, una parte del mismo o contra una persona determinada por razón de su pertenencia a aquél, por motivos racistas, antisemitas u otros referentes a la ideología, religión o creencias, situación familiar, la pertenencia de sus miembros a una etnia, raza o nación, su origen nacional, su sexo, orientación o identidad sexual, por razones de género, enfermedad o discapacidad.

b) Quienes produzcan, elaboren, posean con la finalidad de distribuir, faciliten a terceras personas el acceso, distribuyan, difundan o vendan escritos o cualquier otra clase de material o soportes que por su contenido sean idóneos para fomentar, promover, o incitar directa o indirectamente al odio, hostilidad, discriminación o violencia contra un grupo, una parte del mismo, o contra una persona determinada por razón de su pertenencia a aquél, por motivos racistas, antisemitas u otros referentes a la ideología, religión o creencias, situación familiar, la pertenencia de sus miembros a una etnia, raza o nación, su origen nacional, su sexo, orientación o identidad sexual, por razones de género, enfermedad o discapacidad.

c) Públicamente nieguen, trivialicen gravemente o enaltezcan los delitos de genocidio, de lesa humanidad o contra las personas y bienes protegidos en caso

---

834 GRUPO DE ESTUDIOS DE POLÍTICA CRIMINAL. *Una propuesta alternativa de regulación..., op. cit.*, p. 9.

835 Según el legislador, la reubicación del art. 607 CP se justifica

«por el propio texto de la Decisión Marco y por el hecho de que el Tribunal Constitucional haya impuesto que la negación del genocidio solamente puede ser delictiva como forma de incitación al odio o a la hostilidad. De igual forma, la Decisión Marco impone la tipificación de la negación del genocidio en la medida en que se trate de una forma de incitación al odio contra minorías» de conflicto armado, o enaltezcan a sus autores, cuando se hubieran cometido contra un grupo o una parte del mismo, o contra una persona determinada por razón de su pertenencia al mismo, por motivos racistas, antisemitas u otros referentes a la ideología, religión o creencias, la situación familiar o la pertenencia de sus miembros a una etnia, raza o nación, su origen nacional, su sexo, orientación o identidad sexual, por razones de género, enfermedad o discapacidad, cuando de este modo se promueva o favorezca un clima de violencia, hostilidad, odio o discriminación contra los mismos.

2. Serán castigados con la pena de prisión de seis meses a dos años y multa de seis a doce meses:

a) Quienes lesionen la dignidad de las personas mediante acciones que entrañen humillación, menosprecio o descrédito de alguno de los grupos a que se refiere el apartado anterior, o de una parte de los mismos, o de cualquier persona determinada por razón de su pertenencia a ellos por motivos racistas, antisemitas u otros referentes a la ideología, religión o creencias, situación familiar, la pertenencia de sus miembros a una etnia, raza o nación, su origen nacional, su sexo, orientación o identidad sexual, por razones de género, enfermedad o discapacidad, o produzcan, elaboren, posean con la finalidad de distribuir, faciliten a terceras personas el acceso, distribuyan, difundan o vendan escritos o cualquier otra clase de material o soportes que por su contenido sean idóneos para lesionar la dignidad de las personas por representar una grave humillación, menosprecio o descrédito de alguno de los grupos mencionados, de una parte de ellos, o de cualquier persona determinada por razón de su pertenencia a los mismos.

b) Quienes enaltezcan o justifiquen por cualquier medio de expresión pública o de difusión los delitos que hubieran sido cometidos contra un grupo, una parte del mismo, o contra una persona determinada por razón de su pertenencia a aquél por motivos racistas, antisemitas u otros referentes a la ideología, religión o creencias, situación familiar, la pertenencia de sus miembros a una etnia, raza o nación, su origen nacional, su sexo, orientación o identidad sexual, por razones de género, enfermedad o discapacidad, o a quienes hayan participado en su ejecución.

Los hechos serán castigados con una pena de uno a cuatro años de prisión y multa de seis a doce meses cuando de ese modo se promueva o favorezca un clima de violencia, hostilidad, odio o discriminación contra los mencionados grupos.

3. Las penas previstas en los apartados anteriores se impondrán en su mitad superior cuando los hechos se hubieran llevado a cabo a través de un medio de comunicación social, por medio de internet o mediante el uso de tecnologías de la información, de modo que, aquel se hiciera accesible a un elevado número de personas.

4. Cuando los hechos, a la vista de sus circunstancias, resulten idóneos para alterar la paz pública o crear un grave sentimiento de inseguridad o temor entre los integrantes del grupo, se impondrá la pena en su mitad superior, que podrá elevarse hasta la superior en grado.

5. En todos los casos, se impondrá además la pena de inhabilitación especial para profesión u oficio educativos, en el ámbito docente, deportivo y de tiempo

libre, por un tiempo superior entre tres y diez años al de la duración de la pena de privación de libertad impuesta en su caso en la sentencia, atendiendo proporcionalmente a la gravedad del delito, el número de los cometidos y a las circunstancias que concurran en el delincuente.

6. El juez o tribunal acordará la destrucción, borrado o inutilización de los libros, archivos, documentos, artículos y cualquier clase de soporte objeto del delito a que se refieren los apartados anteriores o por medio de los cuales se hubiera cometido. Cuando el delito se hubiera cometido a través de tecnologías de la información y la comunicación, se acordará la retirada de los contenidos.

En los casos en los que, a través de un portal de acceso a internet o servicio de la sociedad de la información, se difundan exclusiva o preponderantemente los contenidos a que se refiere el apartado anterior, se ordenará el bloqueo del acceso o la interrupción de la prestación del mismo».

Como puede comprobarse, la configuración del precepto después de la reforma efectuada por la LO 1/2015, de 30 de marzo, es completamente diferente a la establecida por la anterior regulación. El art. 510 CP pasa de estar compuesto por dos apartados que recogían dos comportamientos diferenciados, a contener seis epígrafes en los que se incluyen dos tipos básicos [el primero, en el primer apartado, con tres posibles modalidades de comisión (a, b y c); y, el segundo, en el segundo apartado, con dos modalidades delictivas (a y b)] y dos tipos cualificados (en el tercer apartado, cuando los hechos se hubiesen realizado utilizando un medio de comunicación que los haga accesibles a un gran número de personas[836]; y en el cuarto, si los hechos

836 Según Roig Torres, el apartado 3 del art. 510 CP establece una cualificación acorde al incremento del riesgo para el derecho a no ser discriminado que implica la difusión por internet de las manifestaciones vertidas por el autor debido al ingente número de destinatarios, que multiplica las probabilidades de crear el clima de violencia, hostilidad, odio o discriminación, o la efectiva producción de este tipo de reacciones. A esto se añade la mayor dificultad que presenta la persecución del delito y la identificación del autor, ya que en la red la información traspasa las fronteras estatales [Roig Torres, M. «Los delitos de racismo y discriminación (arts. 510, 510 bis, 511 y 512)», en *Comentarios a la Reforma del Código Penal de 2015*, obra colectiva: coordinadores Elena Górriz Royo y Ángela Matallín Evangelio, Tirant lo Blanch, 2.ª ed., Valencia, 2015, pp. 1.218-1.219]. La argumentación de esta autora nos parece coherente, pero lo cierto es que albergamos serias dudas sobre el merecimiento de una pena mayor en estos casos teniendo en cuenta que, en la actualidad, la difusión de cualquier tipo de información a través de internet está al alcance de (casi) cualquiera y que, en el momento de su publicación, es difícil que el autor pueda adivinar el alcance de su actuación, que puede quedar en nada o convertirse en una verdadera aportación a la situación de vulnerabilización de ciertos grupos (por supuesto, para que esto último ocurriera entendemos que sería necesaria la previa existencia de un clima violento u hostil contra estos grupos, ya que lo contrario implicaría vulnerar el principio de culpabilidad). Pero es que, más allá de lo anterior, debe tenerse en cuenta que la aptitud del medio utilizado para alcanzar a un elevado número de personas es requisito para poder aplicar el tipo básico del art. 510 CP, por lo que esta no puede valorarse nuevamente como elemento accidental típico agravatorio. Por esta razón, el actual art. 510.3 CP debería suprimirse (así, también, Grupo de Estudios de Política Criminal. *Una propuesta alternativa de regulación..., op. cit.*, p. 40).

fuesen idóneos para alterar la paz pública o crear un grave sentimiento de inseguridad entre los miembros del colectivo[837]), que pueden ser aplicados a los dos tipos básicos antes mencionados. Además, el quinto apartado prevé la posibilidad de imponer la pena de inhabilitación especial para profesión u oficio educativos en el ámbito docente, deportivo y de tiempo libre[838]. Por

837 Desde nuestro punto de vista, la regulación de este apartado es especialmente difícil de interpretar. En primer lugar, debe decirse que la Decisión Marco contempla la tipificación de conductas que perturben el orden público (así como las que sean amenazadoras, abusivas o insultantes); sin embargo, nuestro legislador ha optado por referirse a la «paz pública», que no es lo mismo. Como indica VIVES ANTÓN, «incluso desde una perspectiva estricta del orden público, entendiéndolo como orden externo y material de la convivencia, como funcionamiento regular de esa convivencia, no equivale al de paz pública, definida como "tranquilidad y quietud", o como sosiego y buena correspondencia de unos con otros y se opone a la guerra, a las riñas y disensiones, pero no al desorden» (VIVES ANTÓN, T. S. «Delitos contra la seguridad interior del Estado. Desórdenes públicos», en *Derecho penal. Parte especial*, obra colectiva, 3.ª ed., Tirant lo Blanch, Valencia, 1990, p. 172). Por tanto, podría decirse que, desde el punto de vista de la seguridad jurídica, el cambio introducido por la reforma de 2015 es positivo; sin embargo, en nuestra opinión, no es suficiente para garantizarla.

Ahora bien, mucho más difícil creemos que resulta valorar que la acción en cuestión sea apta para crear «inseguridad» o «temor» a los integrantes del grupo. Como bien dice ROIG TORRES, estos conceptos son «mucho más difusos que el anterior» y, además, «suscitan problemas de deslinde con las figuras básicas», que, en muchas ocasiones, precisan que la acción revista entidad suficiente para generar ciertos efectos, como la creación de un clima de violencia, hostilidad, odio o discriminación. Sin embargo, «no parece que las actuaciones propicias para causar una grave inseguridad o temor, o para crear esa esfera de perturbación, sean claramente discernibles, sino que posiblemente la conducta capaz de provocar un clima de violencia generará a su vez un fuerte temor o inseguridad entre las personas afectadas» (ROIG TORRES, M. «Los delitos de racismo y discriminación..., *op. cit.*, pp. 1.219-1.220).

Por estos motivos, estamos de acuerdo con el GRUPO DE ESTUDIOS DE POLÍTICA CRIMINAL en que deberían eliminarse las referencias a estados emotivos, climas de hostilidad o de inseguridad o bienes jurídicos abstractos como la paz pública, ya que el recurso a estos conceptos «no actúa como una auténtica restricción del delito de odio, sino, más bien al contrario, como fórmula de expansión de su ámbito de significado, que permite una aplicación ilimitada y arbitraria del tipo en sus formas básicas y agravadas» (GRUPO DE ESTUDIOS DE POLÍTICA CRIMINAL. *Una propuesta alternativa de regulación..., op. cit.*, p. 42).

838 Este apartado se añadió a raíz de la enmienda formulada por el Grupo Parlamentario Mixto al Proyecto presentado por el Gobierno (Enmienda n.º 98), con el siguiente fundamento: «La naturaleza y gravedad de los delitos comprendidos en este título hacen aconsejable regular una protección cualificada de los menores frente a la posibilidad de que sus autores puedan entrar en disposición de ejercer algún tipo de influencia en la formación o desarrollo educativo de los mismos, muy especialmente en el caso de los niños, por su falta de madurez física y mental, como recoge la Convención de los Derechos del niño aprobada por la Asamblea General de las Naciones Unidas en su resolución 44/25, el 20 de noviembre de 1989. Desde los distintos poderes públicos se debe atender el interés superior de los menores, frente a otros intereses concurrentes, y para ello se debe garantizar a nivel legislativo la protección efectiva de la formación de la infancia y la juventud, impidiendo que su normal desarrollo pueda verse perjudicado, impedido o desviado, en ningún caso».

último, el apartado sexto establece como consecuencia accesoria la destrucción, el borrado o la inutilización de los soportes objeto del delito, imponiendo la retirada de sus contenidos y, asimismo, el bloqueo del acceso a los portales de acceso a internet o servicio de la sociedad de la información que los hubiesen difundido (o la interrupción de su prestación)[839].

Ahora bien, no todos los cambios se han producido en el ámbito de las conductas típicas. Aparte de lo expuesto, cabe destacar que todos los comportamientos que castiga el art. 510 CP poseen un sujeto pasivo común, más amplio ahora que el establecido por la anterior regulación (al menos, en su versión literal)[840]. Si volviésemos la vista atrás, el Código Penal de 1995 solo se refería a grupos o asociaciones; sin embargo, hoy se entienden comprendidas igualmente las personas individualmente consideradas, siempre que estas hayan sido elegidas como sujetos pasivos por razón de su inclusión en el colectivo o en una parte de este. Desde nuestro punto de vista, esta modificación es positiva teniendo en cuenta el bien jurídico que consideramos se protege en el precepto (el derecho a no ser discriminado, derecho individual aunque se encuentre vinculado en todo caso con una colectividad); sin embargo, lo cierto es que genera una consecuencia que parece haber pasado por alto el legislador: la introducción de un sujeto pasivo individual hace que el art. 510 CP no pueda interpretarse tal y como venía haciendo la doctrina minoritaria, es decir, la que defendía que el artículo 510.1 CP castigaba un tipo de provocación *sui generis* que protegía, no ya los derechos individuales, sino la seguridad existencial de algunos colectivos caracterizados por determinadas notas.

Es decir, el objetivo del apartado 5 del art. 510 CP es evitar que los condenados puedan hacer uso de su relación con los menores en los contextos mencionados para inculcarles ideas discriminatorias [cfr., en este sentido, ROIG TORRES (*vid. Ibídem*, p. 1.220)]. Sin embargo, desde nuestro punto de vista, la pena privativa de libertad es suficientemente efectiva y disuasoria; por tanto, no creemos que sea necesario hablar de penas de multa o de inhabilitación, las cuales, además, podrían imponerse accesoriamente si el Tribunal lo considerara pertinente, en virtud del art. 56 CP (GRUPO DE ESTUDIOS DE POLÍTICA CRIMINAL. *Una propuesta alternativa de regulación..., op. cit.*, p. 43).

839 De esta forma, se introducen medidas para impedir el acceso a los documentos, archivos o materiales por medio de los cuales se haya cometido el delito (*vid. Ibídem*, p. 1.221). A este respecto, debemos decir que compartimos la opinión del GRUPO DE ESTUDIOS DE POLÍTICA CRIMINAL cuando dice que la referencia a la destrucción, borrado e inutilización de esta información debería eliminarse por tratarse de «medidas radicales que implican la eliminación de formas de expresión ideológicas que, aunque son delictivas como provocaciones públicas o calumnias, no tienen que desaparecer completamente». Como medidas proporcionales y suficientes en una sociedad democrática son suficientes «La simple comunicación pública de su carácter delictivo o la restricción de su difusión en casos extremos mediante su retirada» (GRUPO DE ESTUDIOS DE POLÍTICA CRIMINAL. *Una propuesta alternativa de regulación..., op. cit.*, p. 44).

840 En esta línea, también, LAURENZO COPELLO, P. «Un delito en busca de justificación..., *op. cit.*, p. 87.

Aparte de lo anterior, con la reforma se han incluido ciertas modificaciones en la descripción del objeto material que debe concurrir a la hora de la comisión delictiva. En primer lugar, se ha añadido al catálogo de factores caracterizadores del grupo contra el que se realizan las conductas la pertenencia a una «nación» junto a la etnia o la raza y, en segundo lugar, se han producido dos cambios: se ha incorporado la «identidad sexual» (para poder castigar los supuestos de transfobia) a los previamente incluidos «sexo»[841] y «orientación sexual»[842]; y se ha sustituido el término «minusvalía» por el de «discapacidad»[843], para cumplir con la Disposición Adicional Octava de la Ley 39/2006, de 14 de diciembre, de Promoción de la Autonomía Personal y Atención a las personas en situación de dependencia.

A continuación, vamos a analizar críticamente los apartados que consideramos más relevantes y confusos del art. 510 CP: el número 1 y el número 2.

1. Apartado 1

En lo que se refiere concretamente al art. 510.1 CP, concretamente a su letra a), lo primero que puede destacarse de la nueva regulación es que no deja hueco para interpretar el delito de provocación tal y como venía haciendo la doctrina mayoritaria y la jurisprudencia. El verbo típico ya no es «provocar», sino «fomentar, promover o incitar», que, además de equivalentes, no se recogen en la Decisión Marco de 2008[844]. Además, el legislador ha decidido —y así lo señala expresamente en el tipo— que el fomento, la promoción o la incitación pueden realizarse de manera directa o indirecta, lo

---

841 El término sexo acoge, en principio, a ambos sexos (masculino o femenino), de manera que es suficiente con que sea el sexo del afectado el que haya determinado el comportamiento delictivo para estimar que concurre este factor discriminatorio. Ahora bien, tomando como referencia la STC 173/1994, de 7 de junio, en virtud de la cual, la discriminación por sexo también se produce cuando el tratamiento peyorativo se fundamenta en "la concurrencia de condiciones o circunstancias que tengan con el sexo de la persona una relación de conexión directa o inequívoca. Tal sucede con el embarazo, elemento o factor diferencial que, por razones obvias, incide de forma exclusiva sobre las mujeres", habrá que admitir que el sexo como factor diferenciador incluye también los caracteres diferenciales y las circunstancias vinculadas indisolublemente al sexo. De esta forma, también, GARCÍA ÁLVAREZ, P. *El Derecho penal y la discriminación*..., *op. cit.*, pp. 70-71.

842 Con esta terminología se hace referencia a la opción sexual, incluyéndose las tendencias sexuales (homosexualidad, heterosexualidad o bisexualidad). Ahora bien, consideramos, como GARCÍA ÁLVAREZ, que no deben entenderse comprendidas dentro de este factor diferenciador las diferentes formas del ejercicio de la sexualidad, ya que esto implicaría ampliar desmesuradamente el ámbito de aplicación del precepto (*vid. Ibídem*, pp. 72-73).

843 Que incluye cualquier tipo de deficiencia física o psíquica que afecte al normal desarrollo o a la actividad del sujeto que la padece (*vid. Ibídem*, pp. 74-75).

844 Tal y como explica RODRÍGUEZ FERRÁNDEZ, S. «El ámbito de aplicación del actual artículo 510 CP en retrospectiva y en prospectiva tras la reforma penal de 2015», en *Revista de Derecho Penal y Criminología*, 3.ª época, n.º 12, julio de 2014, p. 178.

que tampoco exigía la Decisión Marco. Esto, sin lugar a dudas, supone una ampliación considerable del ámbito de aplicación de la norma, ampliación que se confirma si nos fijamos en el objeto de la incitación, que ya no solo puede ser la discriminación, la violencia o el odio (tan criticado) sino, también, la «hostilidad».

Este último cambio resulta coherente con el Pacto Internacional de Derechos Civiles y Políticos de 19 de diciembre de 1966 (ratificado por España el 30 de abril de 1977) y con la jurisprudencia del Tribunal Europeo de Derechos Humanos; sin embargo, lo cierto es la Decisión Marco no lo demandaba en ningún momento[845]. Es más, desde nuestro punto de vista, implica una clara vulneración del principio de legalidad y, además, nos lleva a una situación mucho más compleja a la hora de limitar la apreciación de este delito. Si antes ya resultaba difícil defender que la incitación debía destinarse a la comisión de un delito, hoy esto es prácticamente imposible[846]: aunque los conceptos de discriminación y violencia, siendo interpretados restrictivamente, pueden, al menos, reconducirse hacia hechos delictivos, esto no puede predicarse del odio porque este no es más que una actitud interna a la que ahora, para colmo, se le añade la no menos problemática hostilidad[847]. De hecho, como explica Alaustey Dobón, el precepto ni siquiera requiere una incitación explícita a la realización de actos concretos, debido a que esta incitación ya no tiene por qué ser directa[848]. Es más, la posibilidad de que las acciones puedan enfocarse simplemente a situaciones «hostiles» acentúa aún más que estas no tienen que suponer actos desaprobados penalmente[849].

Para terminar con el análisis de esta primera letra, es preciso hacer referencia a una última novedad que afecta a todas las conductas del apartado 1 del art. 510 CP: se prevé para ellas una pena de prisión de uno a cuatro años y multa de seis a doce meses. Esto supone una elevación del límite máximo establecido para la pena privativa de libertad con respecto al precepto derogado (fijado, antes de la reforma, en los tres años), algo que, nuevamente, tampoco exigía la Decisión Marco: según el artículo 3.2 de su texto, «cada Estado miembro adoptará las medidas necesarias para garantizar que las conductas contempladas en el artículo 1 se castiguen con una pena máxima de uno a tres años de prisión como mínimo». En cuanto a la duración de la pena pecuniaria, esta ha permanecido intacta.

---

845 De nuevo siguiendo las explicaciones de Rodríguez Ferrández (*vid. Ibídem*, pp. 166-168 y 178).

846 De esta manera Alaustey Dobón, C. «Discurso del odio...», *op. cit.*, p. 16.

847 Siguiendo las explicaciones de Alaustey Dobón (*vid. Ibídem*, p. 16).

848 *Vid. Ibídem*, p. 16.

849 Tal y como explica García Álvarez, P. La restricción del derecho a la libertad de expresión..., *op. cit.*, p. 156.

Pasando ahora al análisis del apartado b) del art. 510.1 CP, este carece de un precedente en nuestro CP anterior a la reforma de 2015. El precepto tipifica la producción, elaboración, posesión para distribuir o facilitar el acceso a terceros, distribución, difusión o venta de material idóneo para la realización de alguno de los comportamientos previstos en el apartado a); de esta manera, supone el castigo de conductas que no implican ni siquiera la difusión a terceros, ya que se condena (y se considera, por tanto, consumada) la simple producción de estos materiales o su posesión con la finalidad de distribuirlos, pero sin que sea necesario que tal difusión se haga efectiva[850]. Así las cosas, el contenido del nuevo apartado b) del art. 510.1 CP resulta más discutible incluso que el del apartado anterior, ya que conlleva una anticipación de la intervención penal mucho mayor[851].

Con la nueva redacción, el legislador se ha excedido una vez más de lo previsto en la Decisión Marco. De acuerdo con el artículo 1.1, b) de este texto, los Estados Miembros deben sancionar «la comisión de uno de los actos a los que se refiere la letra a) mediante la difusión o reparto de escritos, imágenes u otros materiales»; ahora bien, en ningún momento menciona la producción o elaboración de dichos materiales entre las conductas que deben castigarse. Además, la difusión de estos materiales aparece aquí no como una conducta anterior e idónea para que tenga lugar la incitación, sino como una forma de incitación pública[852].

La intención que se esconde detrás de este apartado parece ser, de nuevo, la misma: asegurar la tipificación de comportamientos que eran, hasta ahora, impunes por no reunir los requisitos típicos del artículo 510.1 CP de acuerdo con la interpretación restrictiva que del mismo venía dándose. Y ello a pesar de como razona el TS en su sentencia 259/2011, de 12 de abril, en la que argumenta, aplicando la doctrina del TC, que cuando se trata de editores o libreros, la posesión de ejemplares de temática discriminatoria con el objeto de proceder a su venta o distribución

> «no supone por sí misma un acto de difusión de las ideas más allá del mero hecho de poner sus soportes documentales a disposición de los posibles usuarios y, por lo tanto, nada distinto de lo esperable de su dedicación profesional, sin que (...) se aprecie solo por ello una incitación directa al odio, la discriminación o violencia contra esos grupos (...) y sin que (...) se venga a generar un clima de hostilidad que suponga un peligro cierto de concreción en actos específicos de violencia contra aquellos» (F. J. 10).

850 Como bien indica Teruel Lozano, G. M. *La libertad de expresión..., op. cit.*, p. 33.

851 En la misma línea, Alaustey Dobón, C. «Discurso del odio..., *op. cit.*, p. 23.

852 *Vid. Ibídem*, p. 23.

Ni siquiera se requiere en estos casos que el profesional se adhiera al contenido del mensaje plasmado en los textos; en consecuencia, se le estaría castigando simplemente por realizar «lo esperable de su dedicación profesional»[853].

Por otro lado, resulta plenamente criticable la equiparación penal de los comportamientos recogidos en la letra b) a los establecidos en la letra anterior, teniendo en cuenta los medios a través de los cuales se proyectan hacia el exterior las conductas que castiga. Las conductas ahora analizadas denotan una menor peligrosidad para el bien jurídico protegido, esto es, poseen un desvalor jurídico manifiestamente más bajo[854]. Por tanto, al preverse la misma sanción para dos conductas que poseen distintos niveles de ofensividad, se quebranta de forma evidente el principio de proporcionalidad de las penas[855].

En conclusión, teniendo en cuenta la excesiva anticipación de la barrera punitiva que implica la actual letra b) del artículo 510.1 CP y la opinión de la jurisprudencia, considero que su regulación supone una vulneración flagrante de los principios más básicos de nuestro Derecho Penal, así como un claro atentado contra el derecho fundamental a la libertad de expresión, por lo que debería suprimirse.

En cuanto al apartado c) del precepto del art. 510.1 CP, este castiga los delitos de negación, trivialización grave o enaltecimiento públicos de los delitos de genocidio, de lesa humanidad o contra personas o bienes protegidos en caso de conflicto armado, o el enaltecimiento de sus autores, siempre que se hubiesen cometido contra un grupo o individuos pertenecientes a él por los motivos mencionados, de tal forma que con ello se promueva o favorezca un clima de violencia, hostilidad, odio o discriminación contra los mismos. La nueva regulación se inspira en el artículo 1.1 de la Decisión Marco de 2008, según el cual debe salvaguardarse el castigo de

> «la apología pública, la negación o la trivialización flagrante de los crímenes de genocidio, crímenes contra la humanidad y crímenes de guerra tal y como se definen en los artículos 6, 7 y 8 del Estatuto de la Corte Penal Internacional, dirigida contra un grupo de personas o un miembro de tal grupo definido en relación con la raza, el color, la religión, la ascendencia o el origen nacional o étnico cuando las conductas puedan incitar a la violencia o al odio contra tal grupo o miembro del mismo».

Este apartado es el que otorga un nuevo contenido y ubicación al anterior delito de justificación del genocidio del artículo 607.2 CP, que fue declarado parcialmente inconstitucional por la STC 235/2007, de 7 de noviembre. Como sabemos, con esta resolución el TC estableció una serie de pautas a la hora de interpretar este tipo delictivo de manera más restrictiva, ya que inicial-

853 Así, también, ALAUSTEY DOBÓN, C. «Discurso del odio..., *op. cit.*, pp. 23-24.

854 Como acertadamente explica RODRÍGUEZ FERRÁNDEZ, S. El ámbito de aplicación..., *op. cit.*, pp. 179-180.

855 De esta manera, ALAUSTEY DOBÓN, C. «Discurso del odio..., *op. cit.*, p. 19.

mente se encontraba redactado de una forma tan amplia que colisionaba con los derechos fundamentales a la libertad de expresión y a la libertad ideológica. Veamos ahora si el tipo se ajusta a las previsiones del máximo intérprete de nuestra Constitución.

En lo que hace a la conducta típica de la negación, resulta sorprendente su reintroducción en nuestro ordenamiento jurídico tras la doctrina sentada por la STC 235/2007, de 7 de noviembre, que dejó meridianamente claro que su sanción penal estaba completamente injustificada. Aunque la pretensión del legislador haya sido la de adaptar nuestra legislación a la Decisión Marco 2008/913/JAI, una vez más ha ido mucho más allá de lo que este texto indicaba; de hecho, la reintroducción del delito de negacionismo resulta aún más llamativa si atendemos al Considerando 15 de este texto, que establece que las cuestiones acerca de la libertad de expresión «han originado en varios Estados miembros garantías procesales y normas especiales en la legislación nacional en cuanto al establecimiento o la limitación de la responsabilidad». Precisamente por eso, el art. 7, en su apartado segundo, dispone que «la presente Decisión Marco no podrá tener por efecto exigir a los Estados miembros la adopción de medidas que contradigan principios fundamentales relativos a las libertades de asociación y expresión (...) tal como se derivan de tratados constitucionales»[856].

A pesar de esto, nuestro legislador considera que la nueva regulación es coherente con la doctrina del TC, y que no vulnera ningún derecho fundamental. Para argumentar su posición menciona que la propia STC 235/2007, de 7 de noviembre, exigió, con respecto al delito de negación del genocidio, que se produjese «con ensalzamiento de los genocidas, descrédito, menosprecio o humillación de las víctimas» (F. J. 6) y «que la conducta sancionada consistente en difundir opiniones que nieguen el genocidio fuese en verdad idónea para crear una actitud de hostilidad hacia el colectivo afectado» (F. J. 8). De esta manera, al haber introducido con la reforma el requisito típico en virtud del cual la negación o trivialización debe promover o favorecer la creación de un clima de violencia, hostilidad odio o discriminación, entiende el legislador que se salva la inconstitucionalidad del precepto[857].

Sin embargo, el modo de argumentar de nuestro Tribunal no era ese. Al distinguir entre negación y justificación del genocidio, consideró que solamente con respecto a la justificación cabía una interpretación restrictiva que la concibiese como un modo de apología. En cuanto a la negación, el Tribunal, acertadamente en nuestra opinión, no le aplicó el mismo criterio, ya que no puede imaginarse que la mera negación represente, ni siquiera, una incitación indirecta a la comisión de delitos. Además, resulta difícil entender

856 Coincidiendo con las explicaciones de Alaustey Dobón, C. «Discurso del odio..., *op. cit.*, p. 31.

857 De esta manera, Alaustey Dobón (*vid. Ibídem*, p. 31).

que la negación del genocidio pueda crear un clima favorable a la violencia y hostilidad contra los grupos mencionados en el precepto. En todo caso, si la negación viniese acompañada de expresiones degradantes o vejatorias, podría apreciarse una lesión al honor o a la integridad moral de los sujetos pasivos. Pero, como dijimos en su momento, estas conductas ya se castigan en otros preceptos del Código[858].

En cuanto a la conducta típica de la trivialización, esta modalidad puede consistir en cualquier comportamiento que reste importancia a hechos tan graves como el genocidio, los delitos de lesa humanidad o los crímenes de guerra[859]. Ahora bien, como el verbo «trivializar» es prácticamente sinónimo del verbo «negar» y el legislador no quiere que ambos comportamientos se confundan, en aras de su diferenciación se ha establecido que la conducta deberá ser, en todo caso, «grave»[860] para poder ser subsumida en el tipo. No obstante, a pesar de esta exigencia, la trivialización no representa siquiera una incitación indirecta a la comisión de los delitos de genocidio, lesa humanidad o contra las personas o bienes en caso de conflicto armado; por tanto, que esta conducta tenga capacidad para crear un clima favorable a la violencia o a la hostilidad contra ciertos grupos resulta difícilmente imaginable[861].

Por último, la LO 1/2015, de 30 de marzo, ha terminado de sobrepasar lo exigido por la Decisión Marco de 2008 al sancionar también el enaltecimiento[862] de los delitos reseñados del Título XXIV o de sus autores. Nótese que, a pesar del pronunciamiento del TC en la Sentencia 235/2007, de 7 de noviembre, el nuevo artículo 510.1, c) CP no incluye como típica la justificación del genocidio, de los crímenes de lesa humanidad o de los crímenes de guerra, ni tampoco la de sus autores. En consecuencia, de ninguna manera debe entenderse que, para ser típicas, las conductas que castiga este apartado deban conllevar, necesariamente, la justificación de los delitos o de sus perpetradores[863].

De todo lo analizado hasta aquí sobre la letra c) del art. 510 CP solo podemos concluir que esta merece, sin ninguna duda, ser revisada si queremos

858 Así, también, ALAUSTEY DOBÓN (*vid. Ibídem*, p. 31) y GARCÍA ÁLVAREZ, P. «La restricción del derecho a la libertad de expresión..., *op. cit.*, p. 174.

859 Como lo entiende GÓMEZ MARTÍN, V. «Incitación al odio..., *op. cit.*, p. 14.

860 Según BERNAL DEL CASTILLO, se consideran graves aquellas afirmaciones que «incorporan una actitud de desprecio o rechazo a las víctimas que pueden llegar a fomentar una actitud de violencia u hostilidad hacia las personas que forman parte del grupo» (BERNAL DEL CASTILLO, J. «La justificación y el enaltecimiento del genocidio en la Reforma del Código Penal de 2015», en *InDret. Revista para el Análisis del Derecho*, n.º 2, 2016, p. 11).

861 En este sentido, ALAUSTEY DOBÓN, C. «Discurso del odio..., *op. cit.*, p. 31; asimismo, GARCÍA ÁLVAREZ, P. «La restricción del derecho a la libertad de expresión..., *op. cit.*, p. 175.

862 Según GÓMEZ MARTÍN, la conducta del enaltecimiento implica loar o ensalzar actos genocidas, de lesa humanidad o de guerra (GÓMEZ MARTÍN, V. «Incitación al odio..., *op. cit.*, p. 14).

863 Así lo entiende GÓMEZ MARTÍN (*vid. Ibídem*, p. 14).

que se respete la jurisprudencia de nuestro TC y los principios que rigen nuestro Derecho Penal.

Para terminar con el análisis de las conductas incluidas en el apartado 1 del art. 510 CP es importante mencionar un último cambio que ha traído consigo la entrada en vigor de la LO 1/2015, de 30 de marzo: en contra de la amplitud que suponen los cambios hasta ahora expuestos, la nueva regulación establece como requisito indispensable que los comportamientos se realicen de forma pública para poder afirmar su tipicidad[864]. Esta exigencia supone una restricción a la hora de poder apreciar este tipo delictivo, ya que excluye de su ámbito punible los comportamientos que castiga cuando estos se produzcan en el ámbito privado o bien de forma individual[865/866], lo que entendemos que debe valorarse positivamente. Con todo, es preciso tener presente que este requisito no opera igual en la letra a) que en las letras b) y c) del artículo 510 CP: estas últimas exigen que las conductas sean cometidas «por cualquier medio de expresión pública» o a través de un «medio de comunicación social»; por tanto, por exclusión, el carácter necesariamente «público» de las conductas recogidas en la letra a) deberá referirse únicamente a aquellos supuestos de comunicación pública a un colectivo pero sin el uso de medios de comunicación masiva (por ejemplo, podrían incluirse en su ámbito de aplicación el caso de una ponencia, de una charla o de un mitin político)[867].

Pues bien, a pesar de la exigencia de publicidad y del resto de criterios, en principio, restrictivos que recoge el art. 510.1 CP[868], entiendo que no puede salvarse la constitucionalidad de este apartado ya que, en contra de la idea

---

864 Como acertadamente indica Gómez Martín (*vid. Ibídem*, p. 13).

865 De esta manera Rodríguez Ferrández, S. El ámbito de aplicación..., *op. cit.*, p. 178; García Álvarez, P. La restricción del derecho a la libertad de expresión..., *op. cit.* p. 155; y LA MISMA, *El Derecho penal y la discriminación...*, *op. cit.*, p. 247.

866 Ahora bien, debe tenerse en cuenta que esta restricción no implica dejar fuera del ámbito punible todas las incitaciones privadas a la discriminación. Como explica Laurenzo Copello, «Si la clase de discriminación a la que se incita es constitutiva de delito, el hecho podría resultar punible, pero no en virtud del art. 510, sino conforme a las reglas generales sobre participación, esto es, como *inducción*. Así, v. gr., quien incita en privado a un médico a no prestar su asistencia profesional a los enfermos de SIDA, sería punible si el profesional efectivamente deniega la prestación a una de esas personas o, al menos, lo intenta (arts. 511.3 ó 512, CP, según los casos)» (Laurenzo Copello, P. «Marco de protección jurídico-penal..., *op. cit.*, p. 253).

867 Como explica Gómez Martín, V. «Incitación al odio..., *op. cit.*, p. 16.

868 Nos referimos a que el delito haya sido cometido «contra un grupo o una parte del mismo, o contra una persona determinada por razón de su pertenencia al mismo, por motivos racistas, antisemitas u otros referentes a la ideología, religión o creencias, la situación familiar o la pertenencia de sus miembros a una etnia, raza o nación, su origen nacional, su sexo, orientación o identidad sexual, por razones de género, enfermedad o discapacidad», y siempre y cuando «de este modo se promueva o favorezca un clima de violencia, hostilidad, odio o discriminación contra los mismos».

del legislador, es evidente que su contenido actual no se ajusta a lo dispuesto los FFJJ de la STC 235/2007, de 7 de noviembre. Tal y como hemos explicado, este precepto ni siquiera exige que las conductas castigadas supongan una incitación —aunque sea indirecta— al delito de genocidio, y tampoco que estas supongan un peligro cierto que pueda concretarse posteriormente en actos discriminatorios concretos[869]. Es más, si efectivamente entendiésemos que las conductas recogidas en el apartado c) constituyen una forma de incitación indirecta al odio u hostilidad, su tipificación independiente resultaría innecesaria y meramente simbólica[870], ya que estos comportamientos ya se encuentran tipificados en la letra a).

2. Apartado 2

Lo primero que llama la atención del apartado 2 del art. 510 CP es que ninguna de las conductas que recoge se encuentran en el listado de delitos de carácter racista y xenófobo que describe la Decisión Marco[871/872]. A pesar de ello, el Preámbulo de la LO 1/2015, de 30 de marzo, establece que se tipifican

> «los actos de humillación o menosprecio contra ellos [los colectivos protegidos] y el enaltecimiento o justificación de los delitos cometidos contra los mismos o sus integrantes con una motivación discriminatoria, sin perjuicio de su castigo más

869 Como acertadamente indica García Álvarez, P. La restricción del derecho a la libertad de expresión..., *op. cit.*, p. 174.

870 Siguiendo las explicaciones de Alaustey Dobón, C. «Discurso del odio..., *op. cit.*, p. 30.

871 Tal y como indica Portilla Contreras, G. La represión penal..., *op. cit.*, p. 406.

872 Según el art. 1.1 de la Decisión:
«Cada Estado miembro adoptará las medidas necesarias para garantizar que se castiguen las siguientes conductas intencionadas:
la incitación pública a la violencia o al odio dirigidos contra un grupo de personas o un miembro de tal grupo, definido en relación con la raza, el color, la religión, la ascendencia o el origen nacional o étnico;
la comisión de uno de los actos a que se refiere la letra a) mediante la difusión o reparto de escritos, imágenes u otros materiales;
la apología pública, la negación o la trivialización flagrante de los crímenes de genocidio, crímenes contra la humanidad y crímenes de guerra tal como se definen en los artículos 6, 7 y 8 del Estatuto de la Corte Penal Internacional, dirigida contra un grupo de personas o un miembro de tal grupo definido en relación con la raza, el color, la religión, la ascendencia o el origen nacional o étnico cuando las conductas puedan incitar a la violencia o al odio contra tal grupo o un miembro del mismo;
la apología pública, la negación o la trivialización flagrante de los crímenes definidos en el artículo 6 del Estatuto del Tribunal Militar Internacional adjunto al Acuerdo de Londres, de 8 de agosto de 1945, dirigida contra un grupo de personas o un miembro de tal grupo definido en relación con la raza, el color, la religión la ascendencia o el origen nacional o étnico cuando las conductas puedan incitar a la violencia o al odio contra tal grupo o un miembro del mismo».

grave cuando se trate de acciones de incitación al odio o a la hostilidad contra los mismos, o de conductas idóneas para favorecer un clima de violencia».

Lo anterior da a entender que el delito del art. 510.2 CP se podrá aplicar incluso en los casos en que el comportamiento en cuestión no sea apto para favorecer un clima social violento u hostil hacia el grupo protegido, lo que supone un adelanto de la barrera punitiva inadmisible. Como bien indica LAURENZO COPELLO,

> «El recurso a la pena privativa de libertad para sancionar manifestaciones aisladas de desprecio al diferente, sin exigir ningún otro componente que conceda gravedad a la conducta agresora, implica un salto cualitativo en la intervención penal que choca de manera frontal con el principio de proporcionalidad y encuentra difícil justificación en el contexto de un ordenamiento punitivo que ya contaba desde hace tiempo con una agravante genérica de discriminación (art. 22.4 CP) capaz de recoger ese añadido de gravedad que comportan las agresiones violentas dirigidas contra personas que por alguna seña de identidad se apartan del modelo social preponderante, constriñendo así sus expectativas de ejercicio pleno de los derechos fundamentales»[873].

Para evitar esta excesiva expansión del ámbito de aplicabilidad del art. 510.2 CP, consideramos acertada la propuesta de esta autora cuando dice que, en aquellos casos en los que «el acto vejatorio se dirija contra uno o varios miembros concretos del colectivo, será preciso que, en atención a las circunstancias concurrentes, posea aptitud para influir de forma negativa sobre la valoración social del grupo en su conjunto, lo que se producirá solo si tiene suficiente trascendencia pública y reviste una gravedad significativa»[874].

Entrando ya a estudiar la estructura y el contenido concreto de este apartado, la reforma de 2015 elimina la injuria colectiva del derogado art. 510.2 CP y, en su lugar, introduce el art. 510.2, letra a), primer inciso, que castiga la realización de acciones, cualesquiera que sean, lesivas de la dignidad de las personas por representar una humillación, menosprecio o descrédito de ciertos grupos o de miembros de estos grupos (inciso primero).

Lo que parece que pretende el legislador en este punto es acoger la idea del TC según la cual quedan fuera del amparo constitucional, por atentar contra el principio de dignidad de la persona, los comportamientos que supongan un descrédito, menosprecio o humillación de personas o grupos por razón de determinadas condiciones o circunstancias personales, étnicas o sociales. Sin embargo, la referencia a la dignidad de la persona no nos parece adecuada porque, como explicamos en su momento, esta no protege ningún bien jurídico. Hay autores que consideran que en este inciso el bien

---

873 En palabras de LAURENZO COPELLO, P. «Un delito en busca de justificación..., *op. cit.*, p. 90.

874 Como bien explica LAURENZO COPELLO (*vid. Ibídem*, p. 104).

jurídico protegido es la integridad moral[875]; sin embargo, este ya encuentra amparo en otros preceptos de nuestro CP. ¿Cuál es entonces el objetivo del art. 510.2 CP tal y como lo regula la reforma del 2015?

No podemos sino suscribir las explicaciones de LAURENZO COPELLO a este respecto: según esta autora, al haberse abandonado la estructura típica característica del delito de injuria y preverse un posible sujeto pasivo individual,

> «Poco queda en este delito de aquella tímida figura de injurias colectivas que se incorporó al Código penal en el año 1995 para contener la difusión de informaciones falsas de carácter infamante contra ciertos colectivos señalados por sus características identitarias. Lo que ahora recoge el art. 510.2 a) es algo mucho más amplio e indeterminado, a medio camino entre los delitos contra el honor y los delitos contra la integridad moral, aunque sin el factor de contención de la agravante del ataque al bien jurídico que exigen estas figuras delictivas. Una nueva manifestación de la política legislativa apresurada y poco reflexiva característica de nuestro tiempo, siempre arrastrada por los vaivenes de la opinión pública y los grupos de presión influyentes que no pocas veces conduce a una exacerbación de la intervención penal difícilmente justificable»[876].

En lo que se refiere al segundo inciso de la letra a) del art. 510.2 CP, este sanciona la producción o distribución de materiales idóneos para producir la humillación, menosprecio o descrédito de los colectivos recogidos en el inciso primero. Lo primero que resulta criticable sobre este precepto es que para una y otra conducta (la del inciso primero y la del segundo), que poseen niveles de ofensividad radicalmente distintos, pueda imponerse la misma pena. De igual modo, no se entiende que se prevea en esta letra una pena inferior a la que se establece en el apartado 1 del art. 510 CP ya que, en este caso, y aunque no compartamos que este sea el bien jurídico que este precepto se protege, se exige siempre la lesión de la dignidad de las personas mientras que en el primero basta con que se promueva un clima favorable a la realización de hipotéticos actos hostiles[877]. Sea como sea, por encima de todo, creemos que las conductas que se castigan en el segundo inciso de la letra a) del apartado 2 del art. 510 CP están muy lejos de suponer una lesión a ningún bien jurídico, por lo que este debería ser eliminado.

---

875 Así, por ejemplo, MUÑOZ CONDE, F. *Derecho Penal. Parte Especial*. 22.ª edición, revisada y puesta al día conforme a las Leyes Orgánicas 1/2019 y 2/2019 con la colaboración de Carmen LÓPEZ PEREGRÍN, Tirant lo Blanch, Valencia, 2019, p. 745.

876 En palabras de LAURENZO COPELLO, P. «Un delito en busca de justificación..., *op. cit.*, pp. 88-89.

877 En esta línea, ALAUSTEY DOBÓN, C. «Discurso del odio..., *op. cit.*, p. 32. Según ROIG TORRES, es la ausencia de las exigencias del apartado 1, letra c) (la necesidad de publicidad del acto y que este promueva o favorezca un clima de violencia, hostilidad, odio o discriminación contra los colectivos o sus miembros) lo que determina que el castigo sea menor en el apartado 2 (ROIG TORRES, M. «Los delitos de racismo y discriminación..., *op. cit.*, p. 1.217).

Pasando ya al análisis de la letra b) de este apartado, esta castiga el enaltecimiento o justificación por cualquier medio de expresión pública o de difusión, de cualquier delito cometido contra un grupo o una persona o personas por razón de su pertenencia a determinados grupos, o de quienes hayan participado en su ejecución. La tipificación de esta conducta no solo no se demandaba en la Decisión Marco de 2008 sino que, además, difícilmente puede ser considerada constitucional al castigar la mera expresión de ideas sin exigir que la conducta suponga una incitación directa a la comisión de delitos o, al menos, tenga la capacidad para generar un clima de hostilidad contra ciertos grupos[878]. Más allá de esto, introduce la tipificación de *cualquier delito*[879] que se cometa con un móvil discriminatorio, lo que nos parece un despropósito por las siguientes razones: primero, porque puede tratarse de delitos muy distintos en los que quizás no esté siquiera prevista la sanción de la provocación a delinquir; segundo, porque esta posibilidad amplía desmesuradamente el contenido del art. 510.1, letra c) al no requerirse un mínimo componente incitador; y tercero, porque, por esta razón, este tipo delictivo se aparta totalmente de los criterios otorgados por nuestro TC para considerar acorde con la libertad de expresión el castigo de la apología del delito[880].

Poco más puede decirse del contenido de este apartado 2, por lo que, con esto, damos por concluido nuestro análisis del art. 510 CP. Llegados a este punto solo podemos decir que, a pesar de las pretensiones justificadoras de nuestro legislador, la extralimitación de la reforma de 2015 en el contenido del art. 510 CP es evidente. Si bien era necesario trasponer la Directiva europea a nuestro ordenamiento, lo cierto es que el ejecutivo tenía cierta libertad a la hora de decidir cómo hacerlo[881/882]: la norma comunitaria solo reclama la tipificación de la incitación pública al odio y a la violencia por motivos discriminatorios, de distintas formas de apología del genocidio y de otros delitos de carácter internacional (al margen de la circunstancia agravante por motivos discriminatorios, que ya recogía nuestro CP); sin embargo, el legislador ha ampliado la sanción a actos que, sin llegar a ser preparatorios o participa-

878 Coincidiendo con las explicaciones de Muñoz Conde, F. *Derecho Penal. Parte Especial...*, *op. cit.*, p. 745.

879 Cursivas añadidas

880 Coincidiendo con Alaustey Dobón, C. «Discurso del odio..., *op. cit.*, p. 33.

881 Como bien expresa Alaustey Dobón, la Decisión Marco «*faculta*», pero «*no obliga*» a una trasposición de su contenido como la que supone la reforma de 2015; sin embargo, «en los últimos años el legislador penal español siempre peca por exceso cuando se trata de trasponer normativa europea, pese a las críticas que merece ese modo de proceder» (*vid. Ibídem*, p. 4).

882 Como indica expresamente el art. 2 de la Directiva, «A los efectos de lo dispuesto en el apartado 1, los Estados miembros podrán optar por castigar únicamente las conductas que o bien se lleven a cabo de forma que puedan dar lugar a perturbaciones del orden público o que sean amenazadoras, abusivas o insultantes».

ciones intentadas del delito de incitación, pueden suponer una provocación indirecta a la discriminación. Aparte de esto, ha aumentado el número de factores diferenciadores que pueden caracterizar al sujeto pasivo más allá de lo que indicaba la Decisión Marco[883]; y ha incluido en el tipo el concepto de «hostilidad», algo que tampoco demandaba la norma comunitaria[884] y que, sin lugar a dudas, vulnera el principio de legalidad y complica sobremanera la aplicación restrictiva del precepto.

Teniendo en cuenta todo lo anterior, parece evidente la voluntad del legislador de 2015: ampliar el ámbito de aplicación de este tipo de conductas e impedir las posibles interpretaciones restrictivas de su contenido[885], al contrario de lo que venía demandando la doctrina[886] y la jurisprudencia. En palabras de FUENTES OSORIO[887],

> «Así se consigue superar las dificultades de aplicación que la exégesis restrictiva de estos delitos generaba y que dejaban en una presunta situación de indefensión a colectivos vulnerables. Pero ahora conductas que anteriormente se consideraban impunes podrían ser sancionadas. Y todo a costa de un importante retroceso en el ejercicio de derechos constitucionales».

Esto, desde nuestro punto de vista, resulta del todo inadmisible porque se traduce en un retroceso inaceptable en la limitación del derecho fundamen-

883 Si se compara el catálogo de factores que establece la LO 1/2015, de 30 de marzo, con el de la Decisión Marco 2008/913/JAI (que solo incluye como factores caracterizadores «la raza, el color, la religión, la ascendencia y el origen nacional o étnico»), puede observarse cómo la extralimitación de nuestro legislador en este sentido es tal que algunos de los factores que recoge resultan redundantes (por ejemplo, el antisemitismo y la religión). Así lo explica DE VICENTE MARTÍNEZ, R. *El discurso del odio...*, *op. cit.*, p. 136.

884 De nuevo siguiendo las explicaciones de RODRÍGUEZ FERRÁNDEZ, S. El ámbito de aplicación..., op. cit., pp. 166-168.

885 Tal y como apunta LAURENZO COPELLO, «parece que se trata de un intento deliberado de ampliar el ámbito de punición de los llamados "delitos de odio" a todos los actos de humillación, menosprecio o descrédito contra los grupos protegidos o contra alguno de sus integrantes, emulando de algún modo al delito de humillación de las víctimas del terrorismo (art. 578 CP) (...). Poco queda en este delito de aquella tímida figura de injurias colectivas que se incorporó al Código penal en el año 1995 para contener la difusión de informaciones falsas de carácter infamante contra ciertos colectivos señalados por sus características identitarias. Lo que ahora recoge (...) es algo mucho más amplio e indeterminado, a medio camino entre los delitos contra el honor y los delitos contra la integridad moral, aunque sin el factor de contención de la gravedad del ataque al bien jurídico que exigen estas figuras delictivas» (LAURENZO COPELLO, P. «Un delito en busca de justificación..., *op. cit.*, pp. 88-89).

886 Así lo entiende, por ejemplo, ALAUSTEY DOBÓN, C. «Discurso del odio y negacionismo..., *op. cit.,* p. 16.

887 FUENTES OSORIO, J. L. «El odio como delito..., *op. cit.*, p. 27.

tal a la libertad de expresión[888] y en el respeto al principio de intervención mínima[889] que no puede admitirse en un Estado democrático de Derecho.

ii. El nuevo art. 510 *bis* CP

En la misma sede del CP en que se ubica el art. 510, la LO 1/2015, de 30 de marzo, introduce el art. 510 *bis* CP, que recoge la responsabilidad de las personas jurídicas en este ámbito. El precepto dispone, expresamente, lo que sigue:

> «Cuando de acuerdo con lo establecido en el artículo 31 *bis* una persona jurídica sea responsable de los delitos comprendidos en los dos artículos anteriores, se le impondrá la pena de multa de dos a cinco años. Atendidas las reglas establecidas en el artículo 66 bis, los jueces y tribunales podrán asimismo imponer las penas recogidas en las letras b) a g) del apartado 7 del artículo 33.
>
> En este caso será igualmente aplicable lo dispuesto en el número 3 del artículo 510 del Código Penal».

La Decisión Marco de 2008 dispone que los Estados miembros deben adoptar las medidas necesarias para garantizar que una persona jurídica pueda ser considerada responsable de las conductas delictivas que recoge la norma. A partir de esto, y de acuerdo con el art. 31 *bis* CP, se establece la imposición de una pena de multa, conforme al art. 33.7, a) CP, permitiendo imponer, también, las penas reguladas en los apartados b) y g) del propio precepto. Igualmente, se declara aplicable la agravante del apartado 3 del art. 510 CP[890].

Debe decirse que la redacción del precepto es un tanto confusa ya que se remite a los delitos comprendidos en los dos artículos anteriores, cuando el art. 509 CP regula un tipo especial de usurpación de atribuciones. Esto no

---

888 Y es que, «En contextos democráticos, ciertas limitaciones a la libertad de expresión no deberían aplicarse *a priori*, sin considerar su costo para el debate democrático y la legitimidad política» (en palabras de Castro-Montero, J. L. «Libertad de expresión y límites democráticos. *Revista de Derecho*», vol. 6, 2017, p. 19). Como bien indica el TC en su STC 6/1981, de 16 de marzo: «El art. 20 de la Constitución, en sus distintos apartados, garantiza el mantenimiento de una comunicación pública libre, sin la cual quedarían vaciados de contenido real otros derechos que la Constitución consagra, reducidas a formas huecas las instituciones representativas y absolutamente falseado el principio de legitimidad democrática (...), y que es la base de toda nuestra ordenación jurídico-política» (F. D. Tercero).

889 De nuevo siguiendo a García Álvarez, P. «La restricción del derecho a la libertad de expresión..., *op. cit.*, p. 179.

890 Tal y como explica Roig Torres, M. «Los delitos de racismo y discriminación..., *op. cit.*, pp. 1.221-1.222.

tiene mucho sentido; por tanto, creemos que se trata de un error del legislador, que en realidad quería referirse a los dos primeros apartados del artículo anterior[891].

iii. El art. 607 CP

Tras la reforma de 2015, este precepto pasa a tener el siguiente tenor literal:

> «1. Los que, con propósito de destruir total o parcialmente un grupo nacional, étnico, racial, religioso o determinado por la discapacidad de sus integrantes, perpetraren alguno de los actos siguientes, serán castigados:
>
> 1.º Con la pena de prisión permanente revisable, si mataran a alguno de sus miembros.
>
> 2.º Con la pena de prisión permanente revisable, si agredieran sexualmente a alguno de sus miembros o produjeran alguna de las lesiones previstas en el artículo 149.
>
> 3.º Con la pena de prisión de ocho a quince años, si sometieran al grupo o a cualquiera de sus individuos a condiciones de existencia que pongan en peligro su vida o perturben gravemente su salud, o cuando les produjeran algunas de las lesiones previstas en el artículo 150.
>
> 4.º Con la misma pena, si llevaran a cabo desplazamientos forzosos del grupo o sus miembros, adoptaran cualquier medida que tienda a impedir su género de vida o reproducción, o bien trasladaran por la fuerza individuos de un grupo a otro.
>
> 5.º Con la de prisión de cuatro a ocho años, si produjeran cualquier otra lesión distinta de las señaladas en los numerales 2.º y 3.º de este apartado.
>
> 2. En todos los casos se impondrá además la pena de inhabilitación especial para profesión u oficio educativos, en el ámbito docente, deportivo y de tiempo libre, por un tiempo superior entre tres y cinco años al de la duración de la pena de privación de libertad impuesta en su caso en la sentencia, atendiendo proporcionalmente a la gravedad del delito y a las circunstancias que concurran en el delincuente».

Como puede verse, tras la reubicación del anterior apartado 2, en este caso también se ha sustituido en este caso el término «minusvalía» por el de discapacidad; además, se ha sustituido en los ordinales 1 y 2 la pena de prisión de quince a veinte años por la prisión permanente revisable.

iv. El art. 22.4 CP

Dentro de las figuras que protegen la discriminación de modo genérico, la última que se reforma es el art. 22.4 CP. Su modificación se anuncia en el Preámbulo de la Ley 1/2015, de 30 de marzo, donde el legislador ade-

891 Coincidiendo con Roig Torres (*vid. Ibídem*, p. 1.222).

lanta que realiza «algunas modificaciones en materia de violencia de género y doméstica para reforzar la protección especial que» en ese momento «*dispensaba*[892] el Código Penal a las víctimas de este tipo de delito»; en esta línea, añade un nuevo factor discriminatorio al catálogo de todos los delitos antidiscriminatorios que reforma (entre ellos el art. 22.4 CP): las razones de género. Para justificar esta medida, el legislador argumenta que

> «el género, entendido de conformidad con el Convenio n.º 210 del Consejo de Europa sobre prevención y lucha contra la violencia contra las mujeres y la violencia doméstica, aprobado en Estambul por el Comité de Ministros del Consejo de Europa el 7 de abril de 2011[893], como "los papeles, comportamientos o actividades y atribuciones socialmente construidos que una sociedad concreta considera propios de mujeres o de hombres", puede constituir un fundamento de acciones discriminatorias diferente del que abarca la referencia al sexo»[894],

factor que ya se encontraba incluido en el catálogo de factores discriminatorios.

---

892 Cursiva añadida.

893 El conocido como «Convenio de Estambul», ratificado por España el 18 de marzo de 2014, es el primer instrumento europeo de carácter vinculante para los Estados miembros en materia de violencia contra la mujer y violencia doméstica, y constituye el Tratado internacional de mayor envergadura en esta materia (cfr., en este sentido, MINISTERIO DE IGUALDAD. «La violencia sobre la mujer en el ámbito internacional» [en línea], s. f. [fecha de consulta: 7 de febrero de 2023]. Disponible en: https://violenciagenero.igualdad.gob.es/marcoInternacional/ambitoInternacional/Conse joEuropa/Normativa/home.htm). Cabe destacar que, además de tener presente el resto de Convenios vigentes en relación con la protección de los derechos fundamentales y, en especial, del derecho a la igualdad como eje fundamental de la prevención de la violencia contra la mujer, las disposiciones del Convenio de Estambul respetan en todo momento la reciente jurisprudencia del TEDH en este ámbito (de esta manera, Arribas y Atienza, P. «La agravante de género» [en línea], en *LegalToday*, 12 de julio de 2019. p. única. Disponible en: https://www.legaltoday.com/practica-juridica/derecho-penal/penal/la-agravante-de-genero-2019-07-12/).

894 En este punto es preciso poner de manifiesto que el concepto de «género» que adopta el Convenio de Estambul y, en consecuencia, la LO 1/2015, de 30 de marzo, no es el que se trasladó en su momento a la famosa LO 1/2004, de 28 de diciembre, de Medidas de Protección Integral contra la Violencia de Género. De hecho, esta última reduce la violencia de género al ámbito privado y solamente la aprecia en aquellos supuestos en los que el hombre que ejerce la violencia mantiene o ha mantenido una relación sentimental con la mujer víctima. De acuerdo con esta interpretación, el ámbito de protección de la Ley queda muy limitado, no solo por lo reducido de su ámbito subjetivo, sino por descartar muchas otras formas violentas de agresión que pueden realizarse contra la mujer (por ejemplo, mutilaciones genitales, abortos no consentidos, esterilizaciones forzosas, matrimonios forzados, agresiones y abusos sexuales, acosos laborales, etc.). Aparte de esto, tampoco tiene en cuenta contextos distintos del ámbito familiar, como pueden ser el laboral, el educativo o el propio del tiempo libre. En este sentido, puede consultarse Marín de Espinosa Ceballos, E. B. «La agravante genérica de discriminación por razones de género (art. 22.4 CP)», en *Revista Electrónica de Ciencia Penal y Criminología*, n.º 20, 2018, p. 7.

No obstante esta argumentación, lo cierto es que desde su inclusión en nuestro ordenamiento la aplicación de la agravante por razón de género ha planteado importantes interrogantes[895]; en especial, dos: por un lado, cuál es su fundamento, y, por otro, cómo se diferencia de la agravante de discriminación por razón de sexo[896]. Como no es este el lugar para hacer una reflexión exhaustiva de cada uno de los cambios que han traído consigo las diferentes reformas de los preceptos penales antidiscriminatorios, nos limitamos a remitirnos en nota al pie a los pronunciamientos jurisprudenciales que consideramos más relevantes al respecto y a algunos trabajos realizados por la doctrina que nos parecen especialmente ilustrativos[897]. Para cerrar este aspecto de la reforma, solo decir que la introducción de este factor diferenciador es, al menos, acorde a las demandas de la sociedad española, que desde años antes venía demandando un castigo cada vez mayor en los casos de violencia de género. Cuestión distinta es si esta medida era verdaderamente necesaria o si, por el contrario, otros factores como el sexo o la orientación sexual resultaban suficientes para amparar los supuestos que, según la Ley, quedaban desprotegidos.

Junto a la introducción de las «razones de género», el resto de cambios que trae consigo la reforma de 2015 en el seno del art. 22.4 CP son los siguientes: por una parte, añade al catálogo de factores discriminatorios la

---

895 De hecho, la inclusión de este factor discriminatorio no ha sido valorado positivamente por la doctrina en general. Como apunta Marín de Espinosa Ceballos,

«la discriminación por razón de género ha sido cuestionada por un sector de la doctrina, que ha calificado su introducción como expresión de una mera reforma simbólica, hasta el punto de llegarse a afirmar no solo que dicho motivo podría ya considerarse incluido en la discriminación por razón de sexo, sino que, además, el Código penal ya contenía esta agravación como una circunstancia específica en los considerados "delitos de género"» (*vid. Ibídem*, p. 3).

Sigue al autor mencionado García Álvarez, P. «Delitos de opinión y libertad de expresión..., *op. cit.*, p. 173.

896 Tal y como explica San Millán Fernández, B. «Estudio dogmático y jurisprudencial sobre la agravante de discriminación por razones de género», en *Estudios Penales y Criminológicos*, n.° 39, 2019, p. 306. Para un análisis de esta cuestión, cfr. García Álvarez, P. «Delitos de opinión y libertad de expresión..., *op. cit.*, pp. 173-176.

897 En cuanto a nuestra jurisprudencia, el propio TS se ha pronunciado sobre ambas cuestiones (el fundamento de la agravante de discriminación por razón de género y su compatibilidad con la agravante de parentesco) en varias de sus sentencias, entre las que destacan, especialmente, tres la STS (Sala 2.ª) 420/2018, de 25 de septiembre; la STS (Sala 2.ª) 565/2018, de 19 de noviembre; y la STS (Sala 2.ª) 99/2019, de 26 de febrero, las cuales, además, presentan una interpretación variable. Con respecto a la doctrina, pueden consultarse las dos referencias inmediatamente anteriores a esta (pies de página 901 y 902 de la presente investigación).

referencia a la «identidad sexual»[898]; y, por otra, sustituye el término «minusvalía» por el de «discapacidad»[899].

De acuerdo con todas estas modificaciones, el tenor del precepto queda como sigue:

> «Son circunstancias agravantes: (...)
> 4.ª Cometer el delito por motivos racistas, antisemitas u otra clase de discriminación referente a la ideología, religión o creencias de la víctima, la etnia, raza o nación a la que pertenezca, su sexo, orientación o identidad sexual, razones de género, la enfermedad que padezca o su discapacidad».

Con esto concluimos nuestra exposición crítica de las figuras antidiscriminatorias genéricas modificadas o introducidas por la reforma de 2015. A continuación, pasamos a presentar las realizadas en sede de figuras antidiscriminatorias específicas.

2. La reforma en sede de figuras antidiscriminatorias específicas: los arts. 511, 512 y 515 CP

En lo que hace a los cambios introducidos por la LO 1/2015, de 30 de marzo, en sede de figuras antidiscriminatorias específicas, son varios. En el caso del art. 511, apartados 1 y 2, CP, el legislador añade como factores discriminatorios el «origen nacional» y las «razones de género», y sustituye el término «minusvalía» por el de «discapacidad». Además, se introduce un apartado 4, en respuesta a una enmienda formulada por el Grupo Parlamentario Mixto (Enmienda n.º 99), con idéntica justificación a la argumentada en el artículo 510.5 CP[900]. Tras la reforma, el precepto reza lo siguiente:

---

898 Según Brown, la «identidad sexual» alude a la percepción que tiene una persona sobre sí misma respecto a su sexo, ya sea masculina, femenina u otra (que puede encontrarse en un lugar intermedio, ser una combinación de masculino y femenino o de ninguno de estos) (Brown, G. R. *Manual MSD*. Versión para público general. *msdmanuals.com, s. f.*, p. única [fecha de consulta: 15 de febrero de 2023].

899 En esta línea, la LO 1/2015, de 30 de marzo, sustituye todas las referencias a los términos «incapaz» o «incapaces» del CP de 1995 por las de «persona con discapacidad necesitada de especial protección» o «personas con discapacidad necesitadas de especial protección» (art. único, apartado 258).

900 Ahora bien, en este caso se omite la mención al número de delitos cometidos. Según Roig Torres, esto puede deberse a que «las acciones previstas en el artículo 510 CP a menudo se cometen por personas con ideología xenófoba o racista, que las lleva a repetir esas acciones delictivas, mientras en este caso el contexto hace menos frecuente esa reiteración al no partir la discriminación de una iniciativa del autor, sino que se produce en respuesta a una petición previa de la víctima» (Roig Torres, M. «Los delitos de racismo y discriminación..., *op. cit.*, p. 1.223).

«1. Incurrirá en la pena de prisión de seis meses a dos años y multa de doce a veinticuatro meses e inhabilitación especial para empleo o cargo público por tiempo de uno a tres años el particular encargado de un servicio público que deniegue a una persona una prestación a la que tenga derecho por razón de su ideología, religión o creencias, su pertenencia a una etnia o raza, su origen nacional, su sexo, orientación sexual, situación familiar, por razones de género, enfermedad o discapacidad.

2. Las mismas penas serán aplicables cuando los hechos se cometan contra una asociación, fundación, sociedad o corporación o contra sus miembros por razón de su ideología, religión o creencias, la pertenencia de sus miembros o de alguno de ellos a una etnia o raza, su origen nacional, su sexo, orientación sexual, situación familiar, por razones de género, enfermedad o discapacidad.

3. Los funcionarios públicos que cometan alguno de los hechos previstos en este artículo, incurrirán en las mismas penas en su mitad superior y en la de inhabilitación especial para empleo o cargo público por tiempo de dos a cuatro años.

4. En todos los casos se impondrá además la pena de inhabilitación especial para profesión u oficio educativos, en el ámbito docente, deportivo y de tiempo libre, por un tiempo superior entre uno y tres años al de la duración de la pena de privación de libertad impuesta en su caso en la sentencia, atendiendo proporcionalmente a la gravedad del delito y a las circunstancias que concurran en el delincuente».

En el caso del art. 512 CP, el legislador introduce como factor discriminatorio las «razones de género», pero no el «origen nacional», y sustituye el término «minusvalía» por el de «discapacidad». Además, se acoge la enmienda presentada por el Grupo Parlamentario Mixto (Enmienda n.º 100), simplificándose su redacción[901]. Tras estas modificaciones, el contenido del precepto queda como sigue:

«Los que en el ejercicio de sus actividades profesionales o empresariales denegaren a una persona una prestación a la que tenga derecho por razón de su ideología, religión o creencias, su pertenencia a una etnia, raza o nación, su sexo, orientación sexual, situación familiar, por razones de género, enfermedad o discapacidad, incurrirán en la pena de inhabilitación especial para el ejercicio de profesión, oficio, industria o comercio e inhabilitación especial para profesión u oficio educativos, en el ámbito docente, deportivo y de tiempo libre por un periodo de uno a cuatro años».

901 En este caso se prescinde de la referencia a la proporcionalidad de la pena con la gravedad del delito y las circunstancias del delincuente, equiparándose, no obstante, en cuanto a su duración a la inhabilitación precedente (*vid. Ibídem*, p. 1.224).

En cuanto al art. 515 CP, tras la entrada en vigor de la LO 1/2015, de 30 de marzo, cambia el ordinal que se refiere a las asociaciones de carácter discriminatorio[902]. Pasa a ubicarse en el número 4, con el siguiente contenido:

> «Son punibles las asociaciones ilícitas, teniendo tal consideración:
> (...)
> 4.° Las que fomenten, promuevan o inciten directa o indirectamente al odio, hostilidad, discriminación o violencia contra personas, grupos o asociaciones por razón de su ideología, religión o creencias, la pertenencia de sus miembros o de alguno de ellos a una etnia, raza o nación, su origen nacional, su sexo, edad, orientación o identidad sexual o de género, razones de género, de aporofobia o de exclusión social, situación familiar, enfermedad o discapacidad».

Pues bien, hasta aquí llegan los cambios efectuados por la LO 1/2015, de 30 de marzo, en materia de delitos antidiscriminatorios. La siguiente reforma en este ámbito no tendría lugar hasta 2021, con la entrada en vigor la LO 8/2021, de 4 de junio, cuyo contenido expondremos en el siguiente epígrafe. Pero antes debemos detenernos en una importante aportación que realizó solo dos años antes la FGE, por sus implicaciones en esta materia: la Circular 7/2019, sobre pautas para interpretar los delitos de odio tipificados en el art. 510 CP. A su análisis dedicamos el último apartado del presente epígrafe.

3. Excurso: la Circular 7/2019, sobre pautas para interpretar los delitos de odio tipificados en el art. 510 CP

Como explicamos anteriormente, las mayores transformaciones que trajo consigo en el ámbito discriminatorio la reforma de 2015 fueron las de los arts. 510 y 607 CP. Antes de la reforma, la problemática había centrado en el art. 607 CP, que, como sabemos, acabó siendo declarado parcialmente inconstitucional por la STC 235/2007, de 7 de noviembre). Sin embargo, los problemas de interpretación que generaba el art. 510 CP no suponían ninguna novedad, y el legislador de 2015 hizo más que acrecentarlos: tras el análisis del contenido de este precepto una vez acontecida la reforma, concluimos que resultaba imposible sostener la constitucionalidad de su apartado 1 de acuerdo con la doctrina sentada por el TC; en el caso del 2, nos vimos abocados a llegar a la misma conclusión.

Pues bien, a pesar de estas consideraciones, lo cierto es que en los últimos años se han dictado en nuestro país dos sentencias[903] que han tomado dis-

902 Desde la entrada en vigor del CP de 1995 y hasta la reforma de 2015, este precepto había sido modificado en varias ocasiones (por las LLOO 4/2000, de 11 de enero; 11/2003, de 29 de septiembre; 15/2003, de 25 de noviembre; y 5/2010, de 22 de junio) pero sin cambiar la regulación de las asociaciones ilícitas por motivos discriminatorios.

903 Me refiero a la Sentencia 2/2017, de 26 de enero, de la Sala de lo penal de la Audiencia Nacional y a la STS 72/2018, de 9 de febrero, que venía a casar la primera.

tancia de la línea que venía guiando la interpretación del art. 510 CP desde su entrada en vigor. De acuerdo con ellas, para poder apreciar la concurrencia de un delito de incitación al odio resulta suficiente que la ofensa se incluya en el concepto de «discurso de odio», porque «esa inclusión ya supone la realización de una conducta que provoca, directa o indirectamente, sentimientos de odio, violencia o discriminación»[904]. El problema es que esta interpretación supone contradecir lo que dispuso en su momento el Auto de la Audiencia Provincial (a partir de ahora, AAP) de Barcelona 892/2016, de 29 de noviembre (reiterado en el AAP de Murcia 736/2017, de 8 de septiembre, F. J. Tercero), en el que se estableció que no podía considerarse delictiva la mera exposición de ideas que no supusiese una incitación directa a la violencia, o bien no entrañase —al menos— un peligro real de crear un clima violento; y esto porque, si así fuera, «se produciría la sanción penal sin concurrir lesión ni puesta en peligro de bien jurídico alguno, ante la simple posibilidad de que alguien pudiera ser convencido por el discurso de modo que pudiera acomodar su conducta futura al mismo» (F. J. Primero).

Dicho esto, a pesar de que la STS 72/2018, de 9 de febrero, ha sido objeto de crítica doctrinal[905], la problemática que esta ha generado va más allá de lo dicho porque los planteamientos de la FGE en su Circular 7/2019, sobre pautas para interpretar los delitos de odio tipificados en el art. 510 CP[906], parecen apoyar la nueva orientación jurisprudencial. Partiendo de la constatación del crecimiento de los denominados «delitos de odio» en nuestro país, y una vez hecho referencia a las medidas que ha tomado el Ministerio Fiscal para adaptarse a la situación, la Circular considera que el art. 510 CP constituye el centro neurálgico de la lucha contra la discriminación excluyente, a pesar de la diversidad de conductas que resultan incluibles en su seno. A partir de esta idea, la Fiscalía se centra en el análisis del precepto para proponer una serie de reglas que contribuyan —o a eso aspira— a resolver las dudas que

---

904 STS 72/2018, de 9 de febrero, F. D. Único.

905 Entre los autores que se mostraban contrarios a esta interpretación se encuentra Landa Gorostiza (*vid.* Landa Gorostiza, J. M. *Los delitos de odio*..., *op. cit.*, p. 98).

906 Esta Circular constituye la toma de postura más clara de la FGE en este ámbito después de haber realizado anteriormente propuestas en relación con el contenido del art. 510 CP como, por ejemplo la de su Memoria del año 2016. En este caso, la propuesta se refería a tres aspectos muy concretos del precepto: primero, a la rebaja de la penalidad que tenía atribuida desde la entrada en vigor de la LO 1/2015, de 30 de marzo; segundo, a la introducción de penas alternativas, multas o pérdida de derechos políticos; y, tercero, a la modificación de la elevada pena de inhabilitación profesional prevista en el art. 510.5 CP. La propuesta de modificación terminaría siendo asumida y divulgada por la FGE, que, en noviembre de 2018, anunció la emisión de una circular relativa a los delitos de odio que, según este organismo, colaboraría a reconducir la dispersión interpretativa existente. Fue así como nacería la ya Circular 7/2019, sobre pautas para interpretar los delitos de odio tipificados en el art. 510 CP. La Memoria de 2016 de la FGE puede consultarse en el siguiente enlace: https://www.fiscal.es/memorias/memoria2016/FISCALIA_SITE/recursos/pdf/MEMFIS16.pdf.

puedan surgir a la hora de aplicarlo. De cara a conseguir este objetivo, reúne los extremos que considera comunes a las conductas que castiga el art. 510 CP, los cuales —según el criterio expuesto en la Circular— sirven para identificar correctamente cuáles son los comportamientos discriminatorios o «de odio intolerante» que merecen reproche penal.

A continuación, presentaremos una síntesis de estos aspectos.

i. El bien jurídico protegido

La FGE considera que el primer elemento que comparten las conductas incluibles en el art. 510 CP es el bien jurídico que protegen. Para proceder a su determinación, la Circular hace referencia a tres aspectos en particular: primero, a la ubicación del precepto en nuestro Código —dentro del Capítulo IV, del Título XXI del Libro II—, a partir de la cual extrae que lo que se pretende promover es el correcto ejercicio de los derechos fundamentales; segundo, a la perspectiva del sujeto pasivo del delito, que le lleva a concluir que el eje sobre el que pivota el precepto es la prohibición de la discriminación como derecho independiente derivado directamente del derecho a la igualdad; y, tercero, al hecho de que la igualdad y la no discriminación solo pueden ser entendidas como manifestaciones de la dignidad humana.

A pesar de este planteamiento inicial, la Fiscalía se limita en realidad en este punto a concretar las características que debe presentar una acción para ser susceptible de ser castigada penalmente en virtud del art. 510 CP, sin aclarar cuál es el bien jurídico protegido en este caso. Según la Circular, para poder aplicar la norma —y, por consiguiente, apreciar la concurrencia de un delito de odio— no resulta suficiente con constatar la existencia de un trato desigual o discriminatorio, sino que el comportamiento en cuestión debe atentar contra la dignidad de la persona ya que es precisamente esto lo que lo convierte en inadmisible por vulnerar uno de los principios más básicos de nuestra sociedad democrática. Sin embargo, ante esta idea surge un interrogante importante: ¿cómo se diferencia una conducta discriminatoria que atenta contra la dignidad humana y otra que no lo hace? Desde nuestro punto de vista, esta divergencia no existe porque la discriminación peyorativa hacia una persona implica *per se* un atentado contra su dignidad; así las cosas, al menos a este respecto, la Circular no ayuda a clarificar la cuestión[907].

---

907 Siguiendo a García Álvarez, P. «El artículo 510.1.a) del Código Penal a la luz de la Circular 7/2019, de 14 de mayo, de la Fiscalía General del Estado, sobre pautas para interpretar los delitos de odio tipificados en el artículo 510 del Código Penal», en *La Ley Penal: Revista de Derecho Penal, Procesal y Penitenciario*, n.° 151, 2021, pp. 5-7.

Más adelante, en el epígrafe titulado «Conclusiones», la Circular termina por señalar la dignidad humana[908] como el bien jurídico protegido en el art. 510 CP, opción que ya hemos descartado a lo largo de la presente investigación[909]. La dignidad de la persona, como fundamento de nuestro ordenamiento jurídico, es un principio inspirador del mismo, lo que supone que conforme a ella deben interpretarse no solo los derechos, sino también los bienes jurídicos que de ellos derivan. Desde luego, esto no quiere decir que deba quedar sin castigo un comportamiento que implique la humillación de una persona, más bien al contrario: este podrá ser sancionado en virtud del tipo penal que proteja el bien jurídico que haya resultado vulnerado, precisamente porque este emana directamente de la dignidad humana. Y en el caso que nos ocupa, el bien jurídico no puede ser otro que el derecho a no ser discriminado, por las razones que ya expusimos en su momento[910].

ii. Discurso de odio y libertad de expresión

Para enfrentar la problemática del discurso de odio, la Fiscalía recurre a varias resoluciones del TC[911] en las que se defiende la preeminencia del derecho fundamental a la libertad de expresión, reconociendo en todo momento que este no posee un carácter absoluto. De acuerdo con esta idea, explica que este derecho podrá ser limitado siempre que entre en conflicto con otros derechos constitucionalmente amparados; ahora bien, advierte que en tal caso existe el riesgo de disuadir a la ciudadanía de su ejercicio si no se realiza una ponderación adecuada de los intereses en conflicto.

---

908 Así lo entiende también Molina Blázquez, quien explica que el posicionamiento de la Fiscalía se evidencia en el momento en que la Circular insta a los Fiscales a «valorar si la conducta del sujeto activo supone no solo un trato desigual o discriminatorio, es decir, una diferencia de trato que no responde a una justificación objetiva, razonable, necesaria y proporcionada, pues no toda discriminación reúne las características específicas que la cualifican como expresiva de un delito de odio. Para que concurra una infracción de odio será necesario, además, que la acción u omisión solo pueda ser entendida desde el desprecio a la dignidad intrínseca que todo ser humano posee por el mero hecho de serlo. Supone, en definitiva, un ataque al diferente como expresión de una intolerancia incompatible con la convivencia» [Molina Blázquez, M. C. Valoración crítica de la Circular 7/2019 de la Fiscalía General del Estado sobre las pautas para interpretar los delitos de odio del art. 510 del Código Penal, en Guzman Ordaz, R. / Nieto Librero, A. B. (coords.); Gorjón Barranco, M. C. (dir.). *Políticas públicas en defensa de la inclusión, la diversidad y el género.* Salamanca: Ediciones Universidad de Salamanca, 2020, p. 8].

909 *Vid.* pp. 226 y 227 de este mismo texto.

910 Siguiendo de nuevo a García Álvarez, P. «El artículo 510.1.a) del Código Penal..., *op. cit.*, pp. 7-8.

911 Entre otros pronunciamientos, la Circular menciona la STC 214/1991, de 11 de noviembre; la STC 176/1995, de 11 de diciembre, la STC 235/2007, de 7 de noviembre; y la STC 112/2016, de 20 de junio.

En lo que se refiere al discurso de odio en concreto, la Circular dispone que cualquier conducta susceptible de encajar en esta categoría se encuentra automáticamente fuera del paraguas protector de la libertad de expresión[912]. Para respaldar su posicionamiento utiliza las conclusiones del TC en dos sentencias que ya hemos analizado a lo largo de nuestra investigación: la STC 235/2007, de 7 de noviembre, y la STC 112/2016, de 20 de junio; sin embargo, a nuestro entender, la Fiscalía las utiliza erróneamente. Para empezar, en la primera de estas resoluciones, nuestro Tribunal no otorga al discurso de odio un contenido distinto al que le venía dando la jurisprudencia hasta el momento; de hecho, el TC apreció entonces la concurrencia de un delito de enaltecimiento del terrorismo precisamente por considerar probado que el acusado incitó a la violencia con sus expresiones, no porque estas fueran simples manifestaciones del discurso de odio. Del mismo modo lo entendió, si recordamos, en la STC 112/2016, de 20 de junio, que confirmó la legitimidad de la condena por un delito de enaltecimiento del terrorismo sobre la base de que el autor, con su comportamiento, había incitado a la violencia mediante el enaltecimiento de actividades terroristas. Así, en realidad, tanto en una como en otra sentencia el TC ha mantenido el mismo criterio en cuanto la punibilidad del discurso de odio: que no toda conducta incluible en su seno debe quedar fuera del ámbito de protección del derecho a la libertad de expresión ni ser, consecuentemente, sancionable desde el punto de vista penal.

No obstante, lo cierto es que una resolución posterior, la ya mencionada STC 72/2018, de 9 de febrero, ha supuesto una novedad en este ámbito al entender —ahora sí— de manera distinta a la «tradicional» el discurso de odio. Y es que, según la argumentación del Tribunal en este caso, la inclusión de una conducta bajo la rúbrica del *hate speech*, al presumirse que este implica por sí mismo —ya sea de manera directa o indirecta— sentimientos de odio, violencia o discriminación, supone la concurrencia automática del delito del art. 510.1.a) CP[913]. Ahora bien, la Circular 7/2019 reconoce que el discurso de odio

> «no presenta unos contornos uniformes en los ámbitos nacional e internacional, tanto en la vertiente normativa (...), como en la exigencia interpretativa sobre la

---

912 Según el texto de la Circular, lo que busca el discurso de odio es otorgar una aparente «legitimidad, coherencia, necesidad o justificación» a acciones que no pueden quedar amparadas por el derecho a la libertad de expresión porque esta «no puede situarse por encima de la dignidad de otro ser humano». Ahora bien, entiende que para poder castigar una conducta encuadrable bajo el concepto de «discurso de odio», hay que tener en cuenta «no solo el tenor literal de las palabras pronunciadas, sino también el sentido o la intención con los que han sido utilizadas», ya que «es evidente que el lenguaje admite ordinariamente interpretaciones diversas».

913 En palabras del propio Tribunal: «Por su parte, el art. 510 CP (...) Se trata de un tipo penal estructurado bajo la forma de delito de peligro, bastando para su realización, la generación de un peligro que se concreta en el mensaje con un contenido propio del "discurso del odio", que lleva implícito el peligro al que se refieren los Convenios Internacionales de los que surge la tipicidad» (F. D. Único).

mayor o menor publicidad de los actos o sobre la concreción de la relevancia o el peligro para la afectación del bien jurídico protegido».

En nuestra opinión, esto implica que, en la práctica, para poder considerar delictivo este discurso deberá siempre atenderse a la letra de cada tipo penal, así como a la interpretación que venga haciendo del mismo la jurisprudencia, pero en ningún momento supone un cambio doctrinal del TC en lo que al delito del art. 510 CP se refiere.

Pues bien, más adelante la FGE recoge una serie de criterios generales de interpretación conforme a los cuales entiende que se debe castigar penalmente el discurso de odio. Son los siguientes: en primer lugar, deja claro que este fenómeno puede aparecer bajo la forma de comportamientos diversa índole[914]; en segundo lugar, afirma que debe tratarse de un comportamiento relevante, esto es, que perjudique al bien jurídico protegido o que posea suficiente entidad como para generar una situación de riesgo para el mismo; en tercer lugar, como elemento distintivo de otras figuras delictivas, exige que el sujeto activo actúe con una «motivación discriminatoria»[915/916]; y, por último, recalca la importancia del contexto y de las circunstancias para enfrentar

914 Según la Fiscalía, en él «se engloban, con carácter general, la promoción o difusión de ideas u opiniones; la emisión de expresiones o realización de actos de menosprecio, descrédito o humillación; o que inciten a la violencia física o psíquica; el enaltecimiento de ese tipo de hechos o de sus autores; o la justificación, trivialización o negación de graves actos contra la humanidad».

915 Según el texto de la Circular, «En los delitos de odio el sujeto activo ha de actuar con conocimiento y voluntad de cometer el hecho típico (dolo), pero solo es responsable penalmente si, como ya se expuso anteriormente, la conducta se realiza por un motivo de odio o discriminación contra determinado grupo o alguno de sus integrantes (motivación). Se trata de un elemento subjetivo tendencial que se ha introducido en la descripción típica de la acción y que, como tal, ha de concurrir para que esta pueda ser perseguida penalmente».

916 A este respecto, la Circular considera la motivación discriminatoria del sujeto activo como un elemento esencial que distingue el discurso de odio de cualquier otra figura delictiva, y dispone que «No toda agresión es delito de odio, aunque denote un cierto desprecio hacia la víctima. La conducta ha de estar orientada hacia la discriminación como expresión de la intolerancia excluyente frente a un determinado grupo o sus integrantes. Lo que se sanciona es el odio que denota una cosificación de otro ser humano, un desprecio hacia su dignidad, por el mero hecho de ser diferente». El problema que surge aquí es que la Fiscalía confunde *motivación* del delito con la *intención* del autor que lo comete, cuando se trata de conceptos distintos. Además, en palabras de García Álvarez, «El fundamento del castigo de estos hechos no puede recaer en el sentimiento de odio que mueva al sujeto activo» porque «En un Derecho penal de acto, lo determinante no puede ser la actitud interna del autor del delito». La expresión 'por motivos' empleada en el art. 510.1.a) CP sirve para indicar, simplemente, «que esos factores otorgan al trato ofrecido el carácter de verdadero trato discriminador, diferenciándolo del trato desigual meramente arbitrario». Cosa distinta será decidir «si ha de exigirse que la conducta tipificada se lleve a cabo con una intención ulterior, es decir, de forma tendenciosa» [*vid.* García Álvarez, P. «El artículo 510.1.a) del Código Penal..., *op. cit.*, pp. 13 y 17].

correctamente cada caso (con respecto a esto último, la Fiscalía indica que, en caso de duda, el principio *favor libertatis* tendrá que jugar siempre en favor del derecho a la libertad de expresión).

Si se tienen en cuenta los elementos mencionados, puede observarse que el alcance que le reconoce la FGE al discurso de odio es manifiestamente más amplio que el que le otorgan otras normas o propuestas internacionales. A pesar de que en el propio texto de la Circular hace referencia a varios Tratados que han contribuido a conformar el concepto a lo largo de los años[917] y de considerar como el más específico en la materia la Decisión Marco 2008/913/JAI, la interpretación que del discurso de odio hace la Fiscalía va más allá de todos, incluso de esta última. Sin ninguna duda, esta manera de entender el fenómeno supone un choque frontal con nuestra tradición jurídica, que recomienda recurrir al Derecho penal única y exclusivamente ante comportamientos que representen un riesgo, al menos potencial, para el bien jurídico protegido.

Teniendo en cuenta lo expuesto en este apartado, de los planteamientos de la Circular en lo relativo al discurso de odio solo podemos concluir que aportan más luces que sombras. Si bien en un principio intenta delimitar el ámbito de lo penalmente sancionable, al final acaba remitiendo a un análisis individual de cada caso para determinar si la acción es o no delictiva en virtud del necesario respecto a la libertad de expresión, lo que, en nuestra opinión, no tiene ningún sentido[918]. A esto hay que añadir la falta de respeto total a los principios básicos de nuestro Derecho penal que supone la interpretación que hace la Fiscalía de este tipo de discurso, que nos parece el colmo del descuido: ¿dónde queda el respeto al principio de intervención mínima? ¿dónde el de seguridad jurídica? ¿y el de *ultima ratio*?

iii. Naturaleza jurídica de los delitos de odio

La Fiscalía deja claro que los fiscales deben interpretar los comportamientos incluibles en el art. 510 CP como delitos de peligro abstracto, haciendo una excepción en el caso del apartado a) del art. 510.2 CP[919], que considera

917 Menciona, entre otros, la Convención para la Prevención y Sanción del Delito de Genocidio; la CIERD; el PIDCP; y la Recomendación General n.º 35 del CERD.

918 De esta manera, también, GARCÍA ÁLVAREZ (*vid. Ibídem*, p. 13).

919 Este precepto reza lo que sigue: «Serán castigados con la pena de prisión de seis meses a dos años y multa de seis a doce meses:
a) Quienes lesionen la dignidad de las personas mediante acciones que entrañen humillación, menosprecio o descrédito de alguno de los grupos a que se refiere el apartado anterior, o de una parte de los mismos, o de cualquier persona determinada por razón de su pertenencia a ellos por motivos racistas, antisemitas u otros referentes a la ideología, religión o creencias, situación familiar, la pertenencia de sus miembros a una etnia, raza o nación, su origen nacional, su sexo, orientación o identidad sexual, por razones de género,

de peligro concreto. Sin embargo, en nuestra opinión esta diferenciación carece de sentido, ya que lo único que distingue el art. 510.2 CP del resto del precepto a este respecto es que una de las conductas que sanciona tiene un resultado lesivo, mientras que la otra solo da lugar a un peligro hipotético. Pero es que, además, si nos fijamos atentamente en las disposiciones de la Circular, podemos observar que en realidad la FGE no está considerando el art. 510 CP como un delito de peligro abstracto, sino como un delito de peligro hipotético, dado que exige que la acción tenga la entidad suficiente como para generar un clima discriminatorio o de odio, así como que suponga un riesgo de materializarse en conductas intolerantes concretas[920].

De esta manera, en virtud de la Circular 7/2019, sobre la naturaleza jurídica de los delitos de odio podemos concluir tres ideas principales: en primer lugar, que no se puede castigar toda conducta que encaje en el concepto de «discurso de odio»; en segundo lugar, que no es necesario que lo que se promueva sea un acto concreto —y tampoco, por consiguiente, un acto delictivo—; y, en tercer lugar, que para que pueda apreciarse la concurrencia de un delito de odio no basta con que se haya fomentado un ambiente discriminatorio o de odio. Lo que sí resulta fundamental comprobar, en todo caso, es que se haya llevado a cabo una conducta discriminatoria, ya que es precisamente este elemento el que implica la vulneración de la dignidad del individuo[921].

iv. Sujeto pasivo

La Fiscalía considera que sujetos pasivos de un delito de odio pueden ser tanto los grupos que presentan ciertas notas específicamente señaladas en el art. 510 CP como sus integrantes, lo que considero adecuado. En este punto hace referencia a los orígenes de estas figuras e indica, acertadamente, que están directamente relacionados con la protección de colectivos vulnerabilizados[922]; sin embargo, indica que no es necesario acreditar la situación de marginación del sujeto pasivo para apreciar la concurrencia de un delito de odio (para la Fiscalía, el legislador ha introducido en este precepto facto-

enfermedad o discapacidad, o produzcan, elaboren, posean con la finalidad de distribuir, faciliten a terceras personas el acceso, distribuyan, difundan o vendan escritos o cualquier otra clase de material o soportes que por su contenido sean idóneos para lesionar la dignidad de las personas por representar una grave humillación, menosprecio o descrédito de alguno de los grupos mencionados, de una parte de ellos, o de cualquier persona determinada por razón de su pertenencia a los mismos».

920 Así, García Álvarez, P. «El artículo 510.1.a) del Código Penal..., *op. cit.*, p. 14.

921 *Vid. Ibídem*, pp. 14-15.

922 Aunque más correcto sería, como ya explicamos, utilizar la expresión «vulnerabilizados».

res que caracterizan a determinados grupos partiendo de su situación de vulnerabilidad social; por tanto, entiende que este hecho no tiene porqué probarse).

A nuestro juicio, esto resulta inadmisible. Si la situación de vulnerabilidad social se da por sentada, estos tipos pierden su vínculo con la discriminación, lo que les haría perder su sentido. Entendemos, por tanto, que para poder sancionar legítimamente una conducta de esta índole las notas caracterizadoras incluidas en el art. 510 CP deben ser interpretadas de forma que se sepa claramente cuándo resulta legítimo su reproche penal[923].

v. Tipo subjetivo

En la Circular 7/2019, la FGE dispone que para confirmar la existencia de un delito de odio basta con comprobar que en el caso en cuestión el sujeto activo actúa conscientemente; esto es, sabiendo que incita, fomenta o promueve el odio, la hostilidad, la violencia o la discriminación contra los colectivos incluibles en la norma. De cara a la acreditación de esta circunstancia se proponen varios aspectos que tener en cuenta, como, por ejemplo, el hecho de que las expresiones en las que consiste la conducta sancionable sean vertidas por escrito.

No obstantes estas afirmaciones, la Fiscalía termina añadiendo como requisito para aplicar el art. 510 CP que el comportamiento se realice con una motivación determinada, confundiendo los conceptos de «motivación» y de «intención». Como sabemos, en un Derecho penal del hecho como es el nuestro, el castigo nunca puede encontrar fundamento en la actitud interna del autor. Ahora bien, lo que sí es posible —y de hecho lo considero adecuado— es plantear, como han hecho otros autores[924], la necesidad de que concurra un elemento subjetivo tendencial para castigar la conducta; es decir, que el sujeto activo actúe de acuerdo con una intención ulterior[925]. Si así se dispusiera, podría evitarse la expansión de una norma que castiga conductas que de otro modo deberían quedar al amparo del derecho a la libertad de expresión, uno de los pilares primordiales de nuestro Estado de Derecho.

Pues bien, con esto termina nuestra síntesis de la propuesta que hace la Circular 7/2019, de la FGE. De todo lo expuesto hasta el momento solo pode-

---

923 Así, también, García Álvarez, P. «El artículo 510.1.a) del Código Penal..., *op. cit.*, p. 16.

924 Por ejemplo, Cámara Arroyo, S. «El concepto de delitos de odio y su comisión a través del discurso. Especial referencia al conflicto con la libertad de expresión», en *Anuario de Derecho penal y ciencias penales*, Tomo 70, Fasc./Mes 1, 2017, pp. 177 y 180; y García Álvarez, P. «El artículo 510.1.a) del Código Penal..., *op. cit.*, p. 17.

925 A mi entender, en este caso el elemento subjetivo tendencial —que en todo caso tendrá que quedar probado— debería consistir en la perpetuación de la situación de desigualdad del sujeto pasivo con respecto del resto de la sociedad. De esta misma manera, García Álvarez (*vid. Ibídem*, p. 24).

mos concluir que, a pesar de los esfuerzos de la Fiscalía, este documento no otorga soluciones útiles y precisas para acabar con los problemas de interpretación que generan los delitos de odio, y mucho menos los que genera el supuesto concreto del discurso de odio.

Para empezar, creo que se confunde al concretar el bien jurídico protegido, que no puede ser nunca la dignidad humana por tratarse de un principio inspirador del ordenamiento jurídico. Opino, por el contrario, que el bien jurídico que protege el art. 510 CP es el derecho a no ser discriminado.

Por otro lado, a pesar de que da a entender que todo comportamiento encuadrable en el concepto de «discurso de odio» queda excluido del ámbito de aplicación del derecho a la libertad de expresión —algo que, desde luego, no comparto—, termina señalando, acertadamente en mi opinión, que esto dependerá de la redacción concreta del tipo penal y de la interpretación que dé al mismo la jurisprudencia. Así, remite a un análisis individualizado en el que deberá tenerse en cuenta, no solo el contenido del discurso, sino su sentido, el contexto y las circunstancias en las que fue vertido, debiéndose optar, en caso de duda, a favor de la libertad de expresión.

En cuanto a la naturaleza jurídica del art. 510 CP, creo que la Fiscalía se equivoca —o, al menos, no es lo suficientemente precisa ya que un delito de peligro hipotético es una subclase de los delitos de peligro abstracto— al disponer que se trata de un delito de peligro abstracto. En realidad, se trata de un delito de peligro hipotético, y así de hecho lo entiende la Circular cuando se refiere a la idoneidad de la conducta para generar un clima de odio o discriminación susceptible de concretarse en actos de intolerancia contra los colectivos diana.

Con respecto a los sujetos pasivos, creo que se encuentran bien determinados en la Circular 7/2019; sin embargo, desde mi punto de vista es absolutamente indispensable probar la situación de vulnerabilidad de los grupos incluibles en el art. 510 CP para poder apreciar la concurrencia de un delito de odio.

En lo que se refiere al tipo subjetivo, coincido con la Fiscalía en que nos encontramos ante un delito doloso. Además, creo que es acertado exigir un elemento subjetivo tendencial —que, por supuesto, deberá quedar probado— que consista en buscar la perpetuación de la situación de desigualdad del sujeto pasivo con respecto al resto de la sociedad. Ahora bien, con respecto a los criterios generales de interpretación que establece la Circular 7/2019 para valorar la concurrencia de un móvil de odio, consideramos que estos no aportan ninguna luz en este ámbito. Son, al fin y al cabo, los mismos elementos que deben tenerse en cuenta frente a cualquier comportamiento que pueda ser constitutivo de delito.

Más allá de lo anterior, y como falta que consideramos especialmente grave, hemos podido ver que la interpretación otorgada por la Fiscalía particularmente en materia de discurso de odio se encuentra lejos de respetar los

Tratados internacionales suscritos hasta ahora por España, los cuales, «permitiendo limitaciones al ejercicio del derecho a la libertad de expresión, son para ello bastante más restrictivos que la Decisión Marco 2008/913/JAI»[926]. Y todo ello a pesar de la dureza de las obligaciones que impone la Decisión, que llegan a ser incluso más amplias que las prohibiciones que recoge el art. 20, párrafo 2 PIDCP (cuyo contenido solo se refiere a la «apología del odio nacional, racial o religioso que constituya incitación a la discriminación, la hostilidad o la violencia»), y que además vulnera los requisitos que establece el art. 19, párrafo 3 de dicho Tratado[927/928]. Para más inri, esta manera de entender el discurso de odio vulnera sobremanera la tradición jurídica que ha venido siguiendo nuestro Derecho penal desde que se introdujeron en el Código estos tipos delictivos. ¿Dónde queda el respeto al principio de intervención mínima? ¿Dónde el de seguridad jurídica? ¿Y, nuevamente tendríamos que plantearnos, el de *ultima ratio*?

En fin, si todavía quedaba alguna duda sobre el peligroso rumbo que parecía haberse tomado en el ámbito de los delitos de odio, es evidente el posicionamiento de la Fiscalía General del Estado no ayuda a disiparlas. Y es que, como bien escribe Hernández Royo[929], «no hay duda de que, efectivamente, la vieja excepcionalidad es la nueva normalidad en Derecho Penal, donde, sin razones de política criminal, la represión y restricción de derechos y libertades se ha convertido en el modus operandi del legislador». Hoy esta tendencia también la representa la institución estatal que vela por los intereses de la sociedad española, paradójicamente definida como plural, democrática y de derecho.

D. La LO 8/2021, de 4 de junio, de protección integral a la infancia y la adolescencia frente a la violencia

Las modificaciones del texto penal que introduce la LO 8/2021, de 4 de junio, afectan a los delitos que el legislador, en el Preámbulo mismo de Ley,

---

926 En palabras de García Álvarez (*vid. Ibídem*, p. 13).

927 Según este precepto, «El ejercicio del derecho previsto en el párrafo 2 de este artículo entraña deberes y responsabilidades especiales. Por consiguiente, puede estar sujeto a ciertas restricciones que deberán, sin embargo, estar expresamente fijadas por la ley y ser necesarias para:
a) Asegurar el respeto a los derechos o a la reputación de los demás.
b) La protección de la seguridad nacional, el orden público o la salud o la moral públicas».

928 Como lo pone de manifiesto García Álvarez, P. «El artículo 510.1.a) del Código Penal..., *op. cit.*, p. 20.

929 Hernández Royo, A. «El delito de incitación al odio del artículo 510 CP: cuando la vieja excepcionalidad deviene en nueva normalidad», en *La ley penal: revista de derecho penal, procesal y penitenciario*, n.° 45, julio-agosto de 2020, p. 9.

califica como «de odio»: el art. 22.4 CP, el art. 314 CP, el art. 511 CP, el art. 512 CP y el art 515.4 CP. En este punto, sin haber entrado aún en materia propiamente, ya puede hacerse una primera objeción a la reforma: ¿por qué no afecta, también, al art. 510 CP[930], si este es considerado como el «paradigma de los delitos de odio»? ¿Y al art. 607 CP? Desde nuestro punto de vista, estas omisiones (en especial, la primera) resultan incomprensibles. Se nos ocurre que quizás el legislador ha caído en una confusión y, en realidad, su intención no era hacer referencia a los delitos de odio, sino a los delitos antidiscriminatorios, categoría en la que sí son encuadrables todos los preceptos penales que han sufrido alguna transformación. Sea como sea, creemos que la opción elegida merece una explicación razonada, para salvar cualquier incongruencia.

En cuanto a los cambios que trae consigo la reforma de 2021 a nivel sustantivo, es la Disposición final sexta la que se encarga de modificar específicamente el texto penal. En lo que hace particularmente a lo que nuestro legislador llama «delitos de odio», la reforma ha traído consigo la incorporación de nuevos factores diferenciadores con relevancia penal: primero, de la edad «en una vertiente dual, pues no solo aplica a los niños y niñas adolescentes, sino a otro colectivo sensible que requiere amparo, como son las personas de edad avanzada»; segundo, en línea —dice— con el «espíritu de protección» que inspira el texto, de la aporofobia[931] y de la exclusión social; y, tercero, aunque no se indica expresamente en el Preámbulo de la Ley, de la identidad de género. Además, se ha introducido en el art. 22.4 CP una cláusula *in fine* que permite agravar el castigo con independencia de que las condiciones o circunstancias que recoge el precepto «concurran efectivamente en la persona sobre la que recaiga la conducta».

---

930 De esta manera, también, García Álvarez, P. «La repercusión de la Ley Orgánica 8/2021 (de protección integral a la infancia y la adolescencia frente a la violencia), en la protección reforzada de los menores de edad en el Código Penal» *Revista General de Derecho Penal*, n.° 37, 2022, p. 20.

931 El término «aporofobia» fue utilizado por primera vez por la filósofa Adela Cortina en 1995 para designar el «rechazo, aversión temor y desprecio hacia el pobre, hacia el desamparado que, al menos en apariencia, no puede devolver nada bueno a cambio (Cortina Orts, A. *Aporofobia, el rechazo al pobre. Un desafío para la democracia*, Paidós Ibérica, Barcelona, 2017, p. 14). La RAE, por su parte, no recogió el término hasta diciembre de 2017, cuando lo definió como la «Fobia a las personas pobres o desfavorecidas» (de esta manera, Bustos Rubio, M. «Aporofobia, motivos discriminatorios y obligaciones positivas del Estado: el art. 22.4ª CP entre la prohibición de infraprotección y la subinclusión desigualitaria», en *Revista Electrónica de Ciencia Penal y Criminología*, n.° 23, 2021, p. 2). Este último entendimiento es el que ha adoptado, efectivamente, el legislador español, que explica en el Preámbulo de la LO 8/2021, de 4 de junio, que la decisión de introducir la aporofobia —junto con la exclusión social— como factor diferenciador penalmente relevante se debe a que esta «responde a un fenómeno social en el que la actuación delictiva subyace el rechazo, aversión o desprecio a las personas pobres, siendo un motivo expresamente mencionado en el artículo 21 de la Carta de Derechos Fundamentales de la Unión Europea».

En virtud de estos cambios, queda como sigue el tenor de cada uno de los preceptos reformados:

Art. 22 CP:

«Son circunstancias agravantes: (...)

4.ª Cometer el delito por motivos racistas, antisemitas u otra clase de discriminación referente a la ideología, religión o creencias de la víctima, la etnia, raza o nación a la que pertenezca, su sexo, edad, orientación o identidad sexual o de género, razones de género, de aporofobia o de exclusión social, la enfermedad que padezca o su discapacidad, con independencia de que tales condiciones o circunstancias concurran efectivamente en la persona sobre la que recaiga la conducta».

Art. 314 CP:

«Quienes produzcan una grave discriminación en el empleo, público o privado, contra alguna persona por razón de su ideología, religión o creencias, su situación familiar, su pertenencia a una etnia, raza o nación, su origen nacional, su sexo, edad, orientación o identidad sexual o de género, razones de género, de aporofobia o de exclusión social, la enfermedad que padezca o su discapacidad, por ostentar la representación legal o sindical de los trabajadores, por el parentesco con otros trabajadores de la empresa o por el uso de alguna de las lenguas oficiales dentro del Estado español, y no restablezcan la situación de igualdad ante la ley tras requerimiento o sanción administrativa, reparando los daños económicos que se hayan derivado, serán castigados con la pena de prisión de seis meses a dos años o multa de doce a veinticuatro meses».

Art. 511 CP:

«1. Incurrirá en la pena de prisión de seis meses a dos años, multa de doce a veinticuatro meses e inhabilitación especial para empleo o cargo público por tiempo de uno a tres años el particular encargado de un servicio público que deniegue a una persona una prestación a la que tenga derecho por razón de su ideología, religión o creencias, su situación familiar, pertenencia a una etnia, raza o nación, su origen nacional, su sexo, edad, orientación o identidad sexual o de género, razones de género, de aporofobia o de exclusión social, la enfermedad que padezca o su discapacidad.

2. Las mismas penas serán aplicables cuando los hechos se cometan contra una asociación, fundación, sociedad o corporación o contra sus miembros por razón de su ideología, religión o creencias, su situación familiar, la pertenencia de sus miembros o de alguno de ellos a una etnia, raza o nación, su origen nacional, su sexo, edad, orientación o identidad sexual o de género, razones de género, de aporofobia o de exclusión social, la enfermedad que padezca o su discapacidad.

3. Los funcionarios públicos que cometan alguno de los hechos previstos en este artículo, incurrirán en las mismas penas en su mitad superior y en la de inhabilitación especial para empleo o cargo público por tiempo de dos a cuatro años.

4. En todos los casos se impondrá además la pena de inhabilitación especial para profesión u oficio educativos, en el ámbito docente, deportivo y de tiempo libre, por un tiempo superior entre uno y tres años al de la duración de la pena impuesta si esta fuera de privación de libertad, cuando la pena impuesta fuera de multa, la pena de inhabilitación especial tendrá una duración de uno a tres años. En todo caso se atenderá proporcionalmente a la gravedad del delito y a las circunstancias que concurran en el delincuente».

Art. 512 CP:

«Quienes en el ejercicio de sus actividades profesionales o empresariales denegaren a una persona una prestación a la que tenga derecho por razón de su ideología, religión o creencias, su situación familiar, su pertenencia a una etnia, raza o nación, su origen nacional, su sexo, edad, orientación o identidad sexual o de género, razones de género, de aporofobia o de exclusión social, la enfermedad que padezca o su discapacidad, incurrirán en la pena de inhabilitación especial para el ejercicio de profesión, oficio, industria o comercio e inhabilitación especial para profesión u oficio educativos, en el ámbito docente, deportivo y de tiempo libre por un periodo de uno a cuatro años».

Art. 515 CP:

«Son punibles las asociaciones ilícitas, teniendo tal consideración: (...)

4.° Las que fomenten, promuevan o inciten directa o indirectamente al odio, hostilidad, discriminación o violencia contra personas, grupos o asociaciones por razón de su ideología, religión o creencias, la pertenencia de sus miembros o de alguno de ellos a una etnia, raza o nación, su origen nacional, su sexo, edad, orientación o identidad sexual o de género, razones de género, de aporofobia o de exclusión social, situación familiar, enfermedad o discapacidad».

Pues bien, entrando ya a hacer un análisis algo más detenido de los cambios introducidos por la reforma, vayamos por partes.

1. La «aporofobia» y la «exclusión social»

En lo que se refiere a la inclusión de la aporofobia en el elenco de factores discriminatorios penalmente relevantes, debe mencionarse que esta medida venía siendo demandada a varios niveles desde hace años[932]. Dentro del ámbito doctrinal podemos destacar, por ejemplo, a BUSTOS RUBIO, que criticaba la anterior regulación del art. 22.4 CP sobre la base de que esta dejaba

«extramuros de la norma cualquier referencia a motivaciones identificadas en el odio o rechazo hacia la persona pobre, o en atención a su condición socioe-

932 En esta misma línea, DE VICENTE MARTÍNEZ, quien explica que los autores venían reclamando la inclusión entre los motivos discriminatorios de «motivos relativos a la situación socioeconómica de la víctima» (DE VICENTE MARTÍNEZ, R. *El discurso del odio...*, *op. cit.*, pp. 83-84).

conómica desfavorable, pese a que los datos *avalaban*[933] el patente estado de vulnerabilidad y consecuente nivel de victimización en la práctica, y pese a que una comparación, también práctica, con otras circunstancias que *de lege data* sí se prevén aconsejaría, con mayor razón, incorporar la aporofobia a dicho catálogo»[934].

Este autor ha venido defendiendo la reforma en este ámbito basándose en tres motivos fundamentales: primero, razones de oportunidad político-criminal —desde un punto de vista empírico—; segundo, razones de mayor merecimiento del castigo[935]; y, tercero, razones de mayor necesidad del mismo[936]. A estos añade un cuarto argumento: la *Doctrina de las Obligaciones Positivas del Estado*, que, si es trasladada al caso que nos ocupa, permite al autor concluir que

> «la no contemplación de la *aporofobia* entre el catálogo del (...) art. 22.4 CP[937] (...) termina siendo una omisión discriminatoria, un caso de subinclusión desigualitaria por parte del legislador penal, que por tal razón hace que la norma resulte infraprotectora de estas personas (por defecto legal), y que permite la construcción de un nuevo argumento (...) a favor de la incorporación del odio al pobre entre el listado de circunstancias que actualmente prevé el art. 22.4 CP»[938].

En cuanto a nuestra jurisprudencia, el propio TS, en su Sentencia (Sala 2.ª) 1160/2006, de 9 de noviembre[939], ya había abogado por la modificación del CP en este sentido explicando que, si bien era cierto que con la cláusula

933 Cursivas añadidas.

934 En opinión de este autor, la ausencia de la aporofobia como factor diferenciador relevante penalmente era una «omisión político-criminal por sí mismo discriminatoria, un ejemplo patente de aporofobia jurídico-penalmente normativizada y por *defecto*» (Bustos Rubio, M. «Aporofobia, motivos discriminatorios..., *op. cit.*, pp. 4 y 15).

935 El autor considera, y así lo compartimos, que en estos casos se acredita una mayor necesidad de pena por verse vulnerados dos bienes o intereses distintos: por un lado, el derecho o bien jurídico que protege el delito base al que se le aplica la circunstancia agravante; y, por otro, el valor superior de la igualdad, que es fundamento de nuestro Estado de Derecho (*vid. Ibídem*, pp. 7-8).

936 El autor deriva este argumento directamente del anterior, explicando que la necesidad de una mayor sanción penal «se acredita en términos eminentemente preventivos», tanto desde la óptica preventivo-general como desde la preventivo-especial (*vid. Ibídem*, p. 8).

937 Desde nuestro punto de vista, este argumento resulta aplicable a cualquier delito antidiscriminatorio o «de odio».

938 Citando expresamente a Bustos Rubio, M. «Aporofobia, motivos discriminatorios..., *op. cit.*, pp. 5 y 37.

939 En esta resolución, el TS no pudo aplicar la agravante de discriminación por tratarse de un supuesto de odio discriminatorio aporófobo ya que en aquel momento el art. 22.4 CP no contemplaba este factor discriminatorio y su aplicación habría supuesto «un ejercicio interpretativo prohibido por el muro infranqueable de la prohibición de analogía *in mala partem*» (*vid. Ibídem*, p. 29).

de relativa apertura que presentaba entonces el art. 22.4 CP el legislador reforzaba la seguridad jurídica, también se arriesgaba a «dejar fuera otras modalidades de discriminación equiparables, desde la perspectiva del Estado social, democrático y de Derecho, a las que enunciaba, casos de motivación discriminatoria que aumentarían el injusto subjetivo del hecho por la negación del principio de igualdad» (F. J. 23). Efectivamente, en la resolución del caso, el Alto Tribunal confirmó la imposibilidad de aplicar la agravante del art. 22.4 CP dado que, a pesar de reconocer que «los causados atacaron a la víctima al diferenciarla peyorativamente con trato inhumano, por su condición de mendigo sin techo», el precepto recogía una lista cerrada de factores discriminatorios. En virtud de ello, desestimaba el recurso que se había interpuesto contra la sentencia previa concluyendo que «no cabía aseverar que la situación del indigente sin techo respondiese, sin que se acreditaran otros matices, a unas determinadas ideología o creencias que se atribuyesen a la víctima, sean o no por ella asumidas, como tampoco a su etnia, raza, nación, sexo y orientación sexual, enfermedad o minusvalía» (FF. JJ. 23 y 24)[940].

Dejando ahora a un lado los pronunciamientos de nuestros tribunales, el mismo compromiso en torno a la problemática de la aporofobia venía mostrando la sociedad civil a través de organizaciones como Movimiento contra la Intolerancia, Fundación Rais, Observatorio Hatento, etc., cuyos reclamos daban cuenta de la preocupación que existe en torno a los delitos antidiscriminatorios cometidos por razón de este factor[941]. Y es que, como bien puntualiza García Álvarez[942], «los pobres» —y, en especial, las personas sin hogar— son el sector de nuestra población más desprotegido y el que mayor exclusión social sufre en la actualidad, hecho que se ha puesto de relieve progresivamente a distintos niveles.

---

940 En esta misma línea jurisprudencial, otra resolución que sin duda debemos mencionar es la Sentencia de la Audiencia Provincial de Barcelona dictada el 5 de noviembre 2008 (n.º de recurso: 127/2007), que vino a resolver un caso paradigmático en esta materia: el del asesinato de Rosario Endrinal, una indigente que fue maltratada y quemada hasta fallecer mientras dormía en un cajero en la madrugada del 16 de diciembre de 2005. En su resolución, la Audiencia, al igual que le ocurrió en 2006 al TS, se vio impedida de aplicar la agravante de discriminación del art. 22.4 CP dado que «la marginalidad o desocialización y situación de exclusión social no resultaba contemplada en el elenco previsto en el mencionado apartado, cuya interpretación», además, «debe ser restrictiva en cuanto son circunstancias agravantes» (F. D. 7). Así las cosas, este «detalle» quedó exento de castigo y los autores fueron condenados a 17 años de prisión por un delito de asesinato con alevosía.

941 Como bien explica de Vicente Martínez, R. *El discurso del odio...*, *op. cit.*, p. 85.

942 García Álvarez, P. «La agravante de discriminación: cuestiones problemáticas y su aplicabilidad en los "delitos de opinión" como "delito de odio"», en *Delitos de opinión y libertad de expresión: un análisis interdisciplinar. Cuestiones de la parte general de los delitos de opinión*, obra colectiva, coordinador Alejandro L. de Pablo Serrano, Aranzadi, Navarra, 2021, p. 180.

Paralelamente a las recomendaciones de la doctrina, de la jurisprudencia y de distintas organizaciones ciudadanas, nuestras instituciones se habían hecho también eco de esta inquietud general[943] favoreciendo la necesaria reforma. En este sentido podemos citar, por ejemplo, al Servicio de Delitos de Odio y Discriminación (a partir de ahora, SDOD) de la Fiscalía Provincial de Barcelona, que ya defendió en su Memoria del año 2015 la necesidad de reformar la agravante de discriminación por presentar, según su criterio, ciertas deficiencias que debían ser corregidas. Concretamente, la institución recordaba que no se encontraban contempladas en la Ley factores discriminatorios como «la edad, la situación familiar o el uso de lenguas oficiales (...), el origen territorial dentro del propio Estado, el aspecto físico» y, como laguna más llamativa, «la situación socio económica de la víctima o "aporofobia"». Expresamente, al respecto señalaba que

> «La inclusión de la "aporofobia" como motivo de discriminación resulta imprescindible, no solo por razones de Justicia y porque su inclusión viene siendo demandada por la propia sociedad civil (...), sino también porque existe una preocupación institucional en relación a este tipo de delitos de odio y así curiosamente vienen siendo contabilizados en las estadísticas de delitos de odio y discriminación desde hace tiempo»[944].

Como última muestra de la preocupación generalizada a nivel institucional, solo tres años después del pronunciamiento de la Fiscalía, el propio Ministerio del Interior se pronunció en este sentido al publicar su Informe de la evolución de los delitos de odio en España del año 2019[945]. En el documento, el Ministerio demostraba que la aporofobia, como factor discriminatorio, se encontraba, en cuanto casos contabilizados (doce en total), por encima de otras circunstancias personales que ya se recogían en el art. 22.4 CP, como el antisemitismo (cinco casos) y las razones de enfermedad (ocho casos). Estos datos permitían concluir que, al menos desde una perspectiva apriorística, existían razones de peso para que la aporofobia integrase la relación de condiciones que agravan la pena en el art. 22.4 CP[946].

---

943 Coincidiendo con DE VICENTE MARTÍNEZ, R. *El discurso del odio...*, *op. cit.*, p. 85.

944 FISCALÍA PROVINCIAL DE BARCELONA. SERVICIO DE DELITOS DE ODIO Y DISCRIMINACIÓN. Memoria del año 2015, p. 40 [fecha de consulta: 17 de abril de 2023]. El texto completo de la Memoria puede consultarse en el siguiente enlace: https://diesdagost.sobrevia.net/gestiobeta/arxius/agost/documents/1484222824Memoria_Servicio_Delitos_de_Odio.pdf.

945 MINISTERIO DEL INTERIOR. Informe de la evolución de los delitos de odio en España, 2019, Disponible en el siguiente enlace: https://www.interior.gob.es/opencms/pdf/archivos-y-documentacion/documentacion-y-publicaciones/publicaciones-descargables/publicaciones-periodicas/informe-sobre-la-violencia-contra-la-mujer/Informe_evolucion_delitos_de_odio_en-Espana_2019_126200207.pdf.

946 De esta manera, también, BUSTOS RUBIO, M. «Aporofobia, motivos discriminatorios..., *op. cit.*, p. 6.

Teniendo en cuenta estos antecedentes, entendemos que la decisión del legislador de añadir la aporofobia como factor discriminatorio penalmente relevante debe valorarse de manera positiva, ya que permite afrontar una realidad social que, según los datos, en estos momentos es incontestablemente relevante en nuestro país. Además, creemos que el legislador ha acertado al utilizar en particular el término «aporofobia» y no el de «situación socioeconómica» (como había propuesto el SDOD de la Fiscalía Provincial de Barcelona), lo que permite excluir del ámbito de aplicación de estos delitos los casos en los que la víctima ha sido elegida como sujeto pasivo por su riqueza, opción que —si se pretende respetar el trasfondo discriminatorio de estas figuras— carece de sentido alguno[947].

Ahora bien, no debe olvidarse que el Derecho penal no es, en ningún caso, la herramienta idónea para transformar la conciencia social o, al menos, no lo es por sí solo. Si el objetivo en este caso es dejar de alimentar la cultura aporófoba en la que vivimos, entonces es imprescindible contar con un firme compromiso de los poderes públicos en torno a políticas que mitiguen los altos índices de pobreza de nuestro país y que, además, fomenten la integración social, «de forma que los ciudadanos no veamos a otras personas, especialmente a los pobres, como diferentes»[948]. Desde nuestro punto de vista, no existe otra vía que pueda asegurar el éxito, porque el problema de la aporofobia no es una cuestión individual sino un fenómeno estructural: como indica el Informe de Violencia Directa, Estructural y Cultural contra personas sin hogar 2006-2016 del Centro de Acogida Assís[949], la sociedad percibe a las personas sin hogar —al igual que a otros grupos caracterizados por ciertos factores— «desde esquemas estereotipados generados a partir de prejuicios» gracias a la manipulación de la opinión pública que las distintas ideologías político-económicas trasladan a los medios de comunicación. De esta forma aparecen, se alimentan y se intentan legitimar los juicios tergiversados y discriminatorios de los que emana la violencia contra las personas pobres.

Teniendo en cuenta cómo funciona este fenómeno, atajar la espiral aporófoba en la que estamos sumidos resulta harto complejo. ¿Cómo va a dejarse únicamente en manos del *ius puniendi* una tarea en la que se encuentran implicadas todas las áreas que influyen en el comportamiento humano? Como bien expresa VIDAURRI ARÉCHIGA[950],

> «Que la dignidad humana merece la más amplia protección jurídica no es algo que amerite mayor discusión, y que tal cosa se haga con el respaldo del Derecho

---

947 Coincidiendo con GARCÍA ÁLVAREZ, P. «La agravante de discriminación..., *op. cit.*, p. 180.

948 En palabras de PÉREZ CEPEDA, A.; BUSTOS RUBIO, M.; BENITO SÁNCHEZ, D. «La aporofobia como agravante penal de discriminación», en *AgendaPública*, 4 de julio de 2020, p. única.

949 CENTRO DE ACOGIDA ASSÍS. Informe de violencia directa, estructural y cultural contra personas sin hogar 2006-2016. 2016, p. 25.

950 VIDAURRI ARÉCHIGA, M. «El derecho penal frente a la aporofobia», en *Revista Criminalia*, n.° Conmemorativo, año LXXXVII, diciembre 2020, p. 309.

penal tiene sentido en la medida del notable valor que se le asigna constitucionalmente. Cosa distinta será, en definitiva, asumir que la pura intervención penal pueda eliminar —o al menos reducir— la conducta discriminadora».

Ante la insuficiencia del Derecho para hacer frente a esta problemática, CORTINA ORTS entiende, y así lo compartimos, que resulta indispensable la construcción de una ética cívica, responsabilidad de toda la sociedad, «que debe transmitirse a través de la educación formal e informal, a través de las escuelas, los medios de comunicación, la ejemplaridad de las figuras relevantes y la configuración de las organizaciones y las instituciones, conformando una peculiar "eticidad"». En caso contrario las leyes funcionarán únicamente «sobre la base de la coacción legal y de la coacción social, cuyas limitaciones han quedado sobradamente demostradas»[951].

Volviendo ahora los cambios introducidos por la reforma del CP de 2021, como ya adelantamos, junto a la aporofobia el legislador ha decidido introducir la «exclusión social» como factor discriminatorio, lo que nos genera muchas dudas. En nuestra opinión, esta modificación no ayuda a colmar ningún vacío legal porque todos los factores diferenciadores que se recogen en los delitos antidiscriminatorios lo están, precisamente, por ser característicos de ciertos colectivos que se encuentran socialmente excluidos.

Por otra parte, ciertamente, no puede perderse de vista que los términos «exclusión social» y «pobreza» no son sinónimos, y que el primero no conlleva necesariamente la concurrencia del segundo. Como bien indican PÉREZ CEPEDA, BUSTOS RUBIO y BENITO SÁNCHEZ,

> «el término exclusión social se refiere a un proceso complejo, multicausal, que puede culminar en un estado de pobreza o no»; es un concepto con un contenido mutable, cambiante y, por ello, no apto para ser empleado en una norma penal»[952].

Ahora bien, lo que sí se puede decir que ocurre en todos los casos es lo contrario; esto es, que una persona que, por encontrarse en situación de pobreza, se entiende que no tiene nada que «dar a cambio» a la sociedad, sufra exclusión social[953]. Lo que intentamos explicar es que este rechazo puede responder a razones que no encuentran relación alguna con la protección de colectivos que han sido histórica y sistemáticamente marginados, que es a fin de cuentas la esencia de los delitos antidiscriminatorios o «de odio». Esta idea se ilustra mejor con el siguiente ejemplo: un sujeto condenado por un delito relacionado con la pederastia, al salir de prisión —o incluso dentro de ella— es altamente probable que sufra exclusión social ya

951 CORTINA ORTS, A. *Aporofobia, el rechazo al pobre...*, *op. cit.*, pp 53-54.

952 PÉREZ CEPEDA, A.; BUSTOS RUBIO, M.; BENITO SÁNCHEZ, D. «La aporofobia como agravante penal..., *op. cit.*, p. única.

953 *Vid.*, a este respecto, LAURENZO COPELLO, P. «El modelo de protección penal de los inmigrantes: de víctimas a excluidos», en *Nuevo Foro Penal*, n.° 71, Enero-Junio 2007, pp. 72 y ss.

que la pederastia es una práctica especialmente repudiada por nuestra sociedad actual. Pero esto no convierte a esta persona en miembro de un colectivo vulnerabilizado en el sentido que requieren los delitos de odio. Y es que no puede identificarse automáticamente el hecho de sufrir exclusión social con el hecho de ser merecedor de una mayor protección desde el punto de vista penal, no solo porque tal afirmación no sería cierta, sino porque no podemos olvidar que esta rama del Derecho es, según sus principios más elementales, la *ultima ratio* de nuestro ordenamiento jurídico, lo que obliga a extremar las precauciones cuando se recurre a ella como medio de tutela y control social[954]. Por lo tanto, si el mismo sujeto del ejemplo, tras cumplir su condena, fuese víctima de un delito por razón de haber perpetrado en el pasado un delito de pederastia, no debería poder aplicarse la agravante de discriminación a su autor. Volveremos sobre esta cuestión más adelante.

2. La «edad»

Pasando ahora a un aspecto distinto de la reforma, vamos a centrarnos en la incorporación de la «edad» como factor discriminatorio penalmente relevante. Para empezar, es importante prestar atención y advertir que lo que se considera un tratamiento discriminatorio es que se lleve a cabo en atención a la «edad» en general, no a la «minoría de edad» (a pesar de que hubiera sido lo coherente teniendo en cuenta la rúbrica de la ley por la que se incorpora este factor); por tanto, los preceptos antidiscriminatorios modificados por la LO 8/2021, de 4 de junio, ven ampliado su ámbito punible no solo cuando el sujeto pasivo sea menor de edad (es decir, menor de dieciocho años), sino también cuando necesita una protección extra debido a su edad avanzada o por tener una edad determinada. En definitiva, con la reforma nuestro legislador ha pasado a dar relevancia penal a lo que la Organización Mundial de la Salud (a partir de ahora, OMS) ha denominado «edadismo»[955], término que hace referencia a los estereotipos (cómo pensamos), los prejuicios (cómo nos sentimos) y la discriminación (cómo actuamos) hacia las personas en función de su edad[956].

Coincido con García Álvarez cuando se plantea la necesidad de incorporar este nuevo factor en todos los preceptos antidiscriminatorios y, especial-

954 Tal y como indica Laurenzo Copello, P. La discriminación por razón de sexo..., *op. cit.*, p. 17.

955 Coincidiendo con García Álvarez, P. «La repercusión de la Ley Orgánica..., *op. cit.*, p. 20.

956 Según la Organización, «El edadismo está presente en numerosas instituciones y sectores de la sociedad», y se calcula que «A nivel mundial, una de cada dos personas son edadistas contra las personas mayores». A lo que añade que este fenómeno «tiene consecuencias graves y de gran alcance para la salud, el bienestar y los derechos humanos de las personas» (OMS. Informe mundial sobre el edadismo - Resumen. 18 de marzo de 2021, pp. 2-3 [fecha de consulta: 14 de febrero de 2023]. Disponible en: https://www.who.int/es/publications/i/item/9789240020504).

mente, si existían verdaderas razones para introducirlo en su vertiente dual. En este sentido, es cierto que la inclusión de la gerontofobia como factor diferenciador penalmente relevante ya había sido demandada en España[957], por ejemplo, por la Fiscalía General del Estado (en su Memoria de 2016); sin embargo, ¿qué hay de la minoría de edad? ¿realmente es un factor diferenciador que permite sostener el carácter discriminatorio penalmente relevante del comportamiento realizado?

Estamos con la autora mencionada cuando dice que la introducción de la «edad» como factor diferenciador penalmente relevante en el art. 314 CP es completamente acertada. No solo porque con este cambio el legislador responde, por fin, a las demandas que venía haciendo parte de nuestra doctrina desde hacía años en este ámbito[958]; sino porque este factor es, sin duda, uno de los que mayor diferencia de trato carente de justificación genera en el ámbito laboral. El propio Estatuto de los Trabajadores, en su art. 17.1, recoge expresamente este factor discriminatorio:

> «Se entenderán nulos y sin efecto los preceptos reglamentarios, las cláusulas de los convenios colectivos, los pactos individuales y las decisiones unilaterales del empresario que den lugar en el empleo, así como en materia de retribuciones, jornada y demás condiciones de trabajo, a situaciones de discriminación directa o indirecta desfavorables **por razón de edad**[959] o discapacidad o a situaciones de discriminación directa o indirecta por razón de sexo, origen, incluido el racial o étnico, estado civil, condición social, religión o convicciones, ideas políticas, orientación o condición sexual, adhesión o no a sindicatos y a sus acuerdos, vínculos de parentesco con personas pertenecientes a o relacionadas con la empresa y lengua dentro del Estado español[960]».

---

957 La propia OMS, en su Informe mundial sobre el edadismo, subraya que «En el caso de las personas mayores, el edadismo se asocia con una menor esperanza de vida, una salud física y mental más deficiente, una recuperación más lenta de la discapacidad y un deterioro cognitivo. (...) reduce la calidad de vida de los adultos mayores, aumenta su aislamiento social y su soledad (ambos asociados a graves problemas de salud), restringe su capacidad de expresar su sexualidad y puede aumentar el riesgo de violencia y abuso contra las personas mayores. El edadismo también puede reducir el compromiso de los jóvenes con la entidad para la que trabajan. (...) contribuye a la pobreza y la inseguridad económica de las personas en la vejez, y en una estimación reciente se demuestra que tiene un costo para la sociedad de miles de millones dólares» (OMS. Informe mundial..., *op. cit.*, p. 3).

958 Cfr., por ejemplo, Baylos Grau, A. P.; Terradillos Basoco, J. M. *Derecho penal del trabajo*, 2.ª edición, Trotta, Madrid, 1997, p. 132; y Navarro Cardoso, F. *Los delitos contra los derechos de los trabajadores*, Tirant lo Blanch, Valencia, 1998, p. 121.

959 Negritas añadidas.

960 Art. 17.1 del Real Decreto Legislativo 2/2015, de 23 de octubre, por el que se aprueba el texto refundido de la Ley del Estatuto de los Trabajadores. El texto completo de la Ley puede consultarse en el siguiente enlace: https://www.boe.es/buscar/act.php?id=-BOE-A-2015-11430.

Como perspicazmente señala García Álvarez[961], en el ámbito laboral, la edad del sujeto pasivo no se convertirá normalmente en un factor diferenciador que lo coloque en una situación deficitaria frente al resto de trabajadores cuando se trate de un menor de edad, sino cuando el sujeto en cuestión supere una edad determinada (concretamente, cuarenta y cinco años)[962].

No obstante, no consideramos acertada la previsión del factor «edad» en otros delitos antidiscriminatorios, como los arts. 511, 512 y 22.4 CP. En el caso de los dos primeros preceptos, porque no creemos que pueda afirmarse que la edad tenga, con carácter general, una relevancia constatada en el ámbito de las prestaciones de servicios (ya sean públicas o privadas). En este sentido, debe tenerse en cuenta que, aunque el legislador, con la LO 8/2021, de 4 de junio, ha aprovechado para dar cierta uniformidad al catálogo de factores discriminatorios de los arts. 314, 511 y 512 CP, lo cierto es que el art. 314 CP recoge tres que no comparten los arts. 511 y 512 CP: «ostentar la representación legal o sindical de los trabajadores», «el parentesco con otros trabajadores de la empresa» y «el uso de alguna de las lenguas oficiales del Estado español». Coincidimos con García Álvarez[963] cuando dice que estas diferencias prueban que no todos los factores que pueden diferenciar a una persona del resto de la población deben tener automáticamente trascendencia en todos los delitos antidiscriminatorios, ya que cada uno se ocupa de una parcela distinta y específica del fenómeno.

Al margen de lo anterior, es preciso destacar que los arts. 511 y 512 CP han sido escasamente aplicados por las dificultades que generan a la hora de determinar la conducta típica[964]. Ambos precisan la denegación de una

---

961 García Álvarez, P. «La repercusión de la Ley Orgánica..., *op. cit.*, p. 22.

962 Así lo recoge el grupo de investigación ALTER (Departamento de Trabajo Social de la Universidad Pública de Navarra: Miguel Laparra, Nerea Zugasti, Lucía Martínez Virto, Paola Damonti, Javier Arza, Rubén Lasheras, Patricia Azcona, Izaskun Andueza y Ángel García) en *Los perfiles de la discriminación en España: Análisis de la encuesta CIS-3.000. Percepción de la discriminación en España, Ministerio de Sanidad, Servicios Sociales e Igualdad, Madrid, 2014*, p. 93. Disponible en el siguiente enlace: https://www.unavarra.es/digitalAssets/168/168636_100000Los-perfiles-de-la-discriminacion-en-Espania.pdf.

963 García Álvarez, P. «La repercusión de la Ley Orgánica..., *op. cit.*, p. 23.

964 Hasta el año 2013, el art. 511 CP no había sido aplicado en ninguna ocasión, y el art. 512 CP, solo en tres: STSS (Sala 2.ª) 1089/1998, de 29 de septiembre; y 942/2001, de 21 de mayo; y Sentencia de la Audiencia Provincial (en adelante, SAP) de Valencia 119/2010, de 23 de febrero. Desde entonces, el art. 511 sigue sin aplicarse, y el 512 solo ha vuelto a aplicarse en tres ocasiones: en la SAP de Albacete 186/2017, de 27 de abril; en la SAP de Almería 390/2017, de 17 de octubre; y en el Auto 504/2021, de la AP de Donostia-San Sebastián, de 23 de julio. Tal y como recoge García Álvarez, P. «Protección penal frente a la discriminación racial y étnica: la discriminación de los extranjeros», en *Discriminación racial y étnica: balance de la aplicación y eficacia de las garantías normativas*, obra colectiva, coordinadores José García Añón y Mario Ruiz Sanz, Publicacions de la Universitat de València, Valencia, 2013, pp. 241-242; y La misma. «La repercusión de la Ley Orgánica..., *op. cit.*, p. 30.

prestación a la que el sujeto pasivo tenga «derecho», a lo que se añade en el art. 512 CP la dificultad que implica compatibilizar la intervención del Derecho penal con el principio de libertad de mercado y con la autonomía de la voluntad[965]. Por tanto, dudamos seriamente que la incorporación de la edad como factor discriminatorio, sin relevancia constatada en este ámbito, vaya a redundar en una mayor operatividad práctica de los mismos[966].

Tampoco creemos que fuera necesario incluir la «edad» como factor diferenciador penalmente relevante en el art. 22.4 CP. Es cierto que, tal y como ocurría con el art. 314 CP, en este caso también se venía demandando la incorporación de este factor en el catálogo que recoge el precepto (así lo hacía, por ejemplo y como ya mencionamos, el SDOD de la Fiscalía Provincial de Barcelona en su Memoria de 2015); sin embargo, no entendemos en qué casos puede tener operatividad práctica esta agravante en atención al mismo. Si lo que pretende el legislador con su inclusión es castigar más gravemente los casos en los que el sujeto activo elige a su víctima por tener esta una edad que la convierte en persona especialmente vulnerable —por ejemplo, por ser ya anciana, o bien por ser un bebé—, entonces no había motivo para reformar el Código porque ya existía una circunstancia que agravaba el delito en caso de ser cometido «con abuso de superioridad» (art. 22.2 CP), superioridad esta que puede desprenderse, precisamente, de la diferencia de edad —tanto sensiblemente inferior como superior— entre sujetos activo y pasivo del delito. Por otra parte, en los casos en que el delito cometido tenga ya en consideración la minoría de edad del afectado como motivo de agravación de la pena, tampoco podrá ser aplicada la agravante ya que, en caso contrario, se vulneraría el principio *non bis in idem*[967].

Por encima de lo anterior, estamos de acuerdo con González Tascón cuando cuestiona que los menores de edad como colectivo sean objeto «de prejuicios o estigmas sociales»[968] que los sitúen en una posición de vulnerabilización social. Sencillamente, la supuesta necesidad de incorporar la minoría de edad del sujeto pasivo del delito como factor discriminatorio no se corresponde con la realidad criminológica española.

Para terminar, a pesar de que, como hemos dicho, no consideramos que fuera necesaria la reforma de la agravante de discriminación, ya que el legislador ha decidido incluir en su tenor literal la referencia a la «edad», creemos que es coherente que se haya incorporado este factor diferenciador en el art.

965 Para un estudio detallado de esta cuestión en concreto, cfr. García Álvarez, P. *El Derecho Penal y la discriminación..., op. cit.*, pp. 206 y ss.

966 Coincidiendo con García Álvarez, P. «La repercusión de la Ley Orgánica..., *op. cit.*, p. 24.

967 De esta manera, también, García Álvarez (*vid. Ibídem*, pp. 24-25).

968 González Tascón, M. M. «Observaciones a las novedades introducidas por la Ley Orgánica de protección integral a la infancia y a la adolescencia frente a la violencia en relación con la materia penal», en *Diario La Ley*, n.º 9902, 2021, p. 6.

515.4 CP. Ahora bien, nos parece muy acertado el apunte que hace García Álvarez en relación con este precepto:

> «en la medida que al Derecho penal lo que le corresponde en materia de asociaciones ilícitas es concretar las que han de serlo en desarrollo del artículo 22 de la Constitución Española (CE) y que no puede limitarse excesiva e injustificadamente el derecho fundamental a la libre asociación reconocido en ese mismo artículo, las asociaciones a las que se refiere este apartado solo deberán ser reputadas ilícitas cuando estas promuevan o inciten a la comisión de discriminaciones o de violencias discriminatorias delictivas»[969].

3. La «identidad de género» y la «identidad sexual»

Al margen de los cambios ya mencionados, se ha incorporado a la lista de factores diferenciadores de los arts. 22.4, 314, 511, 512 y 515.4 CP la «identidad de género», a la que se añade, en todos los preceptos mencionados menos en la agravante de discriminación, el factor la «identidad sexual». Pero, ¿qué es lo que se pretende proteger en cada uno de estos casos?

Desde nuestro punto de vista, tiene razón González Tascón[970] cuando dice que nuestro legislador ha desaprovechado la reforma para referirse de manera más precisa a la discriminación que puede surgir como consecuencia del rechazo hacia ciertas personas por motivos relacionados con la identidad sexual o de sexo. La reforma no tiene en cuenta que este es «un concepto amplio que alude al aspecto psicológico de la sexualidad de un individuo desde lo corpóreo», ni tampoco que, poco a poco, la jurisprudencia ha ido reconociendo la irrelevancia del sexo biológico en las relaciones jurídicas[971]. Al margen de lo anterior, se viene entendiendo que la identidad sexual estaría compuesta por la identidad de género, que expresa la «experiencia individual e interna profundamente sentida de una persona acerca del género que puede corresponder o no al sexo que se le asignó al nacer»[972]; la orientación sexual, que se refiere a la «capacidad de toda persona de sentir una profunda atracción emocional, afectiva y sexual por personas de diferente género (heterosexual) o del mismo género (homosexual), o de más de un género (bisexual o pansexual), y de tener relaciones íntimas y sexuales con

---

969 García Álvarez, P. «La repercusión de la Ley Orgánica..., *op. cit.*, pp. 25-26.

970 González Tascón, M. M. «Observaciones a las novedades..., *op. cit.*, p. 5.

971 *Vid.*, en este sentido, la STS, Sala 1.ª, n.º 929/2007, de 17 de septiembre, F. J. 4.

972 Según la UNESCO, «Esto incluye un sentido personal del cuerpo que puede involucrar, si se elige libremente, la modificación de la apariencia o función corporal (por medios médicos, quirúrgicos u otros)» (UNESCO. Orientaciones técnicas internacionales sobre educación en sexualidad. Un enfoque basado en evidencia [en línea]. París, 2018, p. 120 [fecha de consulta: 17 de febrero de 2023]. Disponible en: https://unesdoc.unesco.org/ark:/48223/pf0000265335).

ellas»[973]; y el rol de género, que integra el conjunto de normas sociales y de comportamiento que un determinado colectivo social percibe generalmente como adecuadas para los hombres y las mujeres en función de su construcción social de la feminidad y de la masculinidad[974].

En este sentido, y como bien demanda la autora antes mencionada, sería deseable una mejor redacción de los tipos penales discriminatorios que evitase los solapamientos y no hiciera evidente que, posiblemente, «el nivel de comprensión del Legislador sobre esas realidades es casi equiparable al del común de los ciudadanos»[975]. En realidad, habría sido suficiente con mencionar en estos preceptos la orientación sexual, la identidad de género y las razones de género, y ver cómo se encauza legislativamente la polémica cuestión de la concreción de los derechos de igualdad y no discriminación del colectivo de lesbianas, gais, bisexuales, transgénero, intersexuales y personas con orientación sexual, identidad y expresión de género y características sexuales diversas (en adelante, LGBTIQ+). Se viene trabajando desde hace años en esta materia concreta, pero lo cierto es que la problemática parece lejos de estar resuelta. Como ejemplo de ello podemos citar el borrador de Anteproyecto de ley para la igualdad de las personas LGTBI y para la no discriminación por razón de orientación sexual, identidad de género, expresión de género o características sexuales, de 2 de febrero de 2021, en cuyo art. 4, que pretende definir varios conceptos básicos, ya se encuentran fusionados los conceptos de «identidad sexual» y de «identidad de género»[976].

4. La nueva cláusula *in fine* del art. 22.4 CP

Una última modificación que ha traído consigo la LO 8/2021, de 4 de junio, ha sido la introducción en el art. 22.4 CP de una cláusula *in fine* que permite aplicar esta agravante con independencia de que los factores diferenciadores que recoge concurran efectivamente en el sujeto sobre el que recaiga la conducta típica. Lo primero que debe decirse respecto a este cambio es que ya había sido aconsejado por el SDOD de la Fiscalía Provincial de Barcelona en su Memoria del año 2015[977]. Para justificar su posicionamiento, la institución argumentaba que esta fórmula es la que defiende la OSCE en su definición de delito de odio y la que ha adoptado EE. UU. en su Ley Matthew Shepard para la Prevención de Crímenes de Odio, la cual —si recordamos— considera que concurre esta categoría delictiva siempre que la acción se cometa

973 *Vid. Ibídem*, p. 120.

974 Tal y como explica González Tascón, M. M. «Observaciones a las novedades..., *op. cit.*, p. 6.

975 En palabras de González Tascón (*vid. Ibídem*, p. 6).

976 Siguiendo las explicaciones de González Tascón (*vid. Ibídem*, p. 6).

977 Fiscalía Provincial de Barcelona. SERVICIO DE DELITOS DE ODIO Y DISCRIMINACIÓN. Memoria del año 2015..., *op. cit.*, p. 41.

«por la real o percibida raza, color u origen nacional, o por la real o supuesta religión, origen nacional, género, orientación sexual, identidad de género o discapacidad».

Pues bien, a pesar de esta pretendida justificación, debemos puntualizar que no compartimos las consideraciones del SDOD de la Fiscalía Provincial de Barcelona porque conlleva una excesiva ampliación del ámbito de aplicación de la agravante[978] que genera una enorme inseguridad jurídica[979] y, por consiguiente, vulnera el principio de legalidad. De hecho, otra institución de peso en España tomó posición a este respecto solo un año después de hacerlo el organismo catalán y confirmó la argumentación que aquí defendemos: nos referimos a la Fiscalía para la Tutela Penal de la Igualdad y contra la Discriminación, que afirmó en la Memoria de la Fiscalía General del Estado de 2016 que el art. 22.4 CP, con su regulación anterior, se trataba en todo caso «de un catálogo cerrado en el que se *echaban* en falta algunos supuestos, como son los de aporofobia y gerontofobia», pero no aconsejaba en ningún momento la introducción de una cláusula *in fine* como la que proponía el SDOD de la Fiscalía Provincial de Barcelona.

Sin embargo, con la entrada en vigor de la LO 8/2021, de 4 de junio, el legislador ha tomado postura en sentido contrario al que aquí defendemos, lo que nos parece el colmo de la inconveniencia y de la falta de tiento. En primer lugar, porque esta modificación implica la ampliación, esta vez descarada, del contenido del art. 22.4 CP, que ya era suficientemente extenso[980]. Y, en segundo lugar, por pura lógica: si, en efecto, el sujeto pasivo del delito no posee el factor caracterizador —sea cual sea— que la convierte en una persona especialmente susceptible de sufrir actos violentos o discriminatorios por pertenecer a un colectivo que se encuentra en situación de vulnerabilización social, ¿qué clase de discriminación pretende castigar el legislador, aparte del daño que ya lleva aparejado el delito base? Definitivamente, esta configuración legal no tiene ningún sentido.

---

978 En este sentido, no puede perderse de vista que «ningún derecho penal de inspiración constitucional y democrática puede ser potestativamente expansivo», tal y como argumenta en su voto particular a la STS (Sala 2.ª) 4/2017, de 18 de enero [en la que condena al cantante César Strawberry por una serie de comentarios publicados en Twitter que fueron calificados por el Tribunal como enaltecimiento del terrorismo y humillación a sus víctimas (art. 578 CP)], el magistrado Perfecto Andrés Ibáñez. Una valoración de los hechos que motivaron esta sentencia podemos encontrarla en Castellví Monserrat, C. «¿Prohibir el enaltecimiento del terrorismo vulnera la libertad de expresión?», en *Un modelo integral de Derecho penal. Libro homenaje a la profesora Mirentxu Corcoy Bidasolo*, obra colectiva, coordinadores Vicente Valiente Ibáñez y Guillermo Ramírez Martín, Agencia Estatal Boletín Oficial del Estado, Madrid, 2022, pp. 1.047-1.057.

979 Coincidiendo con García Álvarez, P. «La agravante de discriminación..., *op. cit.*, p. 180.

980 Debe tenerse en cuenta que, a partir de la reforma, se desvalora, sin discusión posible, la discriminación por asociación y por error. De esta manera, González Taccón, M. M. «Observaciones a las novedades..., *op. cit.*, p. 6.

E. La LO 6/2022, de 12 de julio, complementaria de la Ley 15/2022, de 12 de julio, integral para la igualdad de trato y la no discriminación, de modificación de la LO 10/1995, de 23 de noviembre, del Código Penal

La LO 6/2022, de 12 de julio, está formada por un único artículo que se encarga de modificar dos preceptos antidiscriminatorios del Código Penal: el art. 22.4 y los dos primeros apartados del art. 510, para incluir en ellos nuevos factores diferenciadores que deben caracterizar al sujeto pasivo de la conducta. Lo primero que debe criticarse, aún sin entrar a analizar propiamente los cambios introducidos por la Ley, es que el legislador no haya decidido modificar conjuntamente todos los preceptos antidiscriminatorios (es decir, los arts. 22.4, 314, 510, 511, 512, 515.4 y 607 CP), especialmente cuando uno de los cambios que trae consigo la reforma es la inclusión de los muy demandados «motivos antigitanos» en el catálogo de factores discriminatorios. Al menos, la nueva LO palia uno de los defectos de la reforma de 2021 al introducir en el art. 510 CP, al lado del factor mencionado, la «aporofobia»[981]. Veamos, a continuación, cómo queda el contenido de los arts. 22.4 y 510, apartados 1 y 2, CP, tras la entrada en vigor de la LO 6/2022, de 12 de julio:

Art. 22:

«Son circunstancias agravantes (...)

4.ª Cometer el delito por motivos racistas, antisemitas, antigitanos u otra clase de discriminación referente a la ideología, religión o creencias de la víctima, la etnia, raza o nación a la que pertenezca, su sexo, edad, orientación o identidad sexual o de género, razones de género, de aporofobia o de exclusión social, la enfermedad que padezca o su discapacidad, con independencia de que tales condiciones o circunstancias concurran efectivamente en la persona sobre la que recaiga la conducta».

Art. 510 CP:

«1. Serán castigados con una pena de prisión de uno a cuatro años y multa de seis a doce meses:

a) Quienes públicamente fomenten, promuevan o inciten directa o indirectamente al odio, hostilidad, discriminación o violencia contra un grupo, una parte del mismo o contra una persona determinada por razón de su pertenencia a aquel, por motivos racistas, antisemitas, antigitanos u otros referentes a la ideología, religión o creencias, situación familiar, la pertenencia de sus miembros a una etnia, raza o

981 El texto completo de la LO 6/2022, de 12 de julio, puede consultarse en el siguiente enlace: https://www.boe.es/diario_boe/txt.php?id=BOE-A-2022-11588.

nación, su origen nacional, su sexo, orientación o identidad sexual, por razones de género, aporofobia, enfermedad o discapacidad.

b) Quienes produzcan, elaboren, posean con la finalidad de distribuir, faciliten a terceras personas el acceso, distribuyan, difundan o vendan escritos o cualquier otra clase de material o soportes que por su contenido sean idóneos para fomentar, promover, o incitar directa o indirectamente al odio, hostilidad, discriminación o violencia contra un grupo, una parte del mismo, o contra una persona determinada por razón de su pertenencia a aquel, por motivos racistas, antisemitas, antigitanos u otros referentes a la ideología, religión o creencias, situación familiar, la pertenencia de sus miembros a una etnia, raza o nación, su origen nacional, su sexo, orientación o identidad sexual, por razones de género, aporofobia, enfermedad o discapacidad.

c) Quienes públicamente nieguen, trivialicen gravemente o enaltezcan los delitos de genocidio, de lesa humanidad o contra las personas y bienes protegidos en caso de conflicto armado, o enaltezcan a sus autores, cuando se hubieran cometido contra un grupo o una parte del mismo, o contra una persona determinada por razón de su pertenencia al mismo, por motivos racistas, antisemitas, antigitanos, u otros referentes a la ideología, religión o creencias, la situación familiar o la pertenencia de sus miembros a una etnia, raza o nación, su origen nacional, su sexo, orientación o identidad sexual, por razones de género, aporofobia, enfermedad o discapacidad, cuando de este modo se promueva o favorezca un clima de violencia, hostilidad, odio o discriminación contra los mismos.

2. Serán castigados con la pena de prisión de seis meses a dos años y multa de seis a doce meses:

a) Quienes lesionen la dignidad de las personas mediante acciones que entrañen humillación, menosprecio o descrédito de alguno de los grupos a que se refiere el apartado anterior, o de una parte de los mismos, o de cualquier persona determinada por razón de su pertenencia a ellos por motivos racistas, antisemitas, antigitanos u otros referentes a la ideología, religión o creencias, situación familiar, la pertenencia de sus miembros a una etnia, raza o nación, su origen nacional, su sexo, orientación o identidad sexual, por razones de género, aporofobia, enfermedad o discapacidad, o produzcan, elaboren, posean con la finalidad de distribuir, faciliten a terceras personas el acceso, distribuyan, difundan o vendan escritos o cualquier otra clase de material o soportes que por su contenido sean idóneos para lesionar la dignidad de las personas por representar una grave humillación, menosprecio o descrédito de alguno de los grupos mencionados, de una parte de ellos, o de cualquier persona determinada por razón de su pertenencia a los mismos.

b) Quienes enaltezcan o justifiquen por cualquier medio de expresión pública o de difusión los delitos que hubieran sido cometidos contra un grupo, una parte del mismo, o contra una persona determinada por razón de su pertenencia a aquel por motivos racistas, antisemitas, antigitanos u otros referentes a la ideología, religión o creencias, situación familiar, la pertenencia de sus miembros a una etnia, raza o nación, su origen nacional, su sexo, orientación o identidad sexual, por razones de género, aporofobia, enfermedad o discapacidad, o a quienes hayan participado en su ejecución.

Los hechos serán castigados con una pena de uno a cuatro años de prisión y multa de seis a doce meses cuando de ese modo se promueva o favorezca un clima de violencia, hostilidad, odio o discriminación contra los mencionados grupos».

Con respecto a la primera de las modificaciones que hemos dicho que trae consigo la reforma de 2022 (la introducción de los «motivos antigitanos» como factor diferenciador penalmente relevante), debe reconocerse que esta se encuentra en la línea de las demandas que venían haciéndose a nivel europeo en materia antidiscriminatoria[982] desde hacía décadas. Como ejemplo podemos citar la Recomendación n.º 3 de Política General de la ECRI titulada «La lucha contra el racismo y la intolerancia hacia los roma/gitanos», de 6 de marzo de 1998[983], que da una serie de orientaciones generales para combatir el rechazo contra la población gitana; o la Recomendación de Política General n.º 13 de la ECRI sobre la lucha contra el antigitanismo y las discriminaciones contra Romaníes/Gitanos, adoptada el 24 de junio de 2011[984]. Esta última Recomendación es ya mucho más elaborada que la anterior y, según la FUNDACIÓN SECRETARIADO GITANO, «expone de forma clara el efecto que la discriminación tiene en muchos ámbitos de la vida de las personas gitanas, mostrando el vínculo del antigitanismo con la situación de desventaja y de desigualdad que sufre el pueblo gitano en Europa». Entre otras cosas, el análisis de la ECRI permite

«proponer un cambio de enfoque en las políticas sobre el pueblo gitano, (...) supone dejar de hablar de la "cuestión gitana" (una expresión que pone el acento en la comunidad gitana, lo que supone una cierta culpabilización de la misma), para pasar a hablar de la "cuestión del antigitanismo", que es donde reside el verdadero problema; se trata, (...), de localizar en la sociedad mayoritaria esos procesos de exclusión y de discriminación, y de invertir muchos más esfuerzos en educar a la sociedad mayoritaria para desmantelar los prejuicios y estereotipos que mantiene sobre el pueblo gitano»[985].

---

982 De esta manera se explica en ANÓN. «El antigitanismo se recogerá como delito de odio en el Código Penal», Fundación Secretariado Gitano, 1 de junio de 2022, p. única [fecha de consulta: 25 de febrero de 2023]. Disponible en el siguiente enlace: https://www.gitanos.org/actualidad/archivo/136052.html.

983 El texto completo de esta Recomendación puede consultarse en el siguiente enlace: https://rm.coe.int/ecri-general-policy-recommendation-no-3-on-combating-racism-and-intole/16808b5a3b.

984 El texto completo de la Recomendación puede consultarse en el siguiente enlace: https://rm.coe.int/ecri-general-policy-recommendation-no-13-on-combating-anti-gypsyism-an/16808b5aef.

985 En palabras de SÁEZ DEL ÁLAMO, J. «Las recomendaciones de ECRI sobre el antigitanismo» [en línea], en *Fundación Secretariado Gitano*, s. f. , p. única [fecha de consulta: 25 de febrero de 2023]. Disponible en: https://www.informesdiscriminacion.gitanos.org/a-fondo/las-recomendaciones-de-ecri-sobre-el-antigitanismo.

Sin ninguna duda, los esfuerzos que se vienen realizando a nivel internacional para reconocer y luchar contra la discriminación que sufre el pueblo gitano deben valorarse de manera positiva; ahora bien, debe decirse que España no se estaba quedando atrás en este sentido. Ciertamente, antes de 2022 los «motivos antigitanos» no estaban previstos en el Código con esta terminología, pero eso no significa que nuestro legislador viniera negando la situación de vulnerabilización social —y, en consecuencia, la necesidad de una especial protección— que sufre este colectivo: como bien indica la definición que dio la ECRI en 2011,

> «El antigitanismo es una forma específica de racismo una ideología basada en la superioridad racial, una forma de deshumanización y de racismo institucional alimentado por una discriminación histórica, que se manifiesta, entre otras cosas, por la violencia, el discurso del odio, la explotación y la discriminación en su forma más flagrante»[986].

Si atendemos a esta definición y entendemos el antigitanismo como una forma de racismo, surge un problema de aplicabilidad evidente: la raza lleva incluida en el catálogo de factores diferenciadores del sujeto pasivo de los delitos antidiscriminatorios desde que comenzó a regularse desde el Derecho Penal esta materia; por tanto, la previsión por separado de los «motivos antigitanos» no solo no supone ninguna novedad sino que, además, genera mayores problemas a nivel interpretativos y, por ende, mayor inseguridad jurídica en este ámbito. Estos efectos se deben, sin ninguna duda, a un aspecto concreto de la regulación española en esta materia: que puedan considerarse delitos antidiscriminatorios o de odio, en la mayoría de los casos[987], los ataques dirigidos contra los integrantes de colectivos delimitados por sus «estatus» (orientación sexual, etnia, sexo, etc.) y no por su pertenencia a una de las «clases» que integran dichos «estatus» (hetero u homosexuales, gitanos o payos, mujer u hombre, etc.). Esta opción abre la puerta a que los mencionados delitos «protejan a todos los colectivos incardinables en alguno de los concretos estatus de los que habla, independientemente de si el mismo había sido o estaba siendo objeto de discriminación o no»[988], lo que carece de sentido desde la postura que venimos manteniendo en la presente investigación. Por eso, en nuestra opinión sería deseable que nuestro legisla-

986 Nicolae, Representante Especial del Secretario General del Consejo de Europa para Asuntos del Pueblo Gitano, y activista gitano, añade a la definición de la ECRI que «Los discursos y representaciones del mundo de la política, la academia y la sociedad civil, la segregación, la deshumanización, la estigmatización, así como la agresión social y la exclusión socio-económica son otras formas de propagación del antigitanismo» (en FSG. Discriminación y Comunidad Gitana 2016. Informe Anual FSG. Número especial sobre antigitanismo. Fundación Secretariado Gitano, p. 75).

987 Decimos «en la mayoría de los casos» porque esta opción tiene dos excepciones: la de los colectivos gitano y judío, que sí se mencionan expresamente en la regulación.

988 En palabras de Galán Muñoz, A. Delitos de odio, discurso del odio..., *op. cit.*, p. 49.

dor hiciera referencia, únicamente, a aquellos «estatus» que, en efecto, son característicos de colectivos en situación de vulnerabilidad social.

Ahora bien, esta opción no está exenta de problemas. Aunque, ciertamente, ayudaría mucho a clarificar cómo deben interpretarse este tipo de preceptos, implica una dificultad evidente: ¿en virtud de qué criterios deben elegirse los factores diferenciadores o estatus que merecen tener relevancia desde el punto de vista penal? Desde nuestro punto de vista, la identificación de estos factores es una cuestión que no puede responderse únicamente desde esta rama del Derecho, sino que merece un estudio detallado que aúne a profesionales de disciplinas diversas (la Sociología, el Trabajo Social, la Psicología, etc.) que tengan un contacto directo con personas en situación de vulnerabilidad social o las entidades que las representan[989]. Por tanto, consideramos que no es este el lugar adecuado para dar una respuesta a nuestra pregunta.

Lo anterior nos deja, al menos por ahora, una sola posibilidad de establecer el catálogo de factores diferenciadores que merecen relevancia penal sin dejar de lado a ningún colectivo necesitado de especial protección: delimitar a los sujetos pasivos en virtud de la «clase» a la que pertenecen y, para evitar caer en el sinsentido de proteger más intensamente a aquellos que no están discriminados, exigir la necesidad de probar que el sujeto, por el hecho de pertenecer al colectivo de que se trate, se encuentra socialmente marginado porque el colectivo al que pertenece lo está. Es decir, no bastaría con que el sujeto pasivo estuviera caracterizado por una de las notas que recoge el precepto penal discriminatorio, sino que se evidenciara que, por razón de poseer esa nota característica, ha sido colocado en una posición deficitaria que lo deja en una situación de *infraprotección*[990] frente al resto de la sociedad.

Dicho esto, lo que está claro es que la reforma de 2022 se debería haber aprovechado para aliviar la confusión existente en relación con estos artículos y no para hacer exactamente lo contrario: si queremos mantener los «motivos antigitanos», entonces hay que eliminar la referencia a la «etnia» y a la «raza», y si se comprueba que hay otro colectivo étnico o racial que precisa una especial protección por haber sido objeto de una discriminación histórica —como puede ser, por ejemplo, el colectivo afroamericano—,

989 De esta manera, podrá obtenerse un conocimiento fidedigno tanto de los problemas sociales que existen actualmente como de la discriminación histórica que vienen sufriendo ciertos colectivos (de esta manera, Ibarra, E. En: Movimiento contra la intolerancia. Leyes de Delitos de Odio..., *op. cit.*, pp. 46-47). Lawrence, por ejemplo, considera que las características que deben protegerse son las que implican líneas de fisura social; esto es, las divisiones profundas que atraviesan la historia social de una cultura (Traducción libre. Lawrence, F. M. «Enforcing bias-crime laws without bias: evaluating the disproportionate-enforcement critique», en *Law and Contemporary Problems*, vol. 66, 2003, p. 51).

990 Cursivas añadidas.

o bien porque actualmente se encuentra en una situación de discriminación, entonces habrá que preverlo por separado.

Ahora bien, la confusión que plantea la regulación de estos tipos no termina aquí, puesto que, como apuntamos en epígrafes anteriores[991], hay factores discriminatorios que se prevén en nuestro CP que se solapan entre sí. Esto ocurre, por ejemplo, con la «etnia» y la «raza», que son difíciles de diferenciar. LANDA GOROSTIZA considera que mientras que la discriminación racial atiende exclusivamente al color de la piel como factor identificativo del colectivo en cuestión, la discriminación étnica tiene en cuenta muchos otros factores (lengua, cultura, historia, religión, etc.)[992/993]; por tanto, podríamos suprimir la referencia a la «raza» —y ahora, también, al «antigitanismo»—, conservando la de la «etnia», sin dejar desprotegido a ningún grupo de los que aquella pretende salvaguardar. Es más, podríamos, incluso, eliminar la referencia a la «religión» y a las «creencias», cuya previsión junto a la «ideología» también genera dudas. Lo explicamos a continuación.

Los tres factores diferenciadores recién mencionados tienen en común que pertenecen al mundo del pensamiento; ahora bien, ¿tiene cada uno de ellos, de forma independiente, autonomía suficiente como para preverse de manera separada, o por el contrario podemos decir que se trata de términos sinónimos? En realidad, por «creencias» podríamos entender las religiosas, y por «religión», más que el hecho de pertenecer a una religión determinada, lo mismo, de manera que uno de estos dos términos resultaría redundante. Sin embargo, si definimos la ideología como el conjunto de opiniones que tiene una persona en torno a la política, y la religión como sus ideas acerca del más allá, lo trascendente o la relación con lo divino, entonces podemos entender que las creencias se refieren a las concepciones personales que no sean ni políticas ni religiosas y salvar así la duplicidad anterior. Pero esta interpretación tampoco soluciona la problemática ya que nos obliga a plantearnos si las creencias tienen en realidad trascendencia suficiente para constituir fac-

---

991 *Vid.* pp. 328 y 329 de la presente investigación.

992 LANDA GOROSTIZA, J. M. *La intervención penal..., op. cit.*, pp. 53-55. Le sigue, GARCÍA ÁLVAREZ, P. *El Derecho Penal y la discriminación..., op. cit.*, p. 65.

993 El TEDH considera, por el contrario, que
«Mientras la noción de raza está basada en la idea de clasificación biológica de los seres humanos en subespecies según características morfológicas como el color de la piel o características faciales, la etnicidad tiene su origen en la idea de grupos sociales marcados por una nacionalidad común, afiliación tribal, creencias religiosas, lenguaje compartido u orígenes y antecedentes culturales y tradicionales (...). Una discriminación debido a la etnicidad (...) de una persona es una forma de discriminación racial» (STEDH, Sección 2.ª, 55762/00, caso Timishev c. Rusia, de 13 de diciembre de 2005).

tores discriminatorios relevantes en el ámbito del Derecho penal[994/995], lo que tendríamos que responder, sin ninguna duda, de forma negativa.

Así las cosas, desde nuestro punto de vista y en aras a salvaguardar el principio de *ultima ratio*, la referencia a las «creencias» debería ser suprimida en todos los catálogos discriminatorios que recoge nuestro CP. Además, teniendo en cuenta que la noción de «etnia» que venimos defendiendo engloba, también, la de «religión», esta última también debería eliminarse. En cuanto a la referencia a la «ideología», consideramos, al margen de lo ya expuesto, que su previsión como factor discriminatorio no está justificada de acuerdo con la sociedad española actual, puesto que no puede decirse que exista entre nosotros ningún colectivo que se encuentre en situación de vulnerabilidad o de marginación por este motivo.

Otros factores cuya previsión por separado puede resultar dudosa son la «nación» y el «origen nacional»[996], etc. Desde nuestro punto de vista, es necesario que el legislador aclare de una vez por todas cuál es el significado que le da a cada uno de estos conceptos, y que, en todo caso, justifique la especial protección que precisa el grupo caracterizado por el factor en cuestión.

Aparte de lo anterior, creemos que hay factores de los que se recogen en los preceptos discriminatorios que, actualmente, carecen de relevancia real como para formar parte del catálogo de factores diferenciadores del sujeto pasivo. Tal es el caso, sin duda, de los motivos antisemitas, cuya referencia es reconducible a otros factores discriminatorios y, además, parece que solo se sustenta desde el punto de vista histórico[997]. Lo mismo ocurre con la

---

994 Cfr., en este sentido, GARCÍA ÁLVAREZ, P. *El Derecho Penal y la discriminación...*, *op. cit.*, pp. 61-62).

995 Con respecto a la religión surge una pregunta importante: ¿se considera incluida cualquiera de ellas o es necesario que cumpla determinados requisitos? Según explica BORJA JIMÉNEZ, solo las verdaderas confesiones religiosas pueden gozar de protección penal. En su opinión, cumplen este requisito aquellas que, en primer lugar, tienen una base dogmática sólida y una motivación de carácter espiritual (no material) que agrupe a sus fieles; y, en segundo lugar, aquellas en las que tanto el ingreso como la decisión de permanecer depende efectivamente de la voluntad de sus miembros. Así las cosas, entiendo que este factor discriminatorio no debe reducir su aplicación a las religiones inscritas en el Registro de Entidades Religiosas, sino que deben incluirse todas aquellas que cumplan las condiciones mencionadas anteriormente. BORJA JIMÉNEZ, E. *Violencia y criminalidad racista...*, *op. cit.*, pp. 260-263.

996 El término nación hace referencia, sin duda, a la pertenencia a un determinado país. Por su parte, el concepto de origen nacional permite acoger sin dificultades el ser de una determinada zona del país, sin que esto pueda limitarse a una nacionalidad interna (así, por ejemplo, el ser del sur, del norte, del campo o de un pueblo). En cambio, como no existe una manifestación expresa del legislador al respecto, entiendo que no puede incluirse dentro este factor el hacer uso o no de una determinada lengua (que sí se incluye expresamente, sin embargo, en el ámbito del artículo antidiscriminatorio 314 CP).

997 En nuestra opinión, no puede decirse que el antisemitismo constituya una problemática con entidad propia en la realidad social de nuestro país. La cuestión antisemita no ha

«situación familiar»[998], de la que no creemos que pueda decirse que constituye una fuente de desvalorización social en la España actual. Desde nuestro punto de vista, creemos que ambos factores diferenciadores deberían ser eliminados del catálogo de los delitos antidiscriminatorios de nuestro CP.

En el caso del factor diferenciador «sexo», creemos que tiene razón García Álvarez cuando dice que

> «el hecho de que la mujer ocupe socialmente una posición aún deficitaria respecto al colectivo masculino hace que tenga pleno sentido el que el ***sexo*** se recoja entre los factores de discriminación en el artículo 14 de la Constitución española[999], así como en esta agravante [la de discriminación], pero eso no puede traducirse en que el sexo constituya un factor diferenciador que haya de tener automáticamente relevancia penal sea cual sea el delito cometido»[1000].

Y es que, como bien indica Laurenzo Copello,

> «la situación desventajosa que aún sufre este sector de la población es difícilmente comparable con la de otros grupos a los que la legislación penal siempre pretende asimilarlo (...). Aunque en determinadas ocasiones, como sucede en el terreno laboral, sus respectivos ámbitos de vulnerabilidad efectivamente coinciden, a nadie se le oculta que existen otros muchos peligros propios de las auténti-

---

tenido relevancia real en España desde finales del siglo XV, con la expulsión de la comunidad judía durante la época de la reconquista con Isabel I de Castilla y Fernando V de Aragón. Sí ha sido, sin embargo, un fenómeno protagonista en otros países europeos como Francia, Bélgica, Italia y, por supuesto, Alemania, pero no por ello es imprescindible su inclusión en el catálogo de factores discriminatorios.

De hecho, los datos parecen corroborar que la referencia al antisemitismo carece de operatividad práctica hoy en día en España: si se observa el Informe sobre la evolución de los delitos de odio en España del año 2020, del total de delitos de odio esclarecidos durante ese año (927), solo uno fue cometido por motivos antisemitas; un año más tarde, el Informe de la encuesta sobre delitos de odio publicado por el Ministerio del Interior en junio de 2021 recogió que, de las 437 personas encuestadas que dijeron ser víctimas de un delito de odio, solo un 0,69 por ciento señaló el antisemitismo como el motivo por el que fueron víctimas del ataque. El Informe del año 2020 puede consultarse en el siguiente enlace: https://www.interior.gob.es/opencms/pdf/prensa/balances-e-informes/2020/Informe-sobre-la-evolucion-de-delitos-de-odio-en-Espana-ano-2020.pdf; y, el de 2021, en el siguiente: https://www.interior.gob.es/opencms/pdf/archivos-y-documentacion/documentacion-y-publicaciones/publicaciones-descargables/publicaciones-periodicas/informe-sobre-la-evolucion-de-los-delitos-de-odio-en-Espana/Informe_evolucion_delitos_odio_Espana_2021_126200207.pdf.

998 El término «situación familiar» incluye el estado civil y a las vinculaciones afectivas, las relaciones de hecho o el tipo de filiación. De esta manera, García Álvarez, P. *El Derecho penal y la discriminación..., op. cit.*, p. 73.

999 En la misma línea, Laurenzo Copello, P. La discriminación por razón de sexo..., *op. cit.*, p. 18.

1000 García Álvarez, P. «Delitos de opinión y libertad de expresión..., *op. cit.*, p. 171. En una línea similar, Laurenzo Copello, P. La discriminación por razón de sexo..., *op. cit.*, p. 21.

cas situaciones de "marginalidad" —y no sólo de "subordinación"—, que resultan completamente ajenos a la naturaleza de la discriminación que aún afecta a las mujeres[1001]»[1002].

Además, una referencia indiferenciada al «sexo» como factor discriminatorio evidencia un afán protector desmedido por parte del legislador que corre el riesgo indeseable de «perpetuar la imagen de una mujer necesitada de una tutela especial, débil e incapaz de hacerse respetar sin la protección paternalista del Estado»[1003]. Por tanto, en nuestra opinión, este factor diferenciador debería ser recogido, única y exclusivamente, en la agravante de discriminación (art. 22.4 CP) y en el art. 314 CP.

Puede plantear dudas en este sentido la referencia a la «enfermedad», ya que hoy en día es difícil sostener que en la sociedad española exista algún grupo socialmente marginado por razón de este factor. Como explica García Álvarez, la mayor parte de los autores reconoce que su previsión se debe a la preocupación que existía a finales del siglo pasado por las discriminaciones de las que eran víctimas los afectados por el síndrome de inmunodeficiencia adquirida (a partir de ahora, SIDA)[1004][1005]; sin embargo, y afortunadamente,

---

1001 Según esta autora, «la protección penal de la mujer frente a las diversas formas de discriminación recogidas en el actual Código penal es una consecuencia residual y probablemente poco reflexiva de una decisión que en sus orígenes y motivos poco tenía que ver con este problema concreto» (Laurenzo Copello, P. La discriminación por razón de sexo..., *op. cit.*, p. 18).

1002 *Vid. Ibídem*, p. 21.

1003 *Vid. Ibídem*, p. 22. Le sigue, García Álvarez, P. «Delitos de opinión y libertad de expresión..., *op. cit.*, p. 184.

1004 De hecho, su alusión expresa se debió a una propuesta de un grupo de médicos y juristas coordinados por Seisida y Médicos del Mundo, efectuada en una reunión celebrada en Madrid el 27 de noviembre de 1989. De esta manera, Conde-Pumpido Tourón, C. «La sanción penal de la discriminación. Especial referencia a la discriminación por razón de enfermedad y al nuevo delito de discriminación en el trabajo», en *Cuadernos de derecho judicial*, n.º 1, 1996, p. 307. Le sigue, García Álvarez, P. «Delitos de opinión y libertad de expresión..., *op. cit.*, p. 176.

1005 García Álvarez explicaba en 2004, a este respecto, lo siguiente:
«el SIDA, al ser una enfermedad altamente contagiosa, hasta el momento sin cura, y aparecer vinculada generalmente, aunque no de forma exclusiva, a ciertos grupos humanos con caracteres diferenciales (homosexuales, toxicómanos, personas dedicadas al ejercicio de la prostitución), ha propiciado la segregación social y el rechazo de los que lo padecen o están infectados por el virus de la inmunodeficiencia adquirida, lo que ha suscitado preocupación no solo por la protección de los derechos y la dignidad de estos enfermos, sino también a los efectos de evitar la negativa repercusión que tiene el rechazo a los mismos de cara a la protección de la salud pública. Y es que la marginación del enfermo provoca que no acuda a los centros sanitarios, ocultando su enfermedad, lo que dificultará su tratamiento y la prevención de nuevos contagios. Esta preocupación por evitar la discriminación de estos enfermos ha dado lugar a numerosos pronunciamientos internacionales, así como a la reforma de la normativa española, siendo su previsión expresa como causa de discriminación penalmente relevante una novedad en el Código vigente» (García Álvarez, P. *El Derecho Penal y la discriminación*..., *op. cit.*, pp. 74-75).

esta situación ha cambiado mucho en las últimas décadas y, hoy, no puede decirse que el SIDA sea una fuente de discriminación relevante en España. Independientemente de esto, nos parece prudente que la «enfermedad» siga formando parte del catálogo de factores discriminatorios, sobre todo tras la experiencia vivida durante la pandemia del coronavirus (en adelante, COVID-19), la cual ha puesto de manifiesto que, actualmente, las discriminaciones contra personas en base a esta nota diferencial[1006] no son ninguna excepción, tal y como han demostrado los confinamientos obligados, toques de queda, las restricciones de movilidad o de entrada a distintos lugares, etc.

Otro aspecto de la regulación vigente que creemos merece ser revisado es la utilización del término «discapacidad», que aporta una perspectiva negativa centrada en la enfermedad o la patología[1007], para hacer referencia a la discriminación por razón de la *diversidad funcional*[1008] del sujeto pasivo. Este término alternativo «busca un enfoque social, entendiendo a cada individuo como un ser único, con capacidades diferentes y dejando de lado los déficits y las carencias», aportando

> «una visión general en la que entendemos a las personas no solo por su condición física, sino por el entorno y el contexto en el que están y por las barreras y facilitadores para su inclusión de las que disponen».

Por esta razón, entendemos que hablar de «diversidad funcional» resulta mucho más respetuoso con estas personas, por lo que sería deseable que se sustituyera la referencia a la «discapacidad» por esta otra. Además, debe tenerse en cuenta que utilizar esta nueva terminología encaja con la única

---

1006 Consideramos incluidos aquí tanto a los portadores del COVID-19 como a los no vacunados (o no con la pauta completa) contra este virus.

1007 Es importante destacar que la OMS lleva sometiendo el término «discapacidad» a revisión desde la década de los ochenta, debido al rechazo que provocó la publicación de la primera Clasificación Internacional de Deficiencias, Discapacidades y Minusvalías (1980) por mantener una perspectiva negativa y dejar a un lado los factores contextuales y del entorno que determinan la discapacidad en los individuos. En el año 2001 se publicó la Clasificación Internacional del Funcionamiento, la Discapacidad y la Salud, donde se produce un cambio de enfoque: se confirma que la discapacidad es el resultado de muchos factores que interaccionan entre sí, y queda definida como un «término genérico que abarca deficiencias, limitaciones de la actividad y restricciones de la participación». Para ratificar esta nueva perspectiva ante el fenómeno se aprueba en 2006 la Convención Internacional de los Derechos de las personas con discapacidad, firmada por más de 170 países a día de hoy, entre ellos España (2008). En su texto se reconoce que «la discapacidad es el resultado de las barreras debidas a la actitud y al entorno que evitan la participación en igualdad de condiciones entre las personas», lo que supone un gran paso para este colectivo que, desde entonces, dispone de un instrumento jurídico vinculante para hacer valer sus derechos. Para más información en este sentido, cfr. Avilés López, A. «Qué es la Diversidad Funcional» [en línea], en *ConDiversidadFuncional.com*, 2020, p. única [fecha de consulta: 28 de febrero de 2023]. Disponible en: https://www.condiversidadfuncional.com/diversidad-funcional/.

1008 Cursivas añadidas.

opción que hemos dicho que consideramos viable a la hora de regular los delitos antidiscriminatorios, al ser la diversidad funcional una *clase*, y no un *estatus*, como sí lo es la discapacidad.

Dicho esto, en cuanto a la segunda modificación que trae consigo la LO 6/2022, de 12 de julio (la inclusión de la «aporofobia» en el catálogo de factores discriminatorios del art. 510 CP), llama poderosamente la atención que no se haya introducido, junto a la aporofobia, la referencia a la «exclusión social», que, como sabemos, introdujo la LO 8/2021, de 4 de junio, en todos los delitos antidiscriminatorios que reforma (arts. 22.4, 314, 511, 512 y 515.4 CP). Entendemos que se trata, una vez más, de un olvido del legislador; ahora bien, lo cierto es que esta falta de previsión disipa las dudas que nos surgían en el epígrafe anterior en torno a la aplicabilidad de este factor. Desde nuestro punto de vista, la reforma de 2022 debería haberse aprovechado, también, para eliminar la «exclusión social» del catálogo de factores diferenciadores de todos los delitos antidiscriminatorios, porque, como dijimos en su momento, no contribuye a colmar ninguna laguna legal.

Pues bien, con esto damos por terminado el análisis de la LO 6/2022, de 12 de julio, y cerramos nuestro estudio dedicado a la evolución de la regulación española en materia de delitos de odio o discriminatorios. Si algo puede destacarse de todo lo expuesto hasta aquí es que, desde que comenzara la andadura de nuestro legislador en este ámbito, la tendencia ha sido nítida: todas y cada una de las reformas que ha realizado han servido para ampliar el ámbito punible de estos tipos. Ni siquiera la declaración de inconstitucionalidad del antiguo art. 607.2 CP sirvió para frenar esta deriva legislativa, que más de quince años después sigue intacta y sin visos de volver a un cauce seguro para los principios que rigen nuestro sistema penal. No debe olvidarse que cuando expandimos, por un lado, la protección, por el otro, se debilitan sus herramientas[1009]; por eso, creemos que la presente investigación es una buena oportunidad para hacer una propuesta de ley que, en el mejor de los casos, invite a la reflexión y sirva para recuperar el rumbo perdido: sea por un Derecho penal limitado, preciso y, por ello, eficaz.

1009 Como acertadamente señala Castilla Juárez, K. «Crimen de odio..., *op. cit.*, p. 6.

CAPÍTULO IV

PROPUESTA DE REGULACIÓN DE LOS DELITOS ANTIDISCRIMINATORIOS

Para poder comprender nuestra propuesta de regulación debe saberse que, tal y como hemos ido desarrollando detenidamente en el epígrafe anterior, partimos de una idea fundamental: para nosotros, no todos los factores caracterizadores que pueden dar a la diferencia de trato un carácter discriminador merecen tener relevancia en todos los delitos antidiscriminatorios[1010]. Consideramos que esta relevancia depende de si el delito protege contra la discriminación desde un punto de vista genérico (arts. 22.4, 510 y 607 CP) o, por el contrario, de si lo hace desde un punto de vista específico (arts. 314, 511, 512 y 515.4 CP). En el primer caso, entendemos que todos los preceptos deben compartir el mismo catálogo de factores; sin embargo, no ocurre lo mismo en el segundo, ya que serán distintos los factores diferenciadores que puedan y deban tener relevancia en los distintos ámbitos a los que cada uno de ellos se refiere. Comenzaremos con el primer grupo de preceptos: los que protegen la discriminación desde un punto de vista genérico.

Dado que, como acabamos de decir, cada uno de los delitos incluibles en este grupo castiga un mismo *tipo*[1011] de discriminación (la genérica), creemos que puede facilitarse en gran medida la interpretación de los mismos si se elimina el listado de factores discriminatorios y se sustituye por una referencia general a la discriminación («por motivos discriminatorios») cuyo contenido deberá colmar el art. 22.4 CP[1012], por ser el primer delito discriminatorio genérico que aparece en el CP y por resultar aplicable a cualquier delito que

1010 Tal y como lo entiende García Álvarez, P. «La repercusión de la Ley Orgánica 8/2021..., *op. cit.*, p. 29.

1011 Cursivas añadidas.

1012 Grupo de estudios de política criminal. *Una propuesta alternativa de regulación..., op. cit.*, p. 35.

se cometa con una finalidad discriminatoria. De acuerdo con las reflexiones que en torno a esta circunstancia agravante hemos realizado en el epígrafe anterior, nuestra propuesta es que el tenor de este precepto se modifique y pase a ser el siguiente:

Art. 22.4 CP:

> «Cometer el delito por motivos discriminatorios referentes a la etnia de la víctima, la nación a la que pertenezca o su origen nacional, la orientación sexual, identidad de género y razones de género, la aporofobia, la enfermedad que padezca o su diversidad funcional».

El siguiente delito discriminatorio genérico que consideramos debe ser modificado es el polémico art. 510 CP, que abordaremos por apartados debido a su extensión. Para ello nos basaremos en la propuesta de regulación realizada por el GRUPO DE ESTUDIOS DE POLÍTICA CRIMINAL[1013], que, a grandes rasgos, nos parece muy acertada. Comenzaremos por el art. 510.1, a) CP, que pasaría a ser, de acuerdo con la propuesta de regulación que aquí defendemos, el art. 510.1 CP.

Dado que los comportamientos que se incluyen en este precepto suponen una limitación del derecho a la libertad de expresión, coincidimos con el GRUPO DE ESTUDIOS DE POLÍTICA CRIMINAL en que esta solo debe resultar admisible cuando las manifestaciones vertidas «impliquen un daño o lesión de un bien relacionado con la autonomía personal, suponga una amenaza o intimidación o represente una incitación a la comisión de un delito»[1014]. Por esta razón, nos parece muy pertinente su propuesta de exigir un *riesgo inminente*[1015] de que se puedan cometer los delitos a los que se refiere el art. 510 CP para legitimar la intervención del *ius puniendi* ya que, de esta manera, solo se podrán castigar penalmente las manifestaciones del discurso de odio que son más graves, es decir, las que pueden calificarse como incitaciones públicas y directas a la comisión de delitos. De acuerdo con esto, quedarán excluidas de su ámbito de intervención las expresiones «que simplemente fomenten o favorezcan la creación de climas de hostilidad y violencia», las cuales entendemos deberán ser enfrentadas a través de vías alternativas[1016]. Desde luego, la superación de

---

1013 *Vid. Ibídem*, pp. 34-45.

1014 En palabras de GRUPO DE ESTUDIOS DE POLÍTICA CRIMINAL (vid. *Ibídem*, p. 34).

1015 Cursivas añadidas.

1016 Aunque, en este sentido, coincidimos con TERUEL LOZANO en que la reacción a estas conductas desde un Derecho administrativo sancionador anti-discriminatorio resulta improcedente por varias razones: en primer lugar, porque supone «convertir en una cuestión de policía administrativa lo que en sentido propio es una decisión sobre la limitación de un derecho fundamental al colisionar su ejercicio con otro bien o valor constitucional», decisión que debe quedar reservada a los jueces y tribunales (art. 117.3 CE); porque puede afectar, aunque sea indirectamente, a la tutela judicial efectiva (art. 24 CE) al obligar a los ciudadanos sancionados a acceder a los tribunales a través de la interposición de un este filtro no será fácil de acreditar a nivel probatorio —de hecho, va a demandar un análisis minucioso de la expresión vertida, del contexto político y social en que se realiza y de su impacto—; sin embargo, esto no puede ser óbice para disminuir el nivel de exigencia, no solo porque el requisito de la inminencia respeta el principio de lesividad y el de intervención mínima[1017] sino porque, de lo contrario, el derecho a la libertad de expresión quedaría vacío de contenido en su forma más preciosa[1018].

En lo que hace al marco punitivo fijado, el mencionado grupo de autores propone que la modificación del art. 510.1, a) CP vaya acompañada de un cambio de la pena asociada a los tipos que castigan la provocación para cada grupo de delitos (arts. 141, 151, 168, 269, 304, 373, 477, 488, 519, 548, 553, 585 y 615 CP); en concreto, propone establecer un marco penal inferior al que atribuye al art. 510 CP (de uno a tres años)[1019], para superar las incoherencias y los problemas concursales que acarrearía la aplicación, en exclusiva, de la nueva regulación de este último [en una gran parte de los casos, la

recurso contencioso-administrativo tras la decisión de la Administración de resolver el conflicto de derechos «en una contienda judicial *inter partes*»; y porque consideramos, como el autor mencionado, que las garantías constitucionales que prohíben el secuestro administrativo de comunicaciones y la censura previa deben ser interpretadas con amplitud y, en consecuencia, debe evitarse que sea la Administración la que castigue comportamientos que, en principio, son manifestaciones de esta libertad fundamental. Ahora bien, lo que sí creemos que cabría plantear es la introducción de los daños punitivos en nuestro ordenamiento jurídico, opción que, como bien explica Teruel Lozano,
«permitiría reaccionar en vía civil imponiendo condenas con severos pagos por conductas que supusieran un daño ilegítimo constitucionalmente pero que no estuvieran dotadas de la ofensividad suficiente como para darle relevancia penal. De esta forma el Derecho penal quedaría reservado de forma efectiva como un instrumento de *extrema ratio* para castigar aquellas conductas más graves ante lesiones de bienes jurídicos de primer orden».
Ciertamente, esta alternativa obligaría a introducir importantes cambios en el orden civil, especialmente «para evitar que esta vía se convirtiera en una forma judicial de castigar sin las garantías constitucionales propias a todo orden sancionador», pero, desde nuestro punto de vista, los beneficios de aplicarla exceden con creces las dificultades que acarrea su introducción (Teruel Lozano, G. M. «Expresiones intolerantes, delitos de odio y libertad de expresión: un difícil equilibrio», en *Revista Jurídica Universidad Autónoma de Madrid*, n.º 36, 2017, p. 193).

1017 En esta línea, también, Grupo de estudios de política criminal. *Una propuesta alternativa de regulación..., op. cit.*, p. 36.

1018 El requisito de la acreditación de un determinado riesgo para poder considerar típica la provocación pública a la comisión de delitos no nos es ajeno en absoluto; de hecho, la UE lo viene exigiendo, concretamente, en el ámbito de los delitos de terrorismo, tal y como acredita el art. 5 de la Directiva (UE) 2017/541 del Parlamento Europeo y del Consejo, de 15 de marzo de 2017 (el texto completo de la Directiva puede consultarse en el siguiente enlace: https://www.boe.es/doue/2017/088/L00006-00021.pdf). Además, es acorde con la jurisprudencia del TEDH en la materia, tal y como indica el grupo de estudios de política criminal (*vid. Ibídem*, p. 36).

1019 El marco punitivo que fija el grupo de estudios de política criminal coincide con el exigido por la Decisión Marco 2008/913/JAI en su art. 3 (*vid. Ibídem*, p. 36).

pena del art. 510.1, a) CP sería menor a la de la provocación genérica, incluso cuando las conductas que aquel castiga fuesen más graves por el hecho de presentar un factor discriminatorio extra, lo que no tiene ningún sentido]. El nuevo marco sancionador de los delitos que castigan la provocación debería estar formado, según estos autores, por una pena de prisión de uno a dos años, así como por una cláusula de rebaja en dos grados para aquellos casos en que el delito provocado tuviera asociado un castigo menor[1020], una propuesta que nos parece acertada.

Si tenemos en cuenta las ideas apuntadas hasta ahora, nuestra propuesta de regulación del art. 510.1 CP queda como sigue:

Art. 510 CP:

> «1. La incitación pública y directa por motivos discriminatorios a la comisión de delitos contra la vida, la integridad física y psíquica, la integridad moral, la igualdad, la libertad, la libertad sexual, de daños, de genocidio y de lesa humanidad, contra grupos *vulnerabilizados*[1021] o sus miembros que genere el riesgo inminente de que se puedan cometer uno o varios de dichos delitos, será castigada con una pena de prisión de uno a tres años. En el caso de que el delito a cuya comisión se incite tuviera prevista una pena de igual o inferior gravedad, se impondría esta rebajada en un grado».

Pasando ahora al art. 510.1, b) CP, compartimos con el GRUPO DE ESTUDIOS DE POLÍTICA CRIMINAL que este apartado debería ser eliminado. Como analizamos al estudiar la reforma de 2015, el legislador ha ido mucho más allá de lo recomendado por la Decisión Marco 2008/913/JAI con esta letra, lo que carece de justificación. Además, y como bien señala el mencionado grupo de autores, «La calificación del art. 510 del Código Penal como tipo autónomo permite sancionar la participación conforme a las reglas previstas al efecto en la Parte General del Código», haciendo posible, además, «utilizar la accesoriedad limitada como barrera en la persecución de estos comportamientos y rebajar la pena si fueran una forma de complicidad»[1022].

Siguiendo con la propuesta de regulación del art. 510 CP que hace el GRUPO DE ESTUDIOS DE POLÍTICA CRIMINAL, el siguientes apartado que debe modificarse es el art. 510.1, c) CP[1023], que estos autores proponen regular

---

1020 *Vid. Ibídem*, pp. 36-37.

1021 El GRUPO DE ESTUDIOS DE POLÍTICA CRIMINAL habla de grupos «vulnerables», pero, como ya indicamos en su momento, nosotros preferimos hablar de grupos «vulnerabilizados», por lo que introduciremos el cambio en cada una de las propuestas de regulación de estos autores que utilicemos.

1022 En palabras de GRUPO DE ESTUDIOS DE POLÍTICA CRIMINAL. *Una propuesta alternativa de regulación..., op. cit.*, p. 38.

1023 El art. 510.2, a) se abordará tras la propuesta del regulación del art. 510.3 CP, ya que se propondrá una reubicación del mismo en el art. 510.4 CP.

juntamente con el art. 510.2, b), de manera que se unifiquen ambas regulaciones en un solo apartado: el nuevo art. 510.2 CP.

En el caso del art. 510.1, c) CP, estamos de acuerdo con el grupo mencionado en que debe suprimirse la mención expresa a la negación y a la trivialización de los delitos cometidos porque se trata de «formas de favorecimiento de climas de hostilidad que no pueden aceptarse automáticamente como aptas para incitar públicamente a la comisión de delitos». En cuanto a las conductas de enaltecimiento [actuales arts. 510.1, c) y art. 510.2, b) CP] y justificación [art. 510.2, b) CP], dado que la jurisprudencia del TC exige, para considerarlos típicos, que tengan la capacidad para incitar a la comisión de los delitos que se enumeran, nos parece indispensable, por un lado, que se recoja expresamente que la incitación deberá ser *directa*[1024] y, por otro, que se exija, como hemos propuesto en el caso del art. 510.1 CP, que se genere un riesgo inminente de que puedan cometerse uno o varios de estos delitos[1025].

De acuerdo con estas consideraciones, la redacción del nuevo art. 510.2 CP debería quedar como sigue:

> «Quienes justifiquen públicamente los delitos contra la vida, la integridad física y psíquica, la integridad moral, la igualdad, la libertad, la libertad sexual, de daños, de genocidio y de lesa humanidad o enaltezcan a sus autores, cometidos contra grupos vulnerabilizados o sus miembros por motivos discriminatorios, siempre que por su naturaleza y circunstancias constituya una incitación directa a cometer un delito y genere un riesgo inminente de que se puedan cometer uno o varios de dichos delitos, serán castigados con una pena de 1 a 3 años de privación de libertad. En el caso de que el delito a cuya comisión se incite tuviera prevista una pena de igual o inferior gravedad, se impondría esta rebajada en un grado».

Pasando ahora al art. 510.3 CP, que, como sabemos, establece un tipo cualificado para los casos en que las manifestaciones se hubiesen realizado a través de un medio de comunicación social, por medio de internet o mediante el uso de tecnologías de la información, de modo que aquella se hiciera accesible a un número de personas, ya apuntamos en su momento[1026] que esta accesibilidad era un elemento que se tenía ya en cuenta en el tipo básico y, por tanto, no podía volver a valorarse como elemento accidental típico agravatorio. Esto nos llevaba a concluir que el art. 510.3 CP debía ser eliminado; ahora bien, nos parece adecuado utilizar el hueco que este deja para introducir una definición aclaratoria del carácter público que se exige a todas las conductas del art. 510 CP. Y esta podría ser, en efecto, la que pro-

1024 Cursivas añadidas.

1025 Tal y como propone el Grupo de estudios de política criminal. *Una propuesta alternativa de regulación..., op. cit.*, pp. 39-40.

1026 *Vid.* pie de página n.° 842 de la presente investigación.

pone el GRUPO DE ESTUDIOS DE POLÍTICA CRIMINAL, que defiende la siguiente regulación del art. 510.3 CP:

> «Será pública aquella manifestación que haya sido accesible a un elevado número de personas mediante el uso de cualquier medio de expresión pública, de difusión o de comunicación social, internet o tecnologías de la información».

Pasando ya al actual art. 510.2, a) CP, el mencionado grupo de autores propone reubicarlo en el art. 510.4 CP y recoger, únicamente, las calumnias contra colectivos vulnerabilizados[1027]. Esta decisión nos parece muy pertinente ya que es cierto que estas conductas contribuyen efectivamente a perpetuar la situación de discriminación que sufren estos colectivos[1028] y suponen un tipo de agresión que no colman los delitos contra el honor. Además, esta propuesta deja fuera del ámbito punible los comportamientos que actualmente incluye el inciso segundo del art. 510.2, a) CP, cuya tipificación supone un adelanto de la barrera punitiva del todo desmesurado, y deja de hacer referencia a la «dignidad» de los colectivos diana como bien jurídico protegido, que, como ya hemos comentado a lo largo de la presente investigación, no es acertado. Aparte de lo dicho, nos parece una alternativa muy oportuna la de incorporar la pena de multa a la de privación de libertad, que debe reservarse para los casos más graves.

Basándonos en la propuesta de regulación del GRUPO DE ESTUDIOS DE POLÍTICA CRIMINAL, consideramos que el contenido del art. 510.4 CP debería ser el que sigue:

> «Quienes, por motivos discriminatorios, imputen públicamente[1029] un hecho delictivo con conocimiento de su falsedad o temerario desprecio hacia la verdad a grupos vulnerabilizados o sus miembros serán sancionados con una pena de prisión de nueve meses a un año o mula de quince a veinticuatro meses».

Los siguientes preceptos que aborda la propuesta de regulación de este grupo doctrinal son los vigentes arts. 510.4 y 510.5 CP que, como bien indican ellos, deberían ser eliminados. En el caso del primero, porque, como ya apuntamos[1030], utiliza referencias a sentimientos, climas de hostilidad o de inseguridad, o bienes jurídicos abstractos que no deberían permitirse en nin-

1027 Según estos autores, «vulnerables».

1028 Como dice expresamente el GRUPO DE ESTUDIOS DE POLÍTICA CRIMINAL, «Imputar hechos delictivos falsos por motivos discriminatorios es una forma de atentado contra la igualdad y la reputación de los grupos y sus miembros que reduce las posibilidades de desarrollo personal, capaz de restringir su libertad de decisión y actuación» (GRUPO DE ESTUDIOS DE POLÍTICA CRIMINAL. *Una propuesta alternativa de regulación*..., *op. cit.*, p. 41).

1029 Debe tenerse en cuenta que, en el caso de este apartado, el carácter público se interpreta de acuerdo con la normativa general que castiga las calumnias, en virtud de lo indicado en el art. 211 CP. De esta manera, GRUPO DE ESTUDIOS DE POLÍTICA CRIMINAL (*vid. Ibídem*, p. 42).

1030 *Vid.* pie de página n.° 843 de la presente investigación.

guna regulación típica, ya que abre la puerta a una expansión infinita de su ámbito de aplicación. En el caso del segundo, porque nos parece que la pena de prisión es más que suficiente para castigar al autor del delito y prevenir que cometa otro del mismo tipo, por lo que la pena de multa y de inhabilitación especial no deberían recogerse.

Para terminar nuestra propuesta de regulación del art. 510 CP solo nos queda hacer referencia al contenido del actual art. 510.6 CP, que, en nuestra opinión, debería modificarse para dejar de hacer referencia a medidas radicales y antidemocráticas como la destrucción, el borrado o la inutilización del soporte objeto del delito a que se refieren los apartados anteriores o por medio de los cuales se hubiera cometido. Además, nos parece muy pertinente que se regule de manera diferente —al contrario de lo que ocurre en la redacción vigente— la interrupción del servicio y el bloqueo del acceso al servicio que se utilizó para cometer este delito, de manera que se armonice el régimen previsto en el art. 510 CP con el recogido en el art. 270.3 CP[1031].

De acuerdo con ambos apuntes, la regulación del actual art. 510.6 CP, que pasaría a ser el nuevo art. 510.5 CP, podría ser la que propone el GRUPO DE ESTUDIOS DE POLÍTICA CRIMINAL:

> «El juez o tribunal podrá acordar la retirada de los libros, archivos, documentos, artículos y cualquier clase de soporte objeto del delito a que se refieren los apartados anteriores o por medio de los cuales se hubiera cometido. Cuando el delito se hubiera cometido a través de la información y la comunicación, podrá acordar la retirada de los contenidos.
>
> En los casos en los que, a través de un portal de acceso a internet o servicio de la sociedad de la información, se difundan exclusiva o preponderantemente los

1031 Como explica el GRUPO DE ESTUDIOS DE POLÍTICA CRIMINAL, la actual redacción del art. 510.6 CP regula indistintamente la interrupción del servicio y el bloqueo del acceso al servicio, por lo que sería preferible una redacción alternativa que distinguiese entre ambas medidas. En sus propias palabras:
«Tal y como recuerda la Circular de la Fiscalía General del Estado 8/2015, sobre los delitos contra la propiedad intelectual cometidos a través de los servicios de la sociedad de la información tras la reforma operada por Ley Orgánica 1/2015, en relación con el art. 270.3, párrafo 2. ° CP, la interrupción del servicio permitirá la clausura de la página infractora que se encuentre en nuestro país y, por su parte, el bloqueo de acceso procederá cuando la página infractora se encuentre ubicada fuera de España. En este segundo caso la colaboración de los prestadores de servicios de intermediación consistirá en impedir que desde nuestro país pueda accederse a la página localizada más allá de nuestras fronteras. Con base a ello, se considera preferible armonizar el régimen previsto al efecto en el art. 510 del Código penal con el recogido en el mencionado art. 270.3 del Código Penal disponiendo la facultad de bloqueo del acceso correspondiente como una medida de aplicación excepcional, y de carácter optativo, condicionada a la existencia de reiteración de las conductas de referencia, y siempre que resulte una medida proporcionada, eficiente y eficaz» (GRUPO DE ESTUDIOS DE POLÍTICA CRIMINAL. *Una propuesta alternativa de regulación...*, *op. cit.*, pp. 44-45).

> contenidos a que se refiere el apartado anterior, se podrá ordenar la interrupción de la prestación del mismo.
>
> Excepcionalmente, cuando exista reiteración de las conductas y cuando resulte una medida proporcionada, eficiente y eficaz, se podrá ordenar el bloqueo del acceso correspondiente».

Dejando ya atrás el art. 510 CP, respecto al art. 510 *bis* CP solo proponemos una pequeña modificación: que se recoja la responsabilidad penal de las personas jurídicas, exclusivamente, en relación con los dos primeros apartados del art. 510 CP. No tiene sentido la regulación actual de aquel artículo, ya que hace referencia a «los dos preceptos anteriores», es decir, al art. 509 y 510 CP, cuando el art. 509 CP regula el tipo especial de usurpación de atribuciones que nada tiene que ver con los delitos antidiscriminatorios. Por tanto, desde nuestro punto de vista la regulación del art. 510 *bis* CP debería ser la siguiente:

> «Cuando de acuerdo con lo establecido en el artículo 31 *bis* una persona jurídica sea responsable de los delitos comprendidos en el art. 510, apartados 1 y 2, CP, se le impondrá la pena de multa de dos a cinco años. Atendidas las reglas establecidas en el artículo 66 bis, los jueces y tribunales podrán asimismo imponer las penas recogidas en las letras b) a g) del apartado 7 del artículo 33.
>
> En este caso será igualmente aplicable lo dispuesto en el número 3 del artículo 510 del Código Penal».

El último delito antidiscriminatorio genérico que debería reformarse es el art. 607 CP, que, desde nuestro punto de vista, debería redactarse de la siguiente manera:

Art. 607 CP:

> «1. Los que, con propósito de destruir total o parcialmente un grupo vulnerabilizado, perpetraren alguno de los actos siguientes, serán castigados:
>
> 1.º Con la pena de prisión permanente revisable, si mataran a alguno de sus miembros.
>
> 2.º Con la pena de prisión permanente revisable, si agredieran sexualmente a alguno de sus miembros o produjeran alguna de las lesiones previstas en el artículo 149.
>
> 3.º Con la pena de prisión de ocho a quince años, si sometieran al grupo o a cualquiera de sus individuos a condiciones de existencia que pongan en peligro su vida o perturben gravemente su salud, o cuando les produjeran algunas de las lesiones previstas en el artículo 150.
>
> 4.º Con la misma pena, si llevaran a cabo desplazamientos forzosos del grupo o sus miembros, adoptaran cualquier medida que tienda a impedir su género de vida o reproducción, o bien trasladaran por la fuerza individuos de un grupo a otro.
>
> 5.º Con la de prisión de cuatro a ocho años, si produjeran cualquier otra lesión distinta de las señaladas en los numerales 2.º y 3.º de este apartado.

2. En todos los casos se impondrá además la pena de inhabilitación especial para profesión u oficio educativos, en el ámbito docente, deportivo y de tiempo libre, por un tiempo superior entre tres y cinco años al de la duración de la pena de privación de libertad impuesta en su caso en la sentencia, atendiendo proporcionalmente a la gravedad del delito y a las circunstancias que concurran en el delincuente».

Pasando ahora a la propuesta de regulación de los preceptos que protegen la discriminación desde un punto de vista específico, comenzaremos con la del art. 314 CP, que, como explicamos, castiga la discriminación en el empleo.

En este supuesto concreto, consideramos que debe seguir considerándose penalmente relevante la discriminación en el empleo por razón del sexo (el femenino, por supuesto), de la representación legal o sindical de los trabajadores, del parentesco con otros trabajadores de la empresa y del uso de alguna de las lenguas oficiales dentro del Estado español, puesto que no es infrecuente que estos factores den lugar a la discriminación en el ámbito laboral, especialmente en el caso del primero. Ahora bien, entendemos que a estos debe añadirse la referencia expresa a la edad ya que, como indicamos en su momento, esta es una fuente de discriminación evidente en el empleo cuando la persona supera, aproximadamente, los cuarenta y cinco años. Si a estos factores añadimos el catálogo de los delitos antidiscriminatorios genéricos, el contenido del art. 314 CP queda como sigue:

Art. 314 CP:

«Quienes produzcan una grave discriminación en el empleo, público o privado, contra alguna persona por razón de su pertenencia a una etnia o nación, su origen nacional, sexo, edad, orientación sexual, identidad de género y razones de género, de aporofobia, la enfermedad que padezca o su diversidad funcional, por ostentar la representación legal o sindical de los trabajadores, por el parentesco con otros trabajadores de la empresa o por el uso de alguna de las lenguas oficiales dentro del Estado español, y no restablezcan la situación de igualdad ante la ley tras requerimiento o sanción administrativa, reparando los daños económicos que se hayan derivado, serán castigados con la pena de prisión de seis meses a dos años o multa de doce a veinticuatro meses».

Los siguientes preceptos discriminatorios específicos que consideramos deberían modificarse son los arts. 511 y 512 CP, que castigan, como sabemos, la discriminación en la prestación de servicios públicos y la discriminación en el ejercicio de actividades profesionales o empresariales, respectivamente. En ambos casos, creemos que el catálogo de factores discriminatorios debería ser el mismo que el propuesto para el art. 22.4 CP, a pesar de que jueguen en parcelas distintas del fenómeno de la discriminación. La razón para nuestra propuesta reside en que, actualmente, no existen grupos caracterizados por factores distintos a los que enumera la agravante que se encuentren en situación de marginación social en el ámbito en que son aplicables los arts. 511 y 512 CP[1032]; por tanto, no tiene sentido recoger ninguna nota extra en estos supuestos. De acuerdo con esto, consideramos que el tenor de estos artículos debería reformarse para pasar a ser el siguiente:

Art. 511 CP:

«1. Incurrirá en la pena de prisión de seis meses a dos años, multa de doce a veinticuatro meses e inhabilitación especial para empleo o cargo público por tiempo de uno a tres años el particular encargado de un servicio público que deniegue a una persona una prestación a la que tenga derecho por razón de la etnia de la víctima, nación a la que pertenezca o su origen nacional, la orientación sexual, identidad de género o las razones de género, la aporofobia, la enfermedad que padezca o su diversidad funcional.

2. Las mismas penas serán aplicables cuando los hechos se cometan contra una asociación, fundación, sociedad o corporación o contra sus miembros por razón de la etnia de la víctima, la nación a la que pertenezca o su origen nacional, la orientación sexual, identidad de género y las razones de género, la aporofobia, la enfermedad que padezca o su diversidad funcional.

3. Los funcionarios públicos que cometan alguno de los hechos previstos en este artículo, incurrirán en las mismas penas en su mitad superior y en la de inhabilitación especial para empleo o cargo público por tiempo de dos a cuatro años.

4. En todos los casos se impondrá además la pena de inhabilitación especial para profesión u oficio educativos, en el ámbito docente, deportivo y de tiempo libre, por un tiempo superior entre uno y tres años al de la duración de la pena impuesta si esta fuera de privación de libertad, cuando la pena impuesta fuera de multa, la pena de inhabilitación especial tendrá una duración de uno a tres años. En todo caso se atenderá proporcionalmente a la gravedad del delito y a las circunstancias que concurran en el delincuente».

Art. 512 CP:

«Quienes en el ejercicio de sus actividades profesionales o empresariales denegaren a una persona una prestación a la que tenga derecho por razón de su pertenencia a una etnia o nación, su origen nacional, orientación o identidad sexual o de género, razones de género, de aporofobia o de exclusión social, la enfermedad que padezca o su diversidad funcional, incurrirán en la pena de inhabilitación especial para el ejercicio de profesión, oficio, industria o comercio e inhabilitación especial para profesión u oficio educativos, en el ámbito docente, deportivo y de tiempo libre por un periodo de uno a cuatro años».

1032 Muestra de ello es la escasa jurisprudencia que existe en torno al art. 512 CP, la cual ha castigado siempre la discriminación en el ejercicio de actividades profesionales o empresariales por razón de la «etnia» o la «raza» del sujeto pasivo [STSS (Sala 2.ª) 1089/1998, de 29 de septiembre; y (Sala 2.ª) 942/2001, de 21 de mayo; SAP de Albacete 186/2017, de 27 de abril; Auto 504/2021, de la AP de Donostia-San Sebastián, de 23 de julio] y su «diversidad funcional» (SAP 390/2017, de 17 de octubre).

El último precepto antidiscriminatorio específico que nos queda por abordar es art. 515.4 CP. En este caso, consideramos que los factores diferenciadores que deberían tener trascendencia penal son los mismos que hemos propuesto para los delitos antidiscriminatorios genéricos, puesto que entendemos que el delito de asociaciones ilícitas debe ser un plus de defensa contra la discriminación que es relevante a nivel general en la sociedad española. Y esta no es otra que la que se produce en razón de ciertos factores que son en todo caso característicos de grupos que sufren una discriminación profunda y arraigada. Por tanto, aplicando esta modificación, el contenido del art. 515.4 CP debería quedar de la siguiente manera:

Art. 515.4 CP:

> «Son punibles las asociaciones ilícitas, teniendo tal consideración:
>
> 4. ° Las que fomenten, promuevan o inciten directa o indirectamente al odio, hostilidad, discriminación o violencia contra personas, grupos o asociaciones por razón de la etnia de la víctima, nación a la que pertenezca o su origen nacional, la orientación sexual, identidad de género y las razones de género, la aporofobia, la enfermedad que padezca o su diversidad funcional».

Con la referencia a este último precepto discriminatorio damos por terminada nuestra propuesta de regulación penal en este ámbito. Desde el primer momento, nuestra intención ha sido salvaguardar a los colectivos que verdaderamente necesitan un plus de protección por encontrarse en una situación de exclusión social arraigada, pero siempre respetando los principios que rigen nuestro *ius puniendi*. Somos conscientes de que el Derecho penal no puede afrontar de manera efectiva todas y cada una de las manifestaciones de un fenómeno complejo y profundo como es el discriminatorio, por lo que queremos hacer hincapié en el papel fundamental que juegan aquí otros actores preventivos como la educación o la intervención social. Si la transformación de la conciencia de la sociedad está en manos de algunos, es sin duda de estos últimos, porque la justicia solo llega cuando el daño ya está hecho. Sea como sea, esperamos que nuestra aportación invite a la reflexión y, en el mejor de los casos, contribuya a clarificar las dudas que reinan en esta materia. Por supuesto, el debate sigue abierto, y ojalá se mantenga así hasta recuperar el rumbo que perdimos al anteponer las influencias extranjeras sobre nuestra tradición jurídica. La presencia de los delitos antidiscriminatorios, hoy mal llamados «delitos de odio», tiene todo el sentido en nuestro Código penal, pero esta debe ser, primero, acorde a nuestro sistema y, segundo, acorde a la realidad social de la España actual.

CONCLUSIONES

Los hoy conocidos como «delitos de odio» hacen referencia a una realidad que ha existido desde siempre, pero que no ha tenido relevancia jurídica hasta hace aproximadamente un siglo: la discriminación contra colectivos socialmente marginados. De hecho, el propio término «discriminación» no obtuvo el sentido peyorativo que hoy le atribuimos hasta principios del siglo pasado, precisamente por el cambio de perspectiva que se impuso a nivel global ante las conductas motivadas por prejuicios como consecuencia de los importantes sucesos históricos que marcaron esta época. Sobre todo a partir del final de la Segunda Guerra Mundial, esta cuestión pasaría a considerarse una problemática de primer orden para los Estados, que se posicionaron firmemente en contra de las manifestaciones de rechazo que habían resultado en la muerte de millones de personas de religión judía, de etnia gitana, homosexuales, etc.

Fue este cambio de paradigma el que dio lugar al surgimiento de numerosos Tratados internacionales contra la discriminación, los cuales han tenido una clara influencia en los ordenamientos jurídicos que han decidido regular de manera independiente este fenómeno. Mientras a nivel internacional iban apareciendo Tratados tan relevantes como la DUDH, la CIERD, el CEDH y el PIDCP, a nivel nacional muchos países (como Alemania, Austria, Suiza, Italia, Francia, Portugal, Reino Unido, e incluso otros no tan directamente afectados por el conflicto como EE. UU.) decidieron crear sus propios tipos penales —e incluso, en algún caso, sanciones administrativas— contra la discriminación. Ahora bien, la respuesta que se dio a esta problemática en cada territorio ha sido muy distinta.

En Europa, los esfuerzos se centraron mayoritariamente en crear figuras delictivas que castigaran la incitación a la discriminación, puesto que fueron este tipo de conductas las responsables del clima de animadversión general contra judíos y otros colectivos minoritarios que desembocó en el horror del Holocausto. Estos tipos penales suponían una limitación de la libertad de expresión, pero esta se justificaba porque se entendía que, por encima de ella, había un bien superior que debía salvaguardarse si no querían repetirse los errores del pasado, y este era la dignidad humana. No obstante, al otro lado del Atlántico la perspectiva que se impuso fue otra, mucho más reticente a la limitación del discurso. En línea con lo establecido en la Primera Enmienda de su Constitución, EE. UU. no erigió la dignidad humana como principio rector de su ordenamiento jurídico, sino que este lugar fue ocupado, en efecto, por la libertad de expresión. De esta divergencia surgieron las dos vertientes fundamentales que se han manejado ante el discurso que incita a la discriminación, hoy conocido como «discurso de odio».

Pues bien, paralelamente a la progresiva regulación de este discurso a distintos niveles, unos EE. UU. marcados profundamente por su pasado esclavista fueron testigo directo de otro importante acontecimiento relacionado con la lucha contra la discriminación: el movimiento por los derechos civiles de los años 60. La envergadura que acabarían adquiriendo por entonces las protestas en favor de los derechos de los ciudadanos afroamericanos llevó a que la cuestión racial se impusiera en el debate legislativo, en cuyo seno comenzaría a emplearse la expresión «*hate crimes*» o «delitos de odio» para hacer referencia a los comportamientos motivados por prejuicios que poseen relevancia penal. Con el paso del tiempo, y como consecuencia de la innegable influencia que posee EE. UU. en la cultura occidental general, esta expresión se ha convertido en parte de la terminología habitual de los medios de comunicación, de la clase política, e incluso de la propia jurisprudencia.

El problema es que este éxito a nivel terminológico no ha venido acompañado de un entendimiento de la razón de ser de estas figuras, lo que ha provocado gran confusión ante el uso interesado de las mismas por parte de distintos actores políticos y judiciales y ante los intentos de algunos de asimilarlas a nuestro ordenamiento jurídico, que nada tiene que ver con el anglosajón y que, desde 1995, contaba con sus propias herramientas de defensa contra la discriminación (los hasta ahora conocidos como «delitos antidiscriminatorios»). Este caos se debe, en parte, al hecho de que a día de hoy todavía no existe un concepto unánimemente aceptado de «delito de odio», lo que ha motivado, entre otras cosas, que este se vea confundido y entremezclado con el llamado «discurso de odio», que tampoco ha sido definido oficialmente.

Esta confusión se debe, en realidad, a la proliferación —sobre todo, a finales de los 90— de Tratados internacionales supuestamente referentes a los «delitos de odio» que, en realidad, regulan el supuesto concreto del «discurso de odio», lo que da buena muestra del desconocimiento que existe a nivel institucional en la materia desde el principio. En realidad, una y otra realidad solo tienen en común su trasfondo discriminatorio, porque su origen es distinto y el ámbito en el que aplican, también. De hecho, la principal diferencia que existe entre ambas es que, mientras que la expresión «delito de odio» hace siempre referencia a un comportamiento penalmente relevante, el «discurso de odio» solo puede considerarse delictivo cuando cumpla ciertos criterios que, a nuestro modo de ver, deben ser lo suficientemente exigentes como para dejar espacio al ejercicio de la libertad de expresión, cuyas implicaciones exigen una sociedad madura y tolerante[1033]. Sin embargo, este no parece ser el caso del ordenamiento jurídico español, en el que, actualmente, el recurso al «discurso de odio» está siendo utilizado como excusa por los tribunales para justificar una limitación de la libertad de expresión inaceptable y cada vez más descarada.

Volviendo a los delitos de odio en general, como no podía ser de otra manera la confusión que rodea a estas figuras ha generado muchas fricciones y ha sembrado el debate en torno a cuál es su verdadero sentido y finalidad, frente al que existen distintas posturas: una parte de la doctrina considera que el fundamento del castigo en estos casos reside en los motivos que impulsan al autor a cometer el delito, mientras que otra pone el foco en que la conducta —con independencia de la motivación que la inspire— se perpetre sobre una víctima que, por presentar ciertos caracteres, forma parte de un colectivo que merece ser especialmente protegido. Siendo estas las líneas de interpretación mayoritarias, existen también quienes defienden una posición intermedia que podría ser calificada como «mixta» y que exige la concurrencia de ambos elementos (esto es, tanto la motivación discriminatoria del autor como que la conducta se dirija contra grupos vulnerabilizados) para confirmar la concurrencia de un delito de odio. En nuestra opinión, la única forma de legitimar el castigo —o su agravación— en estos casos parte necesariamente del respeto al origen de estas figuras, no solo porque entendemos que este debería tenerse en cuenta en cualquier caso sino porque, si fueran desligadas del contexto discriminatorio y se hiciera depender la sanción de la motivación que guía al sujeto activo, nos acercaríamos peligrosamente a un Derecho penal de autor que nuestro ordenamiento rechaza frontalmente. El problema es que en nuestro país se ha preferido dar la espalda a este elemento fundamental, y esto, por supuesto, no ha hecho más que avivar el desorden: así lo demuestran la inestable y, en ocasiones, contradictoria jurisprudencia con la que contamos en este ámbito; las aportaciones institucionales tan poco esclarecedoras como la de FGE en su Circular 7/2019 (que, teóricamente, nació para solventar las dudas en esta materia); y la falta de consenso que existe entre la doctrina en torno a cuáles son los elementos que permiten calificar a un delito como «de odio».

En relación con esta última cuestión, a lo largo de esta investigación hemos tratado de argumentar por qué la mayoría de los posicionamientos que se vienen manejando no nos parecen satisfactorios y hemos tomado postura al respecto. Desde nuestro punto de vista, los delitos de odio se diferencian del resto de figuras que contiene el CP por los siguientes elementos: el bien jurídico que protegen (que, si tenemos en cuenta su origen histórico y la finalidad con la que fueron creados, no puede ser otro que el derecho a no ser discriminado); el sujeto pasivo de la conducta (que, atendiendo también a estos orígenes, debe tratarse de un grupo social —o de sus

1033 En palabras de Teruel Lozano, G. M. Expresiones intolerantes..., *op. cit.*, p. 195.

miembros— que se encuentre en una situación de vulnerabilización social y que se distinga por ciertas notas); y, por último, la concurrencia de un elemento subjetivo tendencial concreto (que debe consistir en la intención de perpetuar la situación de discriminación que sufre el colectivo atacado, por las razones que acabamos de exponer). Consideramos que estas tres notas fundamentales no solo justifican la presencia de estas figuras en nuestro ordenamiento jurídico sino que, asimismo, evitan la vulneración de libertades y principios penales básicos al tiempo que las dirigen hacia la misión que en origen tuvieron encomendada.

Lamentablemente, la trayectoria de nuestro legislador en este ámbito está cada vez más lejos de la postura que aquí defendemos. Desde que los delitos antidiscriminatorios —hoy más conocidos como «delitos de odio»— entraran a formar parte de nuestro elenco normativo a mediados de los 90, estos han sido objeto de sucesivas reformas (LLOO 1/2015, de 30 de marzo; 8/2021, de 4 de junio; y 6/2022, de 12 de julio) que no solo se han caracterizado por atribuir un ámbito de aplicación cada vez más amplio y enrevesado a estas figuras[1034] que sino, también, por haberlas «reconfigurado» en función de un elemento eminentemente interno del autor del delito. Desde luego, como ya dijimos, esto encaja difícilmente con los requerimientos de un Derecho penal como el nuestro, que, por su carácter democrático, solo está legitimado para perseguir y castigar hechos, no ideas. Pero es que a ello se añade la limitación excesiva e injustificada que la actual regulación sigue suponiendo del derecho a la libertad de expresión, así como la vulneración flagrante de nuestros principios penales más elementales (como el de intervención mínima, el de *ultima ratio*, el de proporcionalidad y el de seguridad jurídica). Todo esto pone de relieve que estamos cada vez más lejos de una respuesta penal eficaz frente al problema de la discriminación; por este motivo, hemos tratado de proponer una regulación de los delitos antidiscriminatorios respetuosa con el origen de estas figuras, con las exigencias de nuestro ordenamiento jurídico y con la realidad social española.

Ahora bien, para terminar, queremos insistir en que ninguna propuesta de regulación penal puede ser suficiente para lograr nuestro objetivo si no viene acompañada de otras medidas. Como hemos indicado a lo largo de esta investigación, erradicar la discriminación —o minimizar su presencia en nuestra sociedad— requiere esfuerzos sostenidos y de gran alcance en diversas áreas. No debemos olvidar que nos enfrentamos a un fenómeno socioeconómico y político profundamente arraigado[1035] y complejo, que, como tal, exige la mejor de las defensas. El Derecho penal, ciertamente, puede servir

1034 Que, como advierte Laurenzo Copello, las acaba convirtiendo «en una mera declaración programática de escasa eficacia en la práctica judicial» (Laurenzo Copello, P. La protección penal frente a conductas..., *op. cit.*, p. 195).

1035 Como expresamente recoge ARTICLE 19. *Los Principios de Camdem sobre la libertad de expresión y la igualdad*, abril de 2009, p. 4.

como bastión de prevención, pero no debemos olvidar es solo es uno más y no precisamente el más efectivo[1036/1037]. Una lucha de esta envergadura solo puede ganarse haciendo un uso responsable de las distintas herramientas preventivo-educativas y sociales de las que disponemos[1038]; por este motivo, creemos que tiene toda la razón BADER cuando dice que el verdadero campo de batalla aquí es «cómo enseñar y cómo aprender efectivamente actitudes, virtudes, culturas y prácticas de tolerancia, moderación, autodisciplina y civismo, tan vitales para poder vivir juntos y en paz en un contexto de profunda diversidad cultural»[1039]. Las herramientas, las tenemos; ¿sabremos utilizarlas?

1036 En palabras de Cámara Arroyo, S. El concepto de delitos de odio..., *op. cit.*, p. 187.

1037 Esto no quiere decir que debamos descartar sin más la posible eficacia del *ius puniendi*, sino que no se acuda a él de manera irreflexiva, sin estudiar detenidamente su auténtica utilidad y efectos (tal y como explica Laurenzo Copello, P. La discriminación por razón de sexo..., *op. cit.*, p. 16).

1038 De este modo, Bennett, J. T. Bennett, J. T. «The Harm in Hate Speech: A Critique of the Empirical and Legal Bases of Hate Speech Regulation», en *Hastings Constitutional Law Quarterly*, vol. 43, n.° 3, 2016, p. 506.

1039 Bader, V. «Free Speech or Non-discrimination as Trump? Reflections on Contextualised Reasonable Balancing and Its Limits», en *Journal of Ethnic and Migration Studies*, vol. 40, n.° 2, 2014, p. 335 (DOI: http://dx.doi.org/10.1080/1369183X.2013.851478). Le sigue, Rey Martínez, F. Discurso de odio..., *op. cit.*, p. 335.

BIBLIOGRAFÍA

Aaronson, E. *From Slave Abuse to Hate Crime. The Criminalization of Racial Violence in American History*, Cambridge University Press, Cambridge, 2014. ISBN-10: 1107608546.

Acnur Comité Español. «¿Qué es el Pacto Internacional de Derechos Civiles y Políticos?», en *Blog Eacnur*, abril de 2017.

Aguilar García, M. A. (dir.). *Manual práctico para la investigación y enjuiciamiento de delitos de odio y discriminación*, Centre d'Estudis Jurídics, Formació Especializada, Generalitat de Catalunya, 2015.

Alaustey Dobón, C. «La reforma de los delitos de provocación al odio y justificación del genocidio en el Proyecto de Ley de 2013: consideraciones críticas», en *Diario La Ley*, n.º 8245, Año XXXV, 6 de febrero de 2014, pp. 1-22. ISSN: 1989-6913.

— «Discurso del odio y negacionismo en la reforma del Código Penal de 2015», en *Revista Electrónica de Ciencia Penal y Criminología*, n.º 18, 2016, pp. 1-18. ISSN: 1695-0194.

Alcácer Guirao, R. «Discurso del odio y discurso político. En defensa de la libertad de los intolerantes», en *Revista Electrónica de Ciencia Penal y Criminología*, n.º 14, 2012, pp. 02:1-02:32. ISSN: 1695-0194.

— «Víctimas y disidentes. El "discurso del odio" en EE. UU. y Europa», en *Revista Española de Derecho Constitucional*, año n.º 35, n.º 103, 2015, pp. 45-86. ISSN: 0211-5743.

— «Diversidad cultural, intolerancia y Derecho penal. *Revista Electrónica de Ciencia Penal y Criminología*», n.º 18, 2016, pp. 139-225. ISSN-e: 1695-0194.

— «Discurso del odio, protección de minorías y sociedad democrática. *Crítica penal y poder: una publicación del Observatorio del Sistema Penal y los Derechos Humanos*», n.º 18, 2019, pp. 19-27. ISSN-e. 2014-3753.

Alter. *Los perfiles de la discriminación en España: Análisis de la encuesta CIS-3.000. Percepción de la discriminación en España*, Ministerio de Sanidad, Servicios Sociales e Igualdad, Madrid, 2014, pp. 1-210. NIPO (en línea): 680-14-189-0.

Altschiller, D. *Hate Crimes: a reference handbook,* 3.ª edición, ABC-CLIO, Santa Bárbara, 2015. ISBN: 978-1-61069-946-4.

Amnistía Internacional. *El sistema internacional de derechos humanos. Manual de uso contra la discriminación racial*, Dykinson, Madrid, 2001. ISBN: 84-8155-598-3.

Aniyar De Castro, L. «Los crímenes de odio: discurso político y delincuencia violenta en Venezuela. El respeto a las diferencias y el rol de la criminología crítica en Venezuela. El respeto a las diferencias y el rol de la criminología crítica en Venezuela en los inicios del siglo XXI», en *Capítulo Criminológico*, vol. 36, n.º 2, abril-junio 2008, pp. 5-39. ISSN: 0798-9598.

Anón. «1933: fechas clave», en *Enciclopedia del Holocausto* (USHMM), s. f.

Anón. «Consejo de Control», en *artehistoria.com*. (s. f.).

Anón. «El antigitanismo se recogerá como delito de odio en el Código Penal», *Fundación Secretariado Gitano*, 1 de junio de 2022.

Anón. «El genocidio de los roma europeos (gitanos), 1939-1945», en *Enciclopedia del Holocausto* (USHMM), s. f.

Anón. *El judío Suss.* Círculo de Bellas Artes de Madrid Casa Europa. 2020.

Anón. «Hoy en la historia judía / Vándalos profanan una sinagoga alemana y hacen estallar un tsunami antisemita», en *Agencia Judía de Noticias*, 24 de diciembre de 2014.

Anón. «Johan Vincent Galtung». *Círculo de Bellas Artes*. (s. f.).

Anón. «La "noche de los cristales rotos"», en *Enciclopedia del Holocausto* (USHMM), s. f.

Anón. «La propaganda nazi», en *Enciclopedia del Holocausto* (USHMM), 24 de abril de 2019.

Anón. «La Shoá», en *Museo del Holocausto de Buenos Aires*, s. f.

Anón. «Las víctimas», en *Enciclopedia del Holocausto* (Museo Conmemorativo del Holocausto de EE. UU), s. f.

Anón. «The Enforcement Acts of 1870 and 1871». *United States Senate*.

Anón. «Tipos de ficheros de datos personales», en *REDUCE – Destrucción confidencial de documentos*, s. f.

Arribas y Atienza, P. «La agravante de género», en *LegalToday*, 12 de julio de 2019.

Arteaga Ansa, T. «Presentación», en *Convención sobre la eliminación de todas las formas de discriminación contra las mujeres y recomendaciones*, obra colectiva, coordinadora Ana Rincón, Instituto Vasco de la Mujer, Vitoria-Gasteiz, 1998.

Article 19. *Los Principios de Camdem sobre la libertad de expresión y la igualdad*, abril de 2009. ISBN: 978-1-906586-05-8.

Avilés López, A. «Qué es la Diversidad Funcional», en *ConDiversidadFuncional.com*, 2020.

Aya Onsalo, A. «Delitos de odio, evolución legislativa y perspectiva actual», en *Delitos de odio: derecho comparado y regulación española*, obra colectiva, coordinadores Jon M. Landa Gorostiza y Enara Garro Carrera, Tirant lo Blanch, Valencia, 2018, pp. 303-322. ISBN: 978-84-9169-874-6.

Bader, V. «Free Speech or Non-discrimination as Trump? Reflections on Contextualised Reasonable Balancing and Its Limits», en *Journal of Ethnic and Migration Studies*, vol. 40, n.° 2, 2014, pp. 320-338. ISSN: 1369-183X.

Bamforth, N.; Malik, M.; O'cinneide, C. *Discrimination Law: Theory and Context, Sweet & Maxwell*, Londres, 2008. ISBN: 978-0-421-55440-5.

Bayer, O. «El "Nie Wieder", el "Nunca más"», en *Página/12*, 2 de febrero de 2013.

Baylos Grau, A. P.; Terradillos Basoco, J. M. *Derecho penal del trabajo*, 2.ª edición, Trotta, Madrid, 1997. ISBN: 978-84-8164-205-6.

Beisel, D. «Die Strafbarkeit der Auschwitzlüge», en *Neue Juristische Wochenschrift*, 1995, pp. 997-1.001. ISSN: 0341-1915.

Bennett, J. T. «The Harm in Hate Speech: A Critique of the Empirical and Legal Bases of Hate Speech Regulation», en *Hastings Constitutional Law Quarterly*, vol. 43, n.° 3, 2016, pp. 445-536. ISSN: 0094-5617.

Bernal Del Castillo, J. *La discriminación en el Derecho penal*, Comares, Granada, 1998. ISBN: 84-8151-658-9.

— «La justificación y el enaltecimiento del genocidio en la Reforma del Código Penal de 2015», en *InDret: Revista para el Análisis del Derecho*, n.° 2, 2016, pp. 1-22. ISSN-e: 1698-739X.

Bisbal Torres, A. «El "mercado libre de las ideas" de O. W. Holmes», en *Revista Española de Derecho Constitucional*, año 27, n.° 81, 2007, pp. 183-208. ISSN: 0211-5743.

Boeckmann, R. J.; Turpin-Petrosino, C. «Understanding the Harm of Hate Crime», en *The Society for the Psychological Study of Social Issues*, vol. 58, n.º 2, 2002, pp. 207-225.

Bomhoff, J. «Lüth's 50th Anniversary: Some Comparative Observations on the German Foundations of Judicial Balancing», en *German Law Journal*, vol. 9, n.º 2, 2008, pp. 121-124. ISSN: 2071-8322.

Borja Jimémez, E. *Violencia y criminalidad racista en Europa Occidental: la respuesta del Derecho penal*, Comares, Granada, 1999. ISBN: 84-8151-878-6.

Brandariz García, J. A. «Victimización de migrantes», en *Víctimas olvidadas*, obra colectiva, coordinador Josep M. Tamarit Sumalla, Tirant lo Blanch, Valencia, 2020. ISBN: 9788498768497.

Brown, G. R. *Manual MSD*. Versión para público general. *msdmanuals.com, s. f.*

Bustos Rubio, M. «Aporofobia, motivos discriminatorios y obligaciones positivas del Estado: el art. 22.4.ª CP entre la prohibición de infraprotección y la subinclusión desigualitaria», en *Revista Electrónica de Ciencia Penal y Criminología*, n.º 23, 2021, pp. 1-42. ISSN-e: 1695-0194.

Cámara Arroyo, S. «El concepto de delitos de odio y su comisión a través del discurso. Especial referencia al conflicto con la libertad de expresión», en *Anuario de Derecho penal y ciencias penales*, Tomo 70, Fasc./Mes 1, 2017, pp. 139-225. ISSN: 0210-3001.

Cancio Meliá, M.; Díaz López, J. A. *¿Discurso de odio y/o discurso terrorista? Música, guiñoles y redes sociales frente al artículo 578 del Código Penal*, Aranzadi, Pamplona, 2019. ISBN: 978-84-1309-492-2.

Card, R. *Public Order: the new law*, Butterworths, Londres, 1987. ISBN: 0-406-50440-7.

— *Criminal Law*, Butterworths, Londres/Dublín/Edimburgo, 1995. ISBN: 0406032556.

Carpintero García, G. «El Proceso de Tokio: el Tribunal Penal Militar Internacional para el Lejano Oriente (1946-1948)», en *Revista Dignitas*, n.º 3, 2020, pp. 104-127. ISSN: 2605-2172.

Caruso Fontán, V. «Los límites a la libertad de expresión en la Constitución y en las normas penales (especial referencia a la problemática del delito de apología del terrorismo)», en *Revista Penal*, n.º 20, julio 2007, pp. 32-49. ISSN: 1138-9168.

Castellví Monserrat, C. «¿Prohibir el enaltecimiento del terrorismo vulnera la libertad de expresión?», en *Un modelo integral de Derecho penal. Libro homenaje a la profesora Mirentxu Corcoy Bidasolo*, obra colectiva, coordinadores Vicente Valiente Ibáñez y Guillermo Ramírez Martín, Agencia Estatal Boletín Oficial del Estado, Madrid, 2022, pp. 1.047-1.057. ISBN: 978-84-340-2848-7.

Castilla Juárez, K. «Crimen de odio, discurso de odio: en el Derecho las palabras importan», *Institut de Drets Humans de Catalunya*, Barcelona, 2018, pp. 1-8.

Castro-Montero, J. L. «Libertad de expresión y límites democráticos. *Revista de Derecho*», vol. 6, 2017, pp. 11-25. ISSN: 1390-440X.

Centro De Acogida Assís. Informe de violencia directa, estructural y cultural contra personas sin hogar 2006-2016. 2016, pp. 1-29.

Chakraborti, N.; Gaarland, J.; Hardy, S. *The Leicester Hate Crime Project. Findings and Conclusions*, The Leicester Centre for Hate Studies, Leicester, 2014, pp. 1-86.

Cohen-Almagor, R. «When a ritual murder occurred at purim. The harm in hate speech», en *El profesional de la información*, vol. 27, n.º 3, pp. 671-681. ISSN: 1699-2407.

Coleman, P. *La censura maquillada*, Dykinson, Madrid, 2018. ISBN: 978-84-9148-921-4.

Comité Sobre La Eliminación De La Discriminación Racial. Examen de los informes presentados por los Estados Parte de conformidad con el artículo 9 de la Convención. Observaciones finales sobre la eliminación de la discriminación racial: Reino Unido de Gran Bretaña e Irlanda del Norte. 63° período de sesiones, 4 al 22 de agosto de 2003.

Conde-Pumpido Tourón, C. «La sanción penal de la discriminación. Especial referencia a la discriminación por razón de enfermedad y al nuevo delito de discriminación en el trabajo», en *Cuadernos de derecho judicial*, n.º 1, 1996, pp. 283-319. ISSN: 1134-9670.

Consejo De Estado. Dictamen al Anteproyecto de Ley Orgánica por la que se modifica la Ley Orgánica 10/1995, de 23 de noviembre, del Código Penal. 27 de junio de 2013, pp. 1-132.

Consejo De Redacción. «Los discursos del odio: una amenaza a la construcción democrática de la tolerancia», en *Revista de Fomento Social*, n.º 285, 2017, pp. 5-27. ISSN: 0015-6043.

Cortina Orts, A. *Aporofobia, el rechazo al pobre. Un desafío para la democracia*, Paidós Ibérica, Barcelona, 2017. ISBN: 9788449333385.

Craig, K. M. «Examining hate-motivated aggression: A review of the social psychological literature on hate crimes as a distinct form of aggression», *Aggression and Violent Behavior*, n.º 7, 2002, pp. 85-101. ISSN: 1359-1789.

Cuerda Arnau, M. L. «Proporcionalidad penal y libertad de expresión: la función dogmática del efecto de desaliento», en *Revista General de Derecho Penal*, n.º 8, 2007, pp. 1-43. ISSN-e: 1698-1189.

— «La doctrina del efecto de desaliento en la jurisprudencia del Tribunal Constitucional español. Origen, desarrollo y decadencia», *InDret: Revista para el Análisis del Derecho*, n.º 4, 2022, pp. 88-131. ISSN: 1698-739X.

— «La regresión de la doctrina del efecto de desaliento en la jurisprudencia del Tribunal Constitucional», en *Un modelo integral de Derecho penal. Libro homenaje a la profesora Mirentxu Corcoy Bidasolo*, obra colectiva, coordinadores Vicente Valiente Ibáñez y Guillermo Ramírez Martín, Agencia Estatal Boletín Oficial del Estado, Madrid, 2022, pp. 105-116. ISBN: 978-84-340-2848-7.

De Pablo Serrano, A. L.; **Tapia Ballesteros, P.** «Discurso del odio: problemas en la delimitación del bien jurídico y en la nueva configuración del tipo penal», en *Diario LA LEY*, n.º 8911, 2017, pp. 1-13. ISSN: 1989-6913.

De Vicente Martínez, R. *El discurso del odio*, Tirant lo Blanch, Valencia, 2018. ISBN: 978-84-9190-060-3.

Del Carpio Delgado, J. / García Álvarez, P. (coords). *Derecho Penal: la espada y el escudo de los Derechos Humanos*, Tirant lo Blanch, Valencia, 2018. ISBN: 9788491902263.

Del Corso, S. «Commenti articolo per articolo. D. L. 26/1993 n. 122, conv. Con modif. Dalla 1.25/6/1993 n.205-Misure urgente in materia di discriminazione razziale, étnica e religiosa», en *La Legislazione Penale*, n.º 2, 1994 (45), pp. 201-210.

Díaz López, J. A. *El odio discriminatorio como agravante penal. Sentido y alcance del artículo 22.4º CP*, Aranzadi, Pamplona, 2013. ISBN: 978-84-470-4304-0.

— Informe de delimitación conceptual en materia de delitos de odio. 14 de marzo de 2018.

Díaz Soto, J. M. «Una aproximación al concepto de discurso del odio», en *Revista Derecho del Estado*, n.º 35, 2015, pp. 77-101. ISSN: 0122-9893.

Díez Bueso, L. «Discurso del odio en las redes sociales: la libertad de expresión en la encrucijada», en *Revista Catalana de Dret Públic*, n.º 61, 2020 (Ejemplar dedicado a: La llibertat d'expressió a l'era digital), pp. 50-64. ISSN: 1885-5709.

Docal Gil, D. / Caballero Casas, J. (coords.). *Criminología y delitos de odio*, Delta Publicaciones, Madrid, 2019. ISBN: 9788485699353.

Dolz Lago, M. J. «Oído a los delitos de odio: algunas cuestiones claves sobre de la reforma del art. 510 CP por LO 1/2015», en *Diario La Ley*, n.º 8712, 2016, pp. 1-44. ISSN: 1989-6913.

Dreher, E.; Tröndle, H. *Strafgesetzbuch und Nebengesetze*, Verlag C.H. Beck, Múnich, 1995. ISBN 10: 3406385303.

European Commission For Democracy Through Law (VENICE COMMISSION). *Report on the relationship between freedom of expression and freedom of religion: the issue of regulation and prosecution of blasphemy, religious insult and incitement to religious hatred*, n.º 406/2006, 17 y 18 de octubre de 2008, pp. 1-19.

El Orden Mundial. «¿Qué fue la Guerra Fría, por la que Estados Unidos y la URSS dividieron al mundo?», en *El Orden Mundial* (a partir de ahora, EOM), 14 de septiembre de 2021.

Feijóo Sánchez, B. J. «Reflexiones sobre el delito de genocidio (art. 607 del Código penal)», en *La Ley: Revista jurídica española de doctrina, jurisprudencia y bibliografía*, n.º 6, 1998, pp. 2.267-2.284. ISSN: 0211-2744.

— Informe del Consejo Fiscal al Anteproyecto de Ley orgánica por la que se modifica la Ley Orgánica 10/1995, de 24 de noviembre, del Código Penal, 8 de enero de 2013, pp. 1-345.

Fiscalía General Del Estado. Memoria 2012. Centro de Estudios Jurídicos. Ministerio de Justicia, 2012, pp. 1-3.411. ISSN: 1889-7118.

— Memoria 2016. Centro de Estudios Jurídicos. Ministerio de Justicia, 2016, pp. 1-888. ISSN: 1889-7118.

Fiscalía provincial de Barcelona. Servicio de delitos de odio y discriminación. Memoria del año 2015, pp. 1-42.

Fiss, O. M. «El efecto silenciador de la Libertad de expresión», en *Isonomía: Revista de Teoría y Filosofía del Derecho*, n.º 4, abril 1996, pp. 17-27. ISSN: 1405-0218.

— *La ironía de la libertad de expresión*, Gedisa, Barcelona, 1999. ISBN: 84-7432-629-X.

Font, M. «Capítulo Final para la librería Europa, centro de la difusión del nazismo en Barcelona», en *Público*, 19 de julio de 2016.

Fra. *Hate crime recording and data collection practice across the EU*. Luxemburgo: Oficina de Publicaciones de la Unión Europea, 2014. ISBN: 978-92-9474-064-9.

Fuchs, M. C. «El efecto radiante de los derechos fundamentales y la autonomía del derecho privado: la "sentencia Lüth" y sus efectos», en *Programa Estado de Derecho para Latinoamérica*, Fundación Konrad Adenauer, pp. 1-10.

Fuentes Osorio, J. L. «El odio como delito», en *Revista Electrónica de Ciencia Penal y Criminología*, n.º 19, 2017, pp. 1-52. ISSN-e: 1695-0194.

Fukuyama, F. *Identidad. La demanda de dignidad y las políticas de resentimiento*, Deusto S.A. Ediciones, Barcelona, 2019. ISBN: 978-84-234-3028-4.

Fsg. «Discriminación y Comunidad Gitana 2016. Informe Anual FSG. Número especial sobre antigitanismo». *Fundación Secretariado Gitano*.

Galán Muñoz, A. «Delitos de odio, discurso del odio y Derecho penal: ¿hacia la construcción de injustos penales por peligrosidad estructural?», en *Revista Penal*, n.º 46, 2020, pp. 41-66. ISSN: 1138-9168.

Gallud Jardiel, E. *El sikhismo. La religión del valor*, Editorial Alas, Barcelona, 2013. ISBN: 9788420305714.

Galtung, J. V. «La violencia: cultural, estructural y directa», en *Cuadernos de estrategia*, n.º 183, 2016, pp. 147-168. ISSN: 1697-6924.

García Álvarez, P. *El Derecho Penal y la discriminación. Especial referencia al extranjero como víctima de discriminaciones penalmente relevantes*, Tirant lo Blanch, Valencia, 2004. ISBN: 84-8442-771-4.

— «Protección penal frente a la discriminación racial y étnica: la discriminación de los extranjeros», en *Discriminación racial y étnica: balance de la aplicación y eficacia de las garantías normativas*, obra colectiva, coordinadores José García Añón y Mario Ruiz Sanz, Publicacions de la Universitat de València, Valencia, 2013, pp. 229-250. ISBN: 978-84-370-9025-2.

— «La restricción del derecho a la libertad de expresión por el Derecho Penal: el artículo 510.1 del Código Penal y las conductas relacionadas con el fenómeno del "discurso del odio". Evolución y aplicabilidad», en *Derecho Penal: la espada y el escudo de los Derechos Humanos*, obra colectiva, coordinadoras Juana Del Carpio Delgado y Pastora García Álvarez, Tirant lo Blanch, Valencia, 2018. ISBN: 978-84-9190-227-0.

— «El artículo 510.1.a) del Código Penal a la luz de la Circular 7/2019, de 14 de mayo, de la Fiscalía General del Estado, sobre pautas para interpretar los delitos de odio tipificados en el artículo 510 del Código Penal», en *La Ley Penal: Revista de Derecho Penal, Procesal y Penitenciario*, n.º 151, 2021, pp. 1-25. ISSN: 1697-5758.

— «La agravante de discriminación: cuestiones problemáticas y su aplicabilidad en los "delitos de opinión" como "delito de odio"», en *Delitos de opinión y libertad de expresión: un análisis interdisciplinar. Cuestiones de la parte general de los delitos de opinión*, obra colectiva, coordinador Alejandro L. de Pablo Serrano, Aranzadi, Navarra, 2021, pp. 151-177. ISBN: 9788413910451.

— «El efecto perverso de la recepción del fenómeno de los «delitos de odio» en el sistema penal español», en *El odio como motivación criminal*, obra colectiva, Wolters Kluwer, España, 2022, pp. 51-68. ISBN: 9788419032102.

— «La repercusión de la Ley Orgánica 8/2021 (de protección integral a la infancia y la adolescencia frente a la violencia), en la protección reforzada de los menores de edad en el Código Penal» *Revista General de Derecho Penal*, n.º 37, 2022, pp. 1-48. ISSN-e: 1698-1189.

— «El contrasentido del nuevo tenor literal de la agravante de discriminación tras su reforma por la Ley Orgánica 8/2021, de 4 de junio», en *Nuevas tendencias y modernos peligros de la política criminal*, obra colectiva, coordinadora Marta Rodríguez Ramos, Tirant lo Blanch, Valencia, 2023, pp. 191-224. ISBN: 978-84-1147-076-6.

García Ruiz, C. R. «La investigación pública y directa a cometer genocidio en el derecho penal internacional», en *La prevención y represión del discurso del odio: hacia la construcción multidisciplinar de la tolerancia*, obra colectiva, coordinadora Blanca Martín Ríos, Aranzadi, Navarra, 2019, pp. 145-170. ISBN: 9788413091617.

Garrocho Salcedo, A. «Delitos de denegación de una prestación por motivos discriminatorios de los artículos 511 y 512 CP», en *Eunomía. Revista en Cultura de la Legalidad*, n.º 5, septiembre de 2013-febrero de 2014, pp. 240-247. ISSN: 2253-6655.

Gavaldà, J. «Los Juicios de Tokio, el Núremberg japonés», en *National Geographic Historia*, 12 de noviembre de 2019.

Gerstenfeld, P. B. *Hate crimes: causes, controls, and controversies*, SAGE Publications, Los Ángeles, 2004. ISBN: 9780761928140.

Gómez Martín, V. «Incitación al odio y género. Algunas reflexiones sobre el nuevo art. 510 CP y su aplicabilidad al discurso sexista», en *Revista Electrónica de Ciencia Penal y Criminología*, n.º 18-20, 2016, pp. 1-25. ISSN-e: 1695-0194.

— «Daño, ofensa y discurso del odio», *Anales de la Cátedra Francisco Suárez*, n.º Extra 1, 2021 (Ejemplar dedicado a: Protocolo I. Crisis del Derecho Penal del Estado de Derecho: Manifestaciones y Tendencias), pp. 235-256. ISSN: 0008-7750.

González Tascón, M. M. «Observaciones a las novedades introducidas por la Ley Orgánica de protección integral a la infancia y a la adolescencia frente a la violencia en relación con la materia penal», en *Diario La Ley*, n.º 9902, 2021, pp. 1-26. ISSN: 1989-6913.

Goodey, J. «Racist Crime in the European Union: Historical Legacies, Knowledge Gaps, and Policy Development», en *Hate Crime: Papers From the 2006 and 2007 Stockholm Criminology Symposiums*, obra colectiva, Criminal Justice Press, Nueva York, 2008, pp. 16-28. ISBN: 978-952-5333-71-8.

Grupo de estudios de política criminal. *Una propuesta alternativa de regulación de los delitos de expresión*, Tirant lo Blanch, Valencia, 2019. ISBN: 978-84-1313-513-7.

Güerri Fernández, C. «La especialización de la fiscalía en materia de delitos de odio y discriminación», en *InDret: Revista para el Análisis del Derecho*, n.º 1, 2015, pp. 1-33. ISSN: 1698-739X.

Hall, N. «Making Sense of Numbers: The Social Construction of Hate Crime in London and New York City», en *Hate Crime: Papers From the 2006 and 2007 Stockholm Criminology Symposiums*, obra colectiva, Criminal Justice Press, Nueva York, 2008, pp. 16-28. ISBN: 978-952-5333-71-8.

— *Hate Crime*, Routledge, Nueva York, 2013. ISBN: 0-415-54027-5.

Hall, N.; Corb, A.; Giannasi, P; Grieve, J. G. D.; Lawrence, N. *The Routledge International Handbook on Hate Crime*, Routledge, Londres, 2014. ISBN: 9780415818902.

Harari, Y. N. *Sapiens. De animales a dioses*, Debate, Barcelona, 2014. ISBN: 9788499926223.

Harris, D.; O'boyle, M.; Bates, E.; Buckley, C. *Law of the European Convention on Human Rights*, 2.ª ed., OUP Oxford, Oxford, 2009. ISBN-10: 0406905940.

Hassemer, W. «El Derecho Penal tras el cambio de sistema político», en *Humboldt-Kolleg. La transformación jurídica de las dictaduras en democracias y la elaboración jurídica del pasado*, obra colectiva, coordinadores Juana Del Carpio Delgado y Alfonso Galán Muñoz, Tirant lo Blanch, Valencia, 2009, pp. 49-71. ISBN: 978849876656.

Hernández Royo, A. «El delito de incitación al odio del artículo 510 CP: cuando la vieja excepcionalidad deviene en nueva normalidad», en *La ley penal: revista de derecho penal, procesal y penitenciario*, n.º 45, julio-agosto de 2020, pp. 1-14.

Honneth, A. *La lucha por el reconocimiento. Por una gramática moral de los conflictos sociales*, traducción castellana de Ballestero, M., Grijalbo Mondadori, Barcelona, 1997. ISBN: 84-7423-676-2.

House Of Commons Home Affairs Committee. The Macpherson Report: Twenty-two years on. Third Report of Session 2021-2022. 30 de julio de 2021.

Hutchesson, P. *The all England law reports*, vol. I, Butterworths/The Law Journal, Londres, 1983. ASIN: B0043KKI5K.

Ibarra, E. «Víctimas y seguridad ante los Crímenes de Odio», en: www.estebanibarra.com, s. f.

Jacobs, J. B.; Potter, K. *Hate Crimes: Criminal Law & Identity Politics*, Oxford University Press, Nueva York, 1998. ISBN: 0-19-511448-5.

Jewish Telegraphic Agency. «Series of anti-jewish incidents follows Cologne synagogue desecration», en *Daily News Bulletin*, vol. XXVI, 31 de diciembre de 1959, n.º 251, 31 de diciembre de 1959.

Jiménez Moliner, A. «Medios de comunicación y *hate speech* en las sociedades post-totalitarias: el paradigma de Kosovo», en *Cuadernos Constitucionales de la Cátedra Fadrique Furió Ceriol*, n.º 50/51, 2005, pp. 1-31. ISSN: 1133-7087.

Landa Gorostiza, J. M. «La regulación penal alemana sobre la discriminación racial y xenofobia tras la nueva "Ley de Lucha contra la Criminalidad" (*Verbrechensbekämpfungsgesetz*, en adelante, *VBG*) de 28 de octubre de 1994», en *Anuario de Derecho Penal y Ciencias Penales*, Tomo 49, Fasc./Mes 2, 1996, pp. 529-591. ISSN: 0210-3001.

— *La intervención penal frente a la xenofobia: problemática general con especial referencia al "delito de provocación" del artículo 510 del Código penal*, Universidad del País Vasco, Servicio Editorial, Bilbao, 1999. ISBN: 84-8373-216-5.

— «La llamada "mentira de Auschwitz" (art. 607.2º CP) y el "delito de provocación" (art. 510 CP) a la luz del "caso Varela": una oportunidad perdida para la «cuestión de inconstitucionalidad» (Comentario a la Sentencia del Juzgado de lo penal N.º 3 de Barcelona de 16 de noviembre de 1998)», en *Actualidad Penal*, 1999, pp. 689-715. ISSN: 0213-6562.

— *La política criminal contra la xenofobia y las tendencias expansionistas del Derecho penal (a la vez una propuesta interpretativa de la "normativa antidiscriminatoria" del CP 1995 y un análisis crítico de la incipiente jurisprudencia)*, Comares, Granada, 2001. ISBN: 84-8444-295-0.

— «Incitación al odio: evolución jurisprudencial (1995-2011) del art. 510 CP y propuesta de lege lata», en *Revista de Derecho Penal y Criminología*, 3.ª época, n.º 7, 2012, pp. 297-346. ISSN: 1132-9955.

— *Los delitos de odio*, Tirant lo Blanch, Valencia, 2018. ISBN: 978-84-9169-880-7.

— «Delitos de odio y estándares internacionales: una visión crítica a contracorriente», en *Revista Electrónica de Ciencia Penal y Criminología*, n.º 22, 2020, pp. 1-34. ISSN: 1695-0194.

Laurenzo Copello, P. (coord.), **Daunis Rodríguez, A.** (coord.). *Odio, Prejuicios y Derechos humanos*. Granada: Comares, 2021. ISBN: 978-84-1369-150-3.

Laurenzo Copello, P. «La discriminación en el Código penal de 1995», en *Estudios Penales y Criminológicos*, n.º 19, 1996, pp. 219-288. ISSN: 1137-7550.

— «Marco de protección jurídico-penal del derecho a no ser discriminado. Racismo y xenofobia», en *Cuadernos de derecho judicial*, n.º 1, 1996, pp. 219-282. ISSN: 1134-9670.

— «La discriminación por razón de sexo en la legislación penal», en *Jueces para la democracia*, n.º 34, 1999, pp. 16-23. ISSN: 1133-0627.

— «La protección penal frente a conductas racistas y xenófobas, en *Anuario de los Cursos de Derechos Humanos de Donostia-San Sebastián*, n.º 2, 2002, pp. 179-196. ISSN: 2341-0655.

— «El modelo de protección penal de los inmigrantes: de víctimas a excluidos», en *Nuevo Foro Penal*, n.º 71, Enero-Junio 2007, pp. 67-91. ISSN: 0120-8179.

— «Un ejemplo de derecho penal expansivo: los delitos de odio en la realidad judicial española», en *Revista de derecho penal*, n.º 26, 2018, pp. 243-256. ISSN: 0797-3411.

— «Sentimientos religiosos y delitos de odio: un nuevo escenario para unos delitos olvidados», en *Liber amicorum: estudios jurídicos en homenaje al profesor Juan M.ª. Terradillos Basoco,* obra colectiva, coordinadores Paz M. de la Cuesta Aguado, Luis Ramón Ruiz Rodríguez, María Acale Sánchez, Esther Hava García, María José Rodríguez Mesa, Gloria González Agudelo, Iván Meini Méndez, Tirant lo Blanch, Valencia, 2018, pp. 1.287-1.300. ISBN: 978-84-9169-919-4.

— «La categoría de delitos de odio como fuente de expansión penal», en *Delitos de opinión y libertad de expresión: un análisis interdisciplinar. Cuestiones de la parte general de los delitos de opinión*, obra colectiva, coordinador Alejandro L. de Pablo Serrano, Aranzadi, Navarra, 2021, pp. 197-222. ISBN: 9788413910451.

— «Un delito en busca de justificación: la humillación o descrédito de colectivos discriminados», en *Azafea: Revista de Filosofía*, vol. 23, 2021, pp. 83-106. ISSN: 0213-3563.

Lawrence, F. M. «The Punishment of Hate: Toward a Normative Theory of Bias-Motivated Crimes», en *Michigan Law Review*, vol. 93, n.º 2, 1994, pp. 320-381. ISSN: 0026-2234.

— *Punishing Hate: Bias Crimes Under American Law*. Cambridge (Massachusetts): Harvard University Press, 2002. ISBN-10: 067400972X.

— «Enforcing bias-crime laws without bias: evaluating the disproportionate-enforcement critique», en *Law and Contemporary Problems*, vol. 66, 2003, pp. 49-70. ISSN: 1945-2322.

Lenckner, T; Schönke, A.; Schröder, H. *Strafgesenbuch. Kommentar*, C. H. Beck'sche Verlagsbuchhandlung, 24.ª edición, Múnich, 1991. ISBN: 3406348866.

León, A. «30 años del asesinato de Lucrecia Pérez, el primer crimen racista de la historia de España», en *RTVE*, 12 de noviembre de 2022.

Lewis, C. S. *Tough on hate? The cultural politics of hate crimes*, Rutgers University Press, Nueva Jersey, 2014. ISBN: 0-8135-6232-5.

Limbach, J. «The role of the Federal Constitutional Court», en *SMU Law Review*, vol. 53, n.º 429, 2000, pp. 429-442. ISSN: 1066-1271.

López Ortega, A. I. «Análisis y evolución de los delitos de odio en España (2011-2015)», en *Revista de Antropología Experimental*, n.º 17, 2017, pp. 19-37. ISSN: 1578-4282.

López Ulla, J. M. «Libertad de expresión y discurso del odio», en *Fragmentum*, n.º 50, 2018, pp. 139-161. ISSN: 2179-2194.

Marín de Espinosa Ceballos, E. B. «La agravante genérica de discriminación por razones de género (art. 22.4 CP)», en *Revista Electrónica de Ciencia Penal y Criminología*, n.º 20, 2018, pp. 1-20. ISSN-e: 1695-0194.

Marston. J. *Public order: A guide to the 1986 Public Order Act*, Fourmat Publishing, Londres, 1987. ISBN: 185190024.

Martín Ríos, B. (coord.); **Cruz Ángeles, J.; Llaquet De Entrambasaguas, J. L.; Rivas Nieto, P.; Jiménez Escobar, J.** *La prevención y* *represión del discurso del odio: hacia la construcción multidisciplinar de la tolerancia*, Aranzadi, Navarra, 2019. ISBN: 9788413091617.

Martín Herrera, D. «¿Cuándo el "hate speech" se convierte en "hate crime? Libertad de expresión y Derecho internacional según el TEDH», en *Revista de la Facultad* (Facultad de Derecho y Ciencias Sociales, Universidad Nacional de Córdoba, Argentina), vol. V, n.º 2, Nueva Serie II, 2014, pp. 73-96. ISSN: 0370-7687.

— «Libertad de expresión: ¿derecho ilimitado según el TEDH? Del discurso de odio al crimen de odio», en *Estudios de Deusto: revista de la Universidad de Deusto*, vol. 62, n.º 2, 2014, pp. 15-40. ISSN: 0423-4847.

Merli, F. «Das Verbot der Verbreitung nationalsozialistischen Gedankengutes im EGVG», en *Juristische Blätter*, n.º 108, 1986, pp. 767-771. ISSN: 1613-7639.

Ministerio de Igualdad. La violencia sobre la mujer en el ámbito internacional, s. f.

Ministerio del Interior. Informe sobre la evolución de los incidentes relacionados con los delitos de odio en España, 2016, pp. 1-69.

— Informe de la evolución de los delitos de odio en España, 2019, pp. 1-54.

— Informe sobre la evolución de los incidentes relacionados con los delitos de odio en España, 2020, pp. 1-66.

— Informe sobre la evolución de los incidentes relacionados con los delitos de odio en España, 2021, pp. 1-62.

Miró Llinares, F. «La criminalización de conductas "ofensivas". A propósito del debate anglosajón sobre los "límites morales" del derecho penal», en *Revista Electrónica de Ciencia Penal y Criminología*, n.º 17, 2015, pp. 1-65. ISSN-e: 1695-0194.

Molina Blázquez, M. C. «Valoración crítica de la Circular 7/2019 de la Fiscalía General del Estado sobre las pautas para interpretar los delitos de odio del art. 510 del Código Penal», en *Políticas públicas en defensa de la inclusión, la diversidad y el género*, obra colectiva, coordinadoras Raquel Guzmán Ordaz y Ana Belén Nieto Librero, Ediciones Universidad de Salamanca, Salamanca, 2020, pp. 1.061-1.074. ISBN: 978-84-1311-242-8.

Movimiento contra la intolerancia. «Europa contra la intolerancia y los crímenes de odio», en *Cuaderno de Análisis*, n.º 28, pp. 1-80.

— «La lucha contra los Delitos de Odio en Europa (OSCE)», en *Materiales Didácticos*, n.º 5, pp. 1-122.

— «Leyes de Delitos de Odio - Una guía práctica», en *Cuaderno de Análisis*, n.º 36, pp. 1-80.

Müller, E. «El presidente de Alemania pide recuperar el espíritu de cooperación internacional de 1945», en *El País*, 8 de mayo de 2020.

Muñoz Conde, F. *Derecho Penal. Parte Especial*. 22.ª edición, revisada y puesta al día conforme a las Leyes Orgánicas 1/2019 y 2/2019 con la colaboración de Carmen López Peregrín, Tirant lo Blanch, Valencia, 2019. ISBN: 978-84-1336-200-7.

Muñoz Conde, F.; Muñoz Aunión, M. *¿Vencedores o vencidos?*, Tirant lo Blanch, Valencia, 2003. ISBN: 84-8442-845-1.

Naidoo, K. «The origins of hate-crime laws», en *Fundamina*, vol. 22, n.º 1, 2016, pp. 53-66. ISSN: 1021-545X.

Navarro Cardoso, F. *Los delitos contra los derechos de los trabajadores*, Tirant lo Blanch, Valencia, 1998. ISBN-10: 8480026413.

Nolan, J. J.; Akiyama, Y.; Berhanu, S. «The Hate Crime Statistics Act of 1990. Developing a Method for Measuring the Occurrence of Hate Violence», en *American Behavioral Scientist*, vol. 46, n.º 1, septiembre de 2002, pp. 136-153. ISSN: 0002-7642.

Núñez Martínez, M. A. «El Tribunal Constitucional y las libertades del artículo 20 de la Constitución española», en *Revista de Derecho UNED*, n.º 3, 2008, pp. 289-317. ISSN: 1886-9912.

Oetheimer, M. «Protecting freedom of expression: the challenge of hate speech in the European Court of Human Rights case law», en *Cardozo Journal of International & Comparative Law*, vol. 17, n.º 3, 2009, pp. 427-444. ISSN: 1069-3181.

OMS. Informe mundial sobre el edadismo - Resumen. 18 de marzo de 2021, pp. 1-5. ISBN: 978 92 4 002054 2.

OSCE. *Hate Crime Laws: A Practical Guide*, ODIHR, Varsovia, 2009. ISBN: 978-92-9234-757-4.

— *Hate Crime Data-Collection and Monitoring Mechanisms: A Practical Guide*, ODIHR, Varsovia, 2014. ISBN: 978-92-9234-895-3.

Parekh, B. «Hate speech: is there a case for banning?», en *Public Policy Research*, vol. 12, n.º 4, 2012, pp. 213-223. ISSN: 1744-5396.

Pérez Cepeda, A.; Bustos Rubio, M.; Benito Sánchez, D. «La aporofobia como agravante penal de discriminación», en *AgendaPública*, 4 de julio de 2020.

Pérez de la Fuente, O. «Libertad de expresión y el caso del lenguaje del odio. Una aproximación desde la perspectiva norteamericana y la perspectiva alemana», en *Cuadernos Electrónicos de Filosofía del Derecho* (en adelante, CEFD), 2010, n.º 21, pp. 67-104. ISSN: 1138-9877.

Perry, B. *In the Name of Hate: Understanding Hate Crimes*. Nueva York: Routledge, 2001. ISBN-10: 0415927722.

Peterson, J. B. *12 reglas para vivir. Un antídoto al caos*. Barcelona: Planeta, 2018. ISBN: 9788408233114.

Pgmun. «El pueblo de Skokie prevaleció sobre los neonazis», en *AIPI (Asociación Israelita Para el Interior)*, 17 de junio de 2020.

Platzgummer, W. «Die strafrechtliche Bekämpfung des Neonazismus in Österreich», en *Österreichische Juristen-Zeitung*, 1994, pp. 753-763. ISSN: 0029-9251.

Pomares Cintas, E. «Tutela penal antidiscriminatoria específica en el ámbito de la prestación de servicios: arts. 511 y 512», en *Tratado de derecho penal español. Parte especial. IV. Delitos contra la Constitución*, obra colectiva, coordinadores Araceli Manjón-Cabeza Olmeda y Arturo Ventura Püschel, Tirant lo Blanch, 2016, Valencia, pp. 413-438. ISBN: 978-84-9119-280-0.

Portilla Contreras, G. «La represión penal del discurso del odio», en: *Tratado de Derecho Penal español. Parte Especial. IV. Delitos contra la Constitución*, obra colectiva, coordinadores Araceli Manjón-Cabeza Olmeda y Arturo Ventura Püschel, Tirant lo Blanch, 2016, Valencia, pp. 379-412. ISBN: 9788491192800.

Quesada Alcalá, C. «La labor del Tribunal Europeo de Derechos Humanos en torno al discurso de odio en los partidos políticos: coincidencias y contradicciones con la jurisprudencia española», en *Revista Electrónica de Estudios Internacionales*, n.º 30, 2015, pp. 1-33. ISSN-e: 1697-5197.

Ramírez Ortiz, J. L. «No pienses en un genocida», en *Jueces para la Democracia, Boletín de la Comisión de Penal*, n.º 3, 2013, pp. 13-15. ISSN: 1133-0627.

Rassat, M. L. *Les infractions contre les biens et les personnes dans le nouveau Code penal*, Dalloz, París, 1995. ISBN: 2-247-01922-6.

Redacción. «La familia que evidenció el racismo de la policía en Londres», en *BBC Mundo*, 4 de enero de 2012.

Rey Martínez, F. «Discurso del odio y racismo líquido», en *Libertad de expresión y discursos del odio*, obra colectiva, Universidad de Alcalá, Madrid, 2015. ISBN: 978-84-16133-64-2.

Robertson. C. «Texas Executes White Supremacist for 1998 Dragging Death of James Byrd Jr», en *The New York Times*, 24 de abril de 2019.

Rodríguez Ferrández, S. «El ámbito de aplicación del actual artículo 510 CP en retrospectiva y en prospectiva tras la reforma penal de 2015», en *Revista de Derecho Penal y Criminología*, 3.ª época, n.º 12, julio de 2014, pp. 165-232. ISSN: 1132-9955.

Rodríguez Mourullo, G. (dir.); **Jorge Barreiro, A.** (coord.). *Comentarios al Código Penal*, Civitas, Madrid, 1997. ISBN: 84-470-0997-1.

Rodríguez Yagüe, C. *La tutela penal del derecho a no ser discriminado (Análisis de los artículos 511 y 12 del Código penal)*, Bomarzo, Albacete, 2007. ISBN: 978-84-96721-23-4.

Rodríguez-Piñero, M.; Fernández López, M. F. *Igualdad y discriminación*, Tecnos, Madrid, 1986. ISBN: 9788430912537.

Rodríguez Ramos, M. «El Convenio Europeo de Derechos Humanos ante el discurso de odio: ¿abuso del derecho o libertad de expresión?», en *La libertad de expresión asediada: delitos de odio, delitos de opinión, censuras de Gobiernos y de empresas*, obra colectiva, coordinador Alejandro L. de Pablo Serrano, Aranzadi, Navarra, 2023, pp. 255-282.

Roig Torres, M. «Los delitos de racismo y discriminación (arts. 510, 510 bis, 511 y 512)», en *Comentarios a la Reforma del Código Penal de 2015*, obra colectiva: coordinadores Elena Górriz Royo y Ángela Matallín Evangelio, Tirant lo Blanch, 2.ª ed., Valencia, 2015, pp. 1.204-1.226. ISBN: 978-84-9086-945-1.

Sáez del Álamo, J. «Las recomendaciones de ECRI sobre el antigitanismo», en *Fundación Secretariado Gitano*, s. f.

San Millán Fernández, B. «Estudio dogmático y jurisprudencial sobre la agravante de discriminación por razones de género», en *Estudios Penales y Criminológicos*, n.º 39, 2019, pp. 303-351. ISSN: 1137-7550.

Schafheutle, J. «Das Sechste Strafrechtsänderungsgesetz», en *JuristenZeitung*, vol. 15, n.º 15/16, agosto de 1960, pp. 470-474. ISSN: 0022-6882.

Schwelb, E. «The International Convention on the Elimination of all Forms of Racial Discrimination», en *Cambridge University Press*, International & Comparative Law Quarterly, vol. 15, n.º 4, 17 de enero de 2008, pp. 996-1.068. ISSN: 0020-5893.

Serra Perelló, L. «Discurso de incitación al odio: Análisis desde los derechos humanos y pautas interpretativas», *Institut de Drets Humans de Catalunya*, Barcelona, 2018, pp. 1-98.

Sheerin, J. «Matthew Shepard: el brutal asesinato que cambió Estados Unidos», en *BBC*, 26 de octubre de 2018.

Sheffield, C. «Hate violence», en *Race, class and gender in the United States: an integrated study*, editor Paula S. Rothenberg, St. Martin's, Nueva York, 1995, pp. 432-441. ISBN-10: 1464178666.

Sierra Hernáiz, E. «La represión penal de la discriminación laboral. Una necesaria revisión del artículo 314 del Código Penal», en *Un modelo integral de Derecho penal. Libro homenaje a la profesora Mirentxu Corcoy Bidasolo*, obra colectiva, coordinadores Vicente Valiente Ibáñez y Guillermo Ramírez Martín, Agencia Estatal Boletín Oficial del Estado, Madrid, 2022, pp. 1.399-1.407. ISBN: 978-84-340-2848-7.

Silverman, J. D. E. «Criminalidad xenófoba en los Estados Unidos: posibilidades de tutela ante el conflicto entre la protección de minorías y la libertad de expresión», en *Cuadernos de Política Criminal*, n.º 63, 1997, pp. 689-699. ISSN: 0210-4059.

Smith, A. T. H. *The offences against public order. Including the Public Order Act 1986*, Sweet & Maxwell, Police review publishing company, Londres, 1987. ISBN: 0-421-36580-3.

Stratenwerth, G. «Zur Funktion strafrechtlicher Gesinnungsmerkmale», en *Festschrift für Hellmuth von Weber zum 70Geburtstag*, obra colectiva, L. Röhrscheid, Bonn, 1963, pp. 171-191. OCLC / Identificador único: 11033764.

Sumner, L. W. «Incitement and the Regulation of Hate Speech in Canada: A Philosophical Analysis», en *Extreme Speech and Democracy*, obra colectiva, Oxford University Press, Nueva York, 2009, pp. 204-220. ISBN-13: 9780199548781.

Tamarit Sumalla, J. M. «De los delitos relativos al ejercicio de los derechos fundamentales y libertades públicas y al deber de cumplimiento de la prestación social sustitutoria», en *Comentarios al nuevo Código penal*, obra colectiva, coordinador Fermín Morales Prats, 2.ª ed., Aranzadi, Navarra, 2001. ISBN: 84-8410-577-6.

Tamarit Sumalla, J.; Luque Reina, E.; Guardiola Lago, M. J.; Salinero Echeverría, S. «La victimización de migrantes: una encuesta a colombianos en Cataluña», en *Revista Electrónica de Ciencia Penal y Criminología*, n.º 13-11, 2011, pp. 11:1-11:22. ISSN: 1695-0194.

TERUEL LOZANO, G. M. «La libertad de expresión frente a los delitos de negacionismo y de provocación al odio y a la violencia: sombras sin luces en la reforma del Código penal», en *InDret: Revista para el Análisis del Derecho*, n.º 4, 2015, pp. 1-51. ISSN-e: 1698-739X.

— *La lucha del Derecho contra el negacionismo: una peligrosa frontera*, Centro de Estudios Políticos y Constitucionales, Madrid, 2015. ISBN: 978-84-259-1689-2.

— «Discursos extremos y libertad de expresión: un análisis jurisprudencial», en *Revista Estudios Jurídicos. Segunda Época*, n.º 17, 2017, pp. 1-20. ISSN: 1576-124X.

— «El discurso del odio como límite a la libertad de expresión en el marco del Convenio Europeo», en *Revista de Derecho Constitucional europeo*, Año 14, n.º 27, enero-junio de 2017, pp. 81-106.

— «Expresiones intolerantes, delitos de odio y libertad de expresión: un difícil equilibrio», en *Revista Jurídica Universidad Autónoma de Madrid*, n.º 36, 2017, pp. 185–197. ISSN: 1575-720X.

THORNTON, P. *Public Order Law. Including the Public Order Act of 1986*, Financial Training, Londres, 1987. ISBN: 1851850406.

TURIENZO FERNÁNDEZ, A. «El delito de negación del holocausto», en *InDret: Revista para el Análisis del Derecho*, n.º 1, 2015, pp. 1-41. ISSN: 1698-739X.

UNESCO. *Combattre les discours de haine sur Internet*, Collection UNESCO sur la liberté de l'Internet, París, 2015, pp. 1-82. ISBN: 978-92-3-200071-2.

UNESCO. *Orientaciones técnicas internacionales sobre educación en sexualidad. Un enfoque basado en evidencia*. París, 2018, pp. 1-148. ISBN: 978-92-3-300092-6.

UNGER, M. «Sesenta años de la Ley Fundamental alemana – de un provisorio con una larga vida», en *Estudios constitucionales: Revista del Centro de Estudios Constitucionales*, Año 7, n.º 2, pp. 301-316, 2009. ISSN: 0718-0195.

URIOS MOLINER, S. «Garantías de los Derechos Humanos (I). La protección internacional de los derechos humanos», en *Manual de Derechos Humanos* coordinadora PALOMA DURÁN LALAGUNA, Comares, Granada, 1993, pp. 87-132.

VÉRON, M. *Droit pénal special*, 5.ª ed., Masson & Armand Colin, París, 1996. ISBN: 2-225-85131-X.

Vidaurri Aréchiga, M. «El derecho penal frente a la aporofobia», en *Revista Criminalia*, n.º Conmemorativo, año LXXXVII, diciembre 2020, pp. 301-316. Identificador único: 978-607-20-2208-9.

Vives Antón, T. S. «Delitos contra la seguridad interior del Estado. Desórdenes públicos», en *Derecho penal. Parte especial*, obra colectiva, 3.ª ed., Tirant lo Blanch, Valencia, 1990. ISBN: 84-86558-67-0.

Vormbaum, T. «La transformación jurídica de Alemania tras la Segunda Guerra Mundial», en *Humboldt-Kolleg. La transformación jurídica de las dictaduras en democracias y la elaboración jurídica del pasado*, obra colectiva, coordinadores Juana Del Carpio Delgado y Alfonso Galán Muñoz, Tirant lo Blanch, Valencia, 2009, pp. 49-71. ISBN: 978849876656.

Waldron, J. *The harm in hate speech*, Harvard University Press, Cambridge (Massachusetts), 2012. ISBN: 0-674-06991-9.

Walker, S. *Hate Speech. The History of an American controversy*, University of Nebraska Press, Nebraska, 1994. ISBN: 0-8032-4763-X.

Weber, A. *Manual on hate speech*, Publicaciones del Consejo de Europa, Francia, 2009. ISBN-10: 9287166145.

Wehrle, G. «La elaboración jurídica del pasado, ¿Castigo o amnistía?, ¿Comisión de Reconciliación o Comisión de la Verdad?», en *Humboldt-Kolleg. La transformación jurídica de las dictaduras en democracias y la elaboración jurídica del pasado*, obra colectiva, coordinadores Juana Del Carpio Delgado y Alfonso Galán Muñoz, Tirant lo Blanch, Valencia, 2009, pp. 73-89. ISBN: 978849876656.

Wolfe, L.; Copeland, L. «Violence Against Women as Bias-motivated Hate Crime: Defining the Issues in the USA», en *Women and Violence*, obra colectiva, coordinadora Miranda Davies, Zed Books Ltd, Londres, 1994, pp. 200-231. ISBN: 1856491455.

Woods, J. B. «Hate Crimes in the United States», en *The Routledge International Handbook on Hate Crime*, obra colectiva, Routledge, Londres, 2014, pp. 153-162. ISBN: 9780415818902.

JURISPRUDENCIA

Tribunal Europeo de Derechos Humanos

Número y sección	Fecha	Referencia
STEDH, Pleno, 5493/72	07/12/1976	ECLI:CE:ECHR:1976:-1207JUD000549372
STEDH, Gran Sala, 15890/89	23/09/1994	ECLI:CE:ECHR:1994:-0923JUD001589089
STEDH, Sala, 17419/90	25/11/1996	ECLI:CE:ECHR:1996:-1125JUD001741990
STEDH, Gran Sala, 24662/94	23/09/1998	ECLI:CE:ECHR:1998:-0923JUD002466294
STEDH, Gran Sala, 25067/94	08/07/1999	ECLI:CE:ECHR:1999:-0708JUD002506794
STEDH, Gran Sala, 26682/95	08/07/1999	ECLI:CE:ECHR:1999:-0708JUD002668295
STEDH, Sección 2.ª, 35071/97	04/12/2003	ECLI:CE:ECHR:2003:-1204JUD003507197
Decisión, Sección 2.ª, 23131/03	16/11/2004	ECLI:CE:ECHR:2004:-1116DEC002313103
Decisión, Sección 5.ª, 25239/13	20/10/2005	ECLI:CE:ECHR:2015:-1020DEC002523913
STEDH, Sección 2.ª, 55762/00	13/12/2005	ECLI:CE:ECHR:2005:-1213JUD005576200
STEDH, Sección 5.ª, 59405/00	06/07/2006	ECLI:CE:ECHR:2006:-0706JUD005940500
Decisión, Sección 1.ª, 35222/04	20/02/2007	ECLI:CE:ECHR:2007:-0220DEC003522204

Tribunal Supremo

Sala y número	Fecha	Referencia
STS, 2.ª, 1089/1998	29/09/1998	ECLI:ES:TS:1998:5487
STS, 2.ª, 942/2001	21/05/2001	ECLI:ES:TS:2001:4145
STS, 2.ª, 1160/2006	09/11/2006	ECLI:ES:TS:2006:7728
STS, 2.ª, 1145/2006	23/11/2006	ECLI:ES:TS:2006:7935
STS, 1.ª, 929/2007	17/09/2007	ES:TS:2007:5818
STS, 2.ª, 259/2011	12/04/2011	ECLI:ES:TS:2011:3386
STS, 2.ª, 983/2016	11/01/2017	ECLI:ES:TS:2017:15
STS, 2.ª, 4/2017	18/01/2017	ECLI:ES:TS:2017:31
STS, 2.ª, 378/2017	25/05/2017	ES:TS:2017:2013
STS, 2.ª, 52/2018	31/01/2018	ECLI:ES:TS:2018:178
STS, 2.ª, 72/2018	09/02/2018	ECLI:ES:TS:2018:396
STS, 2.ª, 79/2018	15/02/2018	ECLI:ES:TS:2018:397
STS, 2.ª, 420/2018	25/09/2018	ES:TS:2018:3164
STS, 2.ª, 565/2018	19/11/2018	ES:TS:2018:3757
STS, 2.ª, 646/2018	14/12/2018	ECLI:ES:TS:2018:4133
STS, 2.ª, 99/2019	26/02/2019	ES:TS:2019:591
STS, 2.ª, 135/2020	07/05/2020	ECLI:ES:TS:2020:1298
STS, 2.ª, 155/2022	22/02/2022	ECLI:ES:TS:2022:843
STS, 2.ª, 437/2022	04/05/2022	ECLI:ES:TS:2022:1644

Tribunal Constitucional

Número	Fecha	Referencia
STC 6/1981	16/03/1981	ECLI:ES:TC:1981:6
STC 12/1982	31/03/1982	ECLI:ES:TC:1982:12
STC 104/1986	17/07/1986	ECLI:ES:TC:1986:104
STC 159/1986	16/12/1986	ECLI:ES:TC:1986:159
STC 214/1991	11/11/1991	ECLI:ES:TC:1991:214
STC 173/1994	07/06/1994	ECLI:ES:TC:1994:173
STC 176/1995	11/12/1995	ECLI:ES:TC:1995:176
STC 9/2007	15/01/2007	ECLI:ES:TC:2007:9

STC 176/2008	22/12/2008	ECLI:ES:TC:2008:176
STC 177/2015	22/07/2015	ECLI:ES:TC:2015:177
STC 112/2016	20/06/2016	ECLI:ES:TC:2016:112
STC 35/2020	26/03/2020	ECLI:ES:TC:2020:35

Audiencia Nacional

Número	Fecha	Referencia
SAN 2/2017	26/01/2017	ECLI:ES:AN:2017:3
SAN 12/2017	21/03/2017	ECLI:ES:AN:2017:505

Audiencia Provincial

Número	**Fecha**	**Referencia**
SAP 892/2009	07/10/2009	ECLI:ES:APB:2009:9822
	05/11/2008	ECLI:ES:APB:2008:8218
SAP 119/2010	23/02/2010	ECLI:ES:APV:2010:775
AAP 892/2016	29/11/2016	ECLI:ES:APB:2016:2993A
SAP 186/2017	27/04/2017	ECLI:ES:APAB:2017:334
AAP 736/2017	08/09/2017	ECLI:ES:APMU:2017:817A
SAP 390/2017	17/10/2017	ECLI:ES:APAL:2017:547
SAP 432/2018	11/09/2018	ECLI:ES:APVA:2018:820A
AAP 322/2018	12/06/2018	ECLI:ES:APL:2018:482A
AAP 504/2021	23/07/2021	ECLI:ES:APSS:2021:715A

Made in United States
Cleveland, OH
06 November 2026

47787692R10194